国家卫生和计划生育委员会“十三五”规划教材
全国高等医药教材建设研究会“十三五”规划教材
全国高等学校教材

供法医学类专业用

法医法学

第3版

主　编　常　林

副主编　邓　虹　马春玲

编　者（以姓氏笔画为序）

马长锁（中国政法大学）
马春玲（河北医科大学）
王小广（中山大学）
王进喜（中国政法大学）
王丽霞（山西医科大学）
王建文（南京医科大学）
邓　虹（昆明医科大学）
刘　艳（华中科技大学）
陈　颖（昆明医科大学）
胡　姝（中国医科大学）
常　林（中国政法大学）
鲁　涤（中国政法大学）
魏曙光（西安交通大学）

人民卫生出版社

图书在版编目(CIP)数据

法医法学/常林主编. —3版. —北京：人民卫生出版社，2016

ISBN 978-7-117-22295-2

Ⅰ. ①法… Ⅱ. ①常… Ⅲ. ①法医学-高等学校-教材 Ⅳ. ①D919

中国版本图书馆CIP数据核字(2016)第054682号

法 医 法 学

第3版

主　　编：常　林
出版发行：人民卫生出版社（中继线 010-59780011）
地　　址：北京市朝阳区潘家园南里19号
邮　　编：100021
E - mail：pmph @ pmph.com
购书热线：010-59787592　010-59787584　010-65264830
印　　刷：北京铭成印刷有限公司
经　　销：新华书店
开　　本：850×1168　1/16　　**印张：**15
字　　数：444千字
版　　次：2009年7月第2版　2016年3月第3版
2025年7月第3版第8次印刷（总第10次印刷）
标准书号：ISBN 978-7-117-22295-2
定　　价：40.00元

全国高等医学院校法医学专业第五轮
规划教材修订说明

20世纪80年代，我国在医学院校中设置了法医学专业，并于1988年首次编写了成套的法医学专业卫生部规划教材，从而有力地推动了法医学教育的发展。2009年五年制法医学专业规划教材第四轮出版发行。为促进本科法医学专业教学，教育部法医学专业教学指导委员会在2014年开始制定审议国家法医学本科专业教育质量标准并拟报教育部审批。根据质量标准要求及法医学相关领域学科进展，2014年经全国高等医药教材建设研究会和全国高等医学院校法医学专业教材编审委员会审议，启动第五轮教材修订工作。

本轮修订仍然坚持“三基”“五性”，并努力使学生通过学习达到培养具有坚实基础理论知识和专业知识、熟悉司法鉴定程序和法医鉴定技能、掌握法学、医学及相关学科知识，具有良好的思维判断能力以及分析问题能力的法医学高级复合型人才的专业培养目标。新教材体现了法医学领域的新进展和我国的新法规、新政策与新要求；考虑了学生的就业，具有较强的实用性，使学生在毕业后的实际工作中能够应用所学知识。本轮教材在编写中强调了可读性、注重了形式的活泼性，并全部配备了网络增值服务。

全套教材16种，其中主教材11种，配套教材5种，于2016年全部出版。所有教材均为国家卫生和计划生育委员会“十三五”规划教材。

第 5 轮法医学专业教材目录

1. 法医学概论	第 5 版	**主编**	丁　梅		
2. 法医病理学	第 5 版	**主编**	丛　斌	**副主编**	官大威　王振原　高彩荣　刘　敏
3. 法医物证学	第 4 版	**主编**	侯一平	**副主编**	丛　斌　王保捷　郭大玮
4. 法医毒理学	第 5 版	**主编**	刘　良	**副主编**	张国华　李利华　贠克明
5. 法医毒物分析	第 5 版	**主编**	廖林川	**副主编**	王玉瑾　刘俊亭
6. 法医临床学	第 5 版	**主编**	刘技辉	**副主编**	邓振华　邓世雄　陈　腾　沈忆文
7. 法医精神病学	第 4 版	**主编**	胡泽卿	**副主编**	赵　虎　谢　斌
8. 法医人类学	第 3 版	**主编**	张继宗	**副主编**	蔡继峰　赖江华
9. 刑事科学技术	第 4 版	**主编**	李生斌	**副主编**	张幼芳　李剑波
10. 法医法学	第 3 版	**主编**	常　林	**副主编**	邓　虹　马春玲
11. 法医现场学		**主编**	万立华	**副主编**	阎春霞　陈新山
12. 法医病理学实验指导	第 2 版	**主编**	成建定	**副主编**	周　韧　王慧君　周亦武　莫耀南
13. 法医物证学实验指导	第 2 版	**主编**	张　林	**副主编**	黄代新　庞　灏　孙宏钰
14. 法医毒理学实验指导		**主编**	朱少华	**副主编**	黄飞骏　李　凡　喻林升
15. 法医毒物分析实验指导	第 2 版	**主编**	沈　敏	**副主编**	金　鸣　周海梅
16. 法医临床学实验指导	第 2 版	**主编**	刘兴本	**副主编**	顾珊智　樊爱英

全国高等学校法医学专业第五轮

规划教材编审委员会

主编简介

常林，教授，博士生导师。现任中国政法大学证据科学研究院院长，证据科学教育部重点实验室副主任，“2011 计划”司法文明协同创新中心副主任，法大法庭科学技术鉴定研究所所长。主要兼职有《证据科学》杂志副主编，*J Forensic Sci & Med* 编委，《刑事技术》编委，中国法医学会法医临床学专业委员会副主任委员，中国刑事技术标准化委员会法医学分会委员，国际证据科学协会执行委员，中国卫生法学会常务理事。

长期以来从事司法鉴定教学和理论研究，主编教材专著 12 部，副主编 4 部，参编教材 6 部，发表专业论文 40 余篇。承担国家省部级项目 7 项。

副主编简介

邓虹，副教授。现任昆明医科大学法医学院法学系主任，中国卫生法学会常务理事，云南省法学会卫生法学研究会会长，《医学与法学》杂志特约编辑，云南云都律师事务所兼职律师。

长期以来承担法医学专业和法学专业法学课程和医法交叉课程的教学。在教学中积极开展教研教改，勇于创新和实践，将案例式教学、“诊所法律”教学、模拟法庭教学和法庭观摩引入教学。主要从事卫生法学教学和理论研究，擅长医疗损害赔偿诉讼。主编教材专著6部，副主编3部，参编教材专著16余部，其中4部为国家卫生和计划生育委员会规划教材。公开发表专业论文20余篇，主持云南省哲学社会科学基金项目2项，参加省级基金项目多项。

马春玲，教授，留德博士后，博士生导师。现任河北医科大学基础医学院副院长，国家法医学重点培育学科学术带头人，河北省法医学重点实验室副主任，中国法医学会理事，河北省法医学会副理事长兼秘书长，省“法医学”精品课程负责人；省管优秀专家，河北省有突出贡献中青年专家，省创新团队领军人才、省师德先进个人、省高校中青年骨干教师；河北省政协委员。

从事教学、科研、鉴定工作28年，迄今获国家科技进步一等奖1项、二等奖1项，省科技进步一等奖2项，省教学成果一等奖1项，湖北省优秀博士学位论文奖1项；主持教学科研课题20项，其中国家自然科学基金4项；发表论文120篇，其中SCI收录论文36篇；参编专著和教材4部；培养博士7名、硕士13名。

前　言

《法医法学》第3版在各位作者和编辑的共同努力下出版面世，期待着各位老师和同学批评指正。

"法医法学"是基于法医学鉴定执业训练开设的一门与法学和司法制度相关的交叉学科，反映了中国司法鉴定职业的特征和实践需求。也可以称其为"法医学与法律"，或者"法医鉴定学"。法医学存在和发展的内在价值和功能与法学具有天然的"血缘"关系，甚至法学及法律对法医学学科的完善和工作运行具有决定作用。从各国法医学发展历程来看，此点应具有普适的客观规律性。从我国法医学鉴定制度的历史沿革的角度分析，中国的法医学鉴定与国家政治体制和司法制度密切交织，司法鉴定体制镶嵌在司法制度之中，很长的时期内法医学鉴定机构的设置、法医学职能的强化已经深深融入司法活动，积淀并形成了具有中国特色的司法鉴定文化和法医学鉴定模式。

在中国的司法鉴定实践中，只有当鉴定开始启动时，法医学自身的价值和功能方可逐渐显露出来，法医学的真善美才能表现得淋漓尽致。然而，动态的法医学鉴定并非是"脱缰的野马"，鉴定人也绝非是"性情中人"。科学鉴定与公正服务的核心价值会派生出一系列的规章制度、法规法律，法医学鉴定每一步都必须小心翼翼，循规蹈矩。当学生毕业后接触法医学鉴定工作时，才能真正体会到《法医法学》的功效和魅力。

关于《法医法学》教材内容，从宏观、中观到微观，我们设计分为三个层次。第一个层次是与司法鉴定及法医学鉴定有关的法学通论，包括：①国家的法律制度概况；②涉及法医学鉴定的实体法相关规定；③较为系统的证据法学理论和证据规则法律规定。建议老师结合其他法学教材和现时法律规定进行讲授，有兴趣的学生也可辅修法学相关课程。第二个层次是有关司法鉴定制度的讨论、鉴定程序规范的系统介绍和司法鉴定质量控制，起到法医学为法律服务的"桥梁"作用，也是司法鉴定操作规则和技术管理的规范化问题。第三个层次重点讨论法医学鉴定的产品——鉴定意见，以及围绕鉴定意见的法庭采信，详细介绍了鉴定人出庭作证的基本知识；同时针对法医学常见鉴定领域涉猎的法律问题也进行了学术性探讨。综上所述，对《法医法学》学科架构和系统梳理尚处于初步探索阶段，但相关内容比较切合司法鉴定实务，实用性较强。

党的十八届四中全会提出了"全面推进依法治国"，旨在实现建设中国特色社会主义法治体系，建设社会主义法治国家总目标。建设中国特色社会主义法治体系作为法治建设的系统工程涉及立法、执法、司法、守法等各个方面，司法鉴定作为司法活动的一个环节必然需要在其背景下进行深化改革与不断完善。有关法医学鉴定的制度建设将处于一个不断变化的时期，《法医法学》的学科内容也将进入一个需要不断更新的时期。《法医法学》这一特点与教材的基本要求不相符合，这就要求授课老师随时关注新出台的法律法规和司法鉴定行业规范，及时更新教学内容。

我们在编写《法医法学》教材时，力争选用学界主流观点，紧密契合司法鉴定实践，但由于尚未形成统一的理论体系，作者观点难免偏颇，不妥之处敬请谅解。

常　林

2016年1月

目　　录

第一章　概　　述

学习目标

通过本章的学习，你应该能够

掌握　法医法学这门学科产生的现实意义。

熟悉　法医学及其鉴定与法律的关系，思考法医法学学科体系与理论基础。

了解　司法制度对法医学和司法鉴定的作用及影响。

第一节　法医法学及其理论体系

一、法医法学学科辨析

法医法学是法医学专业高等教育确立的学科。发展10年来共出版两部教材，2004年王克锋主编的《法医法学》（中国人民公安大学出版社）出版，2009年由丛斌、常林主编的第2版《法医法学》（人民卫生出版社）面世。无论学者如何争论法医法学学科问题，但从法医学专业的人才培养角度看，法医法学的相关知识对学生及法医学鉴定人都是十分重要的，此共识毋庸置疑。

法医法学能否作为一门独立的学科？它是属于法学的分支学科，抑或法医学的分支学科，是长期争论的问题。我们从实用主义视野研究分析这一命题。

首先，法医学是医学的分支学科，但法医学的价值是一门为法律服务的应用学科，其主旨就是要培养应用型、专业化法医学鉴定人。我国法学学科分类中（理论法学、应用法学和边缘法学），将法医学作为边缘（交叉）法学的一个门类，因此，法医学与法学具有天然的“血缘”关系。法学专业学生对法医学知识的渴求和对法医学技术进展的期待远远超过医学专业的学生，“认定案件事实，必须以证据为根据”。人身伤亡案件乃重中之重，科学证据的灵魂可以说以法医学为主导，法医学必然被法学和法律所青睐。

其次，结合我国司法实践的要求和特点，一名称职或合格的法医学鉴定人应该具有这样的素养：精通专业知识（法医学理论与技术）；与法医学鉴定相关的法律知识和经验；与法医学鉴定相关的社会学、心理学等综合分析能力。翻开我国的法医学发展史，法医学鉴定从来就是紧密地融入国家的司法体系中，作为案件侦查、处理、审判的工具，被公、检、法的权力所呵护。基于这种“家庭成员”般的关系，许多法律问题被让渡给法医学鉴定人，诸如伤害罪与“轻伤”、“重伤”的关系。其实，法医学在承受法律之重。另一方面，我们的法医学鉴定依然根植于我国的文化与社会之中，“司法为民”的宗旨耳濡目染，法医总是不断地要与受害人及其家属进行沟通与交流。形形色色的社会关系、不同阶层的各类人群，任何谈话的思路、沟通的技巧与热情的态度均不能脱离法律这个基本的标准，无形的底线。中国的法医学鉴定人学习法律确实重要。

再次，静态的法医学学科，动态的法医学鉴定。只有当鉴定开始启动时，法医学自身的价值和功能方可逐渐显露出来，法医学的真、善、美才能表现得淋漓尽致。然而，动态的法医学鉴定并非是“脱缰的野马”，鉴定人也绝非是“性情中人”。公开与公正会制定出一系列的规章制度、法规法律，法医学鉴定每一步都必须小心翼翼，循规蹈矩。启动鉴定；遴选鉴定人；鉴定程序(包括实施鉴定的标准与方法)；鉴定意见；庭审质证等。两大法系国家虽司法制度不同，但程序规范的严密与制约程度无殊。随着2005年司法鉴定制度改革的如火如荼，法医学鉴定与诉讼法和证据法，法医学鉴定与司法鉴定管理，法医学鉴定与实验室认可和资质认定，成为近年的热门话题，“司法鉴定学”堂而皇之成为显学。法医学鉴定人由司法幕后的“工匠”逐步走向前台，“重结论轻程序”的传统思维被诟病，鉴定机构的资质能力与中立性被强烈关注，这一切都在催生“法医法学”。

从以上分析，我们可以看出，法医学鉴定人需要相关的法学知识或素养主要集中在四方面：第一，法学基础知识，或为《法学通论》；第二，证据法学(含部分诉讼法内容)；第三，司法鉴定学；第四，法医学鉴定涉及的实体法相关内容。

法医学鉴定和其他法庭科学鉴定与法学的关系，一般没有特殊的区别，单独设立“法医法学”学科的价值和作用值得商榷，从学科发展来看也没必要。目前，法医法学的存在基于以下两个现实原因：一是我国的法医学高等教育学科设置的需要。统编教材系统化，加之医学本科生教育课程设置多，为减少课时，人们希望通过编写一本《法医法学》教材，尽可能涉猎所有的相关领域，以满足法医学专业学生学习法学相关知识的需要。这样在编写过程中，仁者见仁，智者见智，因缺乏学科系统理论而致久拖不决。二是，我国司法鉴定制度改革尚处于初级阶段，公安机关、检察机关与司法行政机关多头管理，各自为政的现象依然存在；司法鉴定相关立法薄弱，行政法规不统一；司法制度改革有待深入等诸多问题。司法鉴定理论架构尚不系统，出版的《司法鉴定学》、《司法鉴定通论》等自设体系，体例设置总论有限、各论庞杂，且各论基本是法庭科学专业理论与技术的大摘抄。由此，法医法学应运而生。简单地说，法医学专业的学生只需选修三门课即可——《法学通论》、《证据法学》和《司法鉴定学》。

法医法学(forensic medicine and law)是研究法医学理论和技术在应用过程中应当遵循的法律法规、行业规则和技术规范的一门综合性学科。法医法学的概念可从以下几方面理解：第一，应用法医学理论和技术解决法律中涉及医学方面的专门性问题，主要体现在法学研究、立法和司法实践领域；第二，在法医学应用或建立相关制度架构体系过程中，必须坚持合法性、科学性和公正性三原则；第三，法医法学的研究内容主要是国家的法律法规、行业运行的规章制度和鉴定过程中的技术规范。

二、法医法学形成及其作用

改革开放30多年来，法医法学的形成与我国法律制度的完善以及法学的繁荣和发展密不可分。首先，我国的法医学鉴定制度长期以来附属于司法制度，法医学鉴定机构隶属公、检、法各系统，与司法工作交织融合。法医学专业毕业生分配至公、检、法工作(尤其是2005年之前)，其身份多为警察、检察员和审判员。无论岗前培训，长期的岗位熏陶或法律专业继续教育，其对法学知识均有不同程度的学习和了解。由于司法与法医学鉴定的融合，法医利用掌握的法律和法学知识，使得法医学鉴定的内容涉猎所有司法实践中可能涉及的医学问题。与国外法医学比较，我国的法医学功能过度扩张，排斥临床医学的介入。公安部、最高人民法院和最高人民检察院相继出台鉴定规范，对法医学鉴定的调整方式逐渐从个别调整发展为规范调整，再从规范调整发展为法律调整。其次，2005年全国人民代表大会常务委员会颁布《关于司法鉴定管理问题的决定》，为统一的司法鉴定管理制度提出了总体要求，确立了司法部管理司法鉴定工作。有关司法鉴定的行政法规相继出台，各地司法行政主管机关与当地人大也出台了地方性规章。与此同时，最高人民法院还颁布了有关证据的司法解释，诸如《关于民事诉讼证据的若干规定》，《关于行政诉讼证据的若干规定》，《关于办理死刑案件审查判断证据若干问题的规定》，2013年我国两大诉讼法相继修正颁布等。人们结合司法鉴定实践的经验，将与司法鉴定相关的各类法律进行提炼总结，上升到司法鉴定的专门规范。因此，法医法学的形成发展受我国司法制度改革的影响，司法鉴定制度改革是司法制度改革中的重要一环；同时，我国法律制度的完善对法医法学的形成起到极大的促进作用。

法医法学的作用是指法医法学对法医学鉴定及鉴定人行为的规范、指导和保障。

（一）规范作用

法医学鉴定具有发现真相的积极作用，鉴定人的主动行为往往具有职业的功利主义，司法鉴定的规章制度恰恰具有相反的效果，后者起到保障和约束作用，限制鉴定人的恣意。法医学鉴定作为中立的一方，其必须做到被动应答，行为规范公开。

（1）司法鉴定启动的被动性，又为应答性。鉴定单位或鉴定人不能主动进行鉴定，必须经法定程序接受委托或被聘请，即对有关方提出的事项作出回答和反应。在侦查阶段，侦查权和鉴定权合二为一的现象非常普遍，鉴定人越俎代庖，鉴定启动的被动性淡化，回避程序滞后，缺乏监督制约机制。在司法实践中，对鉴定目的的决定权认识混乱，鉴定人可随意变更、添加鉴定目的，公安、司法人员以不懂技术为理由，经常视而不见，鉴定人大包大揽，造成鉴定的实施权和鉴定的决定权混淆。司法鉴定启动的被动性，其价值就是使鉴定公开，对鉴定程序的运行进行监督。

（2）司法鉴定的法定性。首先，司法鉴定机构和鉴定人的成立和产生，必须遵循国家法律或法规（虽然我国目前尚未有统一性的规范）。尽管英美法系通常采用“无固定资格原则（鉴定人主义）”，但其鉴定人专业资格的认定仍然具有一整套复杂的程序，相应鉴定机构的运作处于良性发展。其次，司法鉴定的启动和鉴定程序必须依法进行，其产生的鉴定意见是法定诉讼证据之一。即使当事人直接委托的鉴定制度，也是法律认可和规范的。鉴定人出庭质证及其法律责任依然由法律加以制约。最后，鉴定项目认证的法律化。一个鉴定项目和某个鉴定项目采用新的鉴定方法，采用新的鉴定标准，都必须经过法律或法庭的认可或同意。甚至鉴定标准的制定是由法律的规定而派生，如我国《人体重伤鉴定标准》即源于刑法第95条的规定。

（二）指导作用

法医学鉴定的本质是为法律服务，对服务对象的了解和熟悉，使得服务更加有的放矢。可以有效地及时解决法律中涉及的专门性问题，特别是新问题。法律基础知识和司法鉴定规范对鉴定人的行为起导向、引导、指路的功用。这些法律规范通过配置鉴定人在法律上的权利与义务以及规定违反法律规定所应承当的法律责任，设定鉴定人的行为模式，引导鉴定人在法律所许可的范围内开展鉴定活动。

（三）保障功能

法医学鉴定的规范性，对鉴定人权利与义务的实现具有保障作用，尤其对鉴定人权利的保护非常重要。法医学鉴定是控辩双方或当事人诉讼的中立科学证据，其出具的鉴定意见不可能满足双方的“利益”，鉴定人需要在矛盾冲突中作出客观的判断和选择，系统完善的法律制度是鉴定人实现权利与义务的基础。从另一个角度看，法医学鉴定在法庭上被外行评头论足，并被外行基于不同的目的而质疑。鉴定人为能维护科学的权威和自身职业的价值，力求法官采信自己的“劳动成果”，法律规范是重要的保障。最近，《关于办理死刑案件审查判断证据若干问题的规定》第23条规定：“对鉴定意见应当着重审查以下内容：（一）鉴定人是否存在应当回避而未回避的情形。（二）鉴定机构和鉴定人是否具有合法的资质。（三）鉴定程序是否符合法律及有关规定。（四）检材的来源、取得、保管、送检是否符合法律及有关规定，与相关提取笔录、扣押物品清单等记载的内容是否相符，检材是否充足、可靠。（五）鉴定的程序、方法、分析过程是否符合本专业的检验鉴定规程和技术方法要求。（六）鉴定意见的形式要件是否完备，是否注明提起鉴定的事由、鉴定委托人、鉴定机构、鉴定要求、鉴定过程、检验方法、鉴定文书的日期等相关内容，是否由鉴定机构加盖鉴定专用章并由鉴定人签名盖章。（七）鉴定意见是否明确。（八）鉴定意见与案件待证事实有无关联。（九）鉴定意见与其他证据之间是否有矛盾，鉴定意见与检验笔录及相关照片是否有矛盾。（十）鉴定意见是否依法及时告知相关人员，当事人对鉴定意见是否有异议。”这些规定具有指导作用，法医鉴定人严格执行也具有保障作用。

三、法医法学理论体系

试图梳理具有法医学专业特色的法医法学理论体系是一项非常艰苦的工作，我们无法回避这个问题。法医法学与法医学鉴定的关系如图1-1所示。除法学通论外，我们分三个问题论述。

（一）静态的司法鉴定制度

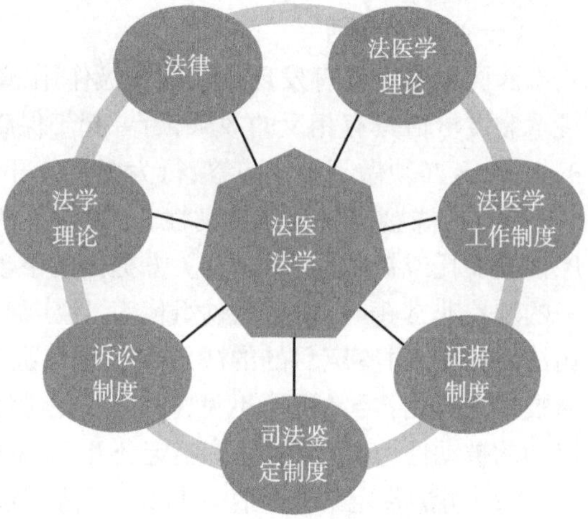

图1-1 法医法学的学科基础

司法鉴定制度是一个国家的法律所规定的，关于司法鉴定的机构设置、人员管理、运行程序和行为标准等方面的规则、规章和体制的总称。有学者认为，所谓司法鉴定制度，是指诉讼过程中，有关鉴定活动的行为准则与规范的总称，主要包括司法鉴定的组织制度、人事制度、程序制度、工作制度、管理制度。司法鉴定制度是现代国家司法制度的重要组成部分，它与国家司法制度中的诉讼制度和证据制度构成一种层次性的结构关系，除建立司法鉴定管理制度外，国家诉讼法和证据法对其进行调整和规范。同时，司法鉴定制度的建立和完善，也是法治的要求，是诉讼制度化、民主化和科学化的重要标志。我们将司法鉴定制度分为静态的管理制度和动态的司法鉴定行为规范，前者见表1-1。

表1-1 静态司法鉴定制度立法列举

司法鉴定	法医学鉴定
国家司法鉴定法	
国家司法鉴定机构管理（法）条例	法医学鉴定机构管理细则
国家执业司法鉴定人（法）条例	法医鉴定人专业培养规范
司法鉴定管理系列法律规范	

（二）动态的司法鉴定

司法鉴定是指在诉讼活动中鉴定人运用科学技术或者专门知识对诉讼涉及的专门性问题进行鉴别和判断并提供鉴定意见的活动。动态司法鉴定规范重点有三方面：司法鉴定主体规范，包括权利与义务，法律责任等；司法鉴定程序规范（实施制度）；司法鉴定意见质证规范（适用制度）。我们从纵向列表说明（表1-2）。

表1-2 动态司法鉴定立法举例

司法鉴定	法医学鉴定
国家诉讼法/证据专门法律	涉及人身检查、尸体检验
国家司法鉴定程序（法）条例及其系列规范	
司法鉴定质量控制体系规范	法医学质量控制
机构内部规章	

（三）法医学鉴定法律问题研究

法医学鉴定中涉及的法律问题比较多，其与实体法的关系属于横向交织，甚至有些还涉及诉讼法的规定，难以系统梳理，我们在此通过列举的方式给予说明（表1-3）。

表1-3 法医学鉴定与法律对应举例

法医学鉴定	法律规范	研究课题
法医病理学鉴定	刑法/侵权责任法/有关死亡的行政法规	死亡的管理/法医尸体解剖条例
法医临床学鉴定	刑法/侵权责任法/相关卫生法规	损伤程度鉴定与法律/医疗损害鉴定
法医生物学鉴定	亲子法/继承法	法医DNA立法研究
司法精神病学鉴定	刑法（责任能力）/诉讼法（诉讼能力）	精神医学与法律

第二节 法医法学的学科基础

任何一门学科都有其自身的基础理论，以使其具有一定的学科独立性和体系完整性，法医法学的学科基础或者与其他法律的关系可以从以下几方面进行理解（图1-2）。

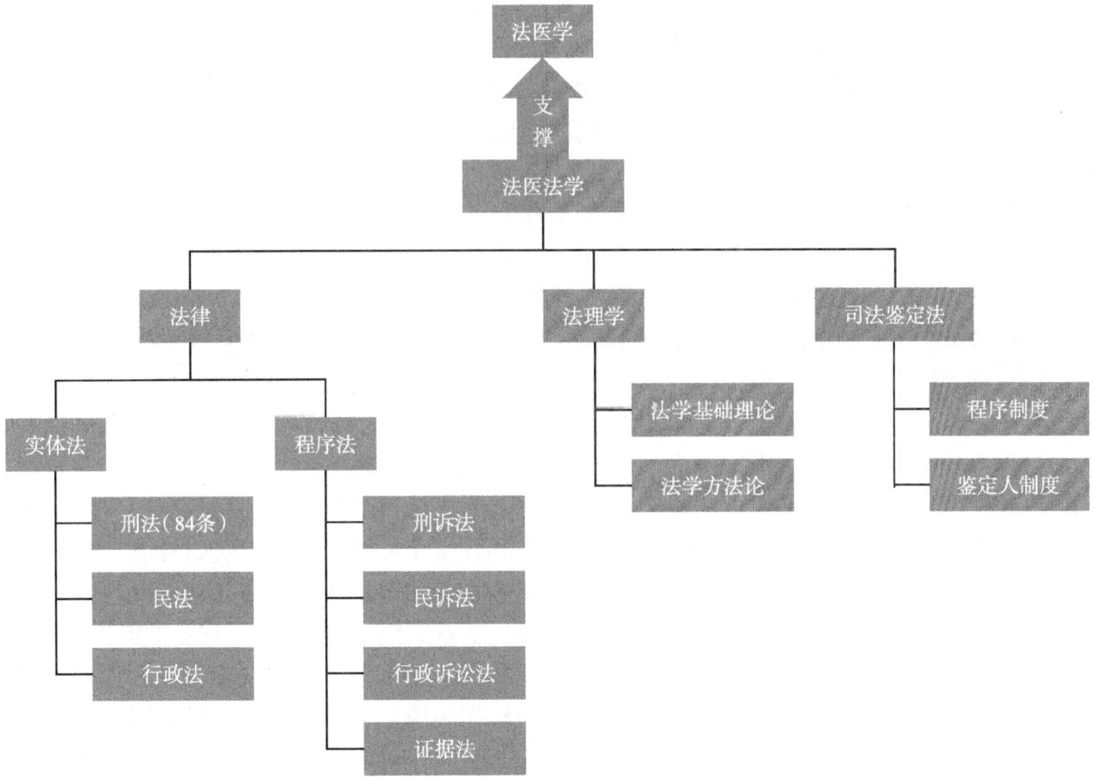

图1-2 法医法学对法医学的支撑作用

一、法医学与司法鉴定学

法医学是应用医学、生物学及其他自然学科的理论与技术，研究并解决法律实践中有关医学问题的一门医学分支学科。从其概念中不难看出，法医学应是法学的边缘学科，属技术法学范畴；法医学以医学等生命科学为基础，以研究并解决法律上有关医学问题为目的；应司法实践之所需，对有关问题作出科学鉴定，为侦查提供线索，为审判提供证据。我们认为，司法鉴定学是研究司法鉴定的本质属性、运行规范、管理体系及发展规律的一门职业法学学科。司法鉴定学以司法鉴定主体、司法鉴定制度、司法鉴定实务、司法鉴定规范、司法鉴定文化等为研究对象，是中国法学体系中的一个重要分支。因此，将司法鉴定学等同于“物证技术学”、“法庭科学”或“司法科学”等学科是错误的，司法鉴定学是研究司法鉴定制度与司法鉴定行为法律规范的一门法学新学科。

（一）两者的关系

法医学属于边缘法学，而司法鉴定学为法学的新学科，两者都是法律科学内容之一，是法学与相关学科相互作用、相互影响的结果。边缘法学与法律新学科既有联系，又有区别。第一，司法鉴定学是法医学为法律服务的“桥梁”。司法鉴定学扩大了法律的生存空间和法律调整的范围，是法律原则、立法思想的具体化，法医学通过司法鉴定学建立的通道或途径为法律提供服务。法医学作为法学的边缘学科，不是完善法律立法，而是保障法律运行更顺畅。法律新学科是在扩大法律实施范围时对其研究对象的法律化，建立相关边缘学科的法律规范和法律制度。第二，边缘法学是法律学科中的独立门类，它与法学理论、比较法学等学科并行，属于上位法学。法学新学科是法学理论中部门法学的子学科，它从属于原来的部门法学，属于下位法学。司法鉴定学属于诉讼法学，或者也可以说是证据法学的子学科。

（二）影响法医学鉴定的主要问题

法医学鉴定的发展与作用受到一个国家司法鉴定制度的影响，在我国目前阻碍法医学鉴定事业发展的主要因素是多元化，有立法不完善问题，侦查机关内设鉴定机构改革挑战，还有司法鉴定管理体制顶层设计等问题。而司法鉴定制度背离公益性、中立性、科学性，是产生低质、劣质鉴定意见的根源。因此，重构我国的司法鉴定制度的关键，是恢复和贯彻这些原则。

1. 公益性原则　非侦查机关的鉴定机构社会化、民间化和市场化，使其公益性、服务性职能淡化，自负盈亏的管理体制使其追求经济效益最大化，与世界各国司法鉴定制度公益性的实践相背离。利用社会资源从事司法鉴定事业的体制，应该更加重视公益性。特别是引导做强做大鉴定规模，优惠税收政策，并通过政府购买服务或者PPP模式，实现司法鉴定科学公正的本体价值。然而，背离公益性的鉴定机构，重经济效益，轻资源投入，一旦当事人对鉴定意见的期望与鉴定人对金钱的欲望结合起来，就会危及我国司法公正的基础。建立国有的司法鉴定机构是司法制度改革的重要举措。

2. 中立性原则　司法鉴定机构必须在控、辩双方之间保持中立。侦查机关对刑事案件及公安行政执法案件的鉴定垄断，助长了鉴定职权化的倾向，可能对科学证据的审查判断产生不利的影响。换言之，法医学鉴定机构应该脱离侦查机关，这也符合国际通行的惯例。

3. 科学性原则　科学性是由司法鉴定的根本原则，是由法庭科学的学科属性所决定的。科学性要求司法鉴定机构拥有丰富的资金，精良的鉴定设备和技术条件，精干的鉴定人员团队，科学的实验室操作管理规程。司法鉴定的科学性排斥鉴定机构的社会化、民间化，需要鉴定机构和鉴定人拥有中立的法律地位和良性的市场环境。科学性是科学证据的灵魂，是提供准确鉴定意见的前提条件。

坚持上述三原则，也是建立权威性司法鉴定机构的必由之路，权威性又决定了其公信力。具有持续并普遍产生权威性鉴定意见的能力，就需要造就操作程序规范、科技检验手段标准化、技术方法成熟、鉴定人专业能力强的鉴定机构。当然，权威性鉴定意见与正确鉴定意见是不能画等号的。

二、诉讼法与证据法学

诉讼法又称程序法（procedural law）是“实体法”的对称，是保证实体法规定的权利和义务得以实施的程序与手续的法律。如民事诉讼法，刑事诉讼法和行政诉讼法，也是实体法所规定的权利义务在司法实践中的表现形式和实现手段。在我国现行诉讼法中明确规定了法医学鉴定行为介入诉讼程序的时间，条件，以及法医学鉴定的行为规范，对法医学鉴定的质证、审查、采信原则等也做了有关规定。此外，全国人民代表大会常务委员会、最高人民检察院、最高人民法院、公安部、司法部、卫生部等国家机关和部门，为规范法医学鉴定行为依据诉讼法的精神和原则规定，又出台了诸项有关补充规定。证据法学，是研究关于证据的法律规范和诉讼或非诉讼法律事务处理过程中运用证据认定案件事实或其他法律事务的规律、方法和规则的学科，是现代法学体系中一个组成部分。

（一）两者的关系

国内学者认为，证据法是诉讼法的一个组成部分。而美国学者一般认为，证据法与诉讼法是两个不同的法律部门。英美法系国家的证据法一般具有法典化的形式，大陆法系国家一般没有独立的证据法，其证据规则分散或"淹没"在有关程序法和实体法中。从法律属性上看，证据法兼具有实体法和程序法的双重作用，证据法是调整司法证明活动中控、辩、审三方主体之间权利与义务关系的规范总和。证据法的实体法特性主要体现在两方面：一是证据相关性、证据能力、证明力等方面的规则，主要规制证据的资格。二是体现各种实体权利、证明责任、证明标准等实体性规则。证据法的程序法特性主要体现在其遵循现代法治国家所普遍接受的正当程序原则，包括证据取证方式、出示方式、询问方式等方面的程序性规定。

我国三大诉讼法对证据均有规定，但相关条款交叉重复，且不够系统。最高人民法院近年来又相继出台了有关证据法的司法解释，有关证据法是否单独立法的问题尚在争论中。诉讼法或证据法是法医法学的法律渊源，对法医法学立法、研究具有主导作用。

（二）诉讼法与证据法对法医学鉴定的规范作用

1. 法医学鉴定的启动

（1）自行鉴定：是指案件的当事人自行委托鉴定机构并提供鉴定资料，由鉴定人出具鉴定意见并提交法院作为证明自己主张成立的证据。最高人民法院《民事诉讼证据规定》第28条："一方当事人自行委托有关部门作出的鉴定结论，另一方当事人有证据足以反驳并申请重新鉴定的，人民法院应予准许"。此外，"当事人申请鉴定，应当在举证期限内提出。对需要鉴定的事项负有举证责任的当事人，在人民法院指定的期限内无正当理由不提出鉴定申请或者不预交鉴定费用或者拒不提供相关材料，致使对案件争议的事实无法通过鉴定结论予以认定的，应当对事实承担举证不能的法律后果"。

（2）指定鉴定：指定鉴定在不同国家的诉讼活动中有不同的含义。①在美国，《联邦证据规则》706（法院指定的专家）规定的指定专家和当事人自行选择专家是两种不同的鉴定启动方式，但即使是由法院指定专家，也可以要求各方当事人提出候选人，而且，"法院可以指定经各方当事人同意的任何专家证人，也可以指定自行选择的专家证人。"②在我国，指定鉴定亦称指派鉴定，是指侦查或检察机关为解决案件中的专门性问题，由办案人员依职权指派本单位鉴定机构的鉴定人进行的鉴定。我国《刑事诉讼法》第144条规定，为了查明案情，需要解决案件中某些专门性问题的时候，应当指派、聘请有专门知识的人进行鉴定。

（3）委托鉴定：是指在审判活动中，法院委托具有法定资质的鉴定机构进行的鉴定活动。关于委托鉴定的架构设计，从证据法角度需作如下规范：①委托鉴定发生在审判活动中，即诉讼案件起诉到法院。②鉴定的提出或决定，可以是审理案件的法官，刑事案件控、辩双方，民事案件中的当事人；鉴定的委托权由法官独享。③法院同意进行鉴定的，由诉讼双方达成合意在鉴定人名册上选任鉴定机构。如果诉讼双方不能达成合意由法官指定或随机选择鉴定机构。法院不同意进行鉴定的，应作出附理由的书面决定。提出鉴定的一方可申请复议一次。④在特殊情况下，法院可以作出附理由的决定，挑选未登入名册的专家作为鉴定人。⑤在启动鉴定程序之前，诉讼各方应当对鉴定材料和鉴定目的进行确认。

（4）鉴定的救济：鉴定意见经过庭审质证，如果诉讼双方或一方对鉴定意见提出异议，可依司法鉴定有关程序规定提出申请，要求原鉴定人进行补充鉴定，或者委托其他鉴定人重新鉴定。补充鉴定和重新鉴定不是鉴定过程的必经环节，而是一种司法救济措施，它有利于保护当事人的合法权益，维护司法公正。我国《刑事诉讼法》第146条规定："侦查机关应当将用作证据的鉴定意见告知犯罪嫌疑人、被害人。如果犯罪嫌疑人、被害人提出申请，可以补充鉴定或者重新鉴定。"

2. 我国有关专家辅助人的规定　2002年最高人民法院《民事诉讼证据规定》第61条规定："当事

人可以向人民法院申请由一至二名具有专门知识的人员出庭就案件的专门性问题进行说明。审判人员和当事人可以对出庭的具有专门知识的人员进行询问。经人民法院准许,可以由当事人各自申请的具有专门知识的人员就有关案件中的问题进行对质。具有专门知识的人员可以对鉴定人进行询问”。其后最高人民法院《行政诉讼证据规定》第48条也有类似规定。新修订的两大诉讼法再次明确了专家辅助人制度,例如《刑事诉讼法》第192条第二款规定,公诉人、当事人和辩护人、诉讼代理人可以申请法庭通知有专门知识的人出庭,就鉴定人作出的鉴定意见提出意见。专家辅助人,又称诉讼辅助人或专家技术顾问,是指在科学、技术以及其他专业知识方面具有特殊的专门知识或经验的人员,受公诉人或当事人的聘请委托,在诉前或诉讼过程中帮助当事人分析技术问题、评价鉴定意见,必要时经法院准许出庭,以辅助当事人对案件事实所涉专门性问题进行说明,或发表专业意见和评论。

3. 科学证据的可采性标准 以美国证据法案例演变为例。

(1)“普遍接受性”标准自1923年起盛行70年。1923年的弗赖伊诉合众国案,被告弗赖伊寻求把早期的血压指数测谎结果提供为证据。上诉法院在支持审判法院排除该证据时指出:科学原理或研究发现究竟何时跨越了试验和证明之间的界限,是难以界定的。科学原理的证明力必须得到承认,然而在采纳从公认的科学原理或研究发现中演绎出的专家证言时,必须在特定领域获得普遍接受。弗赖伊案意见确立的“普遍接受性”标准,在此期间一直是裁定新的科学证据可采性的主导标准。该标准受到了广泛的批评,因为它的严格适用妨碍了基于新兴学科和跨学科研究成果的科学证据的使用。

(2)1993年的多伯特案上诉法院多数意见,主张舍弃弗赖伊案规则,但该规则并未被完全否定。上诉法院阐述了指导下级法院决定专家证言可采性的4个因素:①论题可否被检验;②“理论或技术是否已经受同行审议并发表”;③在决定数据是否足以可靠而被采纳时,法院也要考虑普遍接受性;④在考虑可采性决定时应当谨慎考虑科学技术的错误率,如果“科学家”疏于考虑这个因素,将严重破坏其研究结果的“普遍接受性”。

(3)2000年《联邦证据规则》702的修订,增加了3个限制条件:①证言基于充足的事实或数据;②证言是可靠的原理或方法的产物;③证人将这些原理和方法可靠地适用于案件的事实。

三、法学通论

法学是法律科学的简称,是研究法律、法律现象、法律问题的学问或理论知识体系,是一门关于社会共同生活的人文社会科学。法学学科具体划分为三部分,即理论法学、应用法学和边缘法学。理论法学分为法理学和法律史学,应用法学分为比较法学、国内法学、国际法学和外国法学,边缘法学主要是法学与其他社会科学、自然科学、人文科学相互结合的产物。法医学鉴定人掌握法学理论的程度与其工作效益成正比例关系,可以说,法学知识、法律问题无时无刻不蕴藏在鉴定工作中,学好法律对鉴定人来说事半功倍。

特别要强调的是对法学方法论的学习,非常有助于法医鉴定人综合素质的提高。法学方法论是指研究和认识法律现象所采取的手段、方式、计划、程序的总和,也包括关于这些手段、方式、计划和程序的理论,是人们认识法律现象的一种精神手段。也是指对法律方法的研究,包括法学理论的研究和法律操作的研究,而后者又包括法律解释、法律推理、法律思维方法。它反映了法学的世界观基础,决定了人们对法的根本立场,以及法律人司法实践的方案和手段。法学方法论包括:哲学的方法,一般的科学方法(如:形式逻辑的方法,调查研究的方法和分析比较的方法),专门科学的方法(如心理学、社会学的方法),法律技术方法,法律解释方法等。

要达到法医学与法学的融会贯通,不可能没有法学方法论的指导。随着社会的进步和公民法律意识的增强,在法律所调整的社会关系中,会有很多医学问题需要解决,因此,法医学的作用是不可或缺的。法医学工作者需要法学方法论的指导,以便更科学、客观、公正、合法地完成自己的神圣使命;另外,法学研究者和司法人员也必须掌握与认识法医学的基本内容和精神,才能做到科学立法,公正执法,维护社会的公序良俗。

第三节 法医学与法医法学

一、法医学与法律

(一)法医学是为法律服务的一门自然科学

1. 法医学的产生源于法学的发展　作为一门为法律服务的学科,法医学的诞生与发展自然离不开法律及法律科学的产生和发展,它是法律制度和法学发展到一定阶段的产物。法医学发展史已清楚地表明,医学及其他自然科学的发展,尤其是法律制度的发展促进了法医学的产生和发展。但法医学不是医学、其他自然科学和法律的机械综合,而是应国家法律之需而产生和发展的。法医学在司法实践中应用这些科学的成就,研究自己的专门问题,从而形成并不断完善本学科的理论体系。可见,法医学与国家的法律制度密切相关,特别是法医学鉴定制度的发展,将随着法制建设的发展和完善,形成一套既适合法律需要,又利于法医学发展的良性机制。因而各国法医学的体系和研究内容又有其各自的特点。这也可以从当今世界各国法医学制度和法医学研究范围差别较大得到证实。

2. 法律的需要决定着法医学的主要内容　司法实践要求法医学解决各种人身伤亡与犯罪的关系,故法医学以人身为研究的主要对象,同时对各种与伤、亡有关的物证进行研究,这些就构成了法医学的主要内容。换言之,法医学的主要研究内容无一不受法学的影响。法医学的理论和技术成果最终也是为法律和法学服务的。法医学发展史告诉我们,只要法律对某项医学问题有需要,相应的法医学理论和技术就会应运而生;法律若不需要,该项法医学理论和技术要么无从产生,要么产生后也会失去继续存在的前提和价值。

3. 法律对法医学鉴定的规范和指导作用　法律最基本的特征就是它具有严格的规范性。法医学鉴定是为法律服务的,它必须按照法律的要求和程序进行,法对法医学鉴定程序的规范作用便由此体现出来。我国刑事诉讼法、民事诉讼法两大基本法和最高人民法院、最高人民检察院及公安部的有关法规中,均对法医学鉴定程序作了规范性的规定。对这些规定加以概括,可以看出,法医学鉴定大致可分为受理、检验、鉴定三个程序,其中每一程序均有相应的法律制度予以规范。

从法律角度看,证据部分是诉讼法的核心内容之一。可以说,整个诉讼过程主要是发现、收集证据和运用证据证明案件事实的过程。而法医学鉴定意见又是法医学鉴定人向司法机关提供的有关案件专门性问题的书面鉴定意见,其形成过程中必然受鉴定人主观条件的限定,因此,法医学鉴定的内容必须由法律严格规范,正是在此意义上,法律对法医学鉴定的内容具有指导作用。

4. 法律对法医学学科发展的推进作用　法律在研究和解决实际问题的时候,必然会不断遇到一些新情况和新问题,研究和解决这些问题对法学的发展非常重要。但是法学又不是孤立的学科,其研究和解决问题还依赖其他相关学科的理论和技术支持,因而它也同时向这些相关学科提出新的课题。

法律实践是法医学认识的来源,法医学正是在这种不断接受法律提出新问题的环境下发展起来的。在研究和解决这些问题的同时,法医学学科自身也得到充实。同时,法律实践又是法医学认识发展的动力。恩格斯说:“社会一旦有技术上的需要,则这种需要就会比十所大学更能把科学推向前进。”而且在法律实践的过程中对法医学理论和技术成果进行不断的检验,使其得到完善和发展。

因此,法医学离不开法律,法医学是在有法律存在的情况下发展起来的,而且永远也不可能脱离法律而存在。在社会不断发展的同时,法律也对法医学提出新的挑战,法律对法医学的发展起着推动作用。

(二)法医学是一门应用科学

法医学作为一门应用科学,特别是为法律提供证据的科学,这就要求其技术方法稳定成熟,技术条件科学规范,鉴定结果客观公正,科学研究创新实用。

1. 技术方法稳定成熟　为保障司法的公正性和权威性,法医学鉴定方法必须遵循本学科约定俗成、公认一致的理论和技术，排斥和拒绝学者个人的一家之言和试验探索。首先，对新方法要进行反复验证，保证结果可靠稳定。即使相对可靠的方法，法医鉴定人要熟悉结果的不确定度，以及可能影响检测数据偏离的主要因素。其次，对经验证稳定可靠的新方法，应由专门的专家委员会进行论证，其是否可以独立在案件鉴定中使用，最好经司法部门批准确认。我国最高人民法院曾对白细胞（HLA）应用于亲子鉴定专门有批复，但对DNA技术未有相关规定。另外，在鉴定实践中，穷尽各种传统方法仍无鉴定结果的，或鉴定内容属于新问题，为满足侦查、审判工作的需要，可以源引文献上的新方法和数据，或者采用自己实验室的新方法进行鉴定，但在鉴定结果中必须说明，鉴定意见仅供参考，作为证据使用必须结合案件中其他证据。

2. 技术条件科学规范 法医学是一门应用自然科学，应用科学就是体现科学的实践性、可重复性。关于科学性，我们一方面承认鉴定人自身的专业知识和经验；另一方面，在我国必须强调技术条件的科学性。技术条件的科学性主要体现在两方面，一是基本和必要的仪器设备。这是其自然科学属性所决定的，没有设备，再睿智的专家也不能凭“望、闻、问、切”发现物证的内部结构和变化，也无法保证鉴定人的亲历性。二是科学分工的专家团队。法医学各分科的理论技术有很大差异，有些案件涉及多领域的问题，这就要求各科室之间协同工作。另外，每一个案件的鉴定结果都可能关乎生杀予夺和公民的合法权益，因此，它不同于日常生活中的简单服务，这就要求每一个案件都应凝聚专家集体的智慧，有科学规范的管理制度。

3. 鉴定结果客观公正 法医学鉴定为判断是非曲直提供重要依据，有时是唯一证据。因此，法医学实践和服务经常是在恶势、权势、金钱利诱的环境中追求真理的活动，它与其他行业的服务性质完全不同。客观公正是法医学鉴定工作的基本原则，鉴定结果是展示鉴定工作的唯一载体，鉴定结果的判读、分析推断必须客观公正。就一次案件鉴定而言，没有弥补、解释和救济的机会。法医学鉴定人必须坚持实事求是的原则，忠实于事实真相，运用科学方法，客观地作出鉴定意见。法医学鉴定人故意作虚假鉴定的，应当承担法律责任。

4. 科学研究创新实用 法医学科学研究应该紧密结合司法鉴定实践中的新情况新问题；医学和生物学的新技术需要通过转化稳定成熟后才能适用于法医学鉴定。在我国法医学科研领域有许多基础性研究、实验性研究，所产生的技术成果往往与实践脱节，这与科研课题的设置以及追求SCI的考核有关。

（三）法医学发展的制约因素

1. 法律对法医学发展的制约 事物都具有两面性，上面谈到法律对法医学的促进作用，同样法律对法医学发展还有制约作用。以法医病理学为例，运用法医学查明死亡原因，法医学只是具有工具职能，如果法律对死亡的检验和管理没有健全的制度，即使发达的法医学也无法完全为法律和社会服务。法医能否系统地依法受理相关案件，抑或受理案件具有较大的随意性，首先是立法问题，我国对此没有专门的法律规定。美国法医鉴定人制度对法医鉴定人工作有详尽的法律规范，如佛罗里达州法典就专门规定了法医检验和鉴定案件的范围。

2. 法医学鉴定体制的自身制约因素 法医学鉴定行政化是制约发展的根本原因。即以司法权和行政权诠释司法鉴定（法医学鉴定），以公检法的职能划分司法鉴定的职能，前者的“权力”与后者的“权利”混淆。由此，鉴定部门是公检法的行政部门，鉴定部门的生命、生存完全依附其上级管理机关，同时，上级主管部门自然“保护”其自身鉴定部门提供的证据。各系统相互攀比，追求本系统“小而全”的部门利益，必然各自为政。2005年后法院鉴定机构的撤销，面向社会服务的司法鉴定机构成立，又出现许多新的问题。

3. 法医学专业技术管理行政化 专业技术管理应由专业委员会或协会管理，这已是国际惯例。鉴定人的资格、研修、晋升制度，关系到法医学的主体和鉴定质量，但目前均由行政领导“说了算”。如技术鉴定标准要由人民法院审判委员会讨论通过，中国法医学会由公安部领导，其工作方针和重点，必须满足公安部的需要，成为警察打击犯罪的工具。

二、法医学鉴定人职业特点

法医鉴定人是高层次的科学工作者，以其精深的法医学专门知识和丰富的鉴定经验，就其所受委托案件中的某一专门问题作出鉴定意见的一种社会职业。在发达国家，由于法医学鉴定人培养模式为医学，且为法律提供科学证据，法医职业者都是国家中社会地位高、经济收入高、对人才要求高、职业受尊重度高、职业变动小的人们普遍向往的职业（"四高一小"）。而我国法医职业者地位和界定不伦不类，优秀的医学专业学生不愿选择法医职业。究其原因有两点：第一，法医职业执业门槛低，职业化训练缺位，对人才的要求不高。第二，也是最重要，法医职业警察化，法医的地位和行政待遇不如警校毕业的中专生、大专生，没有形成法医职业化群体。因此，非常有必要研究法医学鉴定人职业化问题，此处不再讨论鉴定制度。我们设想中国法医职业统一化后，法医职业化群体应该建设和发展的几方面。法医职业品质可分为职业能力、职业精神、职业形象和职业声望四方面。

（一）职业能力

职业能力是指法医职业者须掌握专门的法医学知识和技能，通过严格的职业训练，遵循法医职业准入制度，确认法医职业能力。对法医鉴定人的职业资格条件应该要求很高，在美国，法医病理学医师的培训是根据美国医学会的规定进行。按此规定，法医病理学是病理学的一个分支。大学毕业（文理学院4年加医学院4年）后获得法医病理医师资格，须先取得病理医师资格。病理医师资格的取得要通过进修病理解剖学3年，或临床病理学3年，再或二者兼修4年。经考试合格者，再进修法医病理学1年，通过考试方能获得法医病理医师资格。值得借鉴的是其培训计划非常规范，对鉴定人的培养至关重要。如病理医师阶段，要求完成75例解剖，至少进行2000例外科病理标本检查并签名；法医病理医师阶段，必须在1年内进行500例尸体的法医解剖，其中100例以上是在24小时内因物理或化学原因突然死亡。如果仅完成250~350例解剖，则应包括与这些解剖案例有关的现场勘查经验。

欧盟关于法医学教育的协议规定，毕业生至少学习2年的普通病理学，后在法医学研究所学习3年的法医学，要求5年内至少施行500例尸体解剖，最低100例的组织学检查，并经考试合格方可获得法医病理医师资格。例如德国，获得法医学专业医师证书，必须从事病理学和组织学常规工作1年，法医病理学实际工作6个月，然后在法医学研究所中各科轮转工作3年半，完成上述学习任务即可获得法医学专业医师资格。如在美国，法医学医师鉴定人须由文理学院4年毕业，医学院4年毕业，病理专业4年，法医局工作1年至1年半。在法国，一个人要取得法医学的鉴定资格，首先要就读于医学院校（4~5年），然后要读3年的法医学专业，之后要从事法医学鉴定实践（助理）3年左右，经考核合格后方能取得法医鉴定资格。

我国对此应进行借鉴，医学专业毕业生经过3年的职业训练，通过国家法医鉴定人执业考试，方能从事法医学鉴定工作。

（二）职业精神

职业精神是与人们的职业活动紧密联系、具有自身职业特征的精神，包括职业态度、职业责任、职业良心和职业作风等。法医职业精神相对其他职业要求更高，类似于医师职业。法医学鉴定是关乎依法剥夺公民生命和人身自由的重要科学证据，人命关天不可疏虞。法医学鉴定人必须具备良好的职业道德，公平，正义理念和实事求是的科学态度，不为权势金钱左右，忠于自己的法医学职业，时刻牢记，国家给予自己法医学鉴定人的资格和权力，自己就要尽到忠于职守的义务。

法医职业还不同于医师，法医爱憎分明、坚持原则的性格和品德，需要张扬和恪守。不是所有的人，大家公认的"好人"都可以做好法医工作的。在我国目前的大环境中，有时品德比业务精深显得更为重要。在实践中，鉴定意见产生偏差的原因除了业务不精外，个别鉴定人的不讲职业道德也是重要原因之一，有的鉴定人或囿于近亲，或权钱交易，将技术鉴定掺入感情因素，要么故意夸大事实，要么故意缩小事实混淆是非，出具不符合事实科学的鉴定，有的鉴定人还凭借其专业知识将假鉴定搞得很逼真。其危害性十分可怕。

（三）职业形象和职业声望

职业形象是指法医职业者为社会所尊重，享有良好的社会地位。职业声望是人们对职业的社会评价。职业能力使法医职业握有影响社会的强大公信力，职业精神使法医职业具有高尚情操，而职业能力和职业精神的结合，又使法医职业在社会中享有令人羡慕的自治“特权”，进而赢得为社会其他成员所尊重的崇高职业声望。

公信力，《现代汉语词典》的解释是：使公众信任的力量。公信力是指在社会公共生活中，公共权力面对时间差序、公众交往以及利益交换所表现出的一种公平、正义、效率、人道、民主、责任的信任力。公信力既是一种社会系统信任，同时也是公共权威的真实表达，属政治伦理范畴。公信力作为一种无形资产，是法医学鉴定在长期的发展中日积月累而形成的，体现了一个鉴定机构或鉴定人存在的权威性、在社会中的信誉度以及在公众中的影响力等特征。没有公信力的鉴定机构终将失去生命力，被行业鄙弃。因此，法医学鉴定机构或鉴定人的公信力就像眼睛和生命，需要呵护和维持。法医职业群体的公信力需要所有法医同仁共同维护，甚至付出艰苦的努力。

我们应该建立法医职业声望调查与评价体系，编制法医职业声望量表，由法官、检察官、律师等进行职业声望评价。

三、法医学鉴定人法律职业素养

当今的法医学工作者，必须具备较高的法律素质。很难设想，一个毫无法律意识、不具备一定法律素质的法医学鉴定人能自觉地运用其所掌握的科学知识去为社会法律实践服务。在医学、法学结合日趋紧密的当今，法医学鉴定人的一切活动均与法律息息相关。法医学鉴定的标准并非单纯的医学标准，它是由法律直接衍生的。法医学鉴定人提供的鉴定意见，不仅具有技术意义，而且具有法律意义，它往往成为司法机关依法处理案件的主要依据。随着法治的深入，未来的法医学鉴定人将越加深入和广泛地参与司法实践并在其中发挥不可替代的作用。这些都需要法医学鉴定人不仅要认真、全面、系统地学习法律知识，而且还要具备相当的法律素养、法学理念和法学思维方法。

1. 法学的实践思维与客观公平理念　法学追求的是实践的知识。亚里士多德把人类的思考方式（获取知识的方式）分为思辨（哲学）之思、理论（科学）之思和实践之思。实践之思是针对行为选择或欲望的思考，这样的思考是一种实践的真理。法学的思考是针对特定的法律观察的思考，而不是脱离实际的遐想。法学的这种思维方式的养成为我们客观、公平地看待法律事件，处理法律纠纷，提供司法所需的科学证据，提供了认识论的前提，这也是法医学鉴定人所应具备的基本素养。客观对待事物，公平地处理问题，又是法医学鉴定人应坚持的基本工作原则，是提供正确鉴定结论的基础。

2. 法学的问题思维与审慎的求实态度　法学思维总是针对法律问题进行思维的。当人们对法律制度或社会现实以及两者相互如何对应等方面的理解提供多于一个以上的答案或者根本就没有答案时，在此就存在着某个法律问题，它既可能是立法问题，也可能是执法问题、司法问题、守法问题；既可能是法律解释问题，也可能是法律推理问题。有时这样的法律问题甚至表现为一种“无路可走”的僵局问题。比如，假设有一项立法议案涉及大多数人的利益，无论是普通公民还是立法机构内部成员之间形成完全对立的两派意见，谁也说服不了谁，表决结果也是一半对一半，这就是立法僵局。在法医学鉴定过程中也可能会产生同样的情况，因此，法医学鉴定的思考不是简单运用演绎法将法律作为毋庸置疑的前提条件、通过推理得出鉴定意见的过程，更多的情况下是从需要法医学解决的问题实际出发，审慎地分析得出结果的前提条件是否可靠，是否能被人们所接受。所以法医学鉴定人应养成在实践中善于寻找问题，针对问题确定解决的方法和思路的习惯。不能好高骛远，脱离实际，大谈理论。

3. 法学的论证思维与析辩的科学作风　有些法医学鉴定可能面临许许多多的问题，那么法医学鉴定人在为这些问题提出解答方案时，必须为结果提出必要而充分的论据理由。法学的论证思维就是理由优先于结论的规则。也就是说有些法医学鉴定意见，必须是有论证理由的意见，是对法医学鉴定人本人以及其他人均有说服力的意见。我们平时所说的法医学鉴定要具有科学性，其内涵就是要让鉴定意见经得起科学论证,科学检验,才能作为定案的依据。因此,法医学鉴定人具备法学的论证性思维,是培养良好科学素养的基础和前提。

4. 法学的评价性思维与正义、公平的价值观 法学研究是一种"价值性事件",即反映人类的价值观,价值倾向和价值意义的社会事实。因此法学思维离不开评价。自古以来,法学家们总是以法律来评价人们的行为是否合法。在法学价值导向的思考中,寻求法律中的正确性要求是至关重要的。这种"正确性"要求所反映的主要价值是公正和正义。所以法学思维所追求的价值目标与其他学科是有所不同的,比如,经济学思维追求效益最大化的价值,伦理学思维追寻"道德之善",政治学思维寻求"合目的性"、"权宜之计",而法学思维则以"正义""公平"的价值为主要取向,这正是为什么在立法和司法过程中必须设定严格甚至有些"烦琐"的程序,不惜牺牲"效率"也要保证法律的"正义"与"公平"的价值得到实现。法医学鉴定人养成法学的评价性思维方式是鉴定过程中保持"正义"与"公正"理念的基石,也是必须遵守的准则。

本章小结

本章试图构建法医法学学科的理论基础,揭示法医学与法医学鉴定与法律学科的关系,以及法律对法医学学科的影响。法医学鉴定制度具有强烈的中国特色,我国法医学事业的发展仍然处于变动、冲突和探索的不稳定状态,法医学鉴定职业共同体尚未形成。因此,本章主要观点仅供教师和学生参考。

(常 林)

讨论题

如何构建法医法学学科体系?

思考题

1. 简述司法制度对法医学鉴定工作的影响。
2. 简述法律与法医学的关系。
3. 简述法医学鉴定人学习法医法学的意义。

第二章　法律制度概述

学习目标

通过本章的学习，你应该能够

掌握　我国司法制度、刑事诉讼法、民事诉讼法的概念、特征及基本原则。

熟悉　我国司法制度及刑事诉讼法、民事诉讼法、行政诉讼法规定的管辖及诉讼程序。

了解　法学基本原理及宪法规定的公民基本权利和义务。

第一节　法学基本理论

一、法律的概念及普遍适用原则

（一）法律的概念和特征

法律（law）是国家制定或认可的，体现统治阶级的意志，由国家强制力保证实施的，以规定当事人权利和义务为内容的具有普遍约束力的行为规范体系。法律的基本特征：①法律以行为规范为主，其内容涉及法律权利、权力与义务。②法律是由国家制定、认可并解释的。③法律是由国家强制力保证实施的。④法律具有更广泛的普遍约束力。

（二）法律普遍适用原则

法律原则是指可以作为规则的基础或本源的综合性、稳定性原理和原则。

1. 司法公正原则　司法公正是社会正义的一个重要组成部分，是现代社会政治民主、进步的重要标志，也是现代国家经济发展和社会稳定的重要保证。它是法律的自身要求，也是依法治国的要求，其基本内涵是要在司法活动的过程和结果中体现公平、平等、正当、正义的精神。司法公正包括实体公正和程序公正，前者是司法公正的根本目标，后者是司法公正的重要保障。

2. 公民在法律面前一律平等　公民在法律面前一律平等，既是我国公民的一项基本权利，也是我国法的适用的一条基本原则。在法的适用领域，公民在法律面前一律平等的基本含义是：①在我国，法律对于全体公民，不分民族、种族、性别、职业、社会出身、宗教信仰、财产状况等，都是统一适用的，所有公民都平等地享有宪法和法律规定的权利，平等地履行宪法和法律规定的义务。②任何权利受到侵犯的公民一律平等地受到法律保护，不能歧视任何公民。③对任何公民的违法犯罪行为，都必须同样地追究法律责任，依法给予相应的法律制裁，决不允许有不受法律约束或凌驾于法律之上的特殊公民，任何超出法律之外的特殊待遇都是违法的。

3. 以事实为依据、以法律为准绳　"以事实为依据，以法律为准绳"的原则，就是执法、司法机关在办案时，必须以业已查明的案件客观事实为基础，而不允许把主观想象、推测、怀疑作为处理案件的根据，并且要在查清案件事实的基础上，以国家的法律为标准，正确适用法律，对案件作出正确的处理，以保证依法行政、公正司法的要求。

4. 司法机关依法独立行使职权　《宪法》、《人民法院组织法》、《人民检察院组织法》、《刑事诉讼法》均有司法机关独立行使职权的相关规定。其含义和要求：①人民法院、人民检察院进行诉讼、处理案件，必须依法办事，除服从法律外，不服从任何机关、社会团体和个人有关处理具体案件的指示、命令。②任何行政机关、社会团体和个人都不得干涉人民法院、人民检察院的审判、检察工作。③人民法院、人民检察院作为一个组织整体，集体对审判权、检察权的行使负责。

实行司法机关独立行使职权的意义在于，保障人民法院、人民检察院充分发挥其在加强法制方面的特有作用，防止和杜绝行政机关、社会团体和个人对审判、检察工作的干涉。

5. 国家赔偿与司法责任　国家赔偿是指国家机关及其工作人员因行使职权给公民、法人及其他组织的人身权或财产权造成损害，依法应给予的赔偿。国家赔偿由侵权的国家机关履行赔偿义务。根据《中华人民共和国国家赔偿法》的规定，国家赔偿一般包括行政赔偿、刑事赔偿。该原则要求司法机关和司法人员在错误执行法律、误判、错判时应当承担相应的责任。

二、宪法基本理论

（一）宪法的概念和特征

宪法（constitution）是国家根本法，规定国家和社会的基本问题，是民主制度的法律化，是统治阶级利益的集中体现，是治国安邦的总章程，具有最高的法律地位、法律权威、法律效力，有三方面的特征。

1. 在内容上　宪法规定国家制度和社会制度中最根本、最重要的方面。国家的性质、国家的政权组织形式和国家的结构形式、国家的基本国策、公民的基本权利和义务、国家机构的组织及其职权等，都在宪法中作了明确规定。充分反映了我国政治、经济、文化和社会生活等各方面的主要内容及其发展方向，规范着整个国家的活动。

2. 在法律效力上　宪法具有最高的法律效力。一切法律、行政法规、地方性法规的制定都必须以宪法为依据，遵循宪法的基本原则，不得与宪法相抵触。宪法是一切国家机关、武装力量、政党、社会团体以及公民的最高行为准则。

3. 在制定和修改的程序上　宪法比其他法律更加严格。一方面，制定和修改宪法的机关，往往是依法特别成立的，而非普通立法机关。另一方面，通过、批准宪法或者其修正案的程序，往往严于普通法律。

（二）宪法的主要原则

1. 党的领导原则　宪法序言中明确规定了中国共产党在国家和社会生活中的领导地位和执政地位，党的领导是人民当家做主的根本保证。中国共产党执政就是党领导、支持、保证人民当家做主，最广泛地动员和组织人民群众依法管理国家和社会事务，管理经济和文化事业，维护和实现广大人民的根本利益。

2. 人民主权原则　人民主权是指国家中绝大多数人拥有国家的最高权力。人民当家做主是社会主义民主政治的本质和核心。我国宪法强调国家的一切权力属于人民。这一原则在宪法中表现是多方面的：确认了我国人民民主专政的国体；确认了以公有制为主体、多种所有制经济共同发展的基本经济制度；确认了人民代表大会制度的政体；确认了广大人民依照法律规定，通过各种途径和形式，管理国家事务，管理经济和文化事业，管理社会事务。

3. 人权保障原则　宪法确认和保护的公民权利就是人权保障在国家根本法中的体现。人权是指人基于生存和发展所必需的自由、平等权利。宪法规定“国家尊重和保障人权”，并规定公民享有广泛的权利与自由。

4. 法治原则　宪法明确规定实行依法治国，建设社会主义法治国家。依法治国的根本要求是“有法可依、有法必依、执法必严、违法必究”。任何组织和个人都要在宪法和法律范围内活动，一切违法行为都应受到法律的追究,法律面前人人平等。

5. 民主集中制原则 宪法明确规定中华人民共和国的国家机构实行民主集中制的原则。国家权力统一由全国人民代表大会和地方各级人民代表大会行使,全国人民代表大会和地方各级人民代表大会由民主选举产生,对人民负责,受人民监督。中央和地方国家机构职权的划分及其活动,遵循在中央统一领导下,充分发挥地方的主动性、积极性原则。

(三)公民的基本权利和义务

公民是指具有某国国籍的自然人。我国宪法规定,凡具有中华人民共和国国籍的人都是中华人民共和国公民。公民的基本权利和义务,也称宪法权利和义务,是宪法所规定的公民享有的基本的、必不可少的权利和必须遵守的、应尽的根本责任。

1. 我国公民的基本权利 ①平等权;②政治权利与自由;③宗教信仰自由;④人身权利;⑤监督权和取得国家赔偿权;⑥社会经济权;⑦文化教育权;⑧特定主体权利。宪法中对一些特定主体,如妇女、离退休人员、残废军人、残疾人、军烈属、母亲、儿童、老人、青少年、华侨等设置专条,给予特定保护。

2. 我国公民的基本义务 ①维护国家统一和全国各民族团结;②遵守宪法和法律、保守国家秘密、爱护公共财产、遵守劳动纪律、遵守公共秩序、尊重社会公德;③维护国家的安全、荣誉和利益;④保卫祖国,依法服兵役和参加民兵组织;⑤依法纳税;⑥其他义务,除上述义务外,我国宪法还规定,夫妻双方有实行计划生育的义务,父母有抚养教育未成年子女的义务,成年子女有赡养扶助父母的义务。

第二节 司法制度

一、司法制度的概念及原则

(一)司法制度的概念和特点

1. 司法制度(judicial system)的概念 司法制度是指国家司法机关和法律授权的专门组织应用法律处理诉讼案件和非诉讼案件的制度,它是这些机关和组织的性质、任务、组织体系、活动原则和工作制度的总称。我国司法制度包括侦查制度、检察制度、审判制度、监狱制度、司法行政管理制度、人民调解制度、律师制度、公证制度、国家赔偿制度等。这些制度相互结合,构成司法活动的制度体系和基础。司法的功能和目的,就是在特定的社会环境和历史条件下,通过具体的司法制度、程序和法律职业的活动,在特定司法理念的指导下得以实现的。

2. 我国司法制度的特点 我国司法制度具有鲜明的中国特色。在司法制度的本质上,坚持党的领导、人民当家做主、依法治国有机统一;在司法权的来源上,司法权来自人民,属于人民;在司法权的配置上,侦查权、检察权、审判权、执行权既相互制约,又相互配合;在司法权的行使上,审判机关、检察机关既依法独立公正行使职权,又自觉接受党的监督、人大监督、政协监督、群众监督;在司法形式上,坚持专门机关和群众路线相结合。

(二)司法制度的基本原则

司法制度的基本原则是指规定在宪法、刑事诉讼法、民事诉讼法、行政诉讼法和其他一系列法律中法律适用的基本原则,是国家司法机关和法律授权的专门组织在司法过程中必须遵循的基本准则。

1. 司法独立原则 司法独立原则是指司法机关独立于其他机关、团体和个人;司法机关在行使其职权时,只服从法律,不受任何其他机关、团体和个人的干涉。司法独立是现代法治国家的主要标志,也是公民的一项基本人权。宪法、刑事诉讼法、行政诉讼法、民事诉讼法都对司法独立问题作了相应的规定。

2. 司法平等原则 司法平等原则是指司法机关在适用法律时应一视同仁,不能因人而异;在适用法律时应贯彻执行权利与义务相统一的原则。宪法、刑事诉讼法、民事诉讼法等法律中,都重申了此原则。

3. 法治原则　法治原则体现为"以事实为根据,以法律为准绳"的原则。"以事实为根据"是指司法机关在从事司法活动中应当以司法机关通过各种合法途径所掌握的事实为定案依据。"以法律为准绳"是指司法机关在进行司法活动过程中,应处处以国家现行有效的法律作为衡量一切的唯一标准。

4. 司法责任原则　司法责任原则是为正确适用法律而确立的补救性原则,也是我国司法机关工作的一贯方针。该原则要求司法机关和司法人员在误判、错判时,应当承担相应的责任。

二、司法制度的范畴

(一)审判制度

审判(trial)制度是指法律规定的人民法院在组织体系上的设置、法官制度、审判组织和活动等方面的法律制度。

1. 人民法院的组织机构　人民法院是国家审判机关。各级各类人民法院的审判工作统一接受最高人民法院的监督。地方各级人民法院根据行政区划设置,专门法院根据需要设置。其组织体系:①最高人民法院,是国家的最高审判机关,依法行使国家最高审判权,对全国人民代表大会和常务委员会负责,同时监督地方各级人民法院和专门人民法院的工作;②高级人民法院,包括省高级人民法院、自治区高级人民法院、直辖市高级人民法院;③中级人民法院,包括在省、自治区内按地区设立的中级人民法院,在直辖市内设立的中级人民法院,省、自治区辖市和自治州中级人民法院;④基层人民法院,包括县、自治县人民法院,不设区的市、市辖区人民法院;⑤专门人民法院,是指根据实际需要在特定部门设立的审理特定案件的法院。目前我国设军事、海事、铁路运输法院等专门法院。

2. 审判制度的基本原则和制度

(1)审判制度的基本原则:①独立原则:人民法院依照法律规定独立行使审判权,不受行政机关、社会团体和个人的干涉;②公开原则:人民法院审理案件,除涉及国家机密、个人隐私和未成年人犯罪案件外,一律公开进行;③方便原则:各民族公民都有使用本民族语言文字进行诉讼的权利;④协作原则:人民法院、人民检察院和公安机关对于刑事案件,应当分工负责,互相配合,互相制约,以保证准确有效地执行法律;⑤平等原则:人民法院审判案件,对于一切公民,不分民族、种族、性别、职业、家庭出身、宗教信仰、教育程度、财产状况、居住期限,在适用法律上一律平等,不允许有任何特权。

(2)我国基本的审判制度:①公开审判制度;②辩护制度;③回避制度;④合议制度;⑤陪审制度;⑥两审终审制度。⑦死刑复核制度;⑧审判监督制度;⑨司法协助制度。

(二)检察制度

检察(prosecution)制度是指国家检察机关的性质、任务、组织体系、组织和活动原则以及工作制度的总称。

1. 人民检察院的组织机构

(1)检察委员会:各级人民检察院设立检察委员会,实行民主集中制,在检察长的主持下,讨论决定重大案件和其他重大问题。如果检察长在重大问题上不同意多数人的决定,可以报请本级人民代表大会常务委员会决定。

(2)检察工作机构:人民检察院的内部工作机构是根据法律监督的内容所形成的业务分工机构,包括刑事检察、民事检察、行政检察和监所检察等业务机构,特别设立了反贪污贿赂局、渎职犯罪侦查局,建立举报中心,直接依靠群众同贪污、贿赂、渎职、侵权等犯罪行为作斗争。

2. 检察工作制度　检察制度是根据检察业务的范围和活动而形成的一些规则制度。主要有:①侦查监督制度:是指人民检察院对公安机关(包括国家安全机关)的刑事侦查活动实行的监督制度;②自侦制度:是指人民检察院直接受理案件并立案侦查的制度;③公诉制度:除少数犯罪可以自诉外,其他公诉的案件,一律由人民检察院向有管辖权的人民法院提起公诉;④审判监督制度:是指人民检察院对人民法院的民事、刑事、行政等审判活动进行监督的制度；⑤对刑事判决的执行和监所的监督制度。

（三）侦查制度

侦查（investigation）制度则是指国家侦查机关的性质、任务、组织体系、组织与活动原则以及工作制度的总称。公安机关、安全机关依法侦查刑事案件，行使国家的司法权。

1. 刑事警察制度　刑事警察，简称刑警，是公安机关的一个重要警种，是人民警察的重要组成部分。人民警察警衔设五等十三级：①总警监、副总警监；②警监：一级、二级、三级；③警督：一级、二级、三级；④警司：一级、二级、三级；⑤警员：一级、二级。

2. 侦查工作制度　①受案、立案制度；②侦查程序制度；③拘留、逮捕制度；④移送起诉制度；⑤证据制度。

（四）监狱制度

依据《监狱法》规定，国务院司法行政部门主管全国的监狱工作，司法部设监狱管理局管理全国监狱的职能部门。省、自治区、直辖市的监狱管理局在当地司法厅（局）的领导下具体管理辖区内的监狱工作。

1. 监狱机构设置　我国监狱关押罪犯有两种形式：①关押被判处有期徒刑、无期徒刑和死刑缓期两年执行罪犯的监狱。分设男犯监狱和女犯监狱。根据罪犯的犯罪性质及刑期长短，监狱还可分为重犯监狱和轻犯监狱。②关押被判处有期徒刑、无期徒刑的未成年罪犯的场所，称作未成年犯监狱或少年监狱。

2. 监狱工作的基本原则　根据监狱法规定，基本原则有：①惩罚和改造相结合原则：监狱执行刑罚，首先是对犯罪分子实施惩罚。惩罚的目的是为了把犯罪分子改造成为守法公民，这也是我国刑罚的根本性质所在。②教育和劳动相结合原则：教育是对罪犯进行思想教育、文化教育、职业技术教育；劳动是从事一定的生产活动。必须把教育改造和劳动改造两者很好地结合起来，才能有效地改造罪犯。

3. 刑罚的执行　刑罚的执行是指刑罚执行机关依照法律规定的执行范围将审判机关已经发生法律效力的刑事判决和裁定付诸实施的活动。具体有：①收监；②对罪犯提出的申诉、控告、检举的处理；③监外执行；④减刑和假释；⑤释放和安置。

（五）仲裁制度

仲裁制度是指民（商）事争议的双方当事人达成协议，自愿将争议提交选定的第三者，根据一定程序规则和公正原则作出裁决，并有义务履行裁决的一种法律制度。仲裁依法受国家监督，国家通过法院对仲裁协议的效力、仲裁程序的制定以及仲裁裁决的执行和遇有当事人不自愿执行的情况时，可按照审判地法律所规定的范围进行干预。

1. 仲裁制度的基本原则

（1）自愿原则：当事人采用仲裁方式解决纠纷，应当双方自愿，达成仲裁协议，无仲裁协议一方当事人申请仲裁的，仲裁委员会不予受理。

（2）独立原则：仲裁机构的设置按地域设置，相互独立，没有隶属关系。仲裁委员会、仲裁协会与仲裁庭三者之间相互独立，对案件的审理，互不干预；法院依法对仲裁活动行使监督权，但仲裁并不附属于审判，仲裁机构也不附属于法院。

（3）合法、公平原则：仲裁应当根据事实，符合法律规定，公平、合理地解决纠纷。

2. 仲裁机构

（1）仲裁协会：是仲裁人员的自律性组织，根据章程对仲裁委员会及其组成人员、仲裁员的违纪行为进行监督。仲裁协会依照仲裁法和民事诉讼法的有关规定制定仲裁规则。

（2）仲裁委员会：是常设性仲裁机构，一般在直辖市，省、自治区人民政府所在地的市设立，也可以根据需要在其他设区的市设立。仲裁委员会由市的人民政府组织有关部门和商会统一组建，并应经司法行政部门登记。

（3）仲裁庭：其组织形式分为合议制和独任制两种。

3. 仲裁的基本制度

（1）或裁或审制度：当事人达成仲裁协议的，只能向仲裁机构申请仲裁，而不能向法院起诉。当事人签订的仲裁协议虽然排除了法院对争议的管辖权，但在某些特定情况下法院对受理的已有仲裁协议的争议拥有管辖权。

（2）一裁终局制度：裁决作出后即发生法律效力，即使当事人对裁决不服，也不能再就同一争议向法院起诉，同时也不能再向仲裁机构申请仲裁或复议。但是，当事人认为仲裁裁决确有错误，即符合法律规定的撤销情形时，可依法向法院申请审查核实，予以裁定撤销。这是对一裁终局制度的一项补救措施。

（六）公证制度

公证是指国家认可的公证人对民事法律关系所确认的具有权威性的证明活动。

1. 公证机构　直辖市、县（自治县）、市设立公证处，经省、自治区、直辖市司法行政机关批准，市辖区中可设立公证处。公证处之间没有隶属关系。

2. 公证的效力

（1）证据效力：指它在法律上的证明资格，经过法定程序公证证明的法律行为，法律事实和文书，人民法院应当作为认定事实的根据，但有相反证据足以推翻公证证明的除外。

（2）执行效力：是指它的强制执行力，经过公证处证明有强制执行效力的债权文书，一方当事人不按文书规定履行时，对方当事人可以向有管辖权的基层人民法院申请执行。

（3）法律效力：是指某些法律行为只有经过公证证明后才成立生效，才具有法律约束力，才受到国家的保护。

（4）域外效力：即公证书在域外使用时发生法律上的效力。

3. 公证程序

（1）申请和受理：申请应向有管辖权的公证处提出，并填写公证申请表，在申请表上签名或盖章。公证处对当事人符合条件的申请，应予受理。

（2）审查：公证处重点审查当事人的身份、资格、民事行为能力、当事人的意思表示和相应的权利，需公证的行为、事实或文书的内容是否真实、合法，需公证的文书内容是否完善等。

（3）出证：即对经过审查符合条件的公证由公证人出具公证证明。

（4）特别程序：指办理某些特殊的公证事项所应遵循的程序。

（5）复议：指当事人对公证处作出的不予受理或拒绝公证或撤销公证书的决定不服，可在法定期限内向司法行政机关申请复议；对复议决定不服的，可在法定期限内向人民法院起诉。

（七）律师制度

律师制度是指国家法律规定的有关律师的性质、任务、组织和活动原则，以及律师如何向社会提供法律服务的法律规范的总称。

1. 律师执业　律师执业应具备：拥护中华人民共和国宪法；通过国家统一司法考试；在律师事务所实习满一年；品行良好。申请律师执业，应当向设区的市级或者直辖市的区人民政府司法行政部门提出申请，并提交相关材料；申请兼职律师执业的，还应当提交所在单位同意申请人兼职从事律师职业的证明。

2. 律师事务所　律师事务所是律师的执业机构。设立律师事务所应具备的条件：有自己的名称、住所和章程；有符合《律师法》规定的律师；设立人应当是具有一定的执业经历，且三年内未受过停止执业处罚的律师；有符合国务院司法行政部门规定数额的资产。

律师事务所应当建立健全执业管理、利益冲突审查、收费与财务管理、投诉查处、年度考核、档案管理等制度，对律师在执业活动中遵守职业道德、执业纪律的情况进行监督。律师承办业务，由律师事务所统一接受委托，与委托人签订书面委托合同，按照国家规定统一收取费用并如实入账。

3. 律师协会　律师协会是社会团体法人，是律师的自律性组织。律师、律师事务所应当加入律师协会。律师协会制定的行业规范和惩戒规则，不得与有关法律、行政法规、规章相抵触。

（八）调解制度

调解制度是指经过第三者的排解疏导，说服教育，促使发生纠纷的双方当事人依法自愿达成协议，解决纠纷的一种活动。

我国调解制度是指人民政权的调解制度，它已形成了一个调解体系，主要有四种：①人民调解，即民间调解，是人民调解委员会对民间纠纷的调解，属于诉讼外调解；②法院调解，是人民法院对受理的民事案件、经济纠纷案件和轻微刑事案件进行的调解，是诉讼内调解；③行政调解，它分为两种：一是基层人民政府对一般民间纠纷的调解，是诉讼外调解；二是国家行政机关依照法律规定对某些特定民事纠纷或经济纠纷或劳动纠纷等进行的调解，是诉讼外调解；④仲裁调解，即仲裁机构对受理的仲裁案件进行的调解，调解不成即执行裁决，是诉讼外调解。

（九）国家赔偿制度

国家赔偿是由国家对于行使公权利的侵权行为造成的损害后果承担赔偿责任的活动，又称国家侵权损害赔偿。

1. 行政赔偿　行政赔偿是指行政机关及其工作人员违法行使行政职权，侵犯公民、法人和其他组织的合法权益造成损害的，由国家承担赔偿责任的赔偿制度。

2. 刑事赔偿　刑事赔偿是指行使侦查、检察、审判、监狱管理职权的机关及其工作人员在行使职权时错拘、错捕、错判而引起的国家赔偿。

（十）司法行政管理制度

司法行政管理制度是司法行政机关管理司法行政和法律规定的司法工作的制度。司法部对全国司法行政机关实行领导，地方各级司法行政机关受上级司法行政机关的领导，同时也受同级人民政府的领导。

司法行政机关管理司法行政和法律规定的司法工作有：①劳动改造工作；②律师工作；③公证工作；④国家司法考试工作；⑤司法鉴定工作；⑥指导人民调解委员会工作；⑦法律援助工作；⑧司法干部培训和负责组织法制宣传工作。

（十一）法律援助制度

国家在司法制度运行的各个环节和各个层次上，对因经济困难或其他因素而难以通过通常意义上的法律救济手段保障自身基本社会权利的社会弱者，减免收费提供法律帮助的一项法律保障制度。法律援助制度是世界上许多国家普遍采用的一种司法救济制度。

我国法律援助机构已基本形成了四级组织的架构：①在国家一级，建立司法部法律援助中心，统一对全国的法律援助工作实施指导和协调；②在省级地方，建立省（自治区）法律援助中心，对所辖区域内的法律援助工作实施指导和协调；③在地、市（含副省级）地方，建立地区（市）法律援助中心，行使对法律援助工作的管理和组织实施的双重职能；④在具备条件的县、区级地方，建立县（区）法律援助中心，具体组织实施本地的法律援助工作。法律援助的资金来源于政府出资、社会捐赠及行业奉献。

三、诉讼法的共同原则和制度

（一）人民法院独立行使审判权原则

该原则基本含义：①人民法院行使审判权，在法律规定的范围内是独立的，不受行政机关、社会团体和个人的干涉；②人民法院独立行使审判权，必须严格遵守宪法和法律的各项规定，不得越权行事；不得随心所欲；必须忠于事实真相并符合法律规定。

（二）以事实为根据，以法律为准绳原则

人民法院、人民检察和公安机关进行各种诉讼活动必须忠实于案件事实真相，查明案件客观事实，按照法律的具体规定对案件作出正确处理。

（三）适用法律平等原则

司法机关在办理各种案件时，不受民族、种族、性别、职业、社会出身、宗教信仰、教育程度、财产状况、居住期限等因素的影响，对一切公民的合法权益都应依法给予保护，对一切公民的违法犯罪行为，都应依法予以追究，在法律面前，不允许有任何特权。

（四）保障诉讼参与人依法享有的合法权利原则

该原则基本含义：①诉讼参与人（litigant participants）的各项诉讼权利依法确立，并受到法律保护。不得设置障碍，不得限制或者剥夺其诉讼权利。②对于未成年犯罪嫌疑人、被告人，法律规定了特殊保护措施。③如果司法人员侵犯其合法权利，诉讼参与人有权提出控告，有关机关应依法予以严肃查处。

（五）诉讼以本民族语言文字进行原则

人民法院和人民检察院对于不通晓当地通用语言文字的诉讼参与人，应当为他们翻译。在少数民族聚居或者多民族共同居住的地区，应当用当地通用的语言进行审理；起诉书、判决书、布告和其他文书应当根据实际需要使用当地通用的一种或者几种文字。

（六）检察监督原则

人民检察院重要的职能之一就是对诉讼活动依法实行法律监督。刑事诉讼法对人民检察院在每一个诉讼阶段进行监督的范围、对象、方式和程序都作了具体规定。

（七）公开审判原则

人民法院审理案件，除法律规定的特殊情况外，一律公开进行。对依法不公开审理的案件也要一律公开宣判。

（八）回避制度

回避制度是指司法人员与其经办的案件或者案件的当事人有某种特殊的关系，可能影响案件的公正处理，因而不得参加本案的诉讼活动的制度。

（九）合议制度

人民法院组织法规定，人民法院审判案件实行合议制，除第一审简单的民事案件和法律另有规定的案件外，都要组成合议庭进行。

（十）辩护制度

辩护制度是法律规定的关于辩护权、辩护种类、辩护方式、辩护人的范围等一系列相关制度的总称。辩护是被追诉人最为重要的一项诉讼权利。

（十一）两审终审制

两审终审制是指一个案件经过两级人民法院审判就宣告终结的制度。人民法院实行四级两审终审制，即设四级人民法院，两审终审。

第三节　刑事诉讼法律制度

一、刑事诉讼法概述

（一）刑事诉讼和刑事诉讼法

刑事诉讼（criminal procedure）是指公安机关、人民检察院、人民法院在当事人和其他诉讼参与人的参加下，依照法律规定的程序，解决犯罪嫌疑人、被告人刑事责任问题的活动。

刑事诉讼法（criminal procedure law）是指国家制定或认可的调整刑事诉讼活动的法律规范的总称。

（二）刑事诉讼法特有的基本原则

刑事诉讼法的基本原则是刑事诉讼法确立的基本法律规范，反映了刑事诉讼的客观规律和基本要求，它与刑事诉讼的目的和任务紧密相连，是指导人们实现刑事诉讼惩罚犯罪、保障人权价值目标的重要保证。

1. 侦查权、检察权、审判权由专门机关依法行使 对刑事案件的侦查、拘留、执行逮捕、预审，由公安机关负责；检察、批准逮捕、检察机关直接受理案件的侦查、提起公诉，由人民检察院负责；审判由人民法院负责。除法律特别规定的以外，其他任何机关、团体和个人都无权行使这些权力。

2. 人民法院、人民检察院依法独立行使职权 人民法院依照法律规定独立行使审判权，人民检察院依照法律规定独立行使检察权，不受行政机关、社会团体和个人的干涉。人民法院、人民检察院依法独立行使职权过程中，必须接受各级人民代表大会的监督并向其报告工作。

3. 分工负责、互相配合、互相制约原则 人民法院、人民检察院和公安机关进行刑事诉讼，应当分工负责，互相配合，互相制约，以保证准确、有效地执行法律。

4. 未经人民法院判决，对任何人都不得确定有罪 未经人民法院依法判决，对任何人都不得确定有罪。即确定被告人有罪的权力由人民法院统一行使。

5. 免予追究刑事责任 刑事诉讼法规定，有下列情形之一的，不追究刑事责任，已经追究的，应当撤销案件，或者不起诉，或者终止审理，或者宣告无罪：情节显著轻微、危害不大，刑法不认为是犯罪的；犯罪已过追诉时效期限的；经特赦令免除刑罚的；依照刑法告诉才处理的犯罪，没有告诉或者撤回告诉的；犯罪嫌疑人、被告人死亡的；其他法律规定免予追究刑事责任的。

二、刑事诉讼参与人

刑事诉讼参与人是指由法律明确规定的除侦查人员、检察人员、审判人员以外，参加刑事诉讼并在诉讼中享有一定权利、承担一定义务的人的统称。

（一）当事人

当事人（litigant）是在刑事诉讼中处于原告或者被告地位，与案件事实和诉讼结果有着利害关系的诉讼参与人。

1. 被害人 被害人是特指在公诉案件中，人身、财产及其他权益直接遭受犯罪行为侵害的人。自诉案件的被害人称之为自诉人。

2. 自诉人 自诉人是指以个人名义直接向人民法院提起诉讼，要求追究被告人刑事责任的一方当事人。自诉人通常也就是该案件的被害人。

3. 犯罪嫌疑人 犯罪嫌疑人是指公诉案件中，因涉嫌犯罪而受到刑事追诉的人在检察机关正式向法院提起公诉以前的称谓。犯罪嫌疑人在侦查阶段还不能被认为是犯罪，侦查活动是为了收集证据，所采用的强制措施不是处罚性的。刑事诉讼法规定，犯罪嫌疑人有权利要求侦查人员回避；可以作无罪辩解；有权聘请律师提供法律帮助，因经济困难或者其他原因没有委托辩护人的，本人及其近亲属可以向法律援助机构提出申请。对符合法律援助条件的，法律援助机构应当指派律师为其提供辩护。犯罪嫌疑人是盲、聋、哑人，或者是尚未完全丧失辨认或者控制自己行为能力的精神病人，或可能被判处无期徒刑、死刑，没有委托辩护人的，人民法院、人民检察院和公安机关应当通知法律援助机构指派律师为其提供辩护；有权拒绝回答与本案无关的问题；讯问聋、哑犯罪嫌疑人，应当有通晓聋、哑手势的人参加；对未成年的犯罪嫌疑人的讯问可以有其法定代表人在场等。

4. 被告人 被告人是指被指控犯有某种罪行并被起诉到人民法院的当事人。包括自诉案件的被告人和公诉案件的被告人。犯罪嫌疑人自被提起公诉之日起称为被告人。在刑事诉讼中，被告人被指控有罪，但他是否确实有罪，尚待司法机关审理后作出结论，因此不能把被告人和罪犯等同起来。被告人享有辩护的权利；最后陈述的权利；拒绝回答与本案无关问题的权利；申请通知新证人到庭、调取新物证、重新鉴定或勘验的权利；使用本民族语言文字的权利；申请回避；提起上诉、要求再审的权利；对于审判人员、检察人员、侦查人员侵犯其诉讼权利和侮辱其人身的行为提出控告的权利等。

5. 附带民事诉讼的原告人和被告人 附带民事诉讼的原告人是指向司法机关提起附带民事诉讼，要求被告人对犯罪行为所造成的损失作出物质赔偿的人。附带民事诉讼的被告人是指对其犯罪行为所造成的损失承担物质赔偿责任的人。

（二）其他诉讼参与人

其他诉讼参与人是指除当事人以外的参与刑事诉讼活动并在诉讼中享有一定诉讼权利、负担一定诉讼义务的参与人。

1. 法定代理人　法定代理人是指根据法律规定，代理无诉讼行为能力的当事人进行诉讼，直接行使诉讼代理权的人。法定代理人由被代理人的父母、养父母、监护人和负有保护责任的机关、团体的代表承担。

2. 辩护人　辩护人是指受犯罪嫌疑人、被告人的委托或人民法院的指定，帮助犯罪嫌疑人、被告人行使辩护权，以维护其诉讼权利和其他合法权益的人。可以被委托为辩护人的有：①律师；②人民团体或者犯罪嫌疑人、被告人所在单位推荐的人；③犯罪嫌疑人、被告人的监护人、亲友。正在被执行刑罚或者依法被剥夺、限制人身自由的人，不得担任辩护人。

3. 证人　证人是指知道案件情况并提供证言的人。在我国，除因生理上、精神上有缺陷或者年幼而不能辨别是非、不能正确表达意志的人以外，根据法律规定，凡是知道案件情况的人，都有作证的义务。证人应如实地提供证言，如果作伪证或隐匿罪证，要负法律责任。

4. 鉴定人　鉴定人是指受公安司法机关的指派或者聘请，运用自己的专门知识或技能，对案件中的专门性问题进行分析判断并提出科学意见的人。鉴定人必须是具有解决案件中某些专门性问题的知识和技能的自然人；鉴定人应当与本案没有利害关系，否则，当事人有权申请其回避；鉴定人应由公安司法机关指派或聘请。一个案件有几个鉴定人时，应共同讨论并提出鉴定意见；在意见有分歧的情况下，有单独提出鉴定意见的权利。

5. 翻译人员　翻译人员是受司法机关聘请或指定，在诉讼中从事语言文字翻译工作的诉讼参与人。翻译人员依法享有的权利：有权了解同翻译内容有关的案件情况；有权查阅记载其翻译内容笔录。翻译人员应当承担的义务：应按语言的原意如实进行翻译；不得隐瞒、歪曲或伪造翻译内容；有保守国家机密等有关秘密的义务。

6. 诉讼代理人　诉讼代理人（agent ad litem）是指受公诉案件的被害人及其法定代理人或者近亲属、自诉案件的自诉人及其法定代理人委托代为参加诉讼的人和附带民事诉讼的当事人及其法定代理人委托代为参加诉讼的人。

三、刑事诉讼管辖

刑事诉讼管辖（lawsuit jurisdiction）是指公、检、法机关在直接受理刑事案件上的权限划分以及审判机关系统内部在审理第一审刑事案件上的权限划分。

（一）立案管辖

立案（case filing）管辖是指公、检、法机关之间受理或侦查刑事案件时在职权范围上的分工。

1. 公安机关受理的案件　刑事诉讼法规定，刑事案件的侦查由公安机关进行，法律另有规定的除外。主要是指由人民法院直接受理和人民检察院自行侦查的刑事案件以外的其他绝大多数刑事案件。国家安全机关依照法律规定办理危害国家安全的刑事案件，行使与公安机关相同的职权。

2. 人民检察院受理的案件　刑事诉讼法规定，贪污贿赂犯罪，国家工作人员的渎职犯罪，国家机关工作人员利用职权实施的非法拘禁、刑讯逼供、报复陷害、非法搜查的侵犯公民人身权利的犯罪以及侵犯公民民主权利的犯罪，由人民检察院立案侦查。对于国家机关工作人员利用职权实施的其他重大的犯罪案件，需要由人民检察院直接受理的时候经省级以上人民检察院决定，可以由人民检察院立案侦查。

3. 人民法院直接受理的案件　刑事诉讼法规定，自诉案件由人民法院直接受理。具体包括：告诉才处理的案件；被害人有证据证明的轻微刑事案件；被害人有证据证明对被告人侵犯自己人身、财产权利的行为应当依法追究刑事责任，而公安机关或者人民检察院不予追究被告人刑事责任的案件。

（二）审判管辖

审判管辖是指人民法院系统内在审理第一审刑事案件上的权限划分。

1. 级别管辖　级别管辖是指不同级别的人民法院在审判第一审刑事案件权限上的分工。刑事诉讼法规定，基层人民法院管辖第一审普通刑事案件，但是依法由上级人民法院管辖的除外。中级人民法院管辖除由最高和高级人民法院管辖以外的危害国家安全、恐怖活动案件；可能判处无期徒刑、死刑的案件。高级人民法院管辖的第一审刑事案件，是全省（自治区、直辖市）性的重大刑事案件。最高人民法院管辖的第一审刑事案件，是全国性的重大刑事案件。

2. 地域管辖　地域管辖是指同级别的人民法院之间在审判第一审刑事案件上的分工。刑事诉讼法规定，刑事案件由犯罪地的人民法院管辖。如果由被告人居住地的人民法院审判更为适宜的，可以由被告人居住地的人民法院管辖。几个同级人民法院都有管辖权的案件，由最初受理的法院管辖，在必要时可以移送主要犯罪地法院管辖。

3. 专门管辖　专门管辖是指专门人民法院之间，以及专门人民法院与普通人民法院之间在刑事案件管辖方面的权限分工，主要解决哪些刑事案件应当由哪些专门人民法院审判的问题。我国专门人民法院主要有军事法院、铁路运输法院、海事法院等，其中海事法院不具有刑事案件的管辖权。

四、刑事诉讼的强制措施

刑事诉讼中的强制措施（compulsory measures）是指公、检、法机关为保证刑事诉讼的顺利进行，依法对犯罪嫌疑人、被告人所采取的暂时限制或剥夺其人身自由的强制性方法。

（一）拘传

拘传是指司法机关对未被拘留或者逮捕的犯罪嫌疑人、被告人依法强制其到指定地点接受讯问的一种强制措施。拘传必须经过公安机关负责人、检察院检察长或法院院长批准并签发拘传证。执行拘传时执行人员不得少于二人，并向被拘传人出示拘传证。对抗拒拘传的，可以使用戒具。拘传持续的时间不得超过十二小时；案情特别重大、复杂，需要采取拘留、逮捕措施的，拘传持续的时间不得超过二十四小时。不得以连续拘传的形式变相拘禁犯罪嫌疑人。拘传犯罪嫌疑人，应当保证犯罪嫌疑人的饮食和必要的休息时间。

（二）取保候审

取保候审是指司法机关依法责令未被逮捕的犯罪嫌疑人、被告人提出保证人或者交纳保证金，保证其不逃避或妨害侦查、起诉和审判，并随传随到的一种强制措施。刑事诉讼法规定，人民法院、人民检察院和公安机关对有下列情形之一的犯罪嫌疑人、被告人，可以取保候审：①可能判处管制、拘役或者独立适用附加刑的；②可能判处有期徒刑以上刑罚，采取取保候审不致发生社会危险性的；③患有严重疾病、生活不能自理，怀孕或者正在哺乳自己婴儿的妇女，采取取保候审不致发生社会危险性的；④羁押期限届满，案件尚未办结，需要采取取保候审的。

取保候审由公安机关执行。被取保候审的犯罪嫌疑人、被告人在取保候审期间不得违反相关法律规定，否则视情节轻重变更强制措施。取保候审期限最长不得超过十二个月。

（三）监视居住

监视居住是指司法机关依法责令未被逮捕的犯罪嫌疑人、被告人未经批准不得离开住处，无固定住处的，未经批准不得离开指定的住处，依法对其行动加以监视和控制的一种强制措施。刑事诉讼法规定，人民法院、人民检察院和公安机关对符合逮捕条件，有下列情形之一的犯罪嫌疑人、被告人，可以监视居住：①患有严重疾病、生活不能自理的；②怀孕或者正在哺乳自己婴儿的妇女；③系生活不能自理的人的唯一扶养人；④因为案件的特殊情况或者办理案件的需要，采取监视居住措施更为适宜的；⑤羁押期限届满，案件尚未办结，需要采取监视居住措施的。对符合取保候审条件，但犯罪嫌疑人、被告人不能提出保证人，也不交纳保证金的，可以监视居住。

监视居住由公安机关执行。被监视居住的犯罪嫌疑人、被告人应当遵守相关法律规定，如有违反规定，情节严重的，可以予以逮捕。监视居住的期限最长不得超过六个月。在监视居住期间不得中断对案件的侦查、起诉和审理。

（四）拘留

拘留是指人民检察院、公安机关对直接受理的案件，在侦查过程中，遇到法定的紧急情况，对现行犯或者重大嫌疑分子，采取暂时限制其人身自由的一种强制措施。刑事诉讼法规定，公安机关对现行犯或者重大嫌疑分子，如果有下列情形之一的，可以先行拘留：①正在预备犯罪、实行犯罪或者在犯罪后即时被发觉的；②被害人或者在场亲眼看见的人指认他犯罪的；③在身边或者住处发现有犯罪证据的；④犯罪后企图自杀、逃跑或者在逃的；⑤有毁灭、伪造证据或者串供可能的；⑥不讲真实姓名、住址、身份不明的；⑦有流窜作案、多次作案、结伙作案重大嫌疑的。另外，对于有下列情形的人，任何公民都可以立即扭送公安机关、人民检察院或者人民法院处理：①正在实行犯罪或者在犯罪后即时被发觉的；②通缉在案的；③越狱逃跑的；④正在被追捕的。

公安机关拘留人的时候，必须出示拘留证。拘留后，应当立即将被拘留人送看守所羁押，至迟不得超过二十四小时。除无法通知或者涉嫌危害国家安全犯罪、恐怖活动犯罪通知可能有碍侦查的情形以外，应当在拘留后二十四小时以内，通知被拘留人的家属。有碍侦查的情形消失以后，应当立即通知被拘留人的家属。公安机关对被拘留的人，应当在拘留后的二十四小时以内进行讯问。在发现不应当拘留的时候，必须立即释放，发给释放证明。

（五）逮捕

逮捕是指司法机关为防止犯罪嫌疑人、被告人实施妨碍刑事诉讼的行为，逃避侦查、起诉、审判或发生社会危害性，而依法暂时剥夺其人身自由，予以羁押的一种强制措施，是刑事诉讼强制措施中最严厉的一种。

逮捕犯罪嫌疑人、被告人必须具备法定逮捕条件，并经人民检察院批准或者人民法院决定，由公安机关执行。刑事诉讼法规定，对有证据证明有犯罪事实，可能判处徒刑以上刑罚的犯罪嫌疑人、被告人，采取取保候审尚不足以防止发生下列社会危险性的，应当予以逮捕：①可能实施新的犯罪的；②有危害国家安全、公共安全或者社会秩序的现实危险的；③可能毁灭、伪造证据，干扰证人作证或者串供的；④可能对被害人、举报人、控告人实施打击报复的；⑤企图自杀或者逃跑的。对有证据证明有犯罪事实，可能判处十年有期徒刑以上刑罚的，或者有证据证明有犯罪事实，可能判处徒刑以上刑罚，曾经故意犯罪或者身份不明的，应当予以逮捕。被取保候审、监视居住的犯罪嫌疑人、被告人违反取保候审、监视居住规定，情节严重的，可以予以逮捕。公安机关要求逮捕犯罪嫌疑人的时候，应当写出提请批准逮捕书，连同案卷材料、证据，一并移送同级人民检察院审查批准。人民检察院对于公安机关提请批准逮捕的案件进行审查后，应当根据情况分别作出批准逮捕或者不批准逮捕的决定。需要补充侦查的，应当通知公安机关。人民检察院不批准逮捕的，公安机关应当在接到通知后立即释放，并将执行情况及时通知人民检察院。

公安机关在实施逮捕的时候，必须出示逮捕证。逮捕后，除有碍侦查或者无法通知的情形以外，应当把逮捕的原因和羁押的住所在二十四小时内通知被逮捕人的家属或所在单位。人民法院、人民检察院对于各自所决定逮捕的人，公安机关对于经人民检察院批准逮捕的人，都必须在逮捕后的二十四小时以内进行讯问。发现不应当逮捕的时候立即释放，并发给释放证明。

五、刑事诉讼程序

（一）立案

立案是指司法机关按照管辖范围，对刑事案件接受、审查和作出受理决定的诉讼活动。公安机关或者人民检察院发现犯罪事实或者犯罪嫌疑人，应当按照管辖范围立案侦查。任何单位和个人发现有犯罪事实或者犯罪嫌疑人，有权利也有义务向公安机关、人民检察院或人民法院报案或举报。被害人对于侵害其人身权或财产权的犯罪事实或犯罪嫌疑人，有权向公安机关、人民检察院或人民法院报案或控告。

人民法院、人民检察院或者公安机关对于报案、控告、举报和自首的材料,应当按照管辖范围,迅速进行审查,认为有犯罪事实需要追究刑事责任的时候,应当立案;认为没有犯罪事实,或者犯罪事实显著轻微,不需要追究刑事责任的,不予立案,并且将不立案的原因通知控告人。控告人如果不服,可以申请复议。

为了防止诬告案的发生,接受控告、举报的工作人员,应当向控告人、举报人说明诬告应负的法律责任。公安机关、人民检察院或者人民法院应当保障报案人、控告人、举报人及其近亲属的安全。报案人、控告人、举报人如果不愿公开自己的姓名和报案、控告、举报的行为,应当为其保守秘密。

(二)侦查

侦查(investigate)是公安机关和人民检察院为查明案情、收集证据和查获犯罪嫌疑人而依法进行调查工作和采取有关强制措施的诉讼活动。侦查人员在侦查过程中可以采用下列侦查手段:讯问犯罪嫌疑人;询问证人和被害人;勘验、检查;搜查;扣押物证、书证;鉴定;技术侦查措施;通缉。

公安机关和人民检察院通过侦查,弄清事实真相,证据确实充分后就终结侦查。人民检察院对公安机关移送的案件和自己受理侦查终结的案件,应当根据案件的不同情况,分别作出提起公诉、不起诉或者撤销案件的决定。

一般情况下,对犯罪嫌疑人逮捕后的侦查羁押期限不得超过二个月。案件复杂,期限届满不能终结的案件,可以经上一级人民检察院批准延长一个月。对于案情特别复杂的案件,可以根据有关规定,严格按照程序,经有关机关批准,适当延长羁押期限。

在侦查期间,发现犯罪嫌疑人另有重要罪行的,自发现之日起重新计算侦查期限。犯罪嫌疑人不讲真实姓名、住址或者身份不明的,侦查羁押期限自查明身份之日起计算,但是不得停止对其犯罪行为的侦查取证。

(三)提起公诉

起诉(prosecution)是指请求人民法院对被告人进行审判的诉讼活动。人民检察院代表国家进行的起诉,称为公诉。人民检察院的公诉活动,包括审查起诉、提起公诉、不起诉等。

1. 审查起诉　审查起诉是指人民检察院对侦查终结需要提起公诉的案件,进行审查,决定是否起诉的诉讼活动。凡是需要提起公诉的案件,一律由人民检察院审查决定。这类案件主要是由公安机关侦查终结移送审查的案件,也包括检察机关自行侦查终结的案件。人民检察院对于公安机关移送起诉的案件应当在一个月以内作出决定,重大、复杂的案件可以延长半个月。对于补充侦查的案件,应当在一个月以内补充侦查完毕,补充侦查以两次为限。

2. 提起公诉　提起公诉是指人民检察院对公安机关移送起诉的案件以及自己侦查终结的案件,经审查认为犯罪嫌疑人的犯罪事实已经查清,证据确实、充分,依法应当追究刑事责任的,应当作出起诉决定,按照审判管辖的规定,向人民法院提起公诉,并将案卷材料、证据移送人民法院。

3. 不起诉　不起诉是指人民检察院对公安机关移送的案件或自侦案件,经审查认为犯罪嫌疑人不构成犯罪,或者依法不应追究其刑事责任,从而决定不向人民法院起诉的一种诉讼活动。

(四)审判程序

刑事诉讼中的审判是指人民法院对人民检察院提起公诉或者自诉人提起自诉的案件,依照法定程序,审查案件事实,并根据已经查明的事实、证据和有关法律规定,作出被告人是否有罪、应否处罚的裁判活动。

1. 第一审程序　第一审程序是指人民法院对第一审案件进行审判应当采取的方式、方法和应当遵循的顺序。

(1)公诉案件的第一审程序:人民法院对提起公诉的案件进行审查后,对于起诉书中有明确的指控犯罪事实的,应当决定开庭审判并做好开庭审判前的准备。①确定合议庭的组成人员,将人民检察院的起诉书副本至迟在开庭十日以前送达被告人及其辩护人;②审判人员可以召集公诉人、当事人和辩护人、诉讼代理人，对回避、出庭证人名单、非法证据排除等与审判相关的问题，了解情况，听取意见；③人民法院确定开庭日期后，应当将开庭的时间、地点通知人民检察院，传唤当事人，通知辩护人、诉讼代理人、证人、鉴定人和翻译人员，传票和通知书至迟在开庭三日以前送达。公开审判的案件，应当在开庭三日以前先期公布案由、被告人姓名、开庭时间和地点。

法庭审判应遵守下列程序：①由审判长查明当事人是否到庭，宣布案由；宣布合议庭的组成人员、书记员、公诉人、辩护人、诉讼代理人、鉴定人和翻译人员的名单；告知当事人有权对合议庭组成人员、书记员、公诉人、鉴定人和翻译人员申请回避；告知被告人享有辩护权利。②进行法庭调查，公诉人在法庭上宣读起诉书后，被告人、被害人可以就起诉书指控的犯罪进行陈述，公诉人可以讯问被告人；被害人、附带民事诉讼的原告人和辩护人、诉讼代理人，经审判长许可，可以向被告人发问；审判人员可以讯问被告人；公诉人、当事人或者辩护人、诉讼代理人对证人证言有异议，且该证人证言对案件定罪量刑有重大影响，人民法院认为证人有必要出庭作证的，证人应当出庭作证；公诉人、当事人或者辩护人、诉讼代理人对鉴定意见有异议，人民法院认为鉴定人有必要出庭的，鉴定人应当出庭作证，经人民法院通知，鉴定人拒不出庭作证的，鉴定意见不得作为定案的根据；证人作证，审判人员应当告知他要如实地提供证言和有意作伪证或者隐匿罪证要负的法律责任；公诉人、当事人和辩护人、诉讼代理人经审判长许可，可以对证人、鉴定人发问；审判长认为发问的内容与案件无关的时候，应当制止；审判人员可以询问证人、鉴定人；公诉人、辩护人应当向法庭出示物证，让当事人辨认，对未到庭的证人的证言笔录、鉴定人的鉴定意见、勘验笔录和其他作为证据的文书，应当当庭宣读；审判人员应当听取公诉人、当事人和辩护人、诉讼代理人的意见。③法庭辩论，法庭审理过程中，对与定罪、量刑有关的事实、证据都应当进行调查、辩论；经审判长许可，公诉人、当事人和辩护人、诉讼代理人可以对证据和案件情况发表意见并且可以互相辩论；当事人和辩护人、诉讼代理人有权申请通知新的证人到庭，调取新的物证，申请重新鉴定或者勘验；公诉人、当事人和辩护人、诉讼代理人可以申请法庭通知有专门知识的人出庭，就鉴定人作出的鉴定意见提出意见。④被告人最后陈述。审判长在宣布辩论终结后，被告人有最后陈述的权利。⑤法庭评议和宣判。在被告人最后陈述后，审判长宣布休庭，合议庭进行评议，根据已经查明的事实、证据和有关的法律规定，分别作出以下判决：对案件事实清楚，证据确实、充分，依据法律认定被告人有罪的，应当作出有罪判决；依据法律认定被告人无罪的，应当作出无罪判决：证据不足，不能认定被告人有罪的，应当作出证据不足、指控的犯罪不能成立的无罪判决。

法庭审判的全部活动，应当由书记员写成笔录，经审判长审阅后，由审判长和书记员签名。法庭笔录中的证人证言部分，应当庭宣读或者交给证人阅读，证人在确认没有错误后，应当签名或者盖章。法庭笔录应当交给当事人阅读或者向他宣读。当事人认为记载有遗漏或者差错的，可以请求补充或者改正。当事人确认没有错误后，应当签名或者盖章。

宣告判决，一律公开进行。当庭宣告判决的，应当在五日以内将判决书送达当事人和提起公诉的人民检察院；定期宣告判决的，应当在宣告后立即将判决书送达当事人和提起公诉的人民检察院，判决书应当同时送达辩护人、诉讼代理人。判决书应当由合议庭的组成人员和书记员署名，并且写明上诉的期限和上诉的法院。

（2）自诉案件的第一审程序：自诉案件是指被害人或其法定代理人、近亲属向人民法院起诉，要求追究被告人刑事责任，由人民法院直接受理的刑事案件。人民法院对于自诉案件进行审查后，按照下列情形分别处理：①犯罪事实清楚，有足够证据的案件，应当开庭审判；②缺乏罪证的自诉案件，如果自诉人提不出补充证据，应当说服自诉人撤回自诉，或者裁定驳回。自诉人经两次依法传唤，无正当理由拒不到庭的，或者未经法庭许可中途退庭的，按撤诉处理。

人民法院对自诉案件，可以进行调解；自诉人在宣告判决前，可以同被告人自行和解或者撤回自诉。自诉案件的被告人在诉讼过程中，可以对自诉人提起反诉。反诉适用自诉的规定。

（3）简易程序：简易程序是指基层人民法院对某些事实清楚、情节简单、犯罪轻微的刑事案件所适用的，比普通程序更为简易的一种审判程序。

基层人民法院管辖的案件，符合下列条件的，可以适用简易程序审判：①案件事实清楚，证据充分的；②被告人承认自己所犯罪行，对指控的犯罪事实没有异议的；③被告人对适用简易程序没有异议的。

不适用简易程序的情形：①被告人是盲、聋、哑人，或者是尚未完全丧失辨认或者控制自己行为能力的精神病人的；②有重大社会影响的；③共同犯罪案件中部分被告人不认罪或者对适用简易程序有异议的；④其他不宜适用简易程序审理的。

适用简易程序审理案件，审判人员应当询问被告人对指控的犯罪事实的意见，告知被告人适用简易程序审理的法律规定，确认被告人是否同意适用简易程序审理。适用简易程序审理公诉案件，人民检察院应当派员出席法庭。对可能判处三年有期徒刑以下刑罚的，可以组成合议庭进行审判，也可以由审判员一人独任审判；对可能判处的有期徒刑超过三年的，应当组成合议庭进行审判。适用简易程序审理案件，人民法院应当在受理后二十日以内审结；对可能判处的有期徒刑超过三年的，可以延长至一个半月。

2. 第二审程序　第二审程序又称上诉审程序，是指第二审人民法院根据当事人的上诉或者检察院的抗诉，对第一审未生效的判决或裁定重新进行审理的程序。

被告人、自诉人和他们的法定代理人，不服地方各级人民法院第一审的判决、裁定，有权用书状或者口头向上一级人民法院上诉。被告人的辩护人和近亲属，经被告人同意，可以提出上诉。附带民事诉讼的当事人和他们的法定代理人，可以对地方各级人民法院第一审的判决、裁定中的附带民事诉讼部分提出上诉。

地方各级人民检察院认为本级人民法院第一审的判决、裁定确有错误的时候，应向上一级人民法院提出抗诉。被害人及其法定代理人不服地方各级人民法院第一审的判决的，自收到判决书后五日以内，有权请求人民检察院提出抗诉。人民检察院自收到被害人及其法定代理人的请求后五日以内，应当作出是否抗诉的决定并且答复请求人。

不服判决的上诉和抗诉的期限为十日，不服裁定的上诉和抗诉的期限为五日，从接到判决书、裁定书的第二日起算。第二审人民法院受理上诉、抗诉案件，应当在二个月以内审结。对于可能判处死刑的案件或者附带民事诉讼的案件，以及有法律规定情形的，经省、自治区、直辖市高级人民法院批准或者决定，可以延长二个月；因特殊情况还需要延长的，报请最高人民法院批准。最高人民法院受理上诉、抗诉案件的审理期限，由最高人民法院决定。

上诉的途径，一是通过原审法院上诉；二是直接向上诉法院提出上诉。抗诉的途径只能通过原审人民法院提出。

第二审程序的审判方式分为开庭审理、不开庭审理两种。第二审人民法院对于下列案件，应当组成合议庭，开庭审理：被告人、自诉人及其法定代理人对第一审认定的事实、证据提出异议，可能影响定罪量刑的上诉案件；被告人被判处死刑的上诉案件；人民检察院抗诉的案件；其他应当开庭审理的案件。第二审人民法院决定不开庭审理的，应当讯问被告人，听取其他当事人、辩护人、诉讼代理人的意见。第二审人民法院审理被告人或者他的法定代理人、辩护人、近亲属上诉的案件，不得加重被告人的刑罚。第二审人民法院发回原审人民法院重新审判的案件，除有新的犯罪事实，人民检察院补充起诉的以外，原审人民法院也不得加重被告人的刑罚。

第二审人民法院对不服第一审判决的上诉、抗诉案件，经过审理后，应当按照下列情形分别处理：①原判决认定事实和适用法律正确、量刑适当的，应当裁定驳回上诉或者抗诉，维持原判；②原判决认定事实没有错误，但适用法律有错误，或者量刑不当的，应当改判；③原判决事实不清楚或者证据不足的，可以在查清事实后改判；也可以裁定撤销原判，发回原审人民法院重新审判。

第二审人民法院发现第一审人民法院的审理有违反法律规定的诉讼程序情形之一的，应当裁定撤销原判，发回原审人民法院重新审判：①违反本法有关公开审判的规定的；②违反回避制度的；

③剥夺或者限制了当事人的法定诉讼权利，可能影响公正审判的；④审判组织的组成不合法的；⑤其他违反法律规定的诉讼程序，可能影响公正审判的。

3. 死刑复核程序　死刑复核程序是对死刑判决进行审查核准的一种特殊程序。包括判处死刑立即执行案件的复核程序和判处死刑缓期二年执行案件的复核程序。

死刑除依法由最高人民法院判决的以外，应当报请最高人民法院核准。死刑缓期执行的，可以由高级人民法院判决或者核准。

中级人民法院判处死刑的第一审案件，被告人不上诉的，应当由高级人民法院复核后，报请最高人民法院核准。高级人民法院不同意判处死刑的，可以提审或者发回重新审判。高级人民法院判处死刑的第一审案件被告人不上诉的，和判处死刑的第二审案件，都应当报请最高人民法院核准。中级人民法院判处死刑缓期二年执行的案件，由高级人民法院核准。

最高人民法院复核死刑案件，高级人民法院复核死刑缓期执行的案件，应当由审判员三人组成合议庭进行。最高人民法院复核死刑案件，应当讯问被告人，辩护律师提出要求的，应当听取辩护律师的意见。在复核死刑案件过程中，最高人民检察院可以向最高人民法院提出意见。最高人民法院应当将死刑复核结果通报最高人民检察院。

4. 审判监督程序　审判监督程序是司法机关对已经发生法律效力的判决或裁定，发现在认定事实和适用法律上确实存在错误的情况下，进行重新审判的一种特殊诉讼程序。

当事人及其法定代理人、近亲属，对已经发生法律效力的判决、裁定，可以向人民法院或者人民检察院提出申诉，但不能停止判决、裁定的执行。当事人及其法定代理人、近亲属的申诉符合下列情形之一的，人民法院应当重新审判：①有新的证据证明原判决、裁定认定的事实确有错误，可能影响定罪量刑的；②据以定罪量刑的证据不确实、不充分、依法应当予以排除，或者证明案件事实的主要证据之间存在矛盾的；③原判决、裁定适用法律确有错误的；④违反法律规定的诉讼程序，可能影响公正审判的；⑤审判人员在审理该案件的时候，有贪污受贿，徇私舞弊，枉法裁判行为的。

各级人民法院院长对本院已经发生法律效力的判决和裁定，如果发现在认定事实上或者在适用法律上确有错误，必须提交审判委员会处理。最高人民法院对各级人民法院已经发生法律效力的判决和裁定，上级人民法院对下级人民法院已经发生法律效力的判决和裁定，如果发现确有错误，有权提审或者指令下级人民法院再审。最高人民检察院对各级人民法院已经发生法律效力的判决和裁定，上级人民检察院对下级人民法院已经发生法律效力的判决和裁定，如果发现确有错误，有权按照审判监督程序向同级人民法院提出抗诉。

人民法院按照审判监督程序重新审判的案件，由原审人民法院审理的，应当另行组成合议庭进行。如果原来是第一审案件，应当依照第一审程序进行审判，所作的判决、裁定，可以上诉、抗诉；如果原来是第二审案件，或者是上级人民法院提审的案件，应当依照第二审程序进行审判，所作的判决、裁定，是终审的判决、裁定。人民法院按照审判监督程序审判的案件，可以决定中止原判决、裁定的执行。

人民法院按照审判监督程序重新审判的案件，应当在作出提审、再审决定之日起三个月以内审结，需要延长期限的，不得超过六个月。

（五）执行程序

执行是指司法机关把人民法院已经生效的判决、裁定付诸实施的活动。应当执行的判决和裁定是发生法律效力的判决和裁定，包括：已过法定期限没有上诉、抗诉的判决和裁定；终审的判决和裁定；最高人民法院核准的死刑的判决和高级人民法院核准的死刑缓期二年执行的判决。

人民法院执行死刑，同级人民检察院派员临场监督。罪犯被交付执行刑罚的时候，应当由交付执行的人民法院在判决生效后十日以内将有关的法律文书送达公安机关、监狱或者其他执行机关。对被判处死刑缓期二年执行、无期徒刑、有期徒刑的罪犯，由公安机关依法将该罪犯送交监狱执行刑罚。对于被判处拘役、剥夺政治权利的罪犯，由公安机关执行。对被判处管制、宣告缓刑、假释或者暂予监外执行的罪犯，依法实行社区矫正，由社区矫正机构负责执行。没收财产的判决，无论附加适用或者独立适用，都由人民法院执行；在必要的时候，可以会同公安机关执行。第一审人民法院判决被告人无罪、免除刑事处罚的，如果被告人在押，在宣判后应当立即释放。

执行机关应当将罪犯及时收押，并且通知罪犯家属。判处有期徒刑、拘役的罪犯，执行期满，应当由执行机关发给释放证明书。

人民检察院对执行机关执行刑罚的活动是否合法实行监督。如果发现有违法的情况，应当通知执行机关纠正。

第四节　民事诉讼法律制度

一、民事诉讼法概述

（一）民事诉讼和民事诉讼法

民事诉讼是指法院在当事人和其他诉讼参与人的参加下，以审理、判决、执行等方式解决民事纠纷的活动，以及由这些活动产生的各种诉讼关系的总和。民事诉讼法（civil procedure law）是国家制定的调整人民法院和诉讼参与人的各种民事诉讼关系的法律规范的总称。

（二）民事诉讼特有原则

民事诉讼法的基本原则是指在民事诉讼的整个过程中起指导作用的根本准则。其特有原则如下。

1. 当事人诉讼权利平等原则　人民法院审理民事案件，应当保障和便利当事人行使诉讼权利，对当事人在适用法律上一律平等。

2. 同等原则和对等原则　外国人、无国籍人、外国企业和组织在人民法院起诉、应诉，同中华人民共和国公民、法人和其他组织有同等的诉讼权利义务。外国法院对中华人民共和国公民、法人和其他组织的民事诉讼权利加以限制的，中华人民共和国人民法院对该国公民、企业和组织的民事诉讼权利，实行对等原则。

3. 法院调解自愿和合法原则　人民法院审理民事案件，应当根据自愿和合法的原则进行调解；调解不成的，应当及时判决。

4. 辩论原则　人民法院审理民事案件，当事人有权对争议的问题进行辩论。通过当事人双方的辩驳，帮助人民法院查明事实，分清是非，正确适用法律，及时解决纠纷。当事人通过行使辩论权，积极参与到诉讼程序中去，真正成为诉讼主体。

5. 诚实信用原则　诚实信用原则是民法的基本原则，简称诚信原则，要求人们在民事活动中应当诚实、守信用，正当行使权利和履行义务。

6. 处分原则　当事人有权在法律规定的范围内处分自己的民事权利和诉讼权利。

7. 支持起诉原则　机关、社会团体、企业事业单位对损害国家、集体或者个人民事权益的行为，可以支持受损害的单位或者个人向人民法院起诉。

二、民事诉讼参加人

（一）当事人

民事诉讼当事人是指因民事权利义务发生争议，以自己的名义进行诉讼并受人民法院裁判约束的直接利害关系人。

1. 原告和被告　原告是因民事权益发生争议或受到侵害，向人民法院起诉要求保护其合法权益之人。被告是指被原告诉称侵犯其合法权益或与原告发生民事权益争议，而由法院通知应诉之人。

2. 共同诉讼人　共同诉讼是指当事人一方或者双方为二人以上，其诉讼标的是共同的，或者诉讼标的是同一种类、人民法院认为可以合并审理并经当事人同意的诉讼。

3. 第三人　第三人是因与案件处理结果有法律上的利害关系，而参加到他人已经开始的诉讼中的人。根据对诉讼标的是否有独立请求权,可将第三人分为有独立请求权的第三人和无独立请求权的第三人。

（二）诉讼代理人

诉讼代理人是指为了维护被代理人的民事利益,以被代理人的名义,在法律规定或者被代理人的授权范围内进行诉讼活动的人。

1. 法定代理人　法定代理人是指依据法律规定直接行使代理权的人。民事诉讼法规定,无诉讼行为能力的人由他的监护人作为法定代理人代为诉讼。

2. 委托代理人　委托代理人是指受当事人或法定代理人的委托,在授权范围内代为进行诉讼活动的人。民事诉讼法规定,当事人、法定代理人可以委托一至二人作为诉讼代理人。律师、基层法律服务工作者; 当事人的近亲属或者工作人员; 当事人所在社区、单位以及有关社会团体推荐的公民,都可以被委托为诉讼代理人。

3. 指定代理人　指定代理人是指根据人民法院的指定行使代理权的人。民事诉讼法规定,法定代理人之间互相推诿代理责任的,由人民法院指定其中一人代为诉讼。

三、民事诉讼的主管和管辖

（一）民事诉讼主管

民事诉讼主管是指法院受理民事案件的权限范围。民事诉讼法规定,人民法院受理公民之间、法人之间、其他组织之间以及它们相互之间因财产关系和人身关系提起的民事诉讼。因此,凡可以适用民事诉讼法审理的案件,都属于民事诉讼的主管范围。

（二）民事诉讼管辖

民事诉讼管辖是指各级人民法院和同级人民法院受理民事案件的分工和权限。

1. 级别管辖　级别管辖是指民事案件的第一审审判权在上下级人民法院之间的分工。民事诉讼法规定,基层人民法院管辖第一审民事案件,但法律另有规定的除外。中级人民法院管辖重大涉外案件; 在本辖区有重大影响的案件; 最高人民法院确定由中级人民法院管辖的案件; 高级人民法院管辖在本辖区有重大影响的第一审民事案件; 最高人民法院管辖在全国有重大影响的案件和认为应当由本院审理的案件。

2. 地域管辖　地域管辖是指按照各人民法院的辖区和民事案件的隶属关系来划分同级人民法院受理第一审民事案件的职权范围。民事诉讼法规定,一般情况下,管辖的确定采用“原告就被告”的原则,对公民提起的民事诉讼,由被告住所地人民法院管辖,被告住所地与经常居住地不一致的,由经常居住地人民法院管辖。对法人或者其他组织提起的民事诉讼,由被告住所地人民法院管辖。同一诉讼的几个被告住所地、经常居住地在两个以上人民法院辖区的,各该人民法院都有管辖权。

由于有些案件情况特殊,民事诉讼法作了例外规定,即对不在中华人民共和国领域内居住的人提起的有关身份关系的诉讼; 对下落不明或者宣告失踪的人提起的有关身份关系的诉讼; 对被劳动教养的人提起的诉讼; 对被监禁的人提起的诉讼,则由原告住所地人民法院管辖; 原告住所地与经常居住地不一致的,由原告经常居住地人民法院管辖。

如果是以某种特定的法律关系作为诉讼标的,则以诉讼标的物所在地等与争议有实际联系的地点的人民法院管辖,但不得违反民事诉讼法对级别管辖和专属管辖的规定。

3. 专属管辖　专属管辖是指法律规定某些特殊类型的案件专门由特定的人民法院管辖,其他人民法院无权管辖,也不允许当事人协议变更管辖。专属管辖有以下三种情况: ①因不动产纠纷提起的诉讼,由不动产所在地人民法院管辖; ②因港口作业中发生纠纷提起的诉讼,由港口所在地人民法院管辖; ③因继承遗产纠纷提起的诉讼,由被继承人死亡时住所地或者主要遗产所在地人民法院管辖。

4. 协议管辖　协议管辖是指在法律允许的范围内,双方当事人在纠纷发生之前或之后,以书面方式约定管辖法院。民事诉讼法规定,合同或者其他财产权益纠纷的当事人可以书面协议选择被告住所地、合同履行地、合同签订地、原告住所地、标的物所在地等与争议有实际联系的地点的人民法院管辖，但不得违反本法对级别管辖和专属管辖的规定。

5. 移送管辖　移送管辖是指人民法院在受理民事案件后，发现自己对案件并无管辖权而依法将案件移送到有管辖权的人民法院审理。民事诉讼法规定，人民法院发现受理的案件不属于本院管辖的，应当移送有管辖权的人民法院，受移送的人民法院应当受理。

6. 指定管辖　指定管辖是指在特殊情况下，上级人民法院指定某一下级人民法院对某一案件行使管辖权。民事诉讼法规定，有管辖权的人民法院由于特殊原因，不能行使管辖权的，由上级人民法院指定管辖。

7. 管辖权转移　管辖权转移是依据上级法院的决定或同意，将某一案件的管辖权由上级法院转移至下级法院，或者由下级法院转移至上级法院。管辖权的转移是根据具体案情对级别管辖的变通和调整。

四、民事诉讼的强制措施

民事诉讼的强制措施是指为了保障民事诉讼活动顺利进行，对妨害民事诉讼程序的人采取的排除其妨害行为的强制手段。

1. 拘传　拘传是指人民法院派出司法警察，强制被传唤人到庭参加诉讼的一种强制措施。民事诉讼法规定，人民法院对必须到庭的被告，经两次传票传唤，无正当理由拒不到庭的，可以拘传。

2. 训诫　训诫是指人民法院对妨害民事诉讼秩序行为情节较轻的人，以口头形式予以严肃的批评教育，并指出其行为的违法性和危害性，令其以后不得再犯的一种强制措施。

3. 责令退出法庭　责令退出法庭是指人民法院对于违反法庭规则的人强制其离开法庭的措施。

4. 罚款　罚款是人民法院对妨害民事诉讼秩序行为情节较重的人，责令其在规定的时间内，交纳一定数额的金钱。

5. 拘留　拘留是人民法院对妨害民事诉讼秩序行为情节严重的人，在短期内限制其人身自由的强制措施。

拘传、罚款和拘留必须经法院院长批准。拘传应当发拘传票。罚款、拘留应当使用决定书。对罚款、拘留决定不服的，可以向上一级法院申请复议一次，复议期间不停止执行。

除上述强制措施外，民事诉讼法还规定，妨害民事诉讼行为情节特别严重、构成犯罪的，依法追究其刑事责任。

五、民事诉讼程序

（一）第一审程序

各级人民法院审理第一审民事案件的诉讼程序，称为第一审程序。分为普通程序、简易程序和特别程序。

1. 普通程序　普通程序是指人民法院审理第一审民事案件时通常适用的最基本的程序。包括以下几个诉讼阶段。

（1）起诉和受理：起诉是指当事人为了维护自己的合法权益，向法院提起诉讼主张的行为。起诉必须符合的条件：①原告是与本案有直接利害关系的公民、法人和其他组织；②有明确的被告；③有具体的诉讼请求和事实、理由；④属于人民法院受理民事诉讼的范围和受诉人民法院管辖。起诉应向人民法院递交起诉状，并按照被告人数提出副本。起诉状应当写有当事人概况、诉讼请求和所根据的事实与理由、证据和证据来源等。

受理是指人民法院通过对当事人的起诉进行审查，对符合法律规定条件的，决定立案受理的行为。人民法院收到起诉状或者口头起诉，经审查，认为符合起诉条件的，应当在七日内立案，并通知当事人；认为不符合起诉条件的，应当在七日内作出裁定书，不予受理；原告对裁定不服的，可以提起上诉。

（2）审理前的准备：审理前的准备是指人民法院受理案件后，在开庭审理前依法所做的各项准备工作。主要包括自立案之日起五日内将起诉状副本发送被告，被告应当在收到之日起十五日内提出答辩状；答辩状应当记明被告、法人或者其他组织的概况，人民法院应当在收到答辩状之日起五日内将答辩状副本发送原告；向当事人告知有关的诉讼权利义务；合议庭组成人员确定后，应当在三日内告知当事人；审核诉讼材料，调查收集必要的证据以及追加当事人等。

（3）开庭审理：开庭审理是指人民法院在当事人和其他诉讼参加人的参加下，对案件进行审理的诉讼活动。包括开庭准备、法庭调查、法庭辩论和评议与宣判四个阶段。

人民法院审理民事案件，除涉及国家秘密、个人隐私或者法律另有规定的以外，应当公开进行。离婚案件，涉及商业秘密的案件，当事人申请不公开审理的，可以不公开审理。公开审理的，应当公告当事人姓名、案由和开庭的时间、地点。

开庭审理前，书记员应当查明当事人和其他诉讼参与人是否到庭，宣布法庭纪律。开庭审理时，由审判长核对当事人，宣布案由，宣布审判人员、书记员名单，告知当事人有关的诉讼权利义务，询问当事人是否提出回避申请。然后，进行法庭调查。

法庭调查的任务是核实各种诉讼证据以查明案情、认定事实。法庭调查按照下列顺序进行：①当事人陈述；②告知证人的权利义务，证人作证，宣读未到庭的证人证言；③出示书证、物证和视听资料和电子数据；④宣读鉴定意见；⑤宣读勘验笔录。

法庭调查结束，进入法庭辩论阶段。法庭辩论顺序：①原告及其诉讼代理人发言；②被告及其诉讼代理人答辩；③第三人及其诉讼代理人发言或者答辩；④最后是互相辩论。

法庭辩论终结，由审判长按照原告、被告、第三人的先后顺序征询各方最后意见。判决前能够调解的，还可以进行调解，调解不成的，合议庭成员退庭进行评议。合议庭评议完毕，根据案件情况当庭宣判或择日宣判。宣判时，必须告知诉讼当事人上诉权利、上诉期限和上诉的法院。人民法院对公开审理或者不公开审理的案件，一律公开宣告判决。

书记员应当将法庭审理的全部活动记入笔录，由审判人员和书记员签名。法庭笔录应当当庭宣读，也可以告知当事人和其他诉讼参与人当庭或者在五日内阅读。当事人和其他诉讼参与人认为对自己的陈述记录有遗漏或者差错的，有权申请补正。如果不予补正，应当将申请记录在案。法庭笔录由当事人和其他诉讼参与人签名或者盖章。拒绝签名盖章的，记明情况附卷。人民法院适用普通程序审理的案件，应当在立案之日起六个月内审结。有特殊情况需要延长的，由本院院长批准，可以延长六个月；还需要延长的，报请上级人民法院批准。

2. 简易程序　简易程序是指基层人民法院及其派出法庭审理事实清楚、权利义务关系明确、争议不大的简单民事案件时所适用的程序。对简单的民事案件，原告可以口头起诉。当事人双方可以同时到基层人民法院或者它派出的法庭，请求解决纠纷。基层人民法院或者它派出的法庭可以当即审理，也可以另定日期审理。法院可以用简便方式随时传唤当事人，由审判员一人独任审理。人民法院适用简易程序审理案件，应当在立案之日起三个月内审结。人民法院在审理过程中，发现案件不宜适用简易程序的，裁定转为普通程序。

3. 特别程序　特别程序是人民法院审理选民资格案件、宣告失踪或者宣告死亡案件、认定公民无民事行为能力或者限制民事行为能力案件、认定财产无主案件、确认调解协议案件和实现担保物权案件所适用的程序。特别程序审理的特别在于：实行一审终审；选民资格案件或者重大、疑难的案件，由审判员组成合议庭审理；其他案件由审判员一人独任审理。案件应当在立案之日起三十日内或者公告期满后三十日内审结。有特殊情况需要延长的，由本院院长批准。但审理选民资格的案件除外。

（二）第二审程序

第二审程序是当事人不服第一审人民法院作出的未发生法律效力的判决和裁定而依法提请上级人民法院对案件重新进行审理的程序。当事人不服地方各级人民法院第一审判决的，上诉的期限为十五日；不服地方各级人民法院第一审裁定的，上诉的期限为十日。

上诉状应当通过原审人民法院提出，并按照对方当事人或者代表人的人数提出副本。当事人直接向第二审人民法院上诉的，第二审人民法院应当在五日内将上诉状移交原审人民法院。原审人民法院收到上诉状，应当在五日内将上诉状副本送达对方当事人，对方当事人在收到之日起十五日内提出答辩状。人民法院应当在收到答辩状之日起五日内将副本送达上诉人。对方当事人不提出答辩状的，不影响人民法院审理。原审人民法院收到上诉状、答辩状，应当在五日内连同全部案卷和证据，报送第二审人民法院。

第二审人民法院应当对上诉请求的有关事实和适用法律进行审查。组成合议庭，开庭审理。经过阅卷、调查和询问当事人，对没有提出新的事实、证据或者理由，合议庭认为不需要开庭审理的，可以不开庭审理。第二审人民法院审理上诉案件，可以在本院进行，也可以到案件发生地或者原审人民法院所在地进行。

第二审法院对上诉案件经过审理，根据不同情况分别处理：①原判决、裁定认定事实清楚，适用法律正确的，以判决、裁定方式驳回上诉，维持原判决、裁定；②原判决、裁定认定事实错误或者适用法律错误的，以判决、裁定方式依法改判、撤销或者变更；③原判决认定基本事实不清的，裁定撤销原判决，发回原审人民法院重审，或者查清事实后改判；④原判决遗漏当事人或者违法缺席判决等严重违反法定程序的，裁定撤销原判决，发回原审人民法院重审。原审人民法院对发回重审的案件作出判决后，当事人提起上诉的，第二审人民法院不得再次发回重审。

第二审人民法院对不服第一审人民法院裁定的上诉案件的处理，一律使用裁定。第二审人民法院审理上诉案件，可以进行调解。调解达成协议，应当制作调解书，由审判人员、书记员署名，加盖人民法院印章。调解书送达后，原审人民法院的判决即视为撤销。

第二审人民法院的判决、裁定，是终审的判决、裁定。

（三）审判监督程序

审判监督程序是对已经发生法律效力的民事判决、裁定或调解书发现确有错误并依法对案件进行再次审理并作出判决的程序。当事人对已经发生法律效力的判决、裁定，认为有错误的，可以向上一级人民法院申请再审，但不停止判决、裁定的执行。

各级人民法院院长对本院已经发生法律效力的判决、裁定、调解书，发现确有错误，认为需要再审的，应当提交审判委员会讨论决定。最高人民法院对地方各级人民法院已经发生法律效力的判决、裁定、调解书，上级人民法院对下级人民法院已经发生法律效力的判决、裁定、调解书，发现确有错误的，有权提审或者指令下级人民法院再审。最高人民检察院对各级人民法院已经发生法律效力的判决、裁定，上级人民检察院对下级人民法院已经发生法律效力的判决、裁定，发现应当抗诉情况的，或者发现调解书损害国家利益、社会公共利益的，应当按照审判监督程序提出抗诉。地方各级人民检察院对同级人民法院已经发生法律效力的判决、裁定，发现有应当提起抗诉情形的，或者发现调解书损害国家利益、社会公共利益的，可以向同级人民法院提出检察建议，并报上级人民检察院备案；也可以提请上级人民检察院向同级人民法院提出抗诉。各级人民检察院对审判监督程序以外的其他审判程序中审判人员的违法行为，有权向同级人民法院提出检察建议。人民检察院提出抗诉的案件，人民法院再审时，应当通知人民检察院派员出席法庭。

人民法院按照审判监督程序再审的案件，发生法律效力的判决、裁定是由第一审法院作出的，按照第一审程序审理，所作的判决、裁定，当事人可以上诉；发生法律效力的判决、裁定是由第二审法院作出的，按照第二审程序审理，所作的判决、裁定，是发生法律效力的判决、裁定；上级人民法院按照审判监督程序提审的，按照第二审程序审理，所作的判决、裁定是发生法律效力的判决、裁定。人民法院审理再审案件，应当另行组成合议庭。

（四）督促程序

督促程序是指人民法院接受债权人的申请，督促债务人履行义务的非诉讼程序。债权人提出申请后，人民法院应当在五日内通知债权人是否受理。人民法院受理申请后，经审查债权人提供的事实、证据，对债权债务关系明确、合法的，应当在受理之日起十五日内向债务人发出支付令；申请不成立的，裁定予以驳回。

（五）公示催告程序

公示催告程序是指人民法院根据票据丧失人的申请，以公示方式催促利害关系人在规定期间内申报权利，超过期限则依法宣告票据无效的非诉讼程序。

按照规定可以背书转让的票据持有人，因票据被盗、遗失或者灭失，可以向票据支付地的基层人民法院申请公示催告。人民法院决定受理申请，应当同时通知支付人停止支付，并在三日内发出公告，催促利害关系人申报权利。支付人收到人民法院停止支付的通知，应当停止支付，至公示催告程序终结。公示催告期间，转让票据权利的行为无效。利害关系人因正当理由不能在判决前向人民法院申报的，自知道或者应当知道判决公告之日起一年内，可以向作出判决的人民法院起诉。

（六）执行程序

执行程序是指人民法院的执行组织依照法定程序对发生法律效力的法律文书所确定的给付内容，采取强制措施迫使义务人履行义务的诉讼活动。

发生法律效力的民事判决、裁定，当事人必须履行。一方拒绝履行的，对方当事人可以向人民法院申请执行，也可以由审判员移送执行员执行。申请执行的期间为二年。发生法律效力的民事判决、裁定，以及刑事判决、裁定中的财产部分，由第一审人民法院或者与第一审人民法院同级的被执行的财产所在地人民法院执行。执行员接到申请执行书或者移交执行书，应当向被执行人发出执行通知，并可以立即采取强制执行措施。

有下列情形之一的，人民法院应当裁定中止执行：申请人表示可以延期执行的；案外人对执行标的提出确有理由的异议的；作为一方当事人的公民死亡，需要等待继承人继承权利或者承担义务的；作为一方当事人的法人或者其他组织终止，尚未确定权利义务承受人的；人民法院认为应当中止执行的其他情形。中止的情形消失后，恢复执行。

有下列情形之一的，人民法院裁定终结执行：申请人撤销申请的；据以执行的法律文书被撤销的；作为被执行人的公民死亡，无遗产可供执行，又无义务承担人的；追索赡养费、扶养费、抚育费案件的权利人死亡的；作为被执行人的公民因生活困难无力偿还借款，无收入来源，又丧失劳动能力的；人民法院认为应当终结执行的其他情形。

第五节 行政诉讼法律制度

一、行政诉讼法概述

（一）行政诉讼法的概念和特征

行政诉讼是个人、法人或其他组织认为国家机关作出的行政行为侵犯其合法权益而向法院提起的诉讼。

行政诉讼法（administrative procedure law）是由国家制定的调整人民法院、当事人和其他诉讼参与人在行政诉讼活动中的权利和义务关系的法律规范的总和。其特征是：①行政诉讼法是规范行政诉讼行为的专门法律；②行政诉讼法确立的是对国家行政权利监督和制约的法律制度；③行政诉讼法律规范，既有程序法律规范，也有实体法律规范，其中实体法律规范居于行政诉讼法的核心地位。

（二）行政诉讼法的特有原则

行政诉讼的特有原则包括：

1. 人民法院对行政行为的司法审查权原则 人民法院审理行政案件对行政行为是否合法有审查权，由此，规定了行政诉讼的客体和对象，也明确了人民法院审查行政行为合法性的范围。

2. 被告人举证原则 在行政诉讼中，被告对作出的行政行为的合法性负有举证责任原则，应当提供作出行政行为的证据和所依据的规范性文件。被告行政机关提供的证据如果不足以证明其行政行为合法时，就要承担败诉后果。这一原则与民事诉讼中的"谁主张、谁举证"的原则和刑事诉讼中的"原告举证原则"是有明显区别的。最高人民法院《关于行政诉讼证据若干问题的规定》对被告举证原则作出了进一步具体明确规定，被告不提供或者无正当理由逾期提供证据的，视为被诉行政行为没有相应的证据。

3. 不停止执行原则　行政机关的行政行为一经作出，行政相对人不论是否提起行政诉讼，行政行为都在规定期限内生效且不停止执行。行政诉讼法规定，诉讼期间，不停止行政行为的执行。但有下列情形之一的，裁定停止执行：①被告认为需要停止执行的；②原告或者利害关系人申请停止执行，人民法院认为该行政行为的执行会造成难以弥补的损失，并且停止执行不损害国家利益、社会公共利益的；③人民法院认为该行政行为的执行会给国家利益、社会公共利益造成重大损害的；④法律、法规规定停止执行的。当事人对停止执行或者不停止执行的裁定不服的，可以申请复议一次。

4. 不适用调解和不适用反诉的原则　该原则是指人民法院在行政诉讼中既不能把调解作为行政诉讼的必经阶段，也不能把调解作为结案的一种方式。行政诉讼法规定，人民法院审理行政案件，不适用调解。但是，行政赔偿、补偿以及行政机关行使法律、法规规定的自由裁量权的案件可以调解。调解应当遵循自愿、合法原则，不得损害国家利益、社会公共利益和他人合法权益。

5. 司法变更权有限原则　该原则是指人民法院对被诉的违法行政行为，原则上只能确认其合法与否，宣告其无效或撤销，不能直接代替行政主体作出一个行政行为，或对该行政行为的内容加以改变。但对"显失公正"的行政处罚行为，人民法院有权以判决形式加以变更。

6. 复议选择原则　行政诉讼法规定，对属于人民法院受案范围的行政案件，公民、法人或者其他组织可以先向行政机关申请复议，对复议决定不服的，再向人民法院提起诉讼；也可以直接向人民法院提起诉讼。法律、法规规定应当先向行政机关申请复议，对复议决定不服再向人民法院提起诉讼的，依照法律、法规的规定。这说明我国的行政诉讼以"复议选择"为原则，以"复议前置"为例外。

二、行政诉讼的受案范围

行政诉讼受案范围是指人民法院受理行政诉讼案件的范围。包括：司法机关对行政机关行政行为的监督范围；受到行政侵权的公民、法人和其他组织诉权的范围；行政终局裁决权的范围。

（一）人民法院的受案范围

行政诉讼法规定，人民法院受理公民、法人或者其他组织提起的下列诉讼：对行政拘留、暂扣或者吊销许可证和执照、责令停产停业、没收违法所得、没收非法财物、罚款、警告等行政处罚不服的；对限制人身自由或者对财产的查封、扣押、冻结等行政强制措施和行政强制执行不服的；申请行政许可，行政机关拒绝或者在法定期限内不予答复，或者对行政机关作出的有关行政许可的其他决定不服的；对行政机关作出的关于确认土地、矿藏、水流、森林、山岭、草原、荒地、滩涂、海域等自然资源的所有权或者使用权的决定不服的；对征收、征用决定及其补偿决定不服的；申请行政机关履行保护人身权、财产权等合法权益的法定职责，行政机关拒绝履行或者不予答复的；认为行政机关侵犯其经营自主权或者农村土地承包经营权、农村土地经营权的；认为行政机关滥用行政权力排除或者限制竞争的；认为行政机关违法集资、摊派费用或者违法要求履行其他义务的；认为行政机关没有依法支付抚恤金、最低生活保障待遇或者社会保险待遇的；认为行政机关不依法履行、未按照约定履行或者违法变更、解除政府特许经营协议、土地房屋征收补偿协议等协议的；认为行政机关侵犯其他人身权、财产权等合法权益的。除上述规定外，人民法院受理法律、法规规定可以提起诉讼的其他行政案件。

（二）人民法院不予受理的案件

行政诉讼法规定，人民法院不受理公民、法人或者其他组织对下列事项提起的诉讼：国防、外交等国家行为；行政法规、规章或者行政机关制定、发布的具有普遍约束力的决定、命令；行政机关对行政机关工作人员的奖惩、任免等决定；法律规定由行政机关最终裁决的行政行为。

三、行政审判组织和行政诉讼管辖

（一）行政审判组织

行政审判组织是指具体行使国家行政审判权的审判机构和组织形式。有行政审判庭、合议庭和审判委员会。

行政审判庭是指我国人民法院专门审理行政案件的常设组织机构，由庭长一人，副庭长和审判员、书记员若干人组成，简称“行政庭”。合议庭是专指为审理每一个具体行政案件组成的行政审判庭，它是实现合议审判制度的基本组织形式。人民法院审理行政案件，由审判员组成合议庭，或者由审判员、陪审员组成合议庭。合议庭的成员，应当是三人以上的单数。审判委员会是法院内部对审判中涉及重大、疑难案件进行讨论、决定的组织，以确保案件审理的公正性与正确性。

（二）行政诉讼管辖

行政诉讼管辖是指各级人民法院和同级人民法院之间受理第一审行政案件的分工和权限。

1. 级别管辖　级别管辖指各级人民法院受理第一审案件的权限分工。最高人民法院管辖全国范围内重大、复杂的第一审行政案件。高级人民法院管辖本辖区内重大、复杂的第一审行政案件。中级人民法院管辖的第一审行政案件：①对国务院部门或者县级以上地方人民政府所作的行政行为提起诉讼的案件；②海关处理的案件；③本辖区内重大、复杂的案件；④其他法律规定由中级人民法院管辖的案件。基层人民法院管辖除上级法院管辖的案件以外的其他第一审行政案件。

2. 地域管辖　地域管辖指同级人民法院之间受理第一审行政案件的权限分工。分两种：一般地域管辖规定，行政案件由最初作出具体行政行为的行政机关所在地人民法院管辖。特殊地域管辖规定，对限制人身自由的行政强制措施不服提起的诉讼，由被告所在地或者原告所在地人民法院管辖；因不动产提起的行政诉讼，由不动产所在地人民法院管辖。

3. 选择管辖　选择管辖是对一般地域管辖例外规定的一种管辖，指对于两个以上的人民法院都有管辖权的案件，原告可以选择其中一个人民法院提起诉讼，原告向两个以上有管辖权的人民法院提起诉讼的，由最先立案的人民法院管辖。

4. 裁定管辖　裁定管辖指依据人民法院的裁定而非法律的直接规定确定的管辖。有移送管辖、指定管辖和管辖权转移三种。移送管辖指人民法院受理民事案件后，发现对案件无管辖权时，依法将案件移送给有管辖权的法院审理。指定管辖指上级人民法院以裁定方式交由下级法院对某一具体案件行使管辖权。管辖权转移指上级人民法院有权审理下级人民法院管辖的第一审行政案件。下级人民法院对其管辖的第一审行政案件，认为需要由上级人民法院审理或者指定管辖的，可以报请上级人民法院决定。

四、行政诉讼参加人

行政诉讼参加人是指因起诉，应诉或与被诉行政行为有法律上的利害关系，在行政案件的整个或部分诉讼过程中参加诉讼活动的人。

（一）行政诉讼原告

行政诉讼原告是指行政行为的相对人以及其他与行政行为有利害关系的公民、法人或者其他组织，请求人民法院保护其合法权益，而提起诉讼的。其必备条件：①必须是行政行为的相对人以及其他与行政行为有利害关系的公民、法人或者其他组织；②必须是与行政机关有直接利害关系的行政行为相对人以及其他与行政行为有利害关系的公民、法人或者其他组织。有权提起诉讼的公民死亡，其近亲属可以提起诉讼。有权提起诉讼的法人或者其他组织终止，承受其权利的法人或者其他组织可以提起诉讼。

（二）行政诉讼被告

行政诉讼被告是指被原告起诉、而由人民法院通知其应诉的行政机关或组织。行政诉讼法规定被告有几种情况：①公民、法人或者其他组织直接向人民法院提起诉讼的，作出行政行为的行政机关是被告。②经复议的案件，复议机关决定维持原行政行为的，作出原行政行为的行政机关和复议机关是共同被告；复议机关改变原行政行为的，复议机关是被告。③复议机关在法定期限内未作出复议决定，公民、法人或者其他组织起诉原行政行为的，作出原行政行为的行政机关是被告；起诉复议机关不作为的，复议机关是被告。④两个以上行政机关作出同一行政行为的，共同作出行政行为的行政机关是共同被告。⑤行政机关委托的组织所作的行政行为，委托的行政机关是被告。⑥行政机关被撤销或者职权变更的，继续行使其职权的行政机关是被告。

（三）行政诉讼第三人

行政诉讼第三人是指与被诉行政行为有利害关系，经申请参加或由人民法院通知而参加行政诉讼的公民、法人、其他组织。第三人具有独立的诉讼地位，是原告、被告以外的人，参加的是他人已经开始、尚未结束的诉讼。第三人有权提出与本案有关的诉讼主张，对人民法院的一审判决不服，有权提起上诉。

（四）共同诉讼人

当事人一方或双方为二人以上，因同一行政行为发生的行政案件，或者因同类行政行为发生的行政案件、人民法院认为可以合并审理并经当事人同意的，为共同诉讼。共同诉讼分必要的共同诉讼和普通的共同诉讼。必要的共同诉讼指当事人一方或双方为两人以上，诉讼标的是同一行政行为的诉讼。普通的共同诉讼指当事人一方或双方为两人以上，诉讼标的同样，由法院合并审理的诉讼。

（五）诉讼代理人

诉讼代理人是根据法律规定，或由人民法院指定，或受当事人委托，以当事人的名义，在一定权限范围内代替当事人进行诉讼活动的人。律师、基层法律服务工作者；当事人的近亲属或者工作人员；当事人所在社区、单位以及有关社会团体推荐的公民，可以受委托为诉讼代理人。

五、行政诉讼程序

（一）行政诉讼的起诉和受理

1. 起诉　起诉是指公民、法人或其他组织认为自己的合法权益受到行政机关的行政行为的侵害，而向人民法院提出诉讼请求，要求人民法院通过行使审判权，依法保护自己合法权益的诉讼行为。

公民、法人或者其他组织直接向人民法院提起诉讼的，应当自知道或者应当知道作出行政行为之日起六个月内提出。公民、法人或者其他组织不服复议决定的，可以在收到复议决定书之日起十五日内向人民法院提起诉讼。复议机关逾期不作决定的，申请人可以在复议期满之日起十五日内向人民法院提起诉讼。法律另有规定的除外。此外，行政复议在某些情况下是提起行政诉讼的前置程序的，对复议不服才能向人民法院起诉。

2. 受理　受理是指人民法院对公民、法人或其他组织的起诉进行审查，对符合起诉条件的案件决定立案审查的诉讼行为。人民法院在接到起诉状时，对符合本法规定的起诉条件的，应当登记立案。对当场不能判定是否符合行政诉讼法规定的起诉条件的，应当接收起诉状，出具注明收到日期的书面凭证，并在七日内决定是否立案。不符合起诉条件的，作出不予立案的裁定。裁定书应当载明不予立案的理由。原告对裁定不服的，可以提起上诉。

（二）第一审程序

人民法院对于已经受理的行政案件，经过诉讼前的准备之后，应当指定日期开庭审理。庭审程序包括开庭准备、开庭审理、法庭调查、法庭辩论、合议庭评议和宣读判决。

法院经过审理之后，根据案件不同情况一般可以对行政机关的行政行为作出五种类型的判决，即判决维持、判决撤销、判决履行、判决确认违法或无效和判决变更。人民法院审理第一审行政案件，应当自立案之日起六个月内作出第一审判决。有特殊情况需要延长的，由高级人民法院批准，高级人民法院审理第一审行政案件需要延长的，由最高人民法院批准。

（三）第二审程序

第二审程序是指当事人不服地方各级人民法院尚未生效的第一审判决、裁定，依法向上一级人民法院提起上诉，上一级人民法院据此对案件进行再次审理所适用的程序。

当事人有权在判决书送达之日起十五日内向上一级人民法院提起上诉；有权在裁定书送达之日起十日内向上一级人民法院提起上诉。人民法院审理上诉案件，应当对原审人民法院的判决、裁定和被诉行政行为进行全面审查。

第二审法院审理上诉行政案件，根据不同情况可以作出维持原判；依法改判、撤销或者变更；发回重审。第二审法院审理上诉行政案件，应当自收到上诉状之日起三个月内作出终审判决。有特殊情况需要延长的，由高级人民法院批准，高级人民法院审理上诉行政案件需要延长的，由最高人民法院批准。

（四）审判监督程序

审判监督程序是指人民法院根据当事人的申请、检察机关的抗诉或法院自己发现已经发生法律效力的判决、裁定或调解确有错误，依法对案件再次进行审理的程序，也称再审程序。人民法院院长对本院已经发生法律效力的判决、裁定或调解，发现违反法律、法规规定认为需要再审的，应当提交审判委员会决定是否再审。上级人民法院对下级人民法院已经发生法律效力的判决、裁定或调解，发现违反法律、法规规定的，有权提审或者指令下级人民法院再审。人民检察院对人民法院已经发生法律效力的判决、裁定或调解，发现违反法律、法规规定或者发现调解书损害国家利益、社会公共利益的，有权按照审判监督程序提出抗诉。

（五）执行程序

行政诉讼的执行是指当事人逾期不履行人民法院依法作出并已经生效的法律文书，人民法院或有关行政主体依法采取强制措施，从而使生效的法律文书得以实现的活动。行政诉讼法规定，当事人必须履行人民法院发生法律效力的判决、裁定、调解书。公民、法人或者其他组织拒绝履行判决、裁定、调解书的，行政机关或者第三人可以向第一审人民法院申请强制执行，或者由行政机关依法强制执行。行政机关拒绝履行判决、裁定、调解书的，第一审人民法院可以采取以下措施：①对应当归还的罚款或者应当给付的款额，通知银行从该行政机关的账户内划拨；②在规定期限内不履行的，从期满之日起，对该行政机关负责人按日处五十元至一百元的罚款；③将行政机关拒绝履行的情况予以公告；④向监察机关或者该行政机关的上一级行政机关提出司法建议。接受司法建议的机关，根据有关规定进行处理，并将处理情况告知人民法院；⑤拒不履行判决、裁定、调解书，社会影响恶劣的，可以对该行政机关直接负责的主管人员和其他直接责任人员予以拘留；情节严重，构成犯罪的，依法追究刑事责任。

本章小结

本章结合法医学鉴定的实践需求，以诉讼制度为重点，简要概述了我国的法律制度。主要内容为法学基本知识，相关参考教材和专著较多，可以采用学生自学与教师辅导相结合的教学方法。在依法治国的大背景下，我国司法制度会将逐步调整和改善。

（胡　姝）

讨论题

我国诉讼法对司法鉴定活动、鉴定人有哪些影响？

思考题

1. 宪法的主要原则有哪些？
2. 诉讼法的共同原则和制度有哪些？
3. 刑事诉讼管辖是如何规定的？
4. 刑事诉讼基本程序有哪些？
5. 民事诉讼基本程序有哪些？
6. 行政诉讼法的特有原则有哪些？

第三章　法医学鉴定相关实体法律概述

学习目标

通过本章的学习，你应该能够

掌握　人身权的概念和分类以及生命权、健康权、身体权、隐私权的具体内涵。

熟悉　侵权责任法、刑法、行政法、国家赔偿法对人身权保护的规定。

了解　医学技术应用与发展中涉及人身权保护的问题与思考。

法医学鉴定内容常常涉及公民生命权、健康权、身体权等一系列人身权利，也就涉及规定这些权利和义务内容的实体法。实体法是规定法律关系主体之间权利和义务本体的法律，如刑法、民法、行政法等。需要法医学提供技术支持的保护公民生命权、健康权等的法律规定，就体现在诸多实体法的法律条款中。本章围绕“人身权”这一核心概念，分别从民法、刑法、行政法和国家赔偿法的角度，介绍了实体法保护公民人身权的具体法律制度。民法中确定了人身权的概念、特征和分类，赋予了人身权中生命权、健康权、身体权等具体内涵，侵权责任法构建了公民人身损害民事赔偿的法律制度。刑法对具有社会危害性并违反刑法规定的侵害人身权的犯罪行为予以刑罚处罚。行政法对行政机关在行政管理过程中实施行政处罚、行政强制等具体行政行为侵害公民人身权的情形进行了规制。国家赔偿法对国家机关及其工作人员违法行使职权侵犯公民人身权并造成损害的行为承担赔偿责任。以上法律规定既是法医学鉴定和科学研究的法律依据，也是法医法学存在和发展的法律基础。

第一节　人身权法律制度概述

案例 3-1　小崔亲属诉某浴室生命健康权损害赔偿案

2012 年年底的一天，小崔和两位朋友到一家澡堂内洗澡。三人进入浴池后，小崔泡到水中放松身体，而他的两位朋友则坐在水池边泡脚聊天。突然，小崔的两位朋友感觉到强烈的电击感，立刻把脚抬出了浴池。而这时在浴池里的小崔已经被电流击倒，两人急忙去拉，却被电流击回。当把小崔拉出浴池时，他已经不省人事，被送到医院后抢救无效不幸身亡。事发后，警方介入了调查，公安部门出具了法医学尸体检验报告书，说明小崔符合电击致死。法院经审理查明，澡堂经营者孙某从 2009 年 2 月 1 日起从两名房东处承包了澡堂，没有办理相关手续，也没有及时对浴池电路进行检修，致使发生事故造成小崔死亡。法院认为，孙某应对小崔的死亡承担主要责任。而两名房东作为经营澡堂房屋的所有权人，将未办理合法手续的澡堂出租给孙某经营，也未在合理期限内提示孙某办理合法手续，因此两位房东也应该承担次要责任，一审判决两位房东和孙某共同赔偿损失。

一、人身权的概念、特征和分类

（一）人身权的概念

人身权（personal right）是民法赋予民事主体的基本权利，它与民法赋予民事主体的另一项基本权利即财产权，构成民法的两大支柱，成为民事主体所享有的两类基本民事权利。人身权是民事主体从事其他一切社会活动、享受其他民事权利的前提条件。

人身权法律制度，是规定人身权的概念、种类、内容和对人身权予以保护的民事法律规范的总称。保护公民和法人的人身权利不受侵犯，是我国民法的一项基本任务。

人身权，是民事主体依法享有的，以在人格关系和身份关系上所体现的，与其自身不可分离的利益为内容的民事权利。人身权的主体不仅包括自然人，也包括法人和个人合伙等其他组织。

自然人的人身权，是指自然人依法享有的与其人身不可分离且无直接财产内容的民事权利。人身权可分为人格权和身份权两大类。

（二）人身权的特征

1. 人身权与权利主体不可分离　人身权是保障人的精神利益得以实现的权利形式，与民事主体的人身密切相连，不存在脱离特定权利主体的人身权。因此，人身权通常要依附于特定的民事主体，不能转让、赠与、继承。但《中华人民共和国民法通则》第99条第2款规定，法人、个体工商户、个人合伙的名称可以依法转让，是人身权不可转让的例外。

2. 人身权没有直接的财产内容　人身权不直接体现民事权利主体的财产利益，不能用金钱进行衡量，也不能像财产一样进行物的耗费、转让、许可使用。人身权虽然没有直接的财产内容，但又与财产权紧密相关，往往是取得财产权利，发生财产关系的前提和基础。同时对人身权的侵害往往也会影响权利人的经济利益，导致损害赔偿，引起财产关系的变化。

3. 人身权是民事主体的必备权利　人身权不能离开民事主体而存在，同样，民事主体也离不开人身权而存在。生命权、健康权等人格权与民事主体须臾不可分离，是民事主体生存的基础，也是民事主体从事社会活动和民事活动的前提。但是，人身权中的部分身份权，如配偶权、荣誉权等却必须具备一定的行为能力才能取得，也可因法定和约定原因而丧失。

4. 人身权是绝对权，权利的法律效力及于任何人　人身权的主体是特定的人，义务主体是特定民事主体以外的任何人，因此，特定民事主体以外的任何人都负有不得侵害、干涉、妨碍人身权的义务。

5. 人身权是专属权　专属权是指权利专属于某特定民事主体享有，不得让与、抛弃和继承。

6. 人身权是支配权　支配权又称管领权，是权利主体可以直接支配自己的人身、人格利益，排除他人干涉、阻碍和侵犯的权利。

（三）人身权的分类

根据权利产生的原因不同，人身权可分为人格权和身份权两个系列民事权利。

1. 人格权（right of personality）　是指民事主体必须具备的，为维护其生存和独立人格而依法享有的民事权利。人格权以人格利益为客体，是由法律确认的。民事主体只有具有人格权，才能实现人格的独立与自由，才能成立民法上的“人”。人格权始终与民事主体相伴随而客观存在，不依民事主体的意志，更无需民事主体为一定的行为去取得。对自然人来讲，无论其年龄、智力、能力、社会地位、种族、肤色、信仰等存在何种差别；对法人和其他组织来讲，无论其所有制性质、资产规模等存在多少区别，都平等地享有人格权。此外，人格权不能由民事主体转让、抛弃，也不能由继承人继承。对于触犯刑法的人，虽然可以剥夺其政治权利（或政治权利上的人身权），但不能剥夺其民法上的人格权。人格权伴随权利主体的存在而存在，并随着权利主体的消亡而消灭。

人格权分为物质性人格权和精神性人格权。物质性人格权包括生命权、健康权、身体权；精神性人格权包括姓名权、名誉权、肖像权、自由权、隐私权、贞操权、信用权、婚姻自由权、知情权等。

2. 身份权（right of status）　是指民事主体基于某种特定的身份而依法享有的以身份利益为客体

的一种民事权利。所谓身份,是指民事主体在特定的民事关系中所享有的不可让与的地位和资格。

身份权不是民事主体固有和必备的权利,它是民事主体通过一定的行为或事实获得特定身份而取得的。没有身份权,民事主体依然可以存在,可以进行各种民事活动,正因为如此,有些身份权是可以依法剥夺的。身份权的客体是身份利益,具有多元性,不同的身份权以不同的身份利益为客体。比如,配偶权的身份利益,是夫妻共同生活、相互依靠、相互扶助、相互体贴、关爱;亲权的身份利益,是父母对未成年子女的管教、抚养及相互尊重、照顾等亲情和责任。身份权虽然在本质上是权利,但有些权利中包含着义务。

根据《中华人民共和国民法通则》规定,人身权包括下列基本权利:①公民享有生命健康权。②公民享有姓名权,有权决定、使用和依照规定改变自己的姓名,禁止他人干涉、盗用、假冒。法人、个体工商户、个人合伙享有名称权。企业法人、个体工商户、个人合伙有权使用、依法转让自己的名称。盗用、假冒他人姓名、名称造成损害的,应当认定为侵犯姓名权、名称权的行为。③公民享有肖像权。未经本人同意,不得以营利为目的使用公民的肖像。以营利为目的,未经公民同意利用其肖像做广告、商标、装饰橱窗等,应当认定为侵犯公民肖像权的行为。④公民、法人享有名誉权。公民的人格尊严受法律保护,禁止用侮辱、诽谤等方式损害公民、法人的名誉。以书面、口头等形式宣扬他人的隐私,或者捏造事实公然丑化他人人格,以及用侮辱、诽谤等方式损害他人名誉,造成一定影响的,应当认定为侵害公民名誉权的行为。以书面、口头等形式诋毁、诽谤法人名誉,给法人造成损害的,应当认定为侵害法人名誉权的行为。⑤公民、法人享有荣誉权。禁止非法剥夺公民、法人的荣誉称号。⑥公民享有婚姻自主权。禁止买卖、包办婚姻和其他干涉婚姻自由的行为。⑦婚姻、家庭、老人、母亲和儿童受法律保护;残疾人的合法权益受法律保护。⑧妇女享有同男子平等的民事权利。

二、生命权

生命权(right of life)是自然人以其生命维持和安全利益为内容的人格权。从生物学角度来看,生命是生物体所具有的活动能力,而法律意义上的生命是指自然人作为法律关系主体的最高人格利益和根本的人格权。生命权在维护自然人的生命安全的同时,也成为自然人享有其他人格权的前提和基础。公民的各项人格权均以公民的生存为前提,一旦公民的生命权遭到侵害而丧失生命,则其他人格权也不复存在。

(一)生命权的法律特征

生命权是独立的人格权,不同于健康权、身体权。其法律特征如下。

1. 生命权只能由自然人享有　一方面,生命是属于个人的人格利益,也是个人享有权利的基础和前提。法人作为一种社会组织,不可能具有生命。另一方面,法律上的生命只能由自然人所享有,动物并不是法律上的主体,只能作为客体而存在,从这个意义上讲,动物的生命和自然人的生命存在根本的区别,所以动物不享有法律上所说的生命权。胎儿(包括成功受孕的孕卵、胚胎)在客观上具有生命的形式,是不可否认的事实。但是,这种生命形式还不是生命权的客体,而是一种先期的生命利益,法律保护这种先期生命利益,因而构成先期生命法益。

2. 生命是自然人的人格载体　生命是自然人享有其他所有权利和利益的基础和前提。自然人是依自然规律出生的具有五官百骸的生命体,生命的存在为其取得主体资格的前提。生命不仅承载了自然人的生命利益,同时还构成了自然人权利能力的直接基础。也就是说,生命和自然人的权利能力具有血肉般的亲密关系。生命利益,既是一种人格利益,同时也是自然人的主体资格或人格本身。人一旦丧失了生命,他就不再作为主体而存在,也就丧失了权利能力。而在自然人生存的情况下,即使其被剥夺了政治权利,其民事权利仍然存在,甚至在依法律宣告某自然人死亡时,如果自然人实际上仍然生存,法律上仍然应当承认其具有权利能力。可见,生命是决定主体权利能力存在的根本因素。生命也是自然人享有其他民事权利的基础。因此,生命权具有优先于其他民事权利的特点。

3. 生命是最高的人格利益　一方面,在自然人享有的各种人格利益中,没有任何一种人格利益可以和生命相提并论。生命是神圣的,生命是最高的人格利益。如果自然人不享有生命权的话,他就不可能享有其他任何权利。另一方面,生命利益不纯粹是私人利益,实际上它已经进入了社会公共利益的领域。人作为社会最基本的构成分子,人的生命关系到社会利益,是社会最宝贵的资源。侵害他人的生命权,也侵犯了社会秩序与国家利益。正是由于这一点,保护生命权是法律的首要目标。所以各国法律不仅在宪法中将生命权确定为公民最基本、最重要的权利,而且通过刑法、民法、行政法等切实保护公民的生命权不受侵害。

(二)生命权的内容

1. 生命享有权　生命享有权是指生命权人享有自己的生命利益。生命权人只有享有生命,才能作为一个主体在社会中生存并与他人交往,追求自己存在的价值。承认生命享有权,一方面,可以确定生命利益的保护范围、从而解决胎儿是否享有生命利益、心脏已经停止跳动的人是否享有生命利益的问题;另一方面,承认自然人享有生命享有权,可以保障自然人的正常交往,并且在出现危及主体生命权的情况时,可以为权利人维护自己的生命提供法理基础。

2. 生命安全维护权　生命安全维护权的首要内容是维护生命延续。法律保护人的生命延续,不是通过提高健康程度延长生命,而是保护人的生命不因受外来非法侵害而丧失,保护的是人的生命安全利益。生命安全维护权的实质,是禁止他人非法剥夺生命,而使人的生命按照自然界的客观规律延续。生命安全维护权的第二项内容,是当有非法侵害生命的行为和危害生命的危险发生时,为防止生命危害发生,可以采取相应的措施,保护自己,排除危害。其中最基本的措施,就是正当防卫和紧急避险。生命安全维护权的第三项内容,是改变生命危险环境。当环境对生命构成危险,但该危害尚未发生时,生命权人有权要求改变环境,消除危险。

3. 司法保护请求权　生命权的重要内容是司法保护请求权。该种权利包括两项具体内容,一是请求司法机关依法消除生命危险,二是请求司法机关依法救济生命损害。根据《刑法》的规定,对于危害公共安全,侵害公民人身安全,尚未造成严重后果的犯罪行为,受危险威胁的人可以向公安机关控告,追究其刑事责任,消除危险状态;对于不构成犯罪的上述行为,可以要求公安机关对行为人依照《治安管理处罚法》的规定,予以治安处罚,以消除危险。《民法通则》及其他法律中也有关于危及自然人生命健康权可以请求司法机关排除危险的规定。请求司法机关依法救济生命损害是指承认死者的近亲属享有损害赔偿的请求权。

4. 生命利益的有限支配权　一般认为公民无权处分自己的生命,因为一旦认为公民有权处分自己的生命,就给自杀提供了合法的根据。但是,公民为社会公共利益、他人利益,舍己救人而英勇献身,以及现代安乐死制度的实施,都涉及生命权人对其生命利益的支配或处分。因此,主张有限制的生命利益支配权则是完全必要的。生命权中所说的支配,实际上就是指对生命利益的维护以及在特殊情况下对生命利益的决定权,特别体现在生命权人在决定是否实施一些高风险的手术时所享有的自我决定权。例如,某种治疗方法具有极大的风险,一旦失败就可能造成死亡,此时,患者享有决定是否治疗的权利,此权利实际上就是对其生命安全利益的支配。当然应当看到,个人对其生命的支配权能是有限的,只有在法律或者社会习惯可以接受的范围内,个人才能对自己的生命利益享有支配权能。

医学领域涉及生命权支配,有如下问题值得讨论。

第一,关于人体特殊试验,主要是指为提高医疗技术和药物治疗水平而对人体进行的新药、新技术的试验。现代医疗进步离不开人体试验,但人体试验是一柄双刃剑,它既可能促进医学的发展,也可能对受试者造成伤害,甚至危及生命。在民法上,从尊重和保护个人的生命权出发,人体试验应当取决于个人的决定,尊重个人的选择,且这种选择不得违反法律和公共道德,一些明显危害他人生命的人体试验,即使经本人同意也不能进行。

第二,关于自然人是否有权拒绝接受医疗或治疗的问题,尽管关于患者是否有权要求终止治疗存在着争议,但出于尊重个人生命权,对患者实施新的治疗方法,实施麻醉、外科手术,切除或移植器官,必须得到患者本人的同意；若本人丧失行为能力或处于昏迷状态，或者是未成年人，则必须得到其监护人、父母或近亲属的同意。严格禁止未经同意而对他人非法进行强制治疗。

第三，关于安乐死问题，安乐死一直是法律上的一个热点问题，它涉及医学、伦理学、法律等多方面的问题。从民法的角度来看，安乐死主要涉及自然人是否有权处置自己的生命利益问题。在法律上承认个人对其生命利益享有有限的支配权，并不意味着要承认其有权选择安乐死。生命的利益不仅关涉个人利益，而且也关涉社会利益。因此，即使是患者完全自愿地接受安乐死，也不意味着其可以随意处置自己的生命利益。法律上不应承认自然人有选择死亡的权利。因此，应当鼓励医生尽可能对患者实行救治，而不能擅自结束对患者的治疗。当然，有关安乐死的问题非常复杂，在法律上还有待于作进一步的研究和讨论。

三、健康权

健康权(right of health)，是指自然人以其肌体生理机能正常运作和功能完善发挥，并维持人体生命活动的利益为内容的人格权。

我国《民法通则》第98条规定："公民享有生命健康权。"可见，我国法律赋予健康权为独立的人格权。

传统民法学认为作为健康权客体的健康是物质性人格权之一，只限于生理健康，不包括精神健康。但是医学已将精神健康纳入健康范围。1946年《世界卫生组织章程》序言中指出："健康不仅是没有躯体上的疾病，而且要保持稳定的心理状态和具有良好的社会适应能力以及良好的人际交往能力"。即健康应包括生理健康、精神健康、社会适应性及道德健康。现代法学理论借用医学成果，将健康权扩展为包括精神健康。我国司法实践中，法院通常依据医疗机构的证明来判断是否构成精神健康权的侵害。对健康权的侵害所导致的损害后果包括健康水平的下降、健康状况的恶化以及由此产生的精神痛苦。然而，在承认健康权应当包括心理健康的同时，应当在法律上对心理健康作出严格限制。对心理健康的影响必须是严重的心理不健康状态，构成心理疾病时才能发生法律救济的问题。如果只是轻微的心理健康损害，还无法达到法律所保护的程度。

（一）健康权的法律特征

1. 健康权是自然人对其健康所享有的物质性人格权与利益　健康权的物质性人格权只能归属于自然人，法人不可能享有健康权。自然人因出生而当然享有健康权。胎儿因尚未出生，还没有取得民事主体资格，所以不能成为健康权的主体。但是，胎儿作为一个即将出生的个体，其健康利益也应当受到特别保护，此种保护是通过赋予母亲健康权或者赋予胎儿活着出生之后在一定的情况下享有追诉的权利来解决的。人死亡后因生命已经结束，所以不再享有健康权。

2. 健康权以人体的生理机能正常为具体内容，不是以人体的整体构造为客体　健康一般是通过身体构造的完整性而实现，当人体的组织结构遭到破坏进而损害健康的，应认定为健康权受到损害。

3. 健康权以维持人体的正常生命活动为根本利益，不是以人的生命安全和生命价值为客体　健康损害的可康复性和生命损害的不可逆转性，是健康权和生命权的一个重要区别。另外，健康权保护的是公民身体功能的正常发挥，使其运动自主，但不是保护身体、意志不受外界约束。这是健康权与人身自由权的区别。

（二）健康权的内容

1. 健康维护权　公民保护自己健康的权利。当健康状况下降时，有请求医疗、接受医治的权利，使健康状况达到完好的状态或者恢复到原有状态；另一项重要内容，是当公民健康权受到不法侵害时，享有法律保护的请求权，包括健康权请求权和侵权请求权。

2. 劳动能力的保有、利用和发展权　劳动能力是自然人从事创造物质财富和精神财富活动的脑力和体力的总和，是公民健康权的一项基本人格利益。劳动能力完全包含于健康之中，为健康权的基本内容之一，当其受到不法侵害时，受害人有请求司法保护的权利。

四、身体权

身体是生命的物质载体，是生命得以产生和延续的最基本条件，法学意义上的身体包括两部分，一是主体部分，包括头颅、躯干、肢体的总体构成，是身体的基本内容。二是附属部分，包括毛发、指（趾）甲等附着于身体的其他组织。身体是由头颅、肢体、器官、其他组织以及附属部分所构成，具有完整性和完全性的基本特征。破坏了身体的完整性就破坏了身体的有机构成，由此决定了身体权对自然人至关重要。

身体权（right of body）是指自然人依法享有的以保持其身体组织器官的完整性为内容的人格权。身体权与生命权、健康权密切相关，侵害自然人的身体往往导致对自然人健康的损害，但是生命权以保护自然人生命的延续为内容，身体权所保护的是身体组织的完整及对身体组织的支配。

被移植的器官组织是否属于身体呢？随着现代医学科学的发展，人类目前可以做多种器官组织的移植手术。最简单的如输血、植皮，复杂的如肾脏移植、心脏移植、角膜移植等。移植以后的器官和组织与受移植人成为一体，他人不能再主张这些器官、组织的身体权。镶装、配置人工制作的身体残缺部分的代替物，如假肢、义齿、义眼、人工心脏瓣膜、助听器等，能否构成身体的组成部分，应区别对待。有学者认为，装配物已构成躯体不可分离的一部分的，应属于身体，可以自由装卸的则不属于身体部分。这是一个比较准确的标准，但还不够，还应对自由装卸加以限制，即虽然可以自由装卸，但需专业医学人员依照严格的医学操作规程进行，否则可造成健康损害或生命丧失的人工装置，亦应视为身体的组成部分，如心脏起搏器等。因而，自由装卸是指普通人可以自由装卸，而非指专业人员的自由装卸。

（一）身体权的法律特征

1. 身体权以自然人身体完全、完整的利益为客体　身体是公民享受法律人格的物质前提，离开了身体，公民无任何权利可言，不能具备法律上的人格。没有身体，生命和健康权也不复存在。公民身体权以身体为客体，最重要的就是保持其身体的完整性。任何人破坏了公民身体的完整性，就构成对公民身体权的侵害。

2. 身体权还表现为自然人对自己身体组成部分的支配权　随着科学技术的发展和伦理学的进化，允许公民将属于自己身体组成部分的血液、皮肤甚至个别器官转让他人。这种转让，正是体现公民对其身体组成部分的器官、组织的支配权。它表明，对于公民身体的上述器官、组织，只有公民本人才享有支配的权利，任何人都无权决定。如果他人违背公民自己的意志，强行索取、使用公民身体的组成部分，就是侵害了公民对身体组成部分的支配权。

3. 身体权是自然人的基本人格权　身体权属于物质性人格权，表现为自然人对于物质性人格要素的不转让性支配权。身体权支配的是自身的物质性人格要素。他的客体，仍然是公民的人格。

（二）身体权的内容

1. 身体完整权　是指自然人可得保持自身肢体、器官、组织的完整性，排斥任何人损害他人身体完整的权利。

2. 身体组成部分处分权　是指自然人可对身体的组成部分，如血液、器官等，实施处分，使之与身体相分离的权利。在对于身体的支配过程中，法律必须考虑伦理在其中的限制性作用：一方面，自残行为在处置身体的同时也损害了健康，且有可能危及生命，因此出于人格权的伦理性考虑，这种对于身体部分的处分，不为法律所鼓励；另一方面，在依法律行为处分身体组成部分时，法律同样要考虑伦理的要素。一般而言，这种处分行为必须采用无偿的方式进行，如无偿献血、无偿捐献器官、无偿捐献精子等，从而避免这种处分行为成为变相的身体买卖。

3. 身体自由权　是指自然人可以自由地通过身体进行活动，并排斥他人不法限制的权利。基于人身自由权，一方面，自然人有权决定自己为或不为一定行为，做或不做特定事情，任何人不得非法限制他人的人身自由；另一方面，人身自由权受到法律强制性规定和社会公序良俗的限制，人身的行动自由必须被局限在法律和道德的范围内，而不得逾越这一范围，例如，传染病防治中的强制隔离。

4. 请求权与自卫权　在身体权遭受他人不法侵害或者存在遭受不法侵害的危险时，自然人有权要求侵害人停止侵害、消除危险；如果造成物质和精神损害，受害人有权要求侵害人赔偿损害。另外，在事态紧急的情况下，法律允许受害人通过正当防卫或紧急避险的方式实施自卫，从而避免损害的发生或者扩大。

（三）身体权、健康权和生命权的区别

我国《民法通则》对公民的健康权和身体权没有进行区分，我国法学界一些学者或主张在健康权之外另设身体权，或对健康权作扩张解释，使其包含身体权的内容。最高人民法院《关于确定民事侵权精神损害赔偿责任若干问题的解释》第一条明确适用了“身体权”的概念。健康权保护的是公民保持正常健康水平的权利，而身体权保护的是公民保持其身体之完好性的权利。对健康权的侵害所导致的损害后果包括健康水平的下降、健康状况的恶化以及由此产生的精神痛苦。对身体权的侵害所导致的后果包括肢体、器官的丧失或部分丧失或某些生理功能的丧失以及由此产生的精神痛苦。对健康权和身体权侵害所造成的损害后果也可以大致归纳为精神损害（痛苦、疼痛）和残疾。

1. 身体权与生命权的区别　一是身体权保护的是身体组织的完整性，生命权保护的是人的生命活动能力；二是身体权受到侵害，表现为身体完整性的破坏，生命权受到侵害，必须以生命不可逆转的丧失为标准。

2. 身体权与健康权的区别　一是身体权的客体是身体，健康权的客体是健康；二是身体权体现的利益是公民身体组织的完整性，健康权体现的利益是公民机体功能的完整性；三是身体权是公民对自己身体组成部分的支配权，健康权则没有明显的支配性质。

五、隐私权

隐私权（right of privacy）是自然人享有的对其个人的、与公共利益无关的个人信息、私人活动和私有领域进行支配的具体人格权。《侵权责任法》第2条第2款规定，隐私权受侵权责任法的保护，隐私权是独立的人格权。

（一）隐私权的特征

1. 隐私权的主体只能是公民即自然人　隐私权是公民个人的私权利，其主体并不包括法人，尤其是企业法人。

2. 隐私权的客体只能与私有关　包括私人活动、个人信息和个人领域。私人活动，是一切个人的、与公共利益无关的活动；个人信息，也称为个人情报资料。个人资讯，包括所有的个人情况、资料；个人领域，也称私人空间，是指个人的隐秘范围。

3. 隐私权的保护范围受公共利益的限制　当隐私权与公共利益发生冲突时，应当依公共利益的要求进行调整。例如，患病本来是个人隐私，但是SARS病毒感染的“非典型肺炎”为法定传染病，涉及公共利益，因此不得以个人的隐私为由隐瞒非典型肺炎的病情。

（二）隐私权的内容

1. 隐私隐瞒权　权利主体对于自己的隐私有权进行隐瞒，使之不为人所知。这种隐瞒，不是不诚实的表现，而是维护自己的人格利益的需要，因为自己的隐私不经隐瞒，一旦泄露出去，将有损于自己的人格尊严，难以保护自己的人格利益。

2. 隐私利用权　公民对于自己的个人资讯可以积极利用，以满足自己精神、物质等方面需要。这种利用是自我利用，而不是他人利用。

3. 隐私维护权　隐私维护权是指隐私权主体对于自己的隐私所享有的维护其不可侵犯性，在受到非法侵害时可以寻求司法保护的权利。

4. 隐私支配权　公民对于自己的隐私有权按照自己的意愿进行支配，可以公开部分隐私，准许对个人活动和个人领域进行察知，准许他人利用自己的隐私。

（三）隐私权和知情权的冲突与协调

知情权的基本含义是公民有权知道他应该知道的事情，国家应最大限度地确认和保障公民知悉、获取信息的权利，尤其是政务信息的权利。在隐私权和知情权发生冲突的情况下，应当遵循以下原则处理：①社会政治及公共利益原则：保护个人隐私如果涉及社会政治利益及公共利益，应当保障社会政治和公共利益，牺牲个人隐私权的某些部分，例如，对公众人物隐私权的行使给予一定的限制，从而来满足相对重要的公共利益；②权利协调原则：在隐私权与知情权发生一般冲突时，通过在较小的范围内公开隐私，以满足知情权的需要，但如果不是十分必要，则不宜公开具体当事人及其住所，即使公开也不要牵涉或影射与此无关或关系不大的其他人；③人格尊严原则：新闻报刊对社会不良现象的揭露，必要时可以涉及某些个人的隐私，但不得以伤害其人格尊严为目的。

第二节 侵权责任法及其对人身权的法律保护

案例 3-2 王女士诉某医院医疗损害赔偿案

某日，王女士因临产入住医院。次日下午，医院准备对王女士实施剖宫产手术。术前，医生在未询问病史、未办理麻醉告知手续等情况下就为王女士进行了麻醉。在手术尚未消毒完毕时，王女士突然出现全身抽搐、神志不清等症状，医生马上给予药物控制，同时实施了手术。王女士虽然最终生下了孩子，但是在手术当中，王女士一度出现呼吸、心搏骤停险情，血压、脉搏为零，心电图监护也一度呈直线。经抢救，王女士脱离了危险。之后，她昏迷了长达20小时。1个月后，王女士出院。出院诊断为：骨盆畸形，羊水过少，癫痫持续状态，原因待查；心肺脑复苏后，贫血（轻度）。

法院经审理认为，医院与王女士为医患关系。医院应当履行其职责和义务，为患者提供及时、高效和安全的医疗服务。医院在为王女士麻醉过程中处理不当是导致王女士出现呼吸心搏骤停、昏迷的直接原因，即该行为与损害结果之间存在因果关系，故医院应当承担造成王女士人身损害的民事赔偿责任。法院作出判决：医院赔偿王女士包括精神损失费在内的各项费用共计8万余元。

一、民事侵权行为的概念和分类

侵权行为（tort）是指行为人由于过错侵害他人的人身权和财产权，依法应当承担民事责任的行为，以及以法律特别规定应当承担民事责任的其他侵害行为。

侵权行为可按以下不同标准进行分类。

（一）一般侵权行为与特殊侵权行为

一般侵权行为，是指行为人基于过错而造成他人的财产或人身损失，适用侵权法上一般责任条款的侵权行为。具体到《中华人民共和国侵权责任法》（以下简称《侵权责任法》）上，就是适用第二条、第六条规定的侵害行为，凡适用一般条款的侵权行为称为一般侵权行为。这类侵权行为是最常见的，故也称为普通侵权行为。特殊侵权行为是相对于一般侵权行为而言的，指由法律直接规定的，责任构成要件方面有特殊性（如不以过错为要件）的侵权行为。《侵权责任法》第五章至第十一章规定的就是特殊侵权行为。

区别一般侵权行为、特殊侵权行为的法律意义在于：一是两者适用的归责原则不同，一般侵权行为适用过错责任的归责原则，特殊侵权行为适用过错推定或无过错责任原则；二是构成要件不同，一般侵权行为须具备侵权行为成立的全部要件，特殊侵权行为的成立依法律的直接规定，或不问过错，或过错的证明责任不同。

（二）作为的侵权行为与不作为的侵权行为

作为的侵权行为，是指行为人以积极的方式违反了对他人的不作为义务而致他人损害的侵权行为。多数侵权行为属于积极的侵权行为，如伤害、诽谤、毁损财物。不作为的侵权行为，是指行为人负有对他人的作为义务，以消极的不履行、不适当履行的方式致人损害的行为。例如，施工单位没有按照安全要求设置明显标志和采取防范措施而造成他人损害。

区分的法律意义在于，一般说来，不作为的侵权行为的成立以负有某种特定的法定义务为前提，如监护人负有对被监护人财产和人身监护的职责。

（三）单独侵权行为与共同侵权行为

单独侵权行为，是指一人独自实施的并由行为人独自承担责任的侵权行为。共同侵权行为，是指两人或者两人以上的行为人共同实施侵害他人合法民事权益，由行为人承担连带责任的侵权行为。

分类的法律意义在于，涉及多个侵权行为而构成共同侵权时，侵权人应按法律规定承担连带责任。

二、我国侵权责任的归责原则

侵权行为归责原则，就是指据以确定侵权民事责任由行为人承担的理由、标准或者说最终决定性的根本因素，是贯穿于整个侵权行为法之中，并对各个侵权法规范起着统帅作用的立法指导方针，是司法机关处理侵权纠纷应遵循的基本原则。我国《侵权责任法》确定的归责原则主要有以下3个。

（一）过错责任原则

《侵权责任法》第6条规定："行为人因过错侵害他人民事权益，应当承担侵权责任。"过错责任原则是指造成损害并不一定承担赔偿责任，只有行为人犯有过错，才承担责任。

（二）无过错责任原则

《侵权责任法》第7条规定："行为人损害他人民事权益，不论行为人有无过错，法律规定应当承担民事责任的，应当承担民事责任"。无过错责任原则是指不以行为人的过错为要件，只要其活动或者所管理的人或者物侵害了他人的民事权益，除非有法定的免责事由，行为人就要承担侵权责任。

（三）公平责任原则

《侵权责任法》第24规定："受害人和行为人对损害的发生都没有过错的，可以根据实际情况，由双方分担损失"。公平责任原则是指在受害人和行为人都没有过错，在损害实施已经发生的情况下，由法官根据公平的要求，斟酌双方的财产状况和其他情况，确定合情合理的责任分担。

三、侵权责任的构成要件

侵权责任的构成要件是指侵权行为人承担侵权责任所应当具备的条件。行为人实施了侵害他人合法权益的行为后，只有符合一定的条件，行为人才能承担侵权责任。一般侵权行为，需要当事人的行为符合行为违法、有损害事实、违法行为与损害事实之间有因果关系、主观有过错这四个要件。特殊侵权行为，则只要具备法律的明确规定的较少的要件。

（一）一般侵权行为的构成要件

1. 行为违法　违法行为包括作为，也包括不作为。不作为造成他人损害，应当以当事人具有防止损害发生的法定或者约定义务为前提，否则不属于违法行为。比如在路边看见有人昏倒而不帮助救护，后此人因迟延送到医院而死亡，虽然见死不救在道德上是应当予以谴责的，但在我国法律上并未规定公民在此种情况下的救助义务，所以不属于违法行为，不承担民事责任。

2. 有损害事实　民事责任以填补权利人受侵害的权利为目的，因此没有发生实际损害时，不存在进行法律救济的必要。损害在含义上包括财产上的损害和人身上的损害。财产损害又包括积极损害和消极损害,积极的财产损害指财产的毁损灭失、财产权利的消灭或者财产价值减少;消极的财产损害指本可以取得财产利益但却因为他人的妨碍而没有取得,也就是可得利益的损失。人身损害指对人身利益的损害,包括对生命、健康、名誉、肖像等利益的侵害,也包括使受害人遭受的精神损害。侵犯人身利益有时会造成财产上的损害,比如侵犯健康权导致他人医疗费用的产生。

3. 违法行为与损害事实之间有因果关系　只有当损害事实是由于违法行为造成的时候,或者说两者之间有一种原因与结果的关系,行为人才应当承担民事责任,以弥补权利人的损害。如果行为人进行了违法行为,但是权利人所受到的损害是由于其他原因造成的,则行为人不应承担民事责任。

4. 主观有过错　只有当行为人在进行违法行为时,在主观上有故意或者过失,才承担侵权的民事责任。否则,则仅在法律有特别规定时(属于特殊侵权行为),才承担侵权的民事责任。

所谓过错,是故意和过失的合称。故意指行为人明知自己的行为可能给他人造成损害,但是却希望或者放任这种结果发生的心理状态。过失指行为人根据当时情形应当能够预见到自己的行为可能造成他人的损害,但却没有预见,或者虽然已经预见但是轻信将不会发生或者可以避免的心理状态。

(二)侵权责任的免责事由

当事人的行为虽然造成了他人财产或者人身的损害,但是可能由于具备法律规定的免责事由,而不承担民事责任。根据《侵权责任法》的第三章“不承担责任和减轻责任的情形”的规定,主要有以下几种情况。

1. 阻却违法性的事由　因为正当防卫或者紧急避险造成他人损失,由于行为本身属于合法行为,不具备违法性而不承担民事责任。《侵权责任法》第30条规定:“因正当防卫造成损害的,不承担责任。正当防卫超过必要的限度,造成不应有的损害的,正当防卫人应当承担适当的责任”。第31条规定:“因紧急避险造成损害的,由引起险情发生的人承担责任。如果危险是由自然原因引起的,紧急避险人不承担责任或者给予适当补偿。紧急避险采取措施不当或者超过必要的限度,造成不应有的损害的,紧急避险人应当承担适当的责任”。

2. 不可抗力　《民法通则》第153条规定,本法所称的“不可抗力”,是指不能预见、不能避免、不能克服的客观情况。《侵权责任法》第29条规定:“因不可抗力造成他人损害的,不承担民事责任,法律另有规定的除外”。

3. 受害人的过错和受害人故意　《侵权责任法》第26条规定:“受害人对于损害的发生也有过错的,可以减轻侵害人的民事责任”。第27条规定:“损害是因受害人故意造成的,行为人不承担责任”。

4. 第三人的过错　《侵权责任法》第28条规定:“损害是因第三人造成的,第三人应当承担侵权责任”。

(三)特殊侵权行为

特殊侵权行为,是指行为人即使无过错,但他人的损害确系与行为人有关的行为、事件或者特别原因所致,因而适用民法上的特别责任条款或民事特别法的规定应负民事责任的行为。我国《民法通则》第121~127条的规定即属于特殊侵权行为。《侵权责任法》第四章至第十一章更加详细地规定了产品责任、机动车交通事故责任、医疗损害责任、环境污染责任、高度危险责任、饲养动物损害责任、物件损害责任等特殊侵权行为。另外,我国的《产品质量法》《道路交通安全法》《国家赔偿法》等民事特别法也有特殊侵权行为的规定。具体包括:国家机关职务侵权,产品责任,高度危险作业致人损害,污染环境致人损害,地面施工致人损害,建筑物致人损害,饲养动物致人损害,被监护人致人损害及医疗损害等。

四、人身损害赔偿

（一）人身损害赔偿的概念

人身损害赔偿（personal injury compensation），是指民事主体的生命权、健康权、身体权受到非法侵害，造成致伤、致残、致死的后果以及其他损害时，要求侵权人以财产赔偿等方法进行救济和保护的侵权法律制度。

《侵权责任法》第16条规定："侵害他人造成人身损害的，应当赔偿医疗费、护理费、交通费等为治疗和康复支出的合理费用，以及因误工减少的收入。造成残疾的，还应当赔偿残疾生活辅助费和残疾赔偿金。造成死亡的，还应当赔偿丧葬费和死亡赔偿金。"这里的"人身损害"，不仅包括轻伤害、重伤害和轻微伤害，还包括致人死亡以及未造成人身损害的对身体权的侵害。

侵权行为侵害生命权、健康权、身体权，可能造成很多种损害和损失。以下列举的是侵害这三种权利的一般损害和损失。损害，是指对人体的实质性伤害后果；损失，是指造成身体的损害以后所产生的财产上的不利益，以及精神上的痛苦和创伤。在一般情况下，侵害生命权、健康权和身体权这三种人格权，都可能造成身体上的损害和财产上的损失以及精神上的痛苦和创伤。

（二）人身损害赔偿的范围

1. 侵害他人身体权造成人身损害的一般赔偿范围　侵害身体权，可能造成两种损害：一是对人体完整性的实质损害；二是对人体形式完整的侵害。只要是一般赔偿范围内的费用支出，侵权人都应当赔偿，包括医疗费、护理费、交通费等为治疗和康复支出的合理费用，以及因误工减少的收入。这里的合理费用，还应当包括合理的营养费（营养费可根据被侵权人伤残情况，参照医疗机构的意见确定）、住院费等。

2. 侵害健康权造成的损害和损失　侵害健康权的直接损害，就是破坏人体生理机能的正常运作和身体功能的完善发挥。其表现形式如前述的一般伤害、造成残疾或其他疾病。这种损害，可以产生以下的损失或者损害：①医疗费损失（医疗费，包括挂号费、检查费、药费、治疗费、康复费等，根据医疗机构出具的医药费、住院费等收款凭证、病历和诊断证明等相关证据确定）。②误工费损失（根据被侵权人的误工时间和收入状况确定。误工时间根据被侵权人接受治疗的医疗机构出具的证明确定。被侵权人因伤致残的，误工时间可以计算至定残日前一天。被侵权人有固定收入的，误工费按照实际减少的收入计算。被侵权人无固定收入的，按照其最近三年的平均收入计算；被侵权人不能举证证明其最近三年的平均收入状况的，可以参照受诉法院所在地相同或者相近行业上一年度职工的平均工资计算）。③住院伙食费和营养费损失。④护理费损失（护理费，是指受害人因受到损害导致生活不能自理而产生的费用支出。根据护理人员的收入状况和护理人数、护理期限确定，护理人员有收入的，参照误工费的规定计算；护理人员没有收入或雇佣护工的，参照当地护工从事同等级别护理的劳务报酬标准计算）。⑤交通费损失（交通费，根据被侵权人及其必要的陪护人员因就医或者转院治疗实际发生的费用计算。交通费应当以正式票据为凭；有关凭据应当与就医地点、时间、人数、次数相符合）。⑥住宿费损失（住院伙食补助费，可以参照当地国家机关一般工作人员的出差人员伙食补助标准予以确定。被侵权人确有必要到外地治疗，因客观原因不能住院的，被侵权人本人及其陪护人员实际发生的住宿费和伙食费中合理部分应予赔偿）。⑦残疾人收入损失。⑧残疾用具费损失（残疾用具费，指受害人因残疾而造成身体功能全部或者部分丧失后需要配制补偿功能的残疾辅助器具的费用）。⑨被扶养人扶养来源丧失的损失。⑩精神痛苦和身体疼痛的损害。

3. 侵害生命权造成的损害和损失　侵害生命权，造成了被侵权人的生命丧失，使被侵权人的主体资格消灭。这是侵害生命权的最直接后果，生命权丧失所造成的其他损失，包括以下几种：①为救治被侵权人所支出的常规费；②丧葬费的损失；③死者生前收入的损失；④死者生前扶养的人扶养来源丧失的损失；⑤被侵权人近亲属的精神痛苦。

另外，为避免同命不同价的情况，《侵权责任法》第17条规定："因同一侵权行为造成多人死亡的，可以以相同数额确定死亡赔偿金"。

第三节　刑法及其对人身权的法律保护

案例 3-3　药家鑫故意杀人一案

2010 年 10 月 20 日 22 时 30 分许，被告人药家鑫驾驶小轿车时将前方在非机动车道上骑电动车同方向行驶的被害人张妙撞倒。药家鑫下车查看，见张妙倒地呻吟，因担心张妙看到其车牌号后找麻烦，即拿出其背包中的一把尖刀向张妙胸、腹、背等处捅刺数刀，致张妙主动脉、上腔静脉破裂大出血当场死亡。杀人后，药家鑫驾车逃离。同月 23 日，药家鑫在其父母陪同下到公安机关投案，如实供述了杀人事实。

一审法院认为，药家鑫故意杀人犯罪的事实清楚，证据确实、充分。药家鑫开车撞倒被害人张妙后，为逃避责任将张妙杀死，其行为构成故意杀人罪。药家鑫在作案后第四天由其父母带领到公安机关投案，如实供述犯罪事实，构成自首。但药家鑫开车将被害人撞倒后，为逃避责任杀人灭口，持尖刀朝被害人胸、腹、背部等处连续捅刺，将被害人当场杀死，其犯罪动机极其卑劣，手段特别残忍，情节特别恶劣，属罪行极其严重，虽系初犯、偶犯，并有自首情节，亦不足以对其从轻处罚。一审判决入下：一、被告人药家鑫犯故意杀人罪，判处死刑，剥夺政治权利终身；二、被告人药家鑫赔偿附带民事诉讼原告人经济损失丧葬费 15 146 元 5 角、被抚养人生活费 30 352 元，共计人民币 45 498 元 5 角（含已支付的 15 000 元），限判决生效后 10 日内支付。药家鑫不服，提起上诉，二审法院审理后裁定驳回药家鑫的上诉，维持原判，并依法报请最高人民法院核准。

侵权行为和犯罪行为既有联系，也有区别。侵害他人财产、人身的行为可能同时构成侵权行为与犯罪行为，承担民事责任与刑事责任，两者并不矛盾。侵权行为是对民事主体的侵害，由侵权人承担民事责任是对受害人的补救。犯罪行为侵犯的是社会秩序和公共利益，刑事责任是对行为人的惩罚。

一、刑法的概念、基本原则和效力范围

（一）刑法的概念

刑法（criminal law）是规定犯罪及其法律效果即刑罚的法律规范的总称。刑法规制的对象是犯罪与刑罚，即规定什么样的行为是犯罪，对该种犯罪应适用什么样的刑罚。因为犯罪与刑罚是密切联系的，所以刑法又被称为犯罪法或刑罚法。

我国刑法典是指1979年制定，1997年修订颁布的《中华人民共和国刑法》（简称《刑法》）。随着中国经济的飞速发展和法制建设的日益完善，现行刑法部分条文已不再适应社会发展的要求，需要通过全国人民代表大会予以修改、补充，加以完善。刑法修正案是指1997年新《刑法》颁布以来，全国人民代表大会及其常设机构对刑法条文的修改和补充。目前全国人大常委会已经通过了8个刑法修正案。刑法修正案（九）自2013年开始起草，正在十二届全国人大常委会审议的过程中。广义的刑法除包括刑法典、刑法修正案外，还包括单行刑法与附属刑法。单行刑法是指国家以决定、补充规定、条例等名称颁布的规定某一类犯罪及刑事责任或刑法某一事项的刑事法律，如全国人民代表大会常务委员会于1998年12月29日通过的《关于惩治骗购外汇、逃汇和非法买卖外汇犯罪的决定》。附属刑法是指国家立法机关在经济法、行政法等非刑事法律中附带规定的刑事责任条款，如《进出口商品检验法》第33条和《价格法》第46条等。

（二）刑法的基本原则

刑法的基本原则，是指刑法特有的，并贯穿全部刑法的根本准则。我国刑法规定的基本原则有以下三个。

1. 罪刑法定原则　罪刑法定原则是指某一行为是否构成犯罪，构成什么罪，以及应处什么样的刑罚，都必须由法律作出明文规定。换句话说，就是“法无明文不为罪，法无明文不处罚”的原则。这里的“法”是指广义的刑法，即不仅包括刑法典，也包括单行刑法和附属刑法。《刑法》第3条规定：“法律明文规定为犯罪行为的，依照法律定罪处罚；法律没有明文规定为犯罪行为的，不得定罪处罚”。这表明我国刑法注重人权保障的价值取向。

2. 刑法面前人人平等原则　《刑法》第4条规定：“对任何人犯罪，在适用法律上一律平等。不允许任何人有超越法律的特权。”它意味着对所有的人，不论其社会地位高低、民族、种族、性别、职业、宗教信仰、财产状况如何，在定罪量刑以及行刑的标准上都平等地依照刑法规定处理，不允许有任何歧视或者优惠。

3. 罪责刑相适应原则　《刑法》第5条规定：“刑罚的轻重，应当与犯罪分子所犯罪行和刑事责任相适应。”这一条文，在我国刑法上正式确立了罪责刑相适应原则，它是指犯罪行为的轻重与刑事责任和刑罚轻重相均衡的准则；是指刑罚轻重，应当与犯罪分子所犯罪行和承担的刑事责任相适应。

（三）刑法的空间效力范围

刑法的空间效力是指刑法在什么地方和对什么人具有法律效力，它解决的是国家刑事管辖权的范围问题。解决刑事管辖权的范围问题采取什么样的原则，归纳起来，主要有以下几种：①属地原则：该原则的含义是以地域为标准，主张凡是发生在本国领域内的犯罪，不论犯罪人是本国人还是外国人，均适用本国刑法。②属人原则：该原则的含义是以人的国籍为标准，主张凡是本国公民，无论在本国领域内还是在领域外犯罪，都适用本国刑法；反之，非本国公民犯罪，均不适用本国刑法。③保护原则：该原则的含义是以侵害的对象是否本国国家或公民的利益为标准，主张凡是侵害本国国家的利益或者公民利益的，无论犯罪发生在本国领域内还是领域外，也不论犯罪人是本国人还是外国人，均适用本国刑法。④普遍管辖原则：该原则的含义是以保护国际社会共同利益为标准，主张凡是侵害了国际公约、条约规定所维护的各国共同利益的，无论犯罪人是本国人还是外国人，也不论犯罪发生在本国领域内还是领域外，均适用本国刑法。我国刑法关于空间效力的规定，就是采用以属地原则为主，以属人原则、保护原则、普遍管辖原则为补充的一种原则，吸取各原则的合理之点，避免各原则的不足之处。

二、犯罪

（一）犯罪的概念和特征

《刑法》第13条规定了犯罪的定义：“一切危害国家主权、领土完整和安全，分裂国家、颠覆人民民主专政的政权和推翻社会主义制度，破坏社会秩序和经济秩序，侵犯国有财产或者劳动群众集体所有的财产，侵犯公民私人所有的财产，侵犯公民的人身权利、民主权利和其他权利，以及其他危害社会的行为，依照法律应当受刑罚处罚的，都是犯罪，但是情节显著轻微危害不大的，不认为是犯罪。”

根据刑法第13条的规定可以看出，犯罪具有以下三个基本特征：①犯罪是危害社会的行为，具有社会危害性。如果行为不具有社会危害性，就不能认为是犯罪。某种行为即使具有一定的社会危害性，“但是情节显著轻微危害不大的”，也不认为是犯罪。②犯罪是触犯刑律的行为，即具有刑事违法性。违法并不都是犯罪，只有违反刑法的才构成犯罪。③犯罪是应受到刑罚处罚的行为，即具有刑罚处罚性。某种危害社会的行为同时又违反刑法规范的要求，就应承担刑罚处罚的法律后果。

社会危害性是犯罪的本质特征，因为某种行为之所以被刑法用刑罚所禁止，就在于它有社会危害性。而刑事违法性与应受刑罚处罚性是从社会危害性特征中派生出来的，三个特征互相联系，不可分割，共同构成犯罪概念的总体，成为区分罪与非罪的总标准。

（二）犯罪构成

犯罪构成是指依照刑法规定，决定某一具体行为的社会危害性及其程度，为该行为构成犯罪所必需的一切客观和主观要件的有机统一，是使行为人承担刑事责任的根据。任何一种犯罪的成立都必须具备四方面的构成要件，即犯罪客体、犯罪客观方面、犯罪主体、犯罪主观方面。

1. 犯罪客体　犯罪客体要件是指刑法所保护的、为犯罪行为所侵害的社会关系。根据犯罪行为所侵犯的社会关系范围的不同，可以将犯罪客体分为一般客体、同类客体、直接客体。①一般客体是指一切犯罪所侵犯的社会关系的整体，它反映了犯罪行为的共同本质即社会危害性。②同类客体是指某类型犯罪所共同侵犯的某一类社会关系，它是我国刑法分则体系建立的重要依据，如危害国家安全罪的同类客体为国家安全，侵犯财产罪的同类客体就是财产关系。③直接客体，是指具体犯罪所直接侵犯的特定社会关系，如故意杀人罪侵犯的是人的生命权，盗窃罪侵犯的是财产所有权。犯罪的一般客体、同类客体与直接客体是抽象与具体、一般与特殊、整体与局部的关系。认定犯罪时常常先调查行为是否侵犯了社会关系的整体，再考虑行为侵犯了哪一类社会关系，最后确定行为侵犯了何种特定的社会关系。

2. 犯罪客观方面　犯罪客观要件是刑法所规定的、行为成立犯罪必须具备的客观事实特征。犯罪客观要件的内容首先是危害行为，危害行为是一切犯罪的共同要件，即任何犯罪的成立都必须有刑法规定的危害行为，“无行为就无犯罪”。除危害行为外，行为对象行为所造成的危害结果、行为时间与地点也是犯罪客观要件的内容，但它们不是一切犯罪的共同要件，只是某些犯罪的构成要件。

危害行为是指危害社会的行为，即在人的意识或意识支配之下所实施的，侵犯刑法所保护的社会关系通常谈到行为，是指人的积极的肢体动作。在刑法上的行为则将特定条件下在人的意识或意志支配下的肢体静止也被认为是行为。在刑法理论上被称为作为与不作为两种形式。

危害结果是指危害行为给刑法所保护的社会关系所造成的具体侵害事实。危害结果具有以下几个特征: 一是危害结果是由危害行为造成的; 二是危害结果是表明刑法所保护的社会关系遭受侵害的事实; 三是危害结果是危害行为已经实际造成的侵害事实; 四是危害结果多种多样。因此，危害结果的因果性、侵害性、客观性、多样性就构成自身的基本特点。危害结果是罪与非罪的重要标准。

危害行为的对象，又称犯罪对象，是指危害行为直接指向或直接作用的具体物或具体人。特定的行为对象只有在某些犯罪中才是客观要件的内容之一，换言之，在这样的场合，行为只有作用于特定的对象，才能构成犯罪。

危害行为的时间、地点，一般情况下不影响犯罪的成立。但对某些犯罪而言，一定的时间、地点是构成犯罪的必要条件。如《刑法》第340条就把“禁渔区”、“禁渔期”作为构成非法捕捞水产品罪的构成要件。

3. 犯罪主体　犯罪主体是指实施犯罪行为，并且依法应当负刑事责任的人。犯罪主体包括自然人犯罪主体和单位犯罪主体。

（1）自然人犯罪主体: 是指达到法定刑事责任年龄、具有刑事责任能力、实施了危害社会行为的自然人。由此可见，并非任何人实施危害行为都应当负刑事责任，只有当行为人达到了法定负刑事责任的年龄，具有刑事责任能力，才应对自己的危害行为负刑事责任。

刑事责任年龄是指法律所规定的行为人对自己的犯罪行为负刑事责任必须达到的年龄。我国《刑法》第14条对刑事责任年龄作了如下的具体规定: ①已满16周岁的人犯罪，应当负刑事责任。这是完全负刑事责任年龄阶段。②已满14岁不满16周岁的人，犯故意杀人、故意伤害致人重伤或者死亡、强奸、抢劫、贩卖毒品、放火、爆炸、投毒罪的，应当负刑事责任。这是相对负刑事责任年龄阶段。处在此年龄段的人只对法律明文列举上述几种犯罪负刑事责任，而对其他犯罪不负刑事责任。③不满14周岁的人，不负刑事责任。这是完全不负刑事责任年龄阶段。④已满14周岁不满18周岁的人犯罪，应当从轻或者减轻处罚。这是减轻刑事责任年龄阶段。⑤因不满16周岁不处罚的，责令他的家长或者监护人加以管教; 在必要时也可以由政府收容教养。

刑事责任能力是指行为人辨认和控制自己行为的能力。刑法对刑事责任年龄的规定，意味着法律认为正常人达到了规定的年龄就具有对相应犯罪负刑事责任的能力。但是有些人由于精神或生理上的缺陷而丧失或减弱辨认或控制自己行为的能力。为此,我国刑法对几种特定人的刑事责任能力问题作了明确规定: ①精神病人在不能辨认或者不能控制自己行为的时候造成危害结果,经法定程序鉴定确认的,不负刑事责任; 但是应当责令他的家属或者监护人严加看管和医疗; 在必要的时候,由政府强制医疗; ②间歇性精神病人,在精神正常的时候犯罪,应当负刑事责任; ③尚未完全丧失辨认或者控制自己行为能力的精神病人犯罪的,应当负刑事责任,但是可以从轻或者减轻处罚; ④醉酒的人犯罪,应当负刑事责任; ⑤又聋又哑的人或者盲人犯罪,可以从轻、减轻或者免除处罚。他们属于有刑事责任能力人,但鉴于存在生理缺陷,影响其辨认或控制能力,故减轻其责任。应注意,所谓又聋又哑的人指既聋且哑的人。

自然人犯罪主体的种类。自然人犯罪主体可分为一般主体和特殊主体。一般主体,指具有一般犯罪主体所要求的法定构成要件的自然人,即达到法定责任年龄、具有责任能力的自然人主体。所谓特殊主体,是指除了具有一般犯罪主体所要求的成立条件外,还必须具有某些犯罪所要求的特定身份作为其构成要件的自然人主体。例如,受贿罪的主体,除要求具备一般主体的条件之外,还必须具有"国家工作人员"的身份。

(2)单位犯罪主体:《刑法》第30条规定,公司、企业、事业单位、机关、团体实施的危害社会行为,法律规定为单位犯罪的,应当负刑事责任。这里所称的单位既包括国有、集体所有的公司、企业、事业单位,也包括依法设立的合资经营、合作经营企业和具有法人资格的独资、私营等公司、企业、事业单位。单位犯罪主体,是为牟取本单位的非法利益,由单位负责人或者经单位集体讨论决定,实施了刑法明文规定的单位犯罪的公司、企业、事业单位、机关、团体,其中包括法人单位和非法人单位。

4. 犯罪主观方面　犯罪主观方面是刑法规定的成立犯罪必须具备的犯罪主体对其实施的危害行为及危害结果所持的心理态度。犯罪主观方面要件包括犯罪的故意、犯罪的过失、犯罪的目的和动机。

犯罪的故意是指明知自己的行为会发生危害社会的结果,而希望或放任这种结果发生的心理态度。犯罪的故意分为直接故意和间接故意两类。直接故意,是指行为人明知自己的行为会发生危害社会的结果,并且希望这种结果发生的心理态度。间接故意,是指行为人明知自己的行为可能发生危害社会的结果,并且放任这种结果发生的心理态度。例如,为了杀妻而在妻子的碗里投放毒物时,放任孩子的死亡。

犯罪的过失是指应当预见自己的行为可能发生危害社会的结果,因为疏忽大意而没有预见,或者已经预见而轻信能够避免,以致发生这种结果的心理态度。犯罪的过失分为疏忽大意的过失和过于自信的过失两类。疏忽大意的过失,是指应当预见自己的行为可能发生危害社会的结果,因为疏忽大意而没有预见,以致发生这种结果的心理态度。例如,过于自信的过失,是指已经预见自己的行为可能发生危害社会的结果,但轻信能够避免,以致发生这种结果的心理态度。例如,甲将4岁的乙带到桥上玩,甲提着乙的双手将其悬于桥栏上,开玩笑说要把他扔到河里去,乙边喊"害怕"边挣扎,甲手一滑,乙掉到河里,甲急忙去救,但乙还是溺水而死。

犯罪目的是行为人希望通过实施犯罪行为达到某种危害结果的心理态度,即危害结果在犯罪人主观上的表现。犯罪目的只存在于直接故意犯罪中,法律对许多犯罪的犯罪目的一般不作明文规定,分析这些犯罪的构成便可明确其犯罪目的。但对于某些犯罪,刑法条文特别规定了其犯罪目的,如《刑法》第152条规定的走私淫秽物品罪,法律特别载明应"以牟利或传播为目的"。

犯罪动机是指刺激行为人实施某种行为以达到犯罪目的的内心冲动或内心起因,它回答了犯罪人基于何种心理原因实施犯罪行为这一问题。产生犯罪动机需具备两个条件: 一是行为人内在的需要和愿望,二是外界的诱因与刺激。

意外事件在《刑法》第16条明确作了规定:"行为在客观上虽然造成了损害结果,但是,不是出于故意或者过失,而是由于不能抗拒或者不能预见的原因所引起的,不是犯罪。"换言之,意外事件是指在客观上造成了损害结果,但不是出于行为人的故意或过失,而是由于不能抗拒或者不能预见的原因引起危害结果的行为。

（三）阻却犯罪的事由

阻却犯罪的事由是指虽然在客观上造成了一定损害后果，表面上符合某些犯罪的客观要件，但实际上没有犯罪的社会危害性，不具备刑事违法性，依法不成立犯罪的事由。对于阻却犯罪的事由，我国刑法明文规定了两种：正当防卫和紧急避险。

1. 正当防卫（justifiable defense）　根据我国《刑法》第20条第1款规定："为了使国家、公共利益、本人或者他人的人身、财产和其他权利免受正在进行的不法侵害，而采取的制止不法侵害，并对不法侵害人造成必要损害的行为，是正当防卫。"正当防卫是法律赋予公民的一项合法权利，但行使权利不能超过一定的界限。因此，成立正当防卫，必须具备下列条件：①正当防卫必须是针对客观存在的不法侵害行为实施；②正当防卫必须是对正在进行的不法侵害行为实施；③必须针对不法侵害人本人；④防卫人必须具有正当防卫的意图；⑤防卫行为不能明显超过必要限度造成重大损害。

防卫过当是指正当防卫明显超过必要限度造成重大损害的行为。根据《刑法》第20条第2款规定："防卫过当的，应当负刑事责任，但是应当减轻或者免除处罚"。

无限防卫权又称无过当之防卫、预防性正当防卫等，是指公民在某些情况下所实施的正当防卫行为，没有必要限度的要求，对其防卫行为的任何后果均不负刑事责任。无限防卫权是公民在特定情况下可采取无强度限制的防卫行为的权利。《刑法》第20条第3款规定："对于正在进行行凶、杀人、抢劫、强奸、绑架以及其他严重危及人身安全的暴力犯罪，采取防卫行为，造成不法侵害人伤亡的，不属防卫过当，不负刑事责任。"也就是说，对于上述危及人身安全的暴力性犯罪，受害人和其他人采取的正当防卫行为无论造成多么"重大损害"的，也视为未"明显超过必要限度"，不属于防卫过当。

2. 紧急避险（act of rescue）《刑法》第21条规定："为了使国家、公共利益、本人利益或者他人的人身、财产和其他权利免受正发生的危险，不得已采取的紧急避险行为，造成损害的，不负刑事责任。"紧急避险行为是为了保护较大的社会利益，损害较小的合法利益的行为。因此，从根本上看，是对社会有益的行为。所以紧急避险行为者不负刑事责任。例如，为了避免抢劫犯正在进行的侵袭而破坏他人住宅的门窗逃入避险；船舶在航行中遇到危险，船长为了保全乘客的安全，将部分货物抛入海中等，都是紧急避险行为。实行紧急避险应遵守一定的条件。超出了一定的条件，就会变成有害行为，就要负法律责任。

紧急避险的条件如下：①必须发生了现实危险；②危险必须是正在发生的；③避险行为的目的必须正当；④避险行为必须在迫不得已的情况下实施；⑤避险行为不能超过必要限度造成不应有的损害。但是《刑法》第21条第3款规定："第一款中关于避免本人危险的规定，不适用于职务上、业务上负有特定责任的人。"例如，发生火灾时，消防队员不能为了避免火灾对本人的危险而采取紧急避险。

避险过当，是指紧急避险超过必要限度造成不应有的损害，根据《刑法》第21条第2款规定："应当负刑事责任，但是应当减轻或者免除处罚"。

（四）故意犯罪的形态

故意犯罪的形态，是指故意犯罪在其发展过程中由于某种原因而出现的结局性状态，包括犯罪预备、犯罪未遂、犯罪中止和犯罪既遂四种状态。故意犯罪的形态具有三个特征：第一，它只能是在犯罪过程中出现的某种状态，而不可能在犯罪过程之外出现。第二，它只能存在于直接故意犯罪过程中。第三，故意犯罪形态是直接故意犯罪中出现的某种结局性状态，故意犯罪的不同形态之间不可能互相转化，即犯罪呈现出某种形态后，就不可能再呈现其他犯罪形态。

1. 犯罪预备（a crime in preparation）　犯罪预备是指为了犯罪，准备工具、制造条件，但由于行为人意志以外的原因而未能着手实行犯罪的形态。犯罪预备具有以下四个特征：①行为人主观上是为了实行犯罪；②行为人客观上实施了犯罪预备行为；③行为人事实上未能着手实行犯罪。未能着手实行犯罪包括两种情况：一是预备行为没有实施终了，由于某种原因不能继续实施预备行为，因而不可能着手实行犯罪；二是预备行为已经实施终了，但由于某种原因未能着手实行犯罪；④未能着手实行犯罪是由于行为人主观意志以外的原因迫使其未能着手实行犯罪，未能着手实行是违背行为人主观意愿的。例如,甲扬言要杀害乙,乙报案后公安人员即尾随追赶,在通向乙家的公路上,将携带凶器的甲截获。

犯罪预备的行为人主观上具有犯罪的故意,客观上实施了准备工具、制造条件的预备行为,因而应承担责任。但行为人毕竟未能着手实行犯罪,故对预备犯,可以比照既遂犯从轻、减轻处罚或者免除处罚。

2. 犯罪未遂(criminal attempt) 犯罪未遂是指行为人已经着手实行犯罪,但由于犯罪意志以外的原因而未得逞的犯罪形态。成立犯罪未遂必须具备以下特征: ①行为人已经着手实行犯罪。②犯罪未得逞。③犯罪未得逞是由于犯罪人意志以外的原因。犯罪人意志以外的原因,是指违背犯罪人意志的、客观上使犯罪不可能既遂或使犯罪人认为不可能既遂从而被迫停止犯罪的原因。例如甲欲盗窃,在撬保险柜时听到附近警笛声,以为是来抓捕自己,于是落荒而逃。

犯罪未遂完全符合犯罪构成要件,因为行为人在主观犯罪心理的支配下着手实行了犯罪,其社会危害性达到了应追究刑事责任的程度。对于未遂犯,可以比照既遂犯从轻或者减轻处罚。

3. 犯罪中止(crime termination)《刑法》第24条规定:“在犯罪过程中,自动放弃犯罪或者自动有效地防止犯罪结果发生的,是犯罪中止。”根据这一规定,犯罪中止有两种情况: 第一,自动放弃犯罪,即在犯罪过程中,犯罪分子自动中止其犯罪行为,因而没有特定的危害结果; 第二,自动有效地防止犯罪结果的发生,即在犯罪行为实行终了以后、犯罪结果发生之前,犯罪分子自动、有效地防止犯罪结果的发生。

犯罪中止必须具备以下特征: ①中止的时间性,即犯罪中止只能发生在犯罪过程中。所谓犯罪过程,就是从开始预备行为到犯罪既遂以前的全部过程。②中止的自动性,即必须是犯罪分子自动放弃了犯罪或自动有效地防止了犯罪结果发生。③中止的有效性,即必须有效地防止了犯罪结果的发生。例如,甲基于杀人的意图对乙实施暴力,见乙流血不止而心生怜悯,将其送到医院,乙经治疗后鉴定为重伤,甲构成故意杀人罪的犯罪中止。

中止犯应当负刑事责任,但因其主观上自动中止了犯罪,主观恶性降低,客观上有效地防止了犯罪结果的发生,因而其社会危害性减少,刑事责任相应减轻。《刑法》第24条第2款规定:“对于中止犯,没有造成损害的,应当免除处罚; 造成损害的,应当减轻处罚”。

4. 犯罪既遂(accomplishment of crime) 犯罪既遂是指行为人的行为完全实现了分则条文规定的某一犯罪(或说犯罪构成)的犯罪事实。犯罪既遂是犯罪四种形态中唯一的一种完成状态。通常认为,犯罪既遂可以分为四种类型: ①行为犯的既遂,即只要实施了刑法分则所规定的某种危害行为,就构成既遂,常见的犯罪有: 强奸罪、奸淫幼女罪、脱逃罪、诬告陷害罪等。②结果犯的既遂,即只要发生法定的犯罪结果,犯罪就既遂; 如故意杀人罪、故意伤害罪、抢劫罪、盗窃罪、诈骗罪等。故意杀人罪的犯罪结果就是他人死亡,如果发生了死亡结果,就是犯罪既遂,如果因行为人意志以外的原因未发生死亡结果,就是犯罪未遂。③危险犯的既遂,即只要行为足以造成某种危害结果发生,就构成既遂。这类犯罪不是以造成物质性的和有形的犯罪结果为标准,而以法定的客观危险状态的具备为标志。例如,破坏交通工具罪、破坏交通设施罪,都是以行为人的破坏行为造成足以使火车、汽车、船只、航空器发生倾覆、毁坏危险,作为犯罪既遂的标准,而不以造成实际的损害为标志。④举动犯的既遂,指按照法律规定,行为人一着手犯罪实行行为即构成既遂的犯罪。例如组织、领导、参加黑社会性质组织罪、传授犯罪方法罪等,只有犯罪既遂,不存在犯罪未遂的问题。

(五)共同犯罪

根据《刑法》第25条第1款规定:“共同犯罪(joint crime)是指二人以上共同故意犯罪。”共同犯罪具有以下三个特征: 第一,从犯罪主体上看,必须是二人或者二人以上具有刑事责任能力的自然人,并且犯罪主体的每个成员还必须是具有刑事责任能力的自然人。第二,从犯罪主观要件来看,各个共同犯罪人必须具有共同的犯罪故意。这里所说的共同犯罪故意,有两层意思: 其一,各个共同犯罪人都清楚地意识到自己不是孤立地实施某一犯罪行为,而是在同其他人共同实施这一犯罪行为; 其二,各个共同犯罪人对于他们的共同犯罪行为所可能引起的危害结果，都抱着故意的态度；第三，从犯罪的客观要件来看，各个共同犯罪人必须有共同参与一定的犯罪行为。

我国刑法按照各个共同犯罪人在共同犯罪中的地位和作用将他们分为：主犯、从犯、胁从犯和教唆犯。

1. 主犯 根据刑法第26条第1款规定："组织、领导犯罪集团进行犯罪活动的或者在共同犯罪中起主要作用的，是主犯。"主犯是指犯罪集团的首要分子或其他在共同犯罪中起主要作用的犯罪分子。主犯的主观恶性大，不仅自己实施犯罪，而且指挥、策划、影响、制约着其他犯罪成员的犯罪活动，自然他对社会的实际危害也就更大，应当按犯罪集团所犯的或在团伙中参与、组织、指挥的全部犯罪处罚。

2. 从犯 《刑法》第27条规定："在共同犯罪中起次要或者辅助作用的，是从犯。对于从犯，应当比照主犯从轻、减轻处罚或者免除处罚"。

3. 胁从犯 胁从犯是指被胁迫、诱骗参加共同犯罪的人。胁从犯与从犯的区别在于，胁从犯在主观上不愿意或不完全愿意参加犯罪活动，只是由于主犯或从犯的胁迫或者诱骗才参加共同犯罪的某些比较轻微的犯罪活动，所起的作用更小。所以，对于胁从犯的处理，按照刑法第28条的规定："应当按照他的犯罪情节，比照从犯减轻处罚或者免除处罚。

4. 教唆犯 教唆犯就是以授意、怂恿、劝说、利诱、刺激等方法，故意唆使他人犯罪的人。教唆犯的基本特征，一般是自己不直接实施犯罪行为，而是唆使他人产生犯罪意图，去实施危害社会的犯罪行为。教唆犯不是独立的罪名。对于教唆犯，应按照其所教唆的罪定罪，而不能笼统地定教唆罪。

教唆犯的刑事责任，《刑法》第29条分为三种情况加以规定：①"教唆他人犯罪的，应当按照他在共同犯罪中所起的作用处罚，"这是指被教唆者犯了被教唆的罪，从而与教唆犯构成共同犯罪的情况；②"教唆不满十八岁的人犯罪，应当从重处罚"；③"如果被教唆的人没有犯被教唆的罪，对于教唆犯，可以从轻或者减轻处罚"。

三、刑罚

刑罚（penalty）是刑法中明文规定的由国家审判机关依法对犯罪人所适用的限制或剥夺其某种权益的最严厉的法律制裁方法。

刑罚具有以下特征：①是以限制或剥夺犯罪人权益为内容的最严厉的法律制裁方法；②适用对象只能是犯罪人；③适用主体只能是国家审判机关；④刑罚的种类及适用标准必须以刑法明文规定为依据；⑤适用程序上必须依照刑事诉讼程序的规定；⑥以国家强制力作保障。

（一）刑罚的体系与种类

刑罚体系是刑法所规定的并按照一定次序排列的各种刑罚方法的总和。我国刑法上所规定的刑罚体系，由主刑和附加刑两部分组成。

1. 主刑 主刑是对犯罪分子适用的主要的刑罚方法。主刑只能独立适用，不能附加适用，即一个罪不能同时判处两种或者两种以上的主刑。根据我国刑法的规定，主刑有五种，即管制、拘役、有期徒刑、无期徒刑、死刑。

（1）管制：管制是对犯罪分子不实行关押，但限制一定自由，由人民法院判决后，在公安机关管束和人民群众监督之下，在原单位或居住地进行改造的刑罚。管制的适用，根据我国刑法的规定，主要适用于罪刑较轻可不予关押的危害国家安全的犯罪分子和其他刑事犯罪分子。管制期限为三个月以上，两年以下，数罪并罚时，不能超过三年。管制的刑期从判决执行之日起开始计算；判决执行前先行羁押的，羁押一日抵刑期两日。

（2）拘役：拘役是短期剥夺犯罪分子的人身自由，就近实行劳动改造的刑罚方法。拘役的适用对象是罪行较轻，但仍需要短期关押的犯罪分子。拘役的期限是一个月以上，六个月以下，数罪并罚最高不能超过一年。

（3）有期徒刑：有期徒刑是对犯罪分子剥夺一定期限的自由，实行强迫教育改造的刑罚方法。这是一种在我国刑罚适用频率最高的刑种。有期徒刑的期限为六个月以上十五年以下，在数罪并罚的情况下最高不能超过二十年，死缓减为有期徒刑的，最高也不能超过二十年。有期徒刑的刑期从判决之日起计算，判决以前先行羁押的，羁押一日折抵刑期一日。

（4）无期徒刑：无期徒刑是对犯罪分子剥夺终身自由、实行强迫劳动改造的刑罚方法。无期徒刑适用于罪行严重，但又没有必要判处死刑的犯罪分子，使其永久与社会隔离，不再危害社会。但这不意味着一旦被判处无期徒刑，犯罪分子就永远再也不能恢复自由。犯罪分子在服刑期间，如果真诚悔改、认罪伏法、改恶从善、积极劳动，仍然可以通过减刑、假释重获自由。

（5）死刑：死刑是剥夺犯罪分子生命的刑罚方法，是我国刑法所规定的最为严厉的刑种。我国对于死刑的方针是：既不废除死刑，又要严格限制死刑的适用，如死缓制度，《刑法》第48条规定："对于判处死刑的犯罪分子，如果不是必须立即执行的，可以判处死刑时宣告缓期2年执行。"2006年10月31日，第十届全国人大常委会第二十四次会议表决通过关于修改人民法院组织法的决定，将死刑核准权统一收归最高人民法院行使。

2. 附加刑　附加刑是既可以独立适用又可以附加适用的刑罚方法，即对同一犯罪行为可以在主刑之后附加判处一个或两个以上的附加刑，也可以独立判处一个或两个以上的附加刑。我国《刑法》所规定的附加刑有：罚金、剥夺政治权利、没收财产和驱逐出境。

（二）量刑

量刑，是人民法院依法对犯罪分子裁判决定刑罚的一种审判活动。人民法院的刑事审判活动有三个环节：定罪、量刑、刑罚。量刑是刑事审判活动的基本环节之一。

1. 量刑的一般原则　《刑法》第61条规定："对于犯罪分子决定刑罚的时候，应当根据犯罪的事实、犯罪的性质、情节和对于社会的危害程度，依照本法的有关规定判处。"

2. 量刑的情节　量刑情节，指人民法院对犯罪分子据以判处刑罚的事实情况。量刑情节分法定情节和酌定情节两类。

法定情节，指法律明文规定的在量刑时必须予以考虑的情节。法定情节有从重、从轻、减轻和免除处罚等四种：①从重处罚，指在法定刑的范围内，对犯罪分子适用相对较重的刑种或者相对较长的刑期，例如累犯，应从重处罚；②从轻处罚，指在法定刑的范围内，对犯罪分子适用相对较轻的刑种或者相对较短的刑期，如犯罪以后自首的，可以从轻处罚；③减轻处罚，指对犯罪分子在法定最低刑以下判处刑罚，犯罪分子虽然不具有法定减轻处罚情节，但是根据案件的特殊情况，经最高人民法院核准，也可以减轻处罚；④免除处罚，指对犯罪分子作有罪宣告，同时免除其刑罚处罚。

酌定情节，指根据刑事立法精神，从审判实践中总结出来的，由人民法院灵活掌握、酌情运用的情节。常见的酌定情节主要有：犯罪的动机、犯罪的手段、犯罪时的环境和条件、犯罪的损害结果、犯罪人的一贯表现和犯罪后的态度等。

3. 累犯　累犯是指因犯罪而受过一定的刑罚处罚，在刑罚执行完毕或者赦免以后，在法定期限内又犯一定之罪的犯罪分子。累犯分为一般累犯和特别累犯。一般累犯是指被判处有期徒刑以上刑罚，刑罚执行完毕或者赦免以后，在5年以内再犯应当判处有期徒刑以上刑罚之罪的犯罪分子。特别累犯，是指因犯危害国家安全罪受过刑罚处罚，刑罚执行完毕或者赦免以后，在任何时候再犯危害国家安全罪的犯罪分子。对累犯应当从重处罚，并不得适用缓刑和假释。

4. 自首和立功　自首是指犯罪分子犯罪以后自动投案，如实供述自己罪行的行为。被采取强制措施的犯罪嫌疑人、被告人和正在服刑的罪犯如实供述司法机关还未掌握的本人其他罪行的，以自首论。《刑法》第67条第一款规定："对于自首的犯罪分子，可以从轻或者减轻处罚；其中，犯罪较轻的，可以免除处罚。"

立功是指犯罪分子揭发他人犯罪行为，查证属实的，或者提供重要线索，从而得以侦破其他案件的，或者协助司法机关抓捕其他犯罪嫌疑人（包括同案犯）归案的，或者阻止他人犯罪活动的，或者有其他有利于国家和社会的突出表现的或重大贡献的行为。根据《刑法》第68条的规定，对于有立功表现的犯罪分子应分别不同情况予以从宽处罚；对于有一般立功表现的，可以从轻或者减轻处罚；对于有重大立功表现的，可以减轻或者免除处罚；对于犯罪后自首又有重大立功表现的，应当减轻或者免除处罚。

5. 数罪并罚　数罪并罚就是对一人所犯数罪的合并处罚。我国刑法中的数罪并罚，是指法院对一行为人在法定时间界限内所犯的数罪分别定罪量刑后，依照法定的并罚原则及刑期计算方法决定其应执行的刑罚的制度。根据我国《刑法》第69条的规定，我国数罪并罚也采取折中原则，即以限制加重原则为主，以吸收原则和并科原则为补充的原则。

根据《刑法》第69条、第70条、第71条的规定，适用数罪并罚有以下3种情况：①判决宣告以前一人犯数罪的并罚；②判决宣告以后刑罚执行完毕以前发现漏罪的并罚；③判决宣告以后刑罚执行完毕以前又犯新罪的并罚。

（三）刑罚的适用与执行

1. 缓刑　缓刑是指一种有条件不执行原判刑罚的制度。我国刑法中的缓刑，指人民法院对于被判处拘役、3年以下有期徒刑的犯罪分子，根据其犯罪情节和悔罪表现，认为不执行原判刑罚不致再危害社会的，规定一定的考验期限，暂不执行原判刑罚。缓刑不是刑种，而是刑罚具体运用的一项制度。根据《刑法》第72条、第74条的规定，适用一般缓刑必须具备下列条件：①犯罪分子被判处拘役或者三年以下有期徒刑的刑罚；②根据犯罪分子的犯罪情节和悔罪表现，认为适用缓刑确实不致再危害社会；③犯罪分子不是累犯。

被宣告缓刑的犯罪分子，应当遵守《刑法》第75条规定的缓刑监督管理事项。被宣告缓刑的犯罪分子，在缓刑考验期限内，由公安机关考察。如果没有发生应予撤销缓刑的事由，缓刑考验期满，原判的刑罚就不再执行；如果在缓刑考验期限内再犯新罪或者发现判决宣告以前还有其他罪没有判决的，应当撤销缓刑，对新犯的罪或者新发现的罪作出判决，把前罪和后罪所判处的刑罚，依照《刑法》第69条的规定，决定执行的刑罚；如果在缓刑考验期限内，违反法律、行政法规或者国务院、公安部门有关缓刑的监督管理规定，情节严重的，也应当撤销缓刑，执行原判刑罚。对于累犯，不适用缓刑。

2. 减刑　减刑是指对判处管制、拘役、有期徒刑、无期徒刑的犯罪分子，在刑罚执行期间，如果认真遵守监规，接受教育改造，确有悔改表现或者立功表现，将其原判刑罚予以适当减轻的一种刑罚执行制度。

根据《刑法》第78条的规定，适用减刑必须具备下列条件：减刑适用的对象是被判处管制、拘役、有期徒刑、无期徒刑的犯罪分子；适用减刑的实质条件是犯罪分子在刑罚执行期间，认真遵守监规，接受教育改造，确有悔改表现或者立功表现的，可以减刑；犯罪分子在刑罚执行期间，有下列重大立功表现之一，应当适用减刑：①阻止他人重大犯罪活动的；②检举监狱内外重大犯罪活动，经查证属实的；③有发明创造或重大技术革新的；④在日常生产、生活中舍己救人的；⑤在抗御自然灾害或者重大事故中有突出贡献的；⑥对国家和社会有其他重大贡献的。减刑以后实际执行的刑期，判处管制、拘役、有期徒刑的，不能少于原判刑期二分之一；判处无期徒刑的，不能少于十年。

3. 假释　假释是指被判处有期徒刑或者无期徒刑的犯罪分子，在执行了一定时间的刑罚之后，如果认真遵守监规，接受教育改造，确有悔改表现，不致再危害社会的，司法机关将其附条件地予以提前释放的一种刑罚执行制度。

适用假释的条件：①适用假释的对象是被判处有期徒刑和无期徒刑的犯罪分子，但对累犯以及因杀人、爆炸、抢劫、强奸、绑架等暴力性犯罪被判处十年以上有期徒刑、无期徒刑的犯罪分子不得假释；②被判处有期徒刑的犯罪分子，执行原判刑期三分之一以上，被判处无期徒刑的犯罪分子，实际执行十年以上，可以适用假释；③被判处有期徒刑和无期徒刑的犯罪分子，在刑罚执行期间，必须认真遵守监规，接受教育改造，确有悔改表现，不致再危害社会。这是适用假释的实质条件。《刑法》第83条规定，有期徒刑的假释的考验期限，为没有执行完毕的刑期；无期徒刑假释的考验期限为十年。

（四）刑罚消灭制度

刑罚消灭是指由于一定的法定原因，针对特定的犯罪人的刑罚权归于消灭。导致刑罚消灭的法定原因主要有时效、赦免、告诉才处理的犯罪没有告诉或者撤回告诉。

1. 时效　刑法上的时效是指经过一定的期限，对刑事犯罪不得追诉或者对所判刑罚不得执行的一项法律制度。时效分为追诉时效和行刑时效两种。所谓追诉时效，是指依法对犯罪分子追究刑事责任的有效期限。超过这个期限，除法定最高刑为无期徒刑、死刑的，经最高人民检察院特别核准必须追诉的以外，都不得再追究犯罪分子的刑事责任；已经追究的，应当撤销案件，或者不起诉，或终止审理。所谓行刑时效，是指法律规定对被判处刑罚的犯罪分子执行刑罚的有效期限。判处刑罚而未执行，超过法定执行期限的，刑罚就不得再执行。我国刑法中只有追诉时效的规定。

2. 赦免　赦免是指国家对于犯罪分子宣告免于追诉或者免除执行刑罚的全部或者一部分的法律制度。赦免分为大赦和特赦两种。大赦，是指国家对不特定的多数犯罪分子的赦免。这种赦免的效力及于罪与刑两方面。特赦，是指国家对特定的犯罪分子的赦免，即对受罪刑宣告的特定犯罪分子免除其刑罚的全部或部分的执行。这种赦免只赦其刑，不赦其罪。我国法律只规定了特赦。

四、人身权的刑法保护

人身权的刑法保护是指用刑法的方法对严重侵犯公民人身权、构成犯罪的行为规范、调整，使犯罪人承担刑罚以及附带承担损害赔偿为内容的刑事责任，并对人身权遭受侵害的受害人予以救济的法律保护制度。

（一）刑罚的保护制度

侵害人身权，凡具有社会危害性、触犯刑律具有刑事违法性，具有应受惩罚性的行为，即构成侵害人身权的犯罪行为。对这种犯罪行为予以刑罚处罚，就是对人身权受到侵害的刑事被害人的刑法保护。

《刑法》第四章“侵害公民人身权利、民主权利罪”中，大多数是用刑罚方法保护公民人身权利的刑法规范。在第六章“妨碍社会管理罪”中，也有专门规定保护公民人身权利的刑法规范。在《刑法》的其他部分以及单行刑事法规、非刑事法律法规中，也有相当部分涉及人身权的刑法保护内容。

人身权的刑法保护，主要表现在《刑法》规定的对以下犯罪予以刑罚制裁：①故意杀人罪和过失杀人罪，见《刑法》第232条和第233条。惩罚这两种犯罪，保护的是公民的生命权。②故意伤害罪和过失伤害罪，见《刑法》第234条和第235条。其中惩罚故意伤害、故意重伤害和过失重伤害罪，保护的是公民的健康权；惩罚故意害致死罪，保护的是公民的生命权。③侮辱、诽谤罪和诬告陷害罪。见《刑法》第246条和第254条，规定此两罪，借以保护公民的一般人格权或名誉权。④强奸罪、强迫妇女卖淫罪和强制猥亵妇女、侮辱妇女罪，见《刑法》第236条、第240条、第241条以及第237条，规定这三种犯罪，以保护妇女的贞操权。⑤非法拘禁罪，绑架罪、拐卖妇女、儿童罪，收买被拐卖的妇女、儿童罪，拐骗儿童罪，见《刑法》第238条、第239条、第240条、第241条、第262条，规定这些罪名用以保护公民人身自由权。⑥非法搜查罪，见《刑法》第245条，规定此罪保护的是公民的身体权。⑦刑讯逼供罪、暴力取证罪、虐待被监管人罪，见《刑法》第247条、第248条，用以惩罚司法工作人员侵害公民人身权利的行为。⑧暴力干涉他人婚姻自由罪，见《刑法》第257条，规定此罪保护的是公民婚姻自主权。重婚罪和破坏军婚罪，见《刑法》第258条和第259条，以保护公民的配偶权。⑨虐待罪和遗弃罪，见《刑法》第260条和261条，以保护公民的亲属权、人身权。对于以上侵害人身权利的犯罪，根据《刑法》的规定，可以分别判处相应的刑罚，直至判处死刑。

（二）刑事附带民事损害赔偿的保护制度

1. 刑事附带民事损害赔偿的概念　刑事附带民事损害赔偿，是由《刑法》第36条和第37条规定的。其中第36条规定：“由于犯罪行为而使被害人遭受经济损失的，对犯罪分子除依法给予刑事处罚外，并应根据情况判处赔偿经济损失”。“承担民事赔偿责任的犯罪分子，同时被判处罚金，其财产不足以全部支付的，或者被判处没收财产的，应当先承担对被害人的民事赔偿责任”。第37条规定：“对于犯罪情节轻微不需要判处刑罚的，可以免予刑事处罚，但是可以根据案件的不同情况，予以训诫或责令具结悔过、赔礼道歉、赔偿损失，或者由主管部门予以行政处罚或者行政处分"。关于刑事附带民事诉讼，《刑事诉讼法》第77条和第78条也有具体规定。应当分清的是，刑事附带民事损害赔偿是实体法上的概念，刑事附带民事诉讼是程序法上的概念，二者并非同一概念。本书称刑事附带民事损害赔偿为人身权的刑法保护方法，指的是实体法意义上的概念，是实体法的法律保护。刑事附带民事诉讼，是指实现这种人身权法律保护方法的程序。

刑事附带民事损害赔偿是指司法机关在追究刑事被告人刑事责任的同时，一并责令其对被害人承担损害赔偿的民事责任。同时解决这样两种法律责任的诉讼程序，就是刑事附带民事诉讼程序。

刑事附带民事损害赔偿是由于法规竞合所致。当一种行为被法律规定为犯罪行为，又同时被规定为侵权行为的时候，就使刑事法律和民事法律的规范结合在一起。由于该行为在刑法上属于犯罪行为，在民法上又属于侵权行为，为避免裁判上的矛盾和减少当事人的讼累，允许司法机关根据被害人及其他有关人的申请，适用刑事诉讼程序，对这两种诉讼合并加以解决，同时确定被告人的刑事责任和民事责任。其中刑事责任是承担刑罚，民事责任是财产损失或人格利益损害的损害赔偿。因其一并解决，同时由于这种民事责任的解决是由刑事诉讼派生的，带有附带解决的性质，所以称之为附带民事损害赔偿。

2. 刑事附带民事诉讼中损害赔偿责任的构成　刑事附带民事损害赔偿责任的构成，应当具备一般侵权责任构成的损害事实、违法行为、因果关系、主观过错的要件。此外，还必须具备三个条件。

（1）刑事案件成立：刑事案件成立，也就是刑事被告人的行为已经涉嫌构成犯罪，这是附带损害赔偿的前提。附带民事诉讼与一般的民事诉讼的区别：一是范围不同，附带民事诉讼只解决犯罪造成损失的赔偿问题，不像一般民事诉讼的范围那么广泛。二是附带民事损害赔偿的"附带"性质。就附带民事诉讼解决的损失赔偿问题而言，它与一般民事诉讼中的财产、人身的侵权损害赔偿，基本上是一致的。但它最主要的特征是没有独立的诉讼性质，而依赖于刑事诉讼的存在。如果刑事案件不能成立，附带民事诉讼的前提条件就不存在了，这种民事争议就不属于附带民事诉讼，而只能作为一般民事诉讼。即使是在刑事附带民事诉讼的进行过程中确认了刑事被告人无罪的时候，其附带的民事诉讼也失去了存在的价值，而应成为独立的民事诉讼。

（2）被害人遭到物质损失：刑事被害人，既包括公民，也包括法人或非法人团体。只有犯罪行为给公民造成损失，或者给国家财产、集体财产造成损失的，被害的公民或国家、集体单位才有资格提起附带民事诉讼。在后一种情况下，人民检察院在提起公诉的时候，一并提起附带民事诉讼。只有因犯罪行为遭受物质损失的刑事案件才能提起附带民事诉讼。由于犯罪行为而遭受人格、名誉、精神或者婚姻家庭关系方面损害的，被害人不能提起附带民事诉讼。被害人就非物质损害案件提起附带民事诉讼的，人民法院不予受理。

（3）犯罪与物质损失之间有直接因果关系：根据《刑事诉讼法》第77条的规定，犯罪行为与物质损失之间应有因果关系，附带民事诉讼才能成立。刑事被告人的犯罪行为与被害人的损失之间的因果关系应该是直接的、明确的。它的特点：一是犯罪行为必须是造成损失的唯一或主要的原因；二是损失在性质上不能是估计的，而应当是已经产生或者必然产生的，在数量上不能是估算的，而应当是可以计算的和有确定数额的。

3. 刑事附带民事损害赔偿的归责原则　刑事附带民事损害赔偿，与民事诉讼中的损害赔偿一样，都是一种民事责任。但是，刑事附带民事损害赔偿因为是对刑事犯罪所造成损失的赔偿责任，因而与一般的侵权损害赔偿责任在归责原则的适用上有所不同。这主要是对一般的民事侵权损害赔偿的归责原则，应分不同情况，适用过错责任原则、无过错责任原则和公平责任原则来调整；而刑事附带民事损害赔偿的归责原则只能有一个，即过错责任原则，其他两项归责原则在这里不适用。

4. 刑事附带民事损害赔偿的主体

（1）权利主体：刑事附带民事损害赔偿的权利主体，就是刑事附带民事诉讼的原告。根据我国法律规定，凡因犯罪而遭受物质损失的被害人，就是附带民事损害赔偿的权利主体，均有权提起刑事附带民事诉讼，作为刑事附带民事诉讼的原告。

（2）义务主体：附带民事损害赔偿义务主体，一般是指因实施犯罪行为而造成被害人物质损害而由被害人提起民事诉讼的刑事被告人。附带民事损害赔偿义务主体的范围不限于刑事被告人本人，还包括：①刑事被告人是未成年的，其法定代理人作为附带民事诉讼被告；②与没有民事赔偿能力的刑事被告人共同生活的近亲属同意承担赔偿责任的，也可以成为附带民事诉讼被告；③有义务为刑事被告人承担赔偿责任的法人。

5. 刑事附带民事损害赔偿的责任范围　目前《刑事诉讼法》第77条、刑法第31条明确规定附带民事诉讼赔偿范围为“物质损失”、“经济损失”。由于被告人的犯罪行为造成的直接物质损失，原则上都属赔偿的范围。直接物质损失是指因犯罪行为必然造成的物质损失，既包括已经遭受的实际损失，也包括将来必然遭受的物质损失。直接物质损失主要有五类：①因犯罪行为直接损毁的财物；②用于被害人本身的费用，如医疗费、营养费、误工费、鉴定费、就医交通费、残疾用具费；③因陪护被害人或料理被害人死亡后果而产生的费用，如陪护人员的误工费、护理费、住宿费、车船费，运尸费，丧葬费，亲属的奔丧费等；④原由被害人抚养和赡养的人的必要生活补助。

精神损害不属于刑事附带民事赔偿的范畴。最高人民法院2000年12月4日发布的《关于刑事附带民事诉讼范围问题的规定》第1条第1款明确规定：因人身权利受到犯罪侵犯而遭受物质损失或者财物被犯罪分子毁坏而遭受物质损失的，可以提起附带民事诉讼。第2款进一步规定：对于被害人因犯罪行为遭受的精神损失而提起的附带民事诉讼，人民法院不予受理。最高人民法院2002年7月11日发布的《关于人民法院是否受理刑事案件被害人提起精神损害赔偿民事诉讼问题的批复》明确规定，对于刑事案件被害人由于被告人的犯罪行为而遭受精神损失提起的附带民事诉讼，或者在该刑事案件审结以后，被害人另行提起精神损害赔偿民事诉讼的，人民法院都不予受理。

五、刑法关于妨害司法罪的相关规定

妨害司法罪，是指违反法律规定，使用各种方法妨害国家司法机关正常诉讼活动，破坏国家司法权的行使，情节严重的行为。妨害司法罪包括以下罪名。

1. 伪证罪　《刑法》第305条规定：“在刑事诉讼中，证人、鉴定人、记录人、翻译人对与案件有重要关系的情节，故意作虚假证明、鉴定、记录、翻译，意图陷害他人或者隐匿罪证的，处三年以下有期徒刑或者拘役；情节严重的，处三年以上七年以下有期徒刑。

2. 辩护人、诉讼代理人毁灭证据、伪造证据、妨害作证罪　《刑法》第306条规定：“在刑事诉讼中，辩护人、诉讼代理人毁灭、伪造证据，帮助当事人毁灭、伪造证据，威胁、引诱证人违背事实改变证言或者作伪证的，处三年以下有期徒刑或者拘役；情节严重的，处三年以上七年以下有期徒刑。辩护人、诉讼代理人提供、出示、引用的证人证言或者其他证据失实，不是有意伪造的，不属于伪造证据。”

3. 妨害作证罪　《刑法》第307条规定：“以暴力、威胁、贿买等方法阻止证人作证或者指使他人作伪证的，处三年以下有期徒刑或者拘役；情节严重的，处三年以上七年以下有期徒刑。帮助当事人毁灭、伪造证据，情节严重的，处三年以下有期徒刑或者拘役。司法工作人员犯前两款罪的，从重处罚。”

4. 打击报复证人罪　《刑法》第308条规定：“对证人进行打击报复的，处三年以下有期徒刑或者拘役；情节严重的，处三年以上七年以下有期徒刑。”

5. 扰乱法庭秩序罪　《刑法》第309条规定：“聚众哄闹、冲击法庭，或者殴打司法工作人员，严重扰乱法庭秩序的，处三年以下有期徒刑、拘役、管制或者罚金。”

6. 窝藏、包庇罪　《刑法》第310条规定：“明知是犯罪的人而为其提供隐藏处所、财物，帮助其逃匿或者作假证明包庇的，处三年以下有期徒刑、拘役或者管制；情节严重的，处三年以上十年以下有期徒刑。犯前款罪，事前通谋的，以共同犯罪论处。”

7. 掩饰、隐瞒犯罪所得、犯罪所得收益罪　《刑法》第312条规定：“明知是犯罪所得的赃物而予以窝藏、转移、收购或者代为销售的，处三年以下有期徒刑、拘役或者管制，并处或者单处罚金。

8. 拒不执行判决、裁定罪　《刑法》第313条规定："对人民法院的判决、裁定有能力执行而拒不执行，情节严重的，处三年以下有期徒刑、拘役或者罚金。"

9. 非法处置查封、扣押、冻结的财产罪　《刑法》第314条规定："隐藏、转移、变卖、故意毁损已被司法机关查封、扣押、冻结的财产，情节严重的，处三年以下有期徒刑、拘役或者罚金。"

10. 破坏监管秩序罪　《刑法》第315条规定："依法被关押的罪犯，有下列破坏监管秩序行为之一，情节严重的，处三年以下有期徒刑：①殴打监管人员的；②组织其他被监管人破坏监管秩序的；③聚众闹事，扰乱正常监管秩序的；④殴打、体罚或者指使他人殴打、体罚其他被监管人的。"

11. 脱逃罪　《刑法》第316条规定："依法被关押的罪犯、被告人、犯罪嫌疑人脱逃的，处五年以下有期徒刑或者拘役。劫夺押解途中的罪犯、被告人、犯罪嫌疑人的，处三年以上七年以下有期徒刑；情节严重的，处七年以上有期徒刑。"

12. 组织越狱罪、暴动越狱罪、聚众持械劫狱罪　《刑法》第317条规定："组织越狱的首要分子和积极参加的，处五年以上有期徒刑；其他参加的，处五年以下有期徒刑或者拘役。暴动越狱或者聚众持械劫狱的首要分子和积极参加的，处十年以上有期徒刑或者无期徒刑；情节特别严重的，处死刑；其他参加的，处三年以上十年以下有期徒刑。"

第四节　行政法及其对人身权的保护

案例 3-4　医生入室捆绑就医精神病院被判侵权

2010 年 4 月的一天，居民王华（化名）正在家中休息，某精神病院 4 名医生闯入家中，将其双手捆绑，要将其作为精神病人带走治疗。王华极力辩解自己是正常人，并奋力反抗和呼救，引来多人围观。后在 110 民警的救助下，才得以脱身。后来，他得知是妻子要求精神病院来收治自己，便将精神病院和妻子起诉到法院，认为精神病院和妻子的行为给自己带来了肉体、心理、精神上的很大伤害。被告精神病院在答辩中指出，王华妻子在该院办理了住院手续后，雇车辆请该院的医生前去收治精神病人。精神病院是根据精神病人收治常规进行收治的，对病人用约束带进行约束，是为了防止病人自残或伤及他人，并没有侵权行为。王华妻子认可精神病院的陈述，认为应该将王华带走治疗。法院经审理认为，非经法定程序，任何单位和个人不能剥夺别人的人身自由。即使是精神病人或者疑似病人，由于没有法律的强制性规定，精神病院也不能强行收治。在本案中，精神病院仅凭王华妻子的陈述，就通过捆绑的方式对王华强行收治，是一种侵权行为，根据法律规定应该道歉和赔偿。判决被告精神病院赔偿原告王华精神抚慰金 5000 元。此案中王华是不是精神病人不是争议焦点，焦点在于精神病院是否有权强行收治病人。由于目前没有法律的明确规定，精神病院强行收治就是侵权行为。

一、行政法概述

（一）行政法的基本概念

行政法（administrative law）是规定国家行政主体的组织、职权、行使职权的方式、程序以及对行使行政职权的法制监督，调整行政关系的法律规范系统。

1. 行政法的基本内容　行政法基本内容包括三大部分：①行政组织法：主要规定行政主体的组织、性质、地位和职权；②行政行为法：主要规定行政主体行使职权的方式、程序；③行政法制监督、行政救济、行政责任法。

行政法的这一部分主要规定对行政主体行使职权行为如何实施法制监督;对受到违法行政行为侵犯的行政相对人如何进行法律救济;行政主体及其工作人员对其违法失职行为应承担什么样的法律责任。行政法的这三部分分别调整着三种不同的行政关系:行政组织法主要调整内部行政关系;行政行为法主要调整行政管理关系;行政法制监督、行政救济、行政责任法主要调整行政法制监督关系。当然,不同部分行政法对不同行政关系的调整分界不是绝对的。

2. 行政法的功能　行政法的功能主要有两方面:①建立行政主体的组织,赋予其行政职权,确定其行使职权的方式、程序,使之有效地对社会实施管理,保证国家法律和政策确立的管理目标的实现,保障秩序,促进社会、经济、文化的发展;②建立行政法制监督机制,控制行政权力,防止行政主体滥用职权,以维护国家社会公益和保护个人、组织的合法权益。

行政法是独立的法律部门。行政法是仅次于宪法,与刑法、民法并列的我国三大基本法律部门之一。行政法在整体上没有统一、系统的法典,但是这并不意味着行政法在局部上没有单行的法典。实践中,这种单行法典是很多的,而且调整着一定领域较广泛的行政关系,如行政组织法、公务员法、行政程序法、行政执行法、行政处罚法、行政复议法、行政诉讼法、行政赔偿法等。

(二)行政法的基本原则

行政法的基本原则是指导和规范行政法的立法、执法以及指导、规范行政行为的实施和行政争议的处理的基础性法则,是贯穿于行政法具体规范之中,同时又高于行政法具体规范,体现行政法基本价值观念的准则。

1. 行政法治原则

(1)依法行政:依法行政指行政主体实施任何行政行为均要遵循法定权限、法定实体规则和法定程序规则。违反法定权限、法定实体规则或法定程序规则实施的行政行为构成无效或可撤销的行政行为,相应行政行为自始不产生法律效力或根据行政相对人的请求,由权力机关终止其法律效力。

(2)控制滥用自由裁量权:控制滥用自由裁量权指通过法律机制将行政主体实施的自由裁量行政行为控制在适度、合理的范围内,防止其滥用。为保证行政主体对行政自由裁量权的适度、合理行使,法律为之设定了事前、事中和事后控制机制:事前控制主要是授权控制,对自由裁量权设定明确的界限;事中控制主要是程序控制,自由裁量行为应遵循必要的法定程序规则;事后控制主要是行政复议和司法审查,即接受相应的行政和司法监督。

(3)政府对侵权行为承担法律责任:行政法治要求政府和公民一样,如其行为违法侵犯他人(行政相对人)合法权益,应依法承担侵权赔偿责任。

(4)保护人权,维护公民的合法权益:政府实施任何行政行为,都应尊重和保护公民的人权,包括尊重和保护公民的人身自由、人格尊严,维护公民的其他人身权利和财产权利。

2. 行政公正原则　行政公正原则的主要内容有下述六项:①办事公道,不徇私情;②平等对待不同身份、民族、性别和不同宗教信仰的行政相对人;③合理考虑相关因素,不专横武断;④在处理与自己或自己近亲属有利害关系的事务时应予回避,不得自己做自己的法官;⑤在处理涉及两个或两个以上相对人利害关系的事务时,不得在一方当事人不在场的情况下单独与另一方当事人接触;⑥不在事先未通知和听取相对人申辩意见的情况下作出对其不利的行政行为。

3. 行政公开原则　行政公开原则的主要内容有下述五项:①行政法规、规章以及其他规范性文件的制定应采取一定方式让公众参与,听取公众的意见,必要时公开举行听证会,听取有关利害关系人的意见、建议;②已制定的行政法规、规章及其他规范性文件应通过公开的政府刊物公布,让公众知晓;③行政机关收集、保存的涉及相对人有关的信息的文件、资料,除法律、法规规定应予保密的以外,应允许相对人查阅、复制;④有关行政执法行为的条件、标准、手续等应通过一定方式公布,使相对人事先知悉;⑤对行政机关及其工作人员遵纪守法、廉政、勤政的情况,应允许新闻媒介在真实、准确的前提下予以公开报道,使之接受人民群众和舆论的监督。

4. 行政效率原则　行政效率原则的主要内容有下述三项:①行政主体实施任何行政行为,应严格遵循法定步骤、顺序和时限，不得违法增加手续，拖延耽搁；②行政机关应严格遵循法定编制，保持机构精干，不得任意增人扩编，导致机构臃肿，人浮于事；③行政主体实施行政行为应进行必要的成本-效益测算和分析，应从多个方案中选择最佳方案，以保障相应行政行为取得较好的经济和社会效益。

二、人身权的行政法保护

人身权的行政法保护，是指依照行政法以确认侵害人身权的行为为行政违法行为的方式，以使行政违法行为人承担处罚以及损害赔偿责任的形式，对人身权遭受侵害的受害人予以救济的法律保护方法。

（一）行政处罚的保护方法

1. 行政处罚法的概念　行政处罚（administrative penalty）是指具有处罚权的行政主体为维护公共利益和社会秩序，依法对行政相对人违反行政法律规范尚未构成犯罪的行为实施的法律制裁。其特征为：①主体具有行政处罚权；②行政相对人的行为具有行政违法性；③责任具有制裁性。《中华人民共和国行政处罚法》自1996年起施行。

2. 行政处罚的种类　行政处罚分为以下六大类：①警告，是对违法者予以书面的谴责和告诫，适用于情节比较轻微的违法行为；②罚款，是强制违法者在一定期限内向国家交纳一定数量货币，适用于牟取非法经济利益的行政违法行为；③没收违法所得和非法财物，是行政机关依法将行为人以违法手段取得的金钱、其他财物、违禁物或违法行为工具等收归国有；④责令停产停业，是行政机关强制要求违法者停止生产或者经营；⑤暂扣或者吊销许可证、暂扣或者吊销执照，是行政机关依法限制或者剥夺违法者原有的特许权利或者资格；⑥行政拘留，是公安机关限制违反治安管理秩序的行为人短期人身自由。

其中，行政拘留（administrative detention），也叫治安拘留，是指法定的行政机关（专指公安机关）依法对违反行政法律规范的人，在短期内限制人身自由的一种行政处罚。行政拘留是最严厉的一种行政处罚，通常适用于严重违反治安管理但不构成犯罪，而警告、罚款处罚不足以惩戒的情况。行政拘留的特点是：①行政拘留是一种严厉的行政处罚形式，只有县级以上公安机关才享有拘留裁决权，期限限制在1日以上15日以内。②行政拘留不同于刑事拘留。前者是依照行政法律规范对违反治安管理法规的人采取的惩戒措施；后者是依照刑事诉讼法的规定而采取的临时剥夺犯罪嫌疑人的人身自由的刑事强制措施。③行政拘留不同于司法拘留。后者是人民法院依照诉讼法的规定，对妨害民事、行政诉讼程序的人所实施的临时剥夺其人身自由的强制措施。④行政拘留不同于行政扣留。行政扣留是行政机关采取的临时限制人身自由的行政强制措施。⑤行政拘留与拘役不同。拘役是由人民法院对触犯刑法的人判处的一种刑罚。

3. 行政处罚的设定　行政处罚的设定分为：①法律可以设定各种行政处罚，其中，限制人身自由的行政处罚只能由法律设定。②行政法规可以设定除限制人身自由以外的行政处罚。行政法规必须在法律规定的行政处罚的行为、种类和幅度的范围内规定。③地方性法规可以设定除限制人身自由、吊销企业营业执照以外的行政处罚。地方性法规必须在法律、行政法规规定的给予行政处罚的行为、种类和幅度的范围内规定。④国务院部、委员会制定的规章可以在法律、行政法规规定的给予行政处罚的行为、种类和幅度的范围内作出具体规定；尚未制定法律、行政法规的，国务院部、委员会制定的规章可以设定警告或者一定数量罚款的行政处罚，罚款的限额由国务院规定。⑤省、自治区、直辖市人民政府和较大的市人民政府制定的规章可以在法律、法规规定的给予行政处罚的行为、种类和幅度的范围内作出具体规定；尚未制定法律、法规的，上述地方人民政府制定的规章可以设定警告或者一定数量罚款的行政处罚，罚款的限额由省、自治区、直辖市人民政府代表大会常务委员会规定。⑥规章以下的其他规范性文件一律不得设定行政处罚。

4. 实施行政处罚的主体　可以实施行政处罚的主体有：①有行政处罚权的行政机关。行政处罚权必须由法律、法规、规章明确规定。其中,限制人身自由的行政处罚权只能由公安机关行使。②综合执法机关。国务院或者经国务院授权的省、自治区、直辖市人民政府可以决定一个行政机关行使有关行政机关的行政处罚权。③法律、法规授权的具有管理公共事务职能的组织。④行政机关委托的组织。

5. 行政处罚的管辖　行政处罚的管辖分为: ①级别管辖,由县级以上人民政府有行政处罚权的行政机关管辖; ②地域管辖,由违法行为发生地的行政机关管辖; ③职能管辖,由具有行政处罚权的行政机关管辖; ④指定管辖,两个以上的行政机关之间发生管辖权争议,由共同的上一级行政机关决定由谁管辖; ⑤向司法机关移送案件,违法行为构成犯罪的,行政机关必须将案件移送司法机关,依法追究刑事责任。

6. 行政处罚的程序和执行　行政处罚的决定程序分为简易程序、一般程序和听证程序。

(1)简易程序: 违法事实确凿并有法定依据,对公民处以五十元以下、对法人或者其他组织处以一千元以下罚款或者警告的行政处罚的,可以当场作出行政处罚决定。程序包括: ①表明执法身份; ②确认违法事实,说明处罚理由; ③当事人口头申辩; ④制作当场处罚的行政处罚决定书。

(2)一般程序: 又称普通程序,是行政处罚程序中的基本程序。程序包括: ①立案; ②调查取证; ③说明理由,告知权利; ④听取当事人的陈述和申辩或举行听证; ⑤作出处罚决定和制作处罚决定书; ⑥送达。

(3)听证程序: 是指在行政机关作出行政处罚决定之前,由行政机关指派专人主持听取案件调查人员和当事人就案件事实、处罚理由及适用依据进行陈述、质证和辩论的法定程序。听证仅限于三类案件: ①责令停产停业; ②吊销许可证或执照; ③较大数额的罚款。行政机关应当告知当事人有要求举行听证的权利,当事人要求听证的,行政机关应当组织听证并承担听证的费用。

行政处罚的执行程序包括以下几方面内容。

(1)行政复议或行政诉讼期间处罚不停止执行。

(2)罚缴分离制度: 即作出处罚决定的行政机关不能够向当事人收缴罚款,当事人应向指定的银行缴纳罚款。罚款必须全部上缴国家财政。

(3)当场收缴罚款制度: 仅适用以下情形: ①对当事人处以20元以下罚款的; ②不当场收缴事后难以执行的; ③在边远、水上、交通不便地区,当事人向指定的银行缴纳罚款确有困难,经当事人提出的。行政机关及其执法人员当场收缴的,必须向当事人出具合法的罚款收据; 否则,当事人有权拒绝缴纳罚款。

(4)强制执行: 当事人逾期不履行处罚决定的,行政机关可以采取下列措施: ①到期不交纳罚款的,每日按罚款数额的3%加处罚款; ②可将查封、扣押的财物拍卖或者将冻结的存款划拨抵缴罚款; ③申请人民法院强制执行。

7. 行政处罚的法律责任　行政机关实施行政处罚承担行政责任,构成犯罪的,依法追究刑事责任。主要违法情形为: ①没有法定的行政处罚依据的; ②擅自改变行政处罚种类、幅度的; ③违反法定的行政处罚程序的; ④行政机关违法自行收缴罚款的,财政部门违法向行政机关返还罚款或者拍卖款项的; ⑤行政机关将罚款、没收的违法所得或者财物截留、私分或者变相私分的; ⑥执法人员利用职务上的便利,索取或者收受他人财物、收缴罚款据为己有的; ⑦行政机关对应当依法移交司法机关追究刑事责任的不移交,以行政处罚代替刑罚的; ⑧执法人员玩忽职守,对应当予以制止和处罚的违法行为不予制止、处罚,致使公民、法人或者其他组织的合法权益、公共利益和社会秩序遭受损害的; 行政机关使用或者损毁扣押的财物,对当事人造成损失的; 行政机关违法实行检查措施或者执行措施,给公民人身或者财产造成损害的,应当依法予以赔偿。

(二)行政强制的保护方法

行政强制(administrative coercion)是指行政主体为了履行管理职责、实现管理目的,在管理过程中实施的强行限制行政相对人权利的行为。其特征为: ①暂时性; ②单方面作出; ③强制性。《中华人民共和国行政强制法》自2012年1月1日起实施。

行政强制分为行政强制措施和行政强制执行两种情形。

1. 行政强制措施　行政强制措施是指行政机关在行政管理过程中，为制止违法行为、防止证据损毁、避免危害发生、控制危险扩大等情形，依法对公民的人身自由实施暂时性限制，或对公民、法人或其他组织的财物实施暂时性控制的行为。

行政强制措施的种类分为五种：①限制公民人身自由；②查封场所、设施或者财物；③扣押财物；④冻结存款、汇款；⑤其他措施。

限制公民人身自由的行政强制措施属于行政强制措施的一种。限制公民人身自由的行政强制措施的行政机关主要有公安机关、国境卫生检疫机关、海关等。限制公民人身自由的行政强制措施主要有：①强制隔离戒毒：是指公安机关实施的对吸毒成瘾人员在一定时期内强制隔离，并进行药物治疗、心理治疗和法制教育、道德教育，使其戒除毒瘾的一种行政强制措施；②强制隔离治疗：是指在指定场所进行医学观察和采取其他必要的预防措施，这种措施主要是针对患有法定传染病病人或疑似病人采取的强制措施，禁止其与外界接触并强制其接受治疗的行政强制措施；③收容教育：即对卖淫、嫖娼人员集中进行法律教育和道德教育，组织参加生产劳动以及进行性病检查、治疗的行政强制措施；④强行带离现场；⑤强制隔离或留验；⑥强制传唤：是指公安机关在办理治安行政案件时，使用强制手段将无正当理由不接受传唤或逃避传唤的人带至指定地点接受询问的一种强制措施；⑦扣留；⑧强制带回；⑨不准出入境；⑩行政管束：如《治安管理处罚法》第十五条规定："醉酒的人在醉酒状态中，对本人有危险或者对他人的人身、财产或者公共安全有威胁的，应当对其采取保护性措施约束至酒醒"；⑪留置盘查：是指人民警察为了查证案件事实，强制将违法犯罪嫌疑人进行扣留并讯问的一种强制措施；⑫扣留走私嫌疑人：是指海关依法对走私犯罪嫌疑人限制其人身自由，移送司法机关受理的一种行政强制措施。

行政强制措施的设定分为：①法律可以设定各种行政强制措施，其中限制人身自由、冻结存款和汇款以及涉及公民住宅和通信自由的行政强制措施，只能由法律设定；②行政法规可以设定除限制人身自由、冻结存款、汇款以及应当由法律规定的行政强制措施以外的其他行政强制措施；③地方性法规可以设定查封场所、设施或者财物和扣押财物的行政强制措施；④法律、法规以外的其他规范性文件不得设定行政强制措施。

行政强制措施的一般实施程序分为：①报告和批准；②两名以上执法人员和出示证件；③通知当事人到场并告知权利；④听取陈述和申辩；⑤调查取证与制作现场笔录。紧急情况下的程序：情况紧急，需要当场实施行政强制措施的，行政执法人员应当在24小时内向行政机关负责人报告，并补办批准手续。行政机关负责人认为不应当采取行政强制措施的，应当立即解除。

限制公民人身自由的行政强制措施程序上要求：①当场告知或者实施行政强制措施后，立即通知当事人家属实施行政强制措施的行政机关、地点和期限；②行政执法人员在返回行政机关后，立即向行政机关负责人报告并补办批准手续；③不得超过法定期限。

2. 行政强制执行　行政强制执行是指行政机关申请人民法院，对不履行行政决定的公民、法人或其他组织，依法强制履行义务的行为。

行政强制执行方式分为六种：①加处罚款或者滞纳金；②划拨存款、汇款；③拍卖或者依法处理查封、扣押的场所、设施或者财物；④排除妨碍、恢复原状；⑤代履行；⑥其他强制执行方式。

行政强制执行只能由法律设定。法律没有规定行政机关强制执行的，作出行政决定的行政机关应当申请人民法院强制执行。

3. 行政强制中的法律责任　行政机关实施行政强制，要承担行政责任的违法情形主要有：①没有法律、法规依据的；②违反法定程序实施行政强制的；③对居民生活采取停止供水、供电、供热、供燃气等方式迫使当事人履行相关行政决定的；④扩大查封、扣押、冻结范围的；⑤使用或者损毁查封、扣押场所、设施或者财物的；⑥不依法及时解除查封、扣押的、冻结的。人民法院及其工作人员在强制执行中有违法行为的依法给予处分，给被执行人造成损失的，依法给予赔偿。

第五节 国家赔偿法对人身权的保护

案例3-5 呼格吉勒图宣告无罪

1996年4月9日，呼和浩特卷烟厂工人呼格吉勒图和工友闫峰向警方报案，在烟厂附近的公厕内发现一具下身赤裸的女尸。48小时后，负责该案的呼和浩特公安局新城分局副局长冯志明和办案人员认定，呼格吉勒图在女厕对死者进行流氓猥亵时，用手掐住死者的脖子致其死亡。1996年5月23日，呼和浩特市中级人民法院认定呼格吉勒图犯流氓罪、故意杀人罪，判处死刑。1996年6月5日，内蒙古高院二审"维持原判"，核准死刑。距离案发仅62天。2014年12月15日上午，内蒙古自治区高院对呼格吉勒图故意杀人、流氓罪一案作出再审判决，撤销内蒙古高院1996年作出的关于呼格吉勒图案的二审刑事裁定和呼和浩特市中级人民法院1996年对呼格吉勒图案作出的一审刑事判决，宣告原审被告人呼格吉勒图无罪。另外，呼格吉勒图家属获得国家赔偿，赔偿结果：一、向赔偿请求人支付死亡赔偿金、丧葬费共计1 047 580元；二、向赔偿请求人支付呼格吉勒图生前被羁押60日的限制人身自由赔偿金12041.40元；三、向赔偿请求人支付精神损害抚慰金100万元。以上各项合计2 059 621.40元。

一、国家赔偿概述

国家赔偿(state compensation)是指国家机关及其工作人员行使职权侵犯公民、法人或者其他组织的合法权益并造成损害，根据受害人的请求，国家应承担的赔偿责任。

国家赔偿的特征如下。

1. 赔偿主体特定性　国家赔偿责任的承担者只能是国家，而不是其他人。即所谓的"国家责任，机关负担"。在国家赔偿中，侵权行为主体与赔偿主体是相分离的：侵权行为主体是国家机关及其工作人员，而赔偿主体是国家，这与实行"谁侵权、谁赔偿"的民事赔偿是不相同的。

2. 赔偿原因的职权性　国家赔偿是因国家机关或国家机关工作人员行使职权的行为所引起的，只能发生在行使职权的过程中。国家机关或国家机关工作人员非行使职权的行为，所引起的损害不属于国家赔偿，而应当属于民事赔偿。

3. 赔偿范围的限定性　国家承担赔偿责任的范围完全由法律事先作出规定，限定性主要体现在：①对财产损害，只赔偿实际损失，即直接损失，而不赔偿可得利益损失，即间接损失。②对取得赔偿权利的范围做了明确的限定，如行政赔偿、刑事赔偿的范围和国家不承担赔偿责任的范围。③对损害赔偿金，法律规定了计算标准。

4. 赔偿程序的特殊性　受害人请求国家承担赔偿责任的途径是特殊的，与民事侵权赔偿途径不同：①赔偿请求必须首先向赔偿义务机关提出。②刑事赔偿不采用诉讼程序的方式进行，受害人只能通过非诉讼程序进行求偿。③对赔偿请求人的赔偿请求，赔偿义务机关、复议机关和人民法院不得收取任何费用，同时，对赔偿请求人取得的赔偿金不予征税。

5. 赔偿费用的专门性　是指国家承担赔偿责任的费用由国家财政列支，即国家必须专门预算国家赔偿所需要的费用，不能从国家机关的办公经费或业务经费中列支。

6. 赔偿方式和标准法定化　民事赔偿中当事人双方对赔偿标准和赔偿范围具有一定的自主处分权，只要不违反法律，国家一般不禁止，但国家赔偿的方式和标准在《国家赔偿法》中已经做了明确的规定，不允许自主处分。

新修订的《中华人民共和国国家赔偿法》自2010年起施行。该法将国家赔偿分为行政赔偿和司法赔偿两大类，司法赔偿又分为刑事赔偿和民事、行政司法赔偿。

二、行政赔偿

行政赔偿(administrative compensation)是指行政机关及其工作人员在行使职权过程中违法侵犯公民、法人或其他组织的合法权益并造成损害，由国家承担的赔偿责任。

(一)行政赔偿的范围

1. 侵犯人身权的情形

(1)违法拘留或者违法采取限制公民人身自由的行政强制措施的：行政赔偿中的拘留仅指行政拘留，又称治安拘留，是公安机关、安全机关依法对违反行政法律法规、扰乱行政管理秩序但尚未构成犯罪的公民采取的，在短期内剥夺其人身自由的一种行政处罚。

(2)非法拘禁或者以其他方法非法剥夺公民人身自由的：无权采取行政拘留或限制公民人身自由的行政强制措施的行政机关及其工作人员超越职权，采取拘留、扣留、禁闭、隔离、关押、捆绑等方式剥夺公民人身自由的行为。

(3)以殴打、虐待等行为或者唆使、放纵他人以殴打、虐待等行为造成公民身体伤害或者死亡的：这是严重的侵犯公民生命健康权的行为。但要注意行政机关工作人员对公民实施殴打、虐待等行为或者唆使、放纵他人实施殴打、虐待等行为，并不必然导致国家赔偿，只有上述暴力行为造成了公民身体伤害(包括轻微伤、轻伤、重伤)或者死亡时，才需要承担赔偿责任。

(4)违法使用武器、警械造成公民身体伤害或者死亡的：警械是指人民警察使用的警棍、催泪弹、高压水枪、特种防爆枪、手铐、脚镣、警绳等警用器械。武器主要指枪支、弹药等致命性器械。人民警察在不应该使用警械、武器的场合下使用，或使用超过必要限度等造成不应有的人员伤亡的，由该人民警察所属机关给予国家赔偿。

(5)造成公民身体伤害或者死亡的其他违法行为：例如最高人民法院公布的《关于公安机关不履行法定行政职责是否承担行政赔偿责任问题的批复》："由于公安机关不履行法定行政职责，致使公民、法人和其他组织的合法权益遭受损害的，应当承担行政赔偿责任。在确定赔偿的数额时，应当考虑该不履行法定职责的行为在损害发生过程和结果中所起的作用等因素。"

2. 侵犯财产权的情形　包括：①违法实施罚款、吊销许可证和执照、责令停产停业、没收财物等行政处罚的；②违法对财产采取查封、扣押、冻结等行政强制措施的；③违法征收、征用财产的；④造成财产损害的其他违法行为。

3. 不予赔偿的情形　包括：①行政机关工作人员与行使职权无关的个人行为；②因公民、法人或其他组织自己的行为致使损害发生；③法律规定的其他情形。

(二)行政赔偿义务机关和赔偿程序

1. 行政赔偿义务机关　包括：①实施侵权行为的行政机关；②共同实施侵权行为的行政机关；③法律、法规授权的组织；④委托的行政机关；⑤承受赔偿义务机关职权或撤销赔偿义务机关的机关；⑥复议机关的复议决定加重损害的，复议机关对加重的部分履行赔偿义务。

2. 行政赔偿的程序

(1)单独提出赔偿请求程序：适用于行政行为的违法性已经得到确认，受害人先向赔偿义务机关提出，赔偿义务机关决定不予赔偿的、对赔偿数额有异议或者逾期不作赔偿的，受害人可以向人民法院提起行政诉讼。

(2)一并提出赔偿请求的程序：受害人在行政复议和行政诉讼中要求复议机关或者法院在撤销或确认具体行政行为违法的同时提出赔偿请求。

三、刑事赔偿

刑事赔偿(criminal compensation)是指在刑事诉讼过程中，国家对违法行使侦查权、检察权、刑事审判权以及看守、监狱管理职权的国家司法机关及其工作人员的侵权行为所作的赔偿。

(一)刑事赔偿范围

1. 侵犯人身权的情形

(1)错误拘留:即违法对公民采取拘留措施,或者拘留时间超过法定时限,其后决定撤销案件、不起诉或者判决宣告无罪的情形。刑事拘留是指刑事拘留权的机关在侦查活动中,对某些现行犯或者重大嫌疑分子,由于情况紧急,不经人民检察院批准,依法采取的短期内限制人身自由的一种刑事强制措施。因错误拘留而承担国家赔偿责任的情形有:①侦查机关明知被拘留的人没有犯罪或缺少证明其犯罪的证据,仍将其拘留的;②侦查机关拘留被拘留人后,经讯问发现不应拘留,但却不予释放的或延期释放的;③侦查机关实施拘留时,有一定事实证明被拘留人有重大嫌疑,但是经过讯问只是一般违法行为,不应当拘留的,而仍然不予释放的;④超期拘留,即超过《刑事诉讼法》规定拘留期限实施拘留的。这里需要注意,并非所有的违法刑事拘留行为国家都要负赔偿责任,《国家赔偿法》体现的是"无罪羁押赔偿原则",国家只对违法刑事拘留后决定撤销案件、不起诉或者判决宣告无罪,终止追究刑事责任的情形承担赔偿责任。这是因为,被拘留人虽然不是在法定的紧急情形下采取刑事拘留,尽管违反了法律的规定,但要追究有犯罪行为人的刑事责任,因此,不存在侵犯其人身权的问题,所以国家不承担这种违法刑事拘留的赔偿责任。只有其后决定撤销案件,不起诉或者判决宣告无罪终止追究刑事责任的,才确定被拘留人的合法权益受到侵害,因此应当由国家承担赔偿责任。

(2)错误逮捕:即对公民采取逮捕措施后,决定撤销案件、不起诉或者判决宣告无罪终止追究刑事责任的情形。逮捕,是指检察院、法院批准或决定,公安机关执行的,对有证据证明有犯罪事实,可能判处徒刑以上刑罚的犯罪嫌疑人、被告人在一定时间内完全剥夺人身自由的强制措施,它是刑事诉讼强制措施中最严厉的一种。采取逮捕的目的是为了防止犯罪嫌疑人或者被告人实施妨碍刑事诉讼的行为,逃避侦查、起诉、审判或者发生社会危险性。具体而言,构成错误逮捕的国家赔偿责任,必须同时属于下列情形之一:①检察机关或人民法院作出错误的逮捕决定;②被逮捕的人无罪;③被逮捕的人有实际被羁押的事实;④错误的逮捕决定与无罪羁押之间有因果关系。

(3)无罪错判,且刑罚已经执行:刑事判决,是指人民法院就刑事案件的实体问题作出的决定。人民法院的刑事判决体现着客观性、公正性,但在特殊情况下(如案件事实复杂、人为因素)也难免存在错判的情形。在司法实践中,错误判决的表现形式具有多样性的,无罪判有罪、有罪判无罪、此罪判彼罪、轻罪重判、重罪轻判、多罪判一罪、一罪判多罪、罪实不符、罪刑不符、刑责不符等都属于错误判决,但并非所有的错误判决都能够引起国家赔偿。《国家赔偿法》第17条第(三)项的规定:"依照审判监督程序再审改判无罪,原判刑罚已经执行的,国家应承担赔偿责任。"这里有三个问题值得注意:①根据《最高人民法院关于人民法院执行〈中华人民共和国国家赔偿法〉几个问题的解释》,判处管制、有期徒刑缓刑、剥夺政治权利等刑罚的人被依法改判无罪的,国家不承担赔偿责任;②轻罪重判的国家不承担赔偿责任;③错判死刑且已经执行的有两种情况:一是本应当判处较轻的刑罚而判处死刑的;二是本就没有犯罪而被判处死刑的。无论何种情况,只要是错判死刑,国家就应当赔偿。

(4)暴力侵权造成公民身体伤害或者死亡:《国家赔偿法》第17条第(四)项的规定,"司法机关工作人员刑讯逼供或者以殴打、虐待等行为或者唆使、放纵他人以殴打、虐待等行为造成公民身体伤害或者死亡的",受害人有权获得赔偿。此类行为具体表现为三种情形:①刑讯逼供:是指司法机关工作人员为了逼取口供,在办案过程中对犯罪嫌疑人、被告人使用肉刑(包括捆绑、悬吊、毒打或者使用各种刑具进行肉体摧残等)或者变相使用肉刑(包括长时间冻饿、站立、不准睡觉等)逼取口供的行为;②殴打、虐待等暴力行为;③唆使、放任他人实施暴力行为,是指司法机关工作人员以授意、怂恿、纵容、威胁、引诱或其他方式,故意唆使他人对公民实施殴打等暴力行为。

(5)违法使用警械、武器造成公民身体伤害或者死亡:公安机关、看守所、法院法警、监狱管理机关及其工作人员对犯罪嫌疑人、被告人、服刑人员违法使用警械、戒具、武器等造成人身伤害或者死亡的情形。

2. 侵犯财产权的情形　包括: ①违法财产采取查封、扣押、冻结、追缴等措施; ②再审改判无罪,原罚金、没收财产已经执行的。

3. 不予赔偿的情形　包括: ①因公民自己故意作虚伪供述,或者伪造其他有罪证据被羁押或者被判处刑罚的; ②不负刑事责任的人被羁押的; ③不追究刑事责任的人被羁押的; ④司法机关工作人员与行使职权无关的个人行为; ⑤因公民自伤、自残等故意行为致使损害发生的; ⑥法律规定的其他情形。

(二)刑事赔偿义务机关和赔偿程序

1. 刑事赔偿义务机关　刑事赔偿义务机关具体分为: ①错误拘留的,作出拘留决定的机关。我国有权在侦查犯罪过程中作出刑事拘留决定的机关是公安机关、国家安全机关、军队内部保卫部门、人民检察院。②错误逮捕的,作出逮捕决定的机关。我国有权作出逮捕决定的机关有人民检察院和法院。③再审改判无罪的,作出原生效判决的人民法院为赔偿义务机关。二审改判无罪,以及二审发回重审后作无罪处理的,作出一审有罪判决的人民法院为赔偿义务机关。

2. 刑事赔偿程序　刑事赔偿程序分为以下步骤: ①赔偿请求人要求赔偿,应当先向赔偿义务机关提出; ②赔偿请求人对赔偿数额有异议的,或者赔偿义务机关作出不予赔偿决定的,赔偿请求人可以向赔偿义务机关的上一级机关申请复议; ③赔偿请求人不服复议决定或复议机关逾期不作决定的,赔偿请求人可以向复议机关所在地的同级人民法院赔偿委员会申请作出赔偿决定; ④赔偿请求人或者赔偿义务机关对赔偿委员会作出的决定,认为确有错误的,可以向一级人民法院赔偿委员会提出申诉。

四、民事、行政司法赔偿

人民法院在民事诉讼、行政诉讼过程中,违法采取对妨害诉讼的强制措施、保全措施或者对判决、裁定及其他生效法律文书执行错误,造成损害的,赔偿请求人要求赔偿的程序,适用国家赔偿法关于刑事赔偿程序的规定。

五、赔偿方式及标准

赔偿方式主要是金钱赔偿、恢复原状、返还财产和精神损害赔偿。计算标准分别如下。

(一)人身权损害的赔偿

1. 侵犯公民人身自由　每日赔偿金按照国家上年度职工日平均工资计算。

2. 侵犯公民生命健康权　具体分为: ①造成身体伤害的,应当支付医疗费、护理费,以及赔偿因误工减少的收入; ②造成部分或者全部丧失劳动能力的,应当支付医疗费、护理费、残疾生活辅助具费、康复费等因残疾而增加的必要支出和继续治疗所必需的费用,以及残疾赔偿金; ③造成死亡的,应当支付死亡赔偿金、丧葬费,并支付死者生前扶养的无劳动能力的人的生活费; ④致人精神损害的,应当为受害人消除影响,恢复名誉,赔礼道歉; 造成严重后果的,应当支付相应的精神损害抚慰金。

(二)财产权损害的赔偿

财产权损害的赔偿方式包括: ①返还财产; 返还财产灭失的,给付相应的赔偿金; 财产已经拍卖或者变卖的,给付所得的价款; 变卖的价款明显低于财产价值的,应当支付相应的赔偿金。②解除对财产的查封、扣押、冻结,造成财产损坏或者灭失的,进行赔偿。③吊销许可证和执照、责令停产停业的,赔偿停产停业期间必要的经常性费用开支。④返还执行的罚款或者罚金、追缴或者没收的金钱,解除冻结的存款或者汇款的,应当支付银行同期存款利息。⑤对财产权造成其他损害的,按照直接损失给予赔偿。

(三)国家赔偿时效

赔偿请求人请求国家赔偿的时效为两年,自其知道或者应当知道国家机关及其工作人员行使职权时的行为侵犯其人身权、财产权之日起计算,但被羁押等限制人身自由期间不计算在内。

本章小结

鉴于法医学鉴定与司法工作交织融合，与公民人身权利保护息息相关，本章围绕“人身权”这一核心概念，分别从民法、刑法、行政法和国家赔偿法的角度，介绍了实体法保护公民人身权的具体法律制度。首先，民法中的人身权是民事主体依法享有的，以在人格关系和身份关系上所体现的，与其自身不可分离的利益为内容的民事权利，它分为生命权、健康权、身体权、隐私权等具体权利，它们在法医学鉴定中常常涉及。其次，侵权责任法对侵权行为及其类型、侵权责任的三大归责原则、侵权责任的构成要件以及人身损害的赔偿范围和赔偿标准做了详细的规定。第三，刑法对具有社会危害性并违反刑法规定的侵害人身权的犯罪行为予以刑罚处罚。刑法总论部分包括刑法基本原则、犯罪与犯罪构成、犯罪形态、共同犯罪、刑罚体系和种类、量刑；刑法分论重点介绍了侵犯公民人身权利、民主权利罪和妨害司法罪两大类中的重点罪名，如故意杀人罪、故意伤害罪、绑架罪、强奸罪、伪证罪等。第四，行政法对行政机关在行政管理过程中实施行政处罚、行政强制等具体行政行为侵害公民人身权的情形进行了规制。规制内容涉及行政处罚和行政强制的种类、法律设定权、实施机关、实施程序和法律责任，其中重点介绍了行政处罚中的涉及限制公民人身自由的行政拘留措施和限制公民人身自由的行政强制措施。最后，国家赔偿法对国家机关及其工作人员违法行使职权侵犯公民人身权并造成损害的行为承担赔偿责任，分为行政赔偿、刑事赔偿、民事、司法赔偿。重点介绍了行政赔偿和刑事赔偿中侵害公民人身权的赔偿范围。

（陈　颖　魏曙光）

讨论题

1. 小吴和妻子小张经自由恋爱结婚。婚后不久，小张有了身孕，一家人兴奋不已。谁料怀上孩子后，小张脾气出奇得大，经常与小吴和婆婆闹别扭。一次争吵后，小张跑回娘家，瞒着小吴擅自将5个月的胎儿打掉。小吴得知后，怒不可言，痛心不已。小吴觉得妻子不尊重自己，以妻子侵犯自己的生育权为由，将妻子告上法庭，要求离婚并赔偿精神损失2万元。

【讨论要点】生育权是否属于人身权？它是人格权还是身份权？夫妻间因生育权发生权利冲突应当如何解决？

2. 原告刘某系死者王某的母亲。王某为某高校退休教师，终身未娶妻生子，其父已故，母亲刘某及兄弟姐妹均在外地居住或工作。王某在一次体检中被诊断为直肠癌，王某向学校离退休处反映了自己的病情，并将自己的存折交由离退休处保管。随后，王某跳楼自杀。公安局接到报案后到现场勘查认为，王某系自坠死亡，不属于刑事案件。次日，学校在未通知其亲属的情况下，将王某的遗体送火葬场火化。三天后，学校将王某死亡及火化的情况告知王某兄弟。刘某以学校在未通知死者亲属的情况下擅自对遗体进行火化，使其亲属不能与死者作最后的诀别，给其亲属的精神造成极大的伤害为由诉至法院，请求被告赔偿精神损害抚慰金6万元。

【讨论要点】遗体是否存在人格利益？遗体的法律性质能否视为身体权的延伸？本案中被告在未通知死者近亲属的情况下，擅自将死者的遗体火化是否侵犯了原告的合法权益，是否应给予原告精神损害赔偿？

3. 某市色情活动较为猖獗，为了打击涉黄犯罪，该市警方开展了“扫黄”专项行动。警方将100名涉嫌卖淫、嫖娼的违法犯罪人员在该市游街示众。示众疑犯全部身着黄衣，面戴口罩，面部几乎被全部遮住，仅剩双眼。游街示众后，该市公安分局副局长宣布处罚决定，并分别读出各人的姓名、出生日期和单位。现场有上千人围观，并不时响起掌声。事件发生后，立刻引起媒体和社会公众的广泛关注。

【讨论要点】本案中行政机关执法是否存在侵犯人身权利的情况？怎样处理行政管理实践中经常使用的“公开处理”与尊重人格尊严的关系？

思考题

1. 简述人身权的概念。

2. 简述我国侵权责任的归责原则。

第四章　证据法学概述

学习目标

通过本章的学习，你应该能够

掌握　证据法学的概念、证据法的价值目标、证据概念及其理论分类。

熟悉　证据制度与诉讼制度之间的关系。

了解　英美证据制度，特别是美国证据制度的主要内容。

章前案例

2015 年 4 月 11 日晚 9 时许，唐某某、于某某驾驶跑车在北京某隧道飙车，造成重大交通事故。第一撞击点距离法拉利最后停靠的位置有百米远，现场没有看见刹车痕迹。百余米长的隔离栏被全部夷平，事故一侧全是隔离栏以及车身碎片。法拉利的车身下方可看见一个方形钢架以及电缆线，疑似撞击北侧墙皮后带出。

警方的事故登记表信息表明：事故车由东向西行驶到大屯隧道出口处撞坏外侧防火板，长 16 米，宽 4.8 米，造成路面污染 150 平方米，以及墙内骨架、电缆线损坏。

被告人唐某某、于某某承认自己是事故车辆的驾驶员。

目击者“果儿”称，她经过隧道时，看到两辆跑车在飙车，然后发生事故。

警方到达现场后，提取了两名驾驶员的血液样本，经检测无酒精成分。

2015 年 5 月 4 日，北京市某区人民检察院对被告人唐某某、于某某以涉嫌危险驾驶罪提起公诉。

第一节　证据法学及其研究对象

一、证据法学

证据法学，是研究诉讼和非诉讼法律活动中运用证据认定案件事实或者其他法律事实的规律、方法和规则的法学学科，是法学体系的重要组成部分。

法学部门可以分为实体法和裁判法。实体法主要规定社会主体的权利义务关系。裁判法主要规定纠纷解决的程序和证据问题。裁判法又包括程序法和证据法，前者重点在于保证诉讼活动的效率，后者则重在保证对案件或者其他法律事实的正确认识。

证据法学可以分为狭义证据法学和广义证据法学。狭义证据法学，是指专门研究诉讼活动中运用证据认定案件事实的规律、方法和规则的学科。由于有关证据的主要法律规范都与诉讼活动有着密切的联系，例如在我国，刑事诉讼法、民事诉讼法、行政诉讼法三大诉讼法及相关法律法规都对证据进行了明确的规定，证据在各种诉讼活动中运用最为广泛，适用最为严格，因此，狭义的证据法学常常被称为“诉讼证据法学”。广义的证据法学除了研究诉讼活动中的证据法问题外，还研究行政执法、仲裁、公证等非诉讼法律活动中的证据法问题。广义的证据法学也被称为“法律证据学”。狭义证据法学是证据法学的核心内容。本教材所述，将围绕狭义证据法学展开。

二、证据法学的研究对象

任何学科的界定和内容体系的设置，都必须以其特定的研究对象为基础。作为现代法学体系中的一个重要分支，证据法学有其特定的研究对象。具体而言，包括以下几部分。

（一）有关运用证据的法律规范

在法律证明活动中，运用证据证明案件事实或其他相关事实，必须遵循一系列规则。只要存在人的因素，就要以一定的规则和行为后果约束潜在的人性弱点。证据是法治的基石，是证明法律规定的权利和义务的基础。在诉讼活动中，一方面，对于案件实体问题的处理有赖于运用证据准确地认定案件事实；另一方面，证据的运用也负载着程序正义的实现功能。因此，证据法律规范是证据法的主要研究对象。

三大诉讼法对于证据及其运用规则进行了广泛的规定，包括证据的形式、证据的收集、证明责任、证明标准、证明的程序等内容。在人民法院组织法、人民检察院组织法、律师法、仲裁法等法律法规中也有大量关于证据的规定。此外，最高人民法院和最高人民检察院的司法解释中也有大量关于证据的规定。这些规定是长期以来司法、执法活动中正反两方面经验的总结，为司法实践活动中的证据适用提供了基本的法律依据。

与司法实践的需要相比，我国证据制度在很长时间内存在两大问题：一是规则少，二是无体系。前者表现在，三大诉讼法中的证据规则条文太少，过于原则，缺乏可操作性，不能满足审判实践的需要。我国迄今为止尚未有独立的证据法典，证据法也没有成为我国法律体系中的独立法律部门，还在相当程度上“像一只寄居蟹一样，寄居于刑事诉讼法学、民事诉讼法学、行政诉讼法学和若干实体部门法学之中，本身没有自己的独立性”；后者表现在，证据立法缺乏价值基础和理论体系方面的设计，数量有限的证据规则处于一种彼此缺乏逻辑联系的离散状态，这不仅不利于司法人员从整体上掌握证据法的宗旨和基本要求，而且也影响了证据法的学科建设和理论发展。近些年来，随着司法改革的深入发展，我国现行关于证据的法律规定，越来越不适应司法实践的需要，一些冤假错案的出现，也显著暴露出我国证据立法和证据实践的不足。因此，完善证据立法的呼声日益高涨。从当前的情况看，有观点主张制定一部统一的证据法，有观点主张针对不同诉讼的特点，分别制定单独的刑事证据法、民事证据法和行政证据法，有观点主张在现有的诉讼法框架内完善现行的法律规定。还有人主张针对司法实践中某些迫切需要解决的问题，如证人出庭问题，先行制定单独的证据法规。2012年刑事诉讼法修改后，该法中专门规定证据的规范有了显著增加，在一定程度上呼应了实践的要求，在打击犯罪和保障人权方面，试图围绕证据形成新的平衡。

（二）古今中外的证据法律制度

证据法律制度，是一个国家在特定历史时期和证据相关的立法与实践规则的总和。不同的国家，在不同的历史时期建立了不同的证据法律制度。一般认为，人类的历史经历了神示证据制度、法定证据制度、自由心证证据制度。制度的建立是有现实背景的。无论古今中外，证据制度的建立和当时的社会环境、社会状况和特定的历史文化、法律文化是不可分割的。因此，证据法学应该在社会制度、法律制度的框架内研究各种证据制度的形成、发展和变化的成因和规律，研究各种证据制度的特点和优劣，以为我们当下的制度构建所移植和借鉴。目前在我国证据法学研究资源匮乏的情况下，我们应当加强国外证据法的译介和分析。特别是运用比较研究的方法，找到英美证据法与大陆法系证据制度的异同及其成因。我国正在进行的诉讼制度改革以及证据立法活动，完全可以在英美证据法的历史中寻找经验或者教训。在我国证据立法过程中，认真研究古今中外的经验教训，吸收和借鉴适合我国特殊国情的具体证据规则和制度，为我国的法治建设提供理论参考和现实依据，是重要的理论研究任务。

（三）证据实践

证据法学的研究不能仅仅停留在纯粹的学理研究上，而应当与司法实践相联系，从实践中发现问题，重视研究司法实践中自我生发的制度和现象，这样，我们在解决实际问题时会更有针对性、更有效。我国关于证据制度的规定，散见于民事诉讼法、刑事诉讼法、行政诉讼法以及最高人民法院和最高人民检察院与证据有关的司法解释中。但是，这远远不能满足司法实践的需要。证据立法的不足，导致我国司法实践中存在无法可依的局面。由于司法实践急需证据规则的指导和规范，一些地方甚至制定了自己的证据规则。将实践中的丰富经验进行科学概括，将其升华为理论，体现于立法，既有利于实务部门正确运用证据，保证办案的质量，提高办案的效率，也有利于完善证据法律规范，健全社会主义法制。

三、证据法的价值目标

人的一切活动都是在追求某种价值。证据法也体现了人们对某种价值目标的追求。因此，只有理解证据规则背后的价值基础，才能更好地制定或运用证据法律规范来维护这些价值，才能从更高的层次理解具体证据法律的含义和目的。

任何价值观的形成和发展，都有其特定的经济、社会和文化背景。不同国家和地区的价值观既存在共性又存在差异。从不同国家和地区的证据法规定来看，证据法最具普遍意义的价值目标包括准确、效率和政策。正是对这些价值目标的追求，使得诉讼证明活动不是一种自由证明活动。

（一）准确

只有准确认定事实，才能有效地解决争端，维护诉讼各方的合法权益。因此，准确认定事实是实现司法公正的前提。在准确性问题上，不同法系证据法的共性一目了然。例如，大陆法系证据法的直接言词原则和英美法系的传闻证据规则，都服务于准确的事实认定。我国刑事诉讼法第2条对“准确”“查明犯罪事实”也作出了明确规定。准确性旨在促进事实真相的发现，使审判人员避免作出错误的事实认定。

准确性价值还体现在证明标准中。民事和刑事诉讼的证明标准有所不同，前者一般仅需要证明某项事实之真实性的概率较大；而在刑事诉讼中，国家作为“原告”总是承担证明责任，对指控犯罪的所有要件的证明都要达到确信无疑的程度。这都是针对不同诉讼活动的特点在准确性上提出的要求。

（二）效率

人类生活的历时性造就了人类生活的历史性。诉讼是一种对已经发生的事实进行认识的特殊的认识活动，需要在诉讼时限内完成。此外，诉讼是一种需要成本的活动。诉讼当事人仅仅支付维持司法制度运转的一小部分成本。无休止地举证、无终局的审判，必然造成效率低下，司法资源的浪费，导致稳定的财产制度难以保持，个人利益也不能得到及时的保护。因此，裁判者作出稳定判决的职责、在适当时间内作出裁决的时间压力等，使得在诉讼证明活动中形成了种种决策辅助工具。例如法律中的要件性、证明负担和推定、重复证据的排除等。这些规定的主要价值取向就是效率。

（三）政策

各种与诉讼制度本身无关的社会政策都受到诉讼的影响。因此，保护这些受到社会支持的政策，是证据法的目标。特别是在证据法的各个价值目标发生冲突时，需要通过证据规则来反映社会的根本性追求。例如，证人出庭规则的目标在于保证案件的准确认定，但是如果让警方情报人员出庭，则可能导致警方情报人员身份的泄露，破坏社会获取犯罪信息，维持打击犯罪能力的机制。因此，在证据法上要为警方情报人员的出庭设置例外。另一个例子就是证据法中的特免权规则。大多数证据法律规范旨在促进事实认定程序，但创设证据特免权的规则与此不同。从总体上看，它们排除具有相关性的证据，这是为了促进与准确事实认定无关的外部政策。它们的主要目的，是保护法庭之外的特定关系和利益，这些关系和利益被认为具有充分的重要性，值得司法程序以失去有用证据的方式来承担这些成本。例如，律师-委托人特免权，医生-患者特免权，神职人员-忏悔者特免权，等。在特免权的保护下，特免权的持有者有权拒绝提供证言。

2012年，我国对刑事诉讼法进行了修改，第一次在立法中确立了刑事诉讼中的律师-委托人特免权。该法第46条规定："辩护律师对在执业活动中知悉的委托人的有关情况和信息，有权予以保密。但是，辩护律师在执业活动中知悉委托人或者其他人，准备或者正在实施危害国家安全、公共安全以及严重危害他人人身安全的犯罪的，应当及时告知司法机关。"根据上述规定，我国目前仅仅确立了刑事诉讼中的律师-委托人特免权，民事诉讼法和行政诉讼法以及律师法中都没有规定律师-委托人特免权。2012年刑事诉讼法所确立了律师-委托人特免权尽管具有很大局限性，但是对于保护律师的职业独立性，维护律师与委托人之间的秘密交流，提高法律服务质量，解决法律冲突，都具有重要的意义。在未来律师法的修改中，应当确立适用于所有诉讼活动的律师-委托人特免权。

第二节　证据制度与诉讼制度的关系

一、证据制度概述

证据制度是关于诉讼中证据的含义和种类、证明对象、证明责任、证明标准，以及如何收集、审查、判断证据，如何运用证据认定案件事实的原则、规则的总称，是司法制度的重要组成部分。证据制度属于上层建筑，必然受社会经济基础的影响与制约，故证据制度的发展与社会的生产力发展水平密不可分。同时，证据制度还会受到经济、文化、宗教、信仰、哲学与科学等其他社会因素的影响。因此，在人类历史上，不仅不同类型的国家采用的证据制度不同，即使是同一类型的国家，其证据制度也不尽相同。从历史沿革来看，证据制度主要经历了三个阶段：神示证据制度、法定证据制度与自由心证证据制度。三种证据制度在诉讼发展的历史过程中，都曾起到重要的作用。

（一）神示证据制度

神示证据制度又称神明裁判或神证，指在纠纷解决活动中借助神灵裁断案情，并采用一定的方式将神意表现出来，裁判者根据神意的启示来判断诉讼中的是非曲直的证据制度。神示证据制度是证据制度发展史上最原始的一种证据制度，是在生产力水平极其低下的条件下产生并发展的，主要盛行于亚欧各国的奴隶社会以及欧洲的封建社会早期。

神示证据制度的主要证明方法包括：①诅誓，又称对神宣誓、神誓法，指当诉讼双方的陈述相互矛盾，裁判者难以判断案件事实时，要求诉讼双方分别对神灵诅誓，以证明其陈述的真实性。如果哪一方不敢对神发誓、在发誓过程中呈现畏惧状态或事后出现某种神灵报应现象，裁判者就可以此认定其陈述不真实而判其败诉；反之，则认定其陈述真实而判其胜诉。②水审，即用水来检验诉讼双方陈述真实与否或被告人是否犯罪的方法，主要分为冷水审与沸水审。冷水审一般是将被告人投入河中，看其是否沉没或浮起，以此判断被告人是否有罪。检验标准有两种，一是以沉没为有罪，浮起为无罪；另一种则反之，以浮起为有罪，沉没为无罪。沸水审是指在沸水中放置物品，令被告人用手取出来检验是否有罪的方法。检验标准是看其能否取出、是否被烫伤、如被烫伤是否痊愈等。③火审，即用火或者烧热的铁器来检验被告人是否有罪的方法。检验标准是看其是否被烫伤、如被烫伤是否痊愈以及痊愈的时间长短等。④决斗，即由诉讼双方适用武器进行决斗，以决斗的胜负判断案件事实以及有罪与否。⑤卜筮，即诉讼双方就争议的事实向神祷告，然后进行占卜，裁判者根据占卜结果判断是非曲直。此外，还存在十字证明、天平检测、吞咽面包、嚼米等方法。在我国古代，五帝时代有皋陶治狱、神兽断案的"触角神判"的传说；在夏有启的臣子孟涂行巫断狱的"血迹神判"的记载；在商代卜辞中存在着以"占卜神判"治狱的卜文；在西周有盟诅神判的记载。在近现代中国少数民族习惯法中，还有捞油、闷水、点蜡烛、捧铧、猎头、秤称、上刀梯、火中取物、装袋、嚼米等神判形式。

用现代的眼光来看，裁决案件取决于神意的证明方法显然是荒谬、愚昧的。并且，其采取的方法很容易造成诉讼当事人受伤或死亡，显然是野蛮、不人道的。但是，在生产力极其低下的奴隶制社会和封建社会早期，此种证据制度对解决纠纷、判断案件是非曲直以及维护社会稳定，起到了重要的作用。首先，神示证据制度有助于维护社会的稳定。奴隶制社会中，生产力与科学技术水平都极端低下，面对大自然，人类处于弱势地位。在长期的劳动过程中，人类彻底被自然界的威力征服，从而崇拜大自然，认为是神灵主宰着世界上的一切，封建迷信随之盛行。神示证据制度将神灵引入纠纷解决的过程中，使人们相信是神灵在裁判案件，出于对神灵的敬畏与崇拜，人们普遍坚信神灵的裁判是公正无私的，从而提高了司法判决的权威性。其次，人类把神灵视为社会的最高主宰者，认为神灵无所不知、无所不能，人们为了避免受到神灵的惩罚而不敢不讲出真实情况。所以在此种意义上，神示证据制度在某种情况下确实能够查明案件事实，判断是非曲直。第三，一些神示方法，例如嚼米，也有一定的科学性。例如嚼米审判就有一些生理科学的色彩。

（二）法定证据制度

法定证据制度，又称形式证据制度，指法律根据各种证据的不同形式，对其证明力的有无、大小以及如何审查判断运用证据预先明文规定，裁判者在审理案件时必须依据法律规定作出判决，而不得自由评价和取舍。法定证据制度盛行于中世纪后期的欧洲大陆国家，在16至18世纪最为发达，其影响一直延续到19世纪中叶。代表法典有1532年的《加洛林纳法典》、1853年的《奥地利刑事诉讼法》以及1857年的《俄罗斯帝国法规全书》等。

法定证据制度的主要内容包括：第一，法律明确规定证据的分类。根据欧洲中世纪后期各国法典的相关规定，证据分为完善证据与不完善证据，或称完全证据与不完全证据。例如根据1857年《俄罗斯帝国法规全书》规定，受审人的自白、书面证据、亲自的勘验、具有专门知识的人的证明、与案件无关的人的证明等证据被列为完全证据或完善证据。受审人相互间的攀供、询问四邻所得知的关于犯罪嫌疑人的个人情况和行为、实施犯罪行为的要件、表白自己的宣誓被列为不完全证据或不完善证据。第二，法律预先规定了各种证据的证明力。各国法律普遍规定，案件事实的认定必须根据完全证据或完善证据，不完全证据或不完善证据不足以认定案件事实。法律亦规定，在所有证据中，被告人的自白是最有价值和最完全的证据，即口供是“证据之王”，对案件的判决起决定性作用。所以，刑讯逼供合法且十分盛行。此外，法律对不同证人证言的证明力亦做具体规定，如男子证言优于女子证言，学者证言优于非学者证言，官员证言优于平民证言，僧侣证言优于世俗人证言。对书证证明力的规定是，公家文书优于私人文书，原本优于副本，与案件无利害关系人提出的文书优于与案件有利害关系人提出的文书。第三，法律预先规定判断证据的规则。例如，对于不完全证据或不完善证据的证明力，法律规定两个或两个以上的不完全证据或不完善证据可以构成一个完全证据或完善证据。第四，法律明确规定运用证据定案的标准。按照法律规定，在办理刑事案件中，一经收集到完善证据或完全证据，裁判者必须认定被告人有罪；如果收集不到完善证据或完全证据，仅能收集不完善证据或不完全证据，则可认定被告人具有犯罪嫌疑，进而可以对其进行刑讯逼供。此外，有些国家法律对运用证据认定某些案件有明确规定，如果不能满足上述规定，则不能认定案件事实。如1857年《俄罗斯帝国法规全书》规定，审理强奸案件必须具备下列情况才能定罪量刑：①切实证明确有强暴行为；②证人证明被害人曾呼喊求救；③她的身上或被告人身上，或两个人身上，显露血迹、青斑或衣服被撕破，能够证明有过抗拒；④立即或在当日报告。

与神示证据制度相比，法定证据制度具有先进性的一面。随着科学技术的不断发展，人们逐渐认识到神示证据制度的愚昧与落后，遂废除了具有浓厚宗教迷信色彩的证明方法，虽然本身并不科学，但是更多地体现了人类的理性与智慧，是人类社会进步的结果。但是，法定证据制度是建立在唯心主义和形而上学的理论基础之上的，把证据材料的外部特征视为内在的普遍规律，严重脱离案件的具体情况，企图通过法律规定的简单公式解决错综复杂的证据判断问题，显然是不科学的。此外，法定证据制度实行有罪推定，主张通过刑讯逼供获取被告人的口供，显然是残忍不人道的，亦不利于查明案件事实。

（三）自由心证证据制度

自由心证证据制度，又称内心确信证据制度，指一切证据证明力的大小以及证据的取舍和运用，法律不预先规定，由法官根据自己的良心、理性自由判断，并根据其形成的内心确信认定案件事实的一种证据制度。资产阶级倡导自由、平等、理性、良心、人道主义、天赋人权等理念，体现在证据制度上就是以自由心证证据制度代替法定证据制度。最早提出“自由心证”原则的是法国资产阶级代表杜波尔，他于1970年12月26日向宪法会议提出采取自由心证制度的草案，该草案于1791年1月18日得到法国宪法会议的通过，并于同年9月29日发布训令正式宣布：法官必须根据自己的内心确信作为裁判的唯一根据。1808年，法国《刑事诉讼法典》第342条对自由心证制度作了比较详尽的规定；随后，欧洲大陆各国也都相继确立了自由心证制度，如1877年《德国刑事诉讼法》、1892年《沙皇俄国刑事诉讼条例》等。

自由心证证据制度具有进步意义，它否定了法定证据制度预先规定证据证明力大小的刻板僵化的制度，解除了法律对法官的束缚，直接将审查判断证据证明力的任务交给了裁判者，使之能够凭借其经验、理性与良知去收集、判断和认定证据。同时，自由心证证据制度的建立还引起了诉讼结构的变革，废除了刑讯逼供的证明方法，确立了举证责任由控方承担的原则，使被告人不再是诉讼的客体，保障了被告人的权利。

需要指出的是，在诉讼领域，绝对的自由证明并不存在，随着司法实践的发展，各国都对自由心证设立了必要的限制规则。例如在法国，法官的自由心证受到两个重要的限制。第一，法官必须对其决定作出解释，法官仅仅列出所依赖的证据清单是不够的；第二，法官形成内心确信所依靠的证据必须是依法取得的，不能侵犯辩护方的权利。在意大利，法官不能依靠非法取得的证据形成内心确信，法官在对证据作出判断时要说明所采用的标准。这些规定，都表明现代的自由心证，是一种相对而不是绝对的自由心证。

二、诉讼制度概述

诉讼制度指关于诉讼活动的任务、原则、程序，原告、被告的权利义务，司法机关的职能与任务，以及其他诉讼参与人权利义务的法律规定的总和。从其历史沿革来看，诉讼制度主要经历了三个阶段：早期的弹劾式诉讼制度、传统的纠问式诉讼制度与近现代诉讼制度。

（一）早期的弹劾式诉讼制度

在欧洲早期奴隶制国家中，实行的是弹劾式的诉讼制度。弹劾式诉讼制度是指个人享有控告犯罪的绝对权利，国家审判机关不主动追究犯罪，而以居中裁判者的身份处理刑事案件。古巴比伦、古希腊、古罗马共和国和日耳曼法前期时代，甚至英国的封建时代都实行这种弹劾式的诉讼制度。这种制度是人类摒弃原始血亲复仇制度以后采用的第一种诉讼形态，它的产生在很大程度上受当时生产力极端低下的初级生产关系的制约，并深受原始氏族社会解决纠纷的传统方式的影响。

弹劾式的诉讼制度主要具有以下特征：①对犯罪的控告完全由个人提起，国家没有专门的追诉犯罪的机关。只有在原告向法院直接提起控诉时，法院才会受理并进行审判。②原告与被告享有同等的权利，承担同等的义务，他们的诉讼地位是平等的。在这种弹劾式的诉讼程序中，通常是由原告提起诉讼，并提供相应的控诉理由和证据，再由被告提出反对的理由和相应的证据，法官综合双方意见作出判断。③法院或其他裁判机构的法官在接到被害人或者其代理人的控诉后，并不主动进行专门的调查取证，只是在开庭审理时听取原、被告双方当事人的陈诉和辩论，仅以原、被告双方提供的证据作为依据进行裁判，在诉讼中始终处于消极的仲裁地位。

这种诉讼制度作为人类第一种诉讼形态，具有明显的优点：首先，这种制度区分了控诉与审判二者的职能，有利于防止法官集控诉审判权于一身，独断专行，滥用职权。其次，原、被告平等的诉讼地位有利于案件的公正处理。原、被告双方可以在法庭上进行平等的对抗和辩论，有利于法官全面听取二者的意见，将双方的证据进行比对、验证，从而得出更公正的结论，发挥居间裁判的效能。但这种诉讼模式也具有其先天的不足,例如它将追诉犯罪的权力完全赋予被害人或者其他公民个人行使,而国家在追究犯罪的问题上却处于相对的被动地位,这必然会导致对犯罪的追究和惩治效力不高,使国家机器的作用得不到发挥。另外,法官在诉讼中的地位虽然居中,但在案件审理过程中的态度过于消极,也不利于准确地查明案件事实,有效地打击犯罪。

(二)传统的纠问式诉讼制度

所谓纠问式诉讼制度(inquisitorial procedure),是指国家司法机关对犯罪行为,不论是否有被害人控告,均依职权主动进行追究和审判的诉讼制度。这种制度是公元476年西罗马帝国灭亡后,欧洲逐步进入封建时代,即“中世纪”后,封建帝国为了巩固中央集权的君主专制统治,不断加强对农民起义和异己力量镇压而广泛被欧洲国家采用的诉讼制度。德意志帝国1532年颁布的《加洛林纳法典》所规定的刑事诉讼程序就是典型纠问式程序。英国在君主专制时期的星座法庭,也是实行的纠问式诉讼。

纠问式诉讼具有以下特点:①由司法机关主动追究刑事犯罪,而不再取决于被害人的控告。即由握有司法权力的官员主动发现犯罪,无论被害人是否提出控诉,都由官员依职权主动追究并进行审判。只要能够揭发和惩治犯罪,权力怎样使用都可以。②以被告人为诉讼客体,对被告人实行有罪推定,刑讯逼供盛行。在纠问式的诉讼中,某个人一旦被指控或怀疑犯罪,在没有确实证据或依诉讼程序证明犯罪之前,先假定其有罪并将其作为罪犯对待。在有罪推定的情况下,被告人不是诉讼主体,而是诉讼的客体,是被追究的对象。被告人口供是定罪的重要依据,为了逼取口供,对被告人广泛采用刑讯逼供。刑讯逼供制度化、合法化,是纠问式诉讼的显著特点。③书面审理主义,又称间接审理主义,即纠问式诉讼的审理不允许当事人在法庭上辩论,审讯通常由不公开进行,判决主要是以审讯被告人的书面记录或者被告人的认罪供词为根据。这种纠问式诉讼是适应王权、封建领主不断加强对农民的镇压日益残酷的需要而产生的,是封建专制集权在诉讼中的表现。

(三)近现代诉讼制度

近现代诉讼制度的总体特点是控审分离,诉讼双方地位平等,享有对等的权利义务,实行无罪推定、一事不再理原则。目前存在三种模式,即以大陆法系为代表的职权主义诉讼制度、以英美法系为代表的对抗制诉讼制度以及以日本与意大利为代表的混合诉讼制度。

职权主义诉讼模式主要为大陆法系国家所实行,主要特点包括:①侦查和预审在刑事诉讼程序中居重要地位,侦查、预审不公开进行。②法官起主导、指挥作用的审判程序。大陆法系国家刑事诉讼中的职权主义,集中体现在审判阶段。法官在庭审中起主导作用,可以依职权主动讯问被告,询问证人;可以采取足以证明一切事实真相的证据,决定采取必要的一切证明方法;有权对当事人及其他诉讼参与人的申请作出决定。③确定上诉和法律救济程序。大陆法系国家通常实行三审终审制。第二审从事实上进行复审,称为事实审;第三审从法律适用上进行审查,称为法律审。

对抗制诉讼模式,又称为当事人主义诉讼模式,主要为普通法系国家所实行,主要特点包括:①侦查主要由警察机关进行,刑事诉讼通常从逮捕或传讯犯罪嫌疑人开始,但刑事立法和传统理念一般不把经常的侦查活动纳入刑事诉讼程序。英美当事人主义的诉讼程序在侦查中注重对犯罪嫌疑人权利的保障,使犯罪嫌疑人具有对抗侦查机关的手段。②由诉讼双方推动诉讼进程,法官处于消极地位,不主动依职权调查取证。③实行变更原则,允许控方变更、追加、撤回诉讼,允许控方与辩方进行辩诉交易。④审理重大刑事案件,实行小陪审团制度,即由一名职业法官主持庭审,由12名非职业的陪审员组成陪审团,负责对被告人是否有罪作出裁定。

混合式诉讼模式,又称折中主义诉讼模式,兼采职权主义与当事人主义的特点,主要代表国家是日本和意大利,其特点包括:①保留了法官依职权调查取证的权利,但是对其作了明确的限制性规定。②大力借鉴当事人主义诉讼模式的因素,注重发挥诉讼双方当事人的作用,主张双方平等对抗。

三、证据制度与诉讼制度的关系

总的来说，诉讼制度决定证据制度，有什么样的诉讼制度就有相应的证据制度与之相适应，诉讼制度的变革必然会引起证据制度的变革。当然，证据制度也不是完全处于被动消极的地位，对诉讼制度亦具有能动的反作用。

（一）弹劾式诉讼制度与神示证据制度

弹劾式诉讼制度起源于奴隶制社会，神示证据制度是弹劾式诉讼制度的主要内容。在生产力极端低下的奴隶制社会，相对于大自然，人类的力量十分渺小，人们认为神灵是世界的主宰者，宗教迷信随之盛行起来，人们的日常生活等都要通过占卜请示神灵的旨意。反映在诉讼制度上，甚至法官裁判案件都要请示神灵的旨意，神示证据制度应运而生。

弹劾式诉讼制度下，裁判者处于中立消极地位，不会主动调查取证，并且由于科技水平极端低下，收集、保存、判断、认定证据的方法十分有限，如遇比较复杂的案件是难以判断案件事实的。将神灵引入证据制度，利用人类对神灵的敬畏与崇拜，在一定程度上可以促使诉讼双方陈述真实的案件情况，有利于裁判者判断案件事实。总体上，可以推动诉讼制度向前发展。

（二）纠问式诉讼制度与法定证据制度

随着生产力的不断提高，封建地主阶级逐渐取代了奴隶主阶级，成为了国家的统治者。统治阶级通过法律维护其阶级利益，通过制定法律主动追诉危害统治阶级地位的犯罪行为，并赋予裁判者控、审合一的职能，司法隶属于行政，实行对被告人有罪推定论，被告人没有任何诉讼权利。纠问式诉讼制度应运而生。

与此种诉讼制度相适应的是法定证据制度，主张口供主义与刑讯逼供，把被告人的口供当作最好的证据，从而导致刑讯逼供成为最主要的取证方法，提高了法官的积极性，强化了职权主义，维护了统治阶级的利益。

总的来说，法定证据制度是纠问式诉讼制度的重要组成部分，与其在内容和形式上都是相辅相成的。纠问式诉讼制度促成了法定证据制度的形成和发展，而法定证据制度又反作用于纠问式诉讼制度。

（三）现代诉讼制度与自由心证证据制度

虽然，近现代诉讼制度分为三种模式，即职权主义诉讼模式、当事人主义诉讼模式与混合模式，且不同法系之间在诉讼制度和证据制度都存在差异，但是在诉讼证据上都采用自由心证原则，凭法官的良心与理性审查判断证据。

综上所述，诉讼制度和证据制度都是历史的产物，随着历史的变化而变化，呈现出不同的阶段性。它们在各个历史阶段上表现为不同的类型，各自就有其不同的特征，但也有连续性，不能截然分开。它们都是上层建筑的一部分，都要受到经济基础的制约，但是，总的来说，证据制度是与诉讼制度相适应的，有什么样的诉讼制度，就有什么样的证据制度。然而，证据制度并不是完全消极的适应诉讼制度，其对诉讼制度有反作用，具有相对的独立性。

第三节　证据概念及其理论分类

一、证据的概念、特征与作用

在英文中，证据（evidence）一词来自拉丁文。西塞罗（Cicero [Marcus Tulliius，公元前106—前43年]）第一次引入了“evidentia”这个术语，这一拉丁语译自希腊文 ευαργεια，意思是显见的性质（the quality of being evident）。对于作为某个结论的证据的事物而言，该事物必须比结论本身更为显见。在我国，证据的证字是由證字简化而来的。证据的据字是由據字简化而来的。“證与徵通”。“徵”字是由“壬”和省去“几”的微字组成的。“壬”字音挺，其形状像有物出土而挺上，上是挺出之形，下是一个土字，所以“壬”的本意是闻达挺箸于外的意思。而微字，意为渺小，隐行藏匿。有“壬”和微省组成的“徵”字，其意义则是言行隐微，但必闻达挺箸于外的意思。言行隐微是说言行在客观上已经存在，只是因其隐微在常规下不易被发现。闻达挺箸于外，是说无论多么隐微，只要有其言行，言行自己就必然会留下为人们所认知、把握的信息。“據”的基本意义就是杖持，杖者为所據，杖持即为人而持之。杖持之义引申之，则是凭证的意思。因此，我国学者认为，“证据是讼事以物符或意融形式留存于时空内，并为听讼人藉以听断讼事的可识素因”。物符是相对意融而言，是待证讼事可识素因存留于外的一种形式。物证与以外在形式及其特征证明讼事的书证、鉴定结论、勘验、检查笔录等都属于物符的范畴。意融用以表示讼事遗留于人们的意识之中的可识素因。上述对于证据的理解，总体上看是围绕证据与待证事实之间的关系进行的。

我国1996年《刑事诉讼法》第42条则明确规定：“证明案件真实情况的一切事实，都是证据。证据有下列七种：(一)物证、书证；(二)证人证言；(三)被害人陈述；(四)犯罪嫌疑人、被告人供述和辩解；(五)鉴定结论；(六)勘验、检查笔录；(七)视听资料。以上证据必须经过查证属实，才能作为定案的根据。”上述规定可以简化为“事实是证据”，“事实必须经过查证属实”。这一提法在逻辑和实践中都存在一些问题。2012年《刑事诉讼法》第48条规定：“可以用于证明案件事实的材料，都是证据。证据包括：(一)物证；(二)书证；(三)证人证言；(四)被害人陈述；(五)犯罪嫌疑人、被告人供述和辩解；(六)鉴定意见；(七)勘验、检查、辨认、侦查实验等笔录；(八)视听资料、电子数据。证据必须经过查证属实，才能作为定案的根据。”我国现行《民事诉讼法》和《行政诉讼法》只规定了证据的种类，未对证据概念下定义。

根据上述规定和理解，在诉讼活动中，证据是公安机关、人民检察院、人民法院等主体在诉讼过程中，用于证明案件事实的材料。对此应当有以下几点理解：①证据体现的是与待证事实(案件事实)之间的证明关系；②证据具有法律规定的形式要求，应当以法律规定的形式表现出来，是内容与表现形式的统一；③证据作为一种诉讼主体提出的证明材料，应当经过查证属实。

(一)诉讼证据具有以下3个特征

1. 证据客观性与主观性的统一　证据的客观性是指证据事实应当是真实的，客观存在的。任何犯罪都是在一定的时间和空间之间发生的。犯罪发生后，必然会在客观外界遗留下某些物品或痕迹。如在杀人案件中，犯罪现场可能留有被害人的血迹、杀人凶器、罪犯的脚印，以及可能有人看到当时进行搏斗的情景，听到被害人呼救的声音等；在盗窃案件中，犯罪现场可能留有罪犯的指纹、脚印和其他遗留物。这些事实以及它们同案件事实的联系都是客观的。犯罪行为是产生这一切的原因，客观外界遗留下来的痕迹、物品、声音、情景等是因犯罪而产生的结果。因果关系是一种必然的、客观的联系。

证据的客观性是证据最本质的特征，但这并不意味着公安司法人员收集到的证据材料一定是客观真实的，从认识论上讲，一个案件发生后，它在客观外界的遗留物必须被人们反映。但一切所观察到的，反映在主体中的通过语言、文字陈述和描述出来的事实，都属于经验事实。由于反映过程的复杂性和主客观因素的复杂性，人们的认识并不能完全反映客观存在。如当证人主观上所反映的事物不符合客观存在时，就出现虚假证言。因此，法律规定，一切证据材料必须经过查证属实，才能作为定案的依据。

2. 证据具有关联性　证据的关联性又称相关性，是指证据与案件事实之间存在客观联系。证据的关联性也就是证明力的问题。客观性固然是证据的重要特征，但仅有客观性的事实还不能成为证据。证据要能够证明案情，还必须与案件事实存在客观联系。即与是否发生犯罪，犯罪行为是否被告人所为，犯罪的时间、地点以及犯罪情节轻重等情况存在客观联系。与案件情况没有联系的客观事实，不能起证明案件真实情况的作用，也都不能成为定案的证据。证据与案件事实的联系是多种多样的，有因果联系、条件联系、时间联系、空间联系、必然联系和偶然联系等。其中，因果联系是最常见、最重要的联系。

3. 证据合法性　证据的合法性是指证明案件真实情况的证据必须符合法律规定的要求。证据的合法性主要表现在以下几方面。

第一,证据必须具备合法的形式。例如,我国2012年刑事诉讼法规定的证据形式有八种。这些证据形式是立法机关总结了我国多年的刑事诉讼实践经验,并借鉴了古今中外刑事诉讼法中合理因素的基础上制定出来的。它反映了我国刑事诉讼证据的内容。因此,凡是不符合我国刑事诉讼法规定的证据形式就不能视为合法证据。例如测谎器的检测结果由于还不能成为证明案件事实的可靠手段,还没有为我国刑事诉讼法规定为法定证据种类,因此测谎器的检测结果不能作为证据来认定案件事实。

第二,证据必须是法定人员依照法律规定的程序和方法收集的。为了保证证据的合法性,三大诉讼法对于收集证据的程序和方法都作了严格规定。例如,《刑事诉讼法》第50条规定:"审判人员、检察人员、侦查人员必须依照法定程序,收集能够证实犯罪嫌疑人、被告人有罪或者无罪、犯罪情节轻重的各种证据。严禁刑讯逼供和以威胁、引诱、欺骗以及其他非法的方法收集证据。必须保证一切与案件有关或者了解案情的公民,有客观地充分地提供证据的条件,除特殊情况外,并且可以吸收他们协助调查。"第56条规定:"法庭审理过程中,审判人员认为可能存在本法第54条规定的以非法方法收集证据情形的,应当对证据收集的合法性进行法庭调查。""当事人及其辩护人、诉讼代理人有权申请人民法院对以非法方法收集的证据依法予以排除。申请排除以非法方法收集的证据的,应当提供相关线索或者材料。"

第三,证据必须有合法的来源。例如,根据《刑事诉讼法》规定,任何公民都可以提供物证、书证,但证人证言则必须出自合格的证人。被害人的陈述、被告人的供述和辩解也都必须出于被害人、犯罪嫌疑人及被告人本人。鉴定结论则必须由具有鉴定人资格的人作出。勘验检查笔录必须出自负责勘验、检查的侦查人员及有关专门人员。如果证据的来源不合法,就不能用作定案的根据。

第四,证据必须经过合法程序查证属实。例如,《刑事诉讼法》第48条规定,证据必须经过查证属实,才能作为定案的根据。因此,证人证言必须在法庭上经过公诉人、被害人和被告人、辩护人双方讯问、质证,听取各方证人的证言,并经查证属实;物证必须当庭出示,让被告人辨认;未到庭的证人的证言笔录、鉴定结论、勘验笔录和其他作为证据的文书,应当当庭宣读,并听取公诉人、当事人、辩护人的意见。未经法庭合法调查并查证属实的证据,不能作为判决的根据。

(二)证据是法治的基石,诉讼活动的每一阶段、每一程序都离不开证据。证据在整个诉讼中的作用,主要体现在以下几方面:

1. 证据是查明案件事实,正确适用法律的根据　司法机关进行诉讼,必须查明案件的真实情况,然后才能正确适用法律。而案件事实,从时间上说是已经发生过的事件,且大多数刑事犯罪都是在秘密情况下进行的,公安司法人员难以直接感知到。因此,要查明案件情况,唯有依靠证据证明。证据既是揭露犯罪、证实犯罪的唯一手段,也是使无罪的人不受刑事追究的保障。离开了证据,要想查明案情是根本不可能的,也就不能正确地适用法律。

2. 证据是使犯罪分子认罪伏法的有力手段,是解决案件争议事实的基础　在刑事诉讼中,犯罪分子总是要千方百计掩盖罪行。在罪行暴露后,又总是设法抵赖开脱。只有在收集了证明其实施了犯罪行为的确凿证据后,才能使他们在证据面前认罪伏法,接受法律的制裁。在民事和行政诉讼中,在双方当事人就权利、义务发生争议时,同样需要以证据为手段来加以解决。

3. 证据是对广大公民进行社会主义法制宣传教育的工具　公安司法机关进行诉讼活动,负有教育公民自觉遵守法律,积极同违法犯罪行为作斗争的任务。公安司法机关通过收集来的各种证据,揭露和证实犯罪分子犯了什么罪,为何犯罪,以及犯罪对社会的危害等,使广大群众清楚地看到犯罪对国家、集体及人民的生命财产所造成的严重危害,鼓励群众同犯罪分子作斗争。同时要使他们认识到,无论犯罪分子如何隐蔽、狡猾,总会被揭露出来。另外,以确凿的证据揭露、证实犯罪,对于社会上可能走向犯罪的人来说,也有一定的教育作用,可以使他们感受到,如果犯罪难逃惩罚,从而不敢以身试法。在民事诉讼和行政诉讼活动中,人民法院通过审判,以证据为根据,可以对公民、行政机关依法从事民事法律活动和依法行政,提高法律意识,起到重要的教育作用。

二、事实与证据

诉讼中需要查明的案件事实可以分为两类,一是实体法上要求查明的有关事实,二是证据法上要求查明的有关事实。实体法上要求查明的事实,通常被称为案件事实,也可以称为最终事实,即诉讼当事人、公诉机关为支持其诉讼主张或者辩护而必须证明的事实。这些需要证明的事实要件,来自与本案有关的实体法的规定。在刑事诉讼中,这可以称为与定罪量刑有关的事实。在民事诉讼中,可以称为与诉讼请求有关的事实。

证据法上要求查明的有关事实,是指为证明证人的可信性或者证据的可采性而必须证明的事实。这些需要查明的事实的要求,来自证据法的规定。这类事实,有时被称为附属性争议事实。例如,刑事诉讼法第五十七条规定,在对证据收集的合法性进行法庭调查的过程中,人民检察院应当对证据收集的合法性加以证明。现有证据材料不能证明证据收集的合法性的,人民检察院可以提请人民法院通知有关侦查人员或者其他人员出庭说明情况;人民法院可以通知有关侦查人员或者其他人员出庭说明情况。有关侦查人员或者其他人员也可以要求出庭说明情况。经人民法院通知,有关人员应当出庭。刑事诉讼法第五十八条规定,对于经过法庭审理,确认或者不能排除存在刑事诉讼法第五十四条规定的以非法方法收集证据情形的,对有关证据应当予以排除。

刑事诉讼法第六条规定,人民法院、人民检察院和公安机关进行刑事诉讼,必须以事实为根据,以法律为准绳。民事诉讼法第七条规定,人民法院审理民事案件,必须以事实为根据,以法律为准绳。然而,事实需要依靠证据来加以证明。换言之,事实与证据之间有潜在与外在、被标记和标记的区别。而证据是可以用于证明案件事实的材料。这一关于证据的定义,揭示了证据运用中所具有的主观性。因此,案件事实,是通过证据得以证明的事实。以事实为根据,从根本上说是以证据为根据。这就是证据裁判主义的根本要求。正是在这个意义上,有学者认为,案件事实可以区分为两种,一种是尚未为办案人员所认知的先验的客观事实,一种是进入办案人员认识领域的主观事实。

证据需要通过有关人员来发现、收集、选择和运用,因此,进入办案人员认识领域的证据具有主观性,既受到有关个体的主观活动的影响,也受到当代人类认识能力的影响。因此,根据这种证据所认识的案件事实,也具有主观局限性。从这个意义上说,案件最终查明的事实,都属于特定的历史范畴。

三、证据的理论分类

证据的理论分类,是指学理上将诉讼中的各种证据,按照不同标准、从不同角度所作的类别划分。

对证据进行理论分类的目的,在于对证据进行科学的分类研究,揭示不同种类的证据所具有的不同特点,进而归纳出正确运用各类证据的一般规则,使人们对于证据的认识更加深入,以指导证据的收集、审查和判断工作。

证据分类的标准,有的按证据的来源、证据的证明作用,也有的是依证据的表现形式和证据的特点,还有其他一些标准,学理上也不是完全统一的。由于分类的标准和角度不同,同一具体证据可能分别属于不同的类别。根据我国的通说,学理上可将证据分为以下几类:本证与反证、直接证据与间接证据、原始证据与传来证据、言词证据与实物证据等。本书仅对以下三种特别重要的证据分类予以介绍。

(一)言词证据与实物证据

根据诉讼证据的表现形式,可以将证据分为言词证据与实物证据。

所谓言词证据,是指以人的陈述形式来表现待证事实的证据。言词证据也常常被简称为人证。在司法实践中,民事诉讼、行政诉讼中的当事人的陈述,刑事诉讼中被害人陈述,犯罪嫌疑人、被告人的供述与辩解,各种诉讼中的证人证言,均属于言词证据。鉴定结论虽然具有书面形式,但其实质反映的是鉴定人对案件有关专门性问题的看法,在诉讼中,鉴定人有义务接受当事人的询问并回答有关问题,因此,鉴定结论属于言词证据的范畴。

实物证据，是指以客观存在的实物形态作为待证事实的表现形式的证据。实物证据又被称为广义的物证。勘验笔录、现场记录是司法和执法人员对与案件有关的场所、物品、人身、尸体等进行实地查看、检查后所做的记录，是对有关情况的客观记载，因此也属于实物证据。

言词证据的表现形式是人的言词，它的形成是了解案件有关情况的人对案件事实的反映，它所反映出来的内容，往往能从动态上揭示案件有关事实形成的全过程，往往能够说明案件的主要事实，这对于司法机关全面地认识案件的有关事实是十分有益的。另一方面，也正因为它是人的主观对客观的反映，在这个反映过程中，受感知、记录、回忆、表述等主客观因素的影响，它所反映的内容就有可能不完全符合案件事实本来的面目，甚至完全失真。

与言词证据相比较，实物证据是以物品的存在形式或其记载的内容来反映案件的有关事实，反映出来的情形是静态的，涉及的事实往往也是案件事实的某一方面。作为物品，实物证据以它的客观存在来证明待证事实，具有较强的客观性、稳定性，一旦其证明意义得到了正确揭示，将具有较强的证明力。但是，也正因为它是物，所以就有可能因外界环境的变化而发生变化，从而使其与案件发生时案件事实所处的状态不一致。因此在收集实物证据的时候，不仅要迅速、及时，还要深入、细致，并要对收集到的证据进行妥善保管。

将证据划分为言词证据和实物证据，可以根据其不同的特点来收集和运用证据。收集言词证据主要依靠调查询问的方法，而收集实物证据则主要靠搜查、扣押以及勘验和检查等手段。判断言词证据要充分考虑言词证据提供者的主观意识和感受条件，判断实物证据则要靠鉴定和辨认等手段。

基于上述言词证据和实物证据的特点，司法机关在对言词证据进行审查判断时，应当充分考虑到以下几方面的因素：有关人员的陈述对有关案件事实的表述是否全面；提供言词证据的人有无故意隐瞒案件真实情况的可能；提供言词证据的人在主观上是否具有认识他所表述的案件事实的能力，是否有妨碍提供言词证据的人认识及表述案件事实的客观因素存在等。而对实物证据的审查判断，首先应当考虑的是有关的实物证据其本身是否是真实的，有无伪造或变造的可能；其次应当考虑到该实物证据现存的客观情形与案件事实发生时的客观情形是否一致，时间的推移，客观环境的变化等因素对实物证据的质量、外形、内容等是否发生影响等。

基于言词证据和实物证据的特点，二者能够相互补充，相互印证。因此，在实践中应当尽量将言词证据与实物证据结合起来运用，取得最佳的证明效果。

（二）直接证据与间接证据

根据证据是否能单独直接说明案件主要事实的标准，可将诉讼证据划分为直接证据和间接证据。

直接证据，是指能够单独直接地说明案件主要事实的证据。案件的主要事实，在不同的诉讼中是不同的。在刑事诉讼中，主要事实是指犯罪事实是否存在，犯罪事实是否为犯罪嫌疑人、被告人所为；在民事诉讼中，主要事实是指争执的法律关系藉以发生、变更、消灭的事实是否存在；在行政诉讼中，主要事实是指行政机关作出具体行政行为所根据的事实等。如果某一证据能单独、直接地说明案件的主要事实，那么，这一证据就是直接证据。在司法实践中，当事人对自己犯罪事实的供认或否认，以及对同案其他犯罪嫌疑人、被告人犯罪事实的供认；证人与被害人对亲眼目睹的犯罪嫌疑人、被告人实施犯罪的过程所作的陈述，都是直接证据，一经查证属实，即对于犯罪嫌疑人、被告人是否实施了犯罪有着重要的证明作用。民事诉讼中，当事人就案件的陈述，证明争议法律关系存在的有关合同文书，行政诉讼中的现场笔录等，都属于直接证据。

间接证据，是指不能单独说明案件主要事实，而需与其他证据相结合，经过合理的推理才能说明案件主要事实的证据。在司法实践中，间接证据大量存在，例如，各类诉讼中的物证、勘验笔录、鉴定结论等，通常都是间接证据。如犯罪现场发现的嫌疑人脚印，经鉴定该脚印由某人所留，这一证据虽然属实，仍不能证明某人是罪犯，至多只能证明他曾到过现场。要证明某人实施了犯罪，还必须将众多的间接证据联系起来判断。因此，不能把留在犯罪现场的指纹、脚印简单地称之为直接证据。事实上这些证据都只能是犯罪事实的一个侧面，因而只能作为间接证据应用。

就证明作用而言,直接证据因为能够直接明了地说明案件主要事实,因此具有重要的证明作用。在司法实践中,无论是当事人还是司法机关,都十分重视直接证据的提供和收集以及运用。但是在运用直接证据时,我们也应当清楚地认识到,直接证据本身是否真实,仍然应通过其他证据来核实。特别是在刑事诉讼中,要严格遵守刑事诉讼法第46条的规定,即"只有被告人供述,没有其他证据的,不能认定被告人有罪和处以刑罚"。此外,我们还应当认识到,直接证据,通常也就是证明案件主要事实的某一部分,而非全部案件事实。因此,要查明案件全部事实,不能仅仅依靠一个直接证据,而必须与其他直接证据或间接证据相结合,来全面了解、查明案件事实。

间接证据虽然不能单独、直接地说明案件的主要事实,但其对案件的说明作用同样是不可忽视的,其在司法实践中发挥的作用有以下几方面: ①据以确定、引导案件的调查方向; ②可以通过间接证据获取直接证据; ③对直接证据进行鉴别、印证; ④在特定条件下,若干个间接证据的综合运用,可以说明案件真相,证明案件事实。

根据实践经验,在完全运用间接证据来证明案件主要事实时,应当遵循下列规则: ①单个间接证据不能单独说明待证事实,因此,间接证据要证明某一主要事实,必须要有两个以上。②每一个间接证据都应查证属实。③每一个间接证据都与案件事实的某一方面有客观的联系,或是能证明法律关系的主体、或是能证明某一法律事实发生的时间、地点、条件、环境,或是能证明与某一法律事实有联系的某一行为的发生、变化的情况等。④各个间接证据之间不存在矛盾,具有融贯性,它们在内容和形式上都是一致的,表现出来的矛盾现象能得以合理排除。⑤根据间接证据证明得出的结论是肯定的,具有排他性。

在司法实践中,仅凭直接证据定案和仅凭间接证据定案的情况都不常见,大多数案件的认定都是直接证据和间接证据兼而有之。因此,必须既注意收集直接证据,又要注意收集间接证据。

(三)原始证据与传来证据

根据证据的来源,可将证据分为原始证据和传来证据。

所谓原始证据,是指直接来源于案件事实而未经中间环节传播的证据,即与案件事实有关的第一手材料。如当事人就自己亲自所经历的案件情形所作的陈述,证人就自己亲自所见所闻的有关案件事实所提供的证言,物证、书证、视听资料的原件等,均属于原始证据。原始证据的主要特征,在于其直接来源于案件事实,未经过中间环节的传播,就此而言,它对案件有关事实的反映是最原始的、比较符合案件事实原来状况的,具有较强的客观性。

传来证据,是指经过一定的中间环节、间接来源于案件事实的证据,即经过传抄、转述、复制等手段而形成的与案件事实有关的第二手材料。如书证的影印件、物证的照片、视听资料原件的复制品、证人陈述的其听他人传言的有关案件事实的证言等,均属传来证据。传来证据由于是经过了中间环节的传播,在其形成过程中有可能出现差错和失实。

原始证据和传来证据的划分,有利于揭示证据在可靠性程度上的差别,有利于为司法时间衡量证据的可靠性提供一个尺度。最高人民法院《关于行政诉讼证据若干问题的规定》第63条规定:"原始证据优于传来证据",就反映了这种一般规律。

基于原始证据和传来证据各自的特点,在司法实践中,应当尽量收集和提供原始证据。当然,我们也不能忽视传来证据的作用,在不能获取原始证据时,经查证属实的传来证据,也可以用来作为认定案件事实的根据。

第四节　美国证据制度概览

英美法系,又称普通法(common law)法系,是指以英国普通法为基础发展起来的法律的总称。英美法系包括英国、美国以及曾经是英美殖民地国家或者地区的法律体系。英美法系具有判例传统,判例法为其正式法律渊源,上级法院的判例对下级法院在审理类似案件时有约束力。英美法系的诉讼制度是当事人主义诉讼模式，在此基础上，英美法系发展出了不同于大陆法系的与其诉讼制度相适应的证据制度。众所周知，英美法系国家采用陪审团制度。在审理案件的过程中，由12名随机选出的非法学专业的公民组成陪审团，负责案件事实的审理，最终作出有罪或无罪的裁决。虽然目前由陪审团审理的案件越来越少，但是陪审团制度在英美法系诉讼制度中的作用是举足轻重的。为了保证外行陪审员能够顺利地认定案件事实，英美法系制定了大量的证据规则。美国著名法学家塞耶将证据规则称为"陪审团制度之子"。相比之下，大陆法系则由专业的法官认定案件事实并作出有罪或无罪的裁判，故大陆法系的证据制度远远没有英美法系发达。美国的证据制度是英美法系的典型代表，与英国的证据制度相比，美国证据制度在继承了英国证据制度的基本内容基础上，更具有体系性和法典形式，因此本节将就美国证据制度的相关内容进行介绍，以窥英美证据法之一斑。

一、美国证据制度的主要内容

总的来说，美国证据法的最重要部分是美国联邦证据法。《联邦证据规则》是美国联邦证据法的最重要组成部分。《联邦证据规则》是对联邦普通法的法典化。截至2009年，除了联邦系统外，42个州在《联邦证据规则》的基础上制定了自己的证据法典。"《联邦证据规则》正在成为美国证据法"（The Federal Rules of Evidence are becoming the American law of evidence）。除了联邦普通法和《联邦证据规则》之外，联邦证据法还存在其他渊源。这主要是：

第一，《合众国宪法》。进行非法证据排除时最常见的宪法规定是第四修正案（不受不合理搜查与扣押）、第五修正案（不得被迫自我归罪和正当程序）、第六修正案（获得律师帮助的权利）。根据这些宪法规定，非法获得的证据可能不可采。这些规定为被侵犯的宪法权利提供了证据上的救济。

第二，联邦制定法，即国会立法。许多联邦制定法规定了对相关证据的排除规则，例如关于窃听的法律规定。

第三，美国联邦最高法院依据制定法授权制定的其他规则。这里所讲的"其他规则"，主要是指美国联邦最高法院制定的《联邦民事诉讼规则》和《联邦刑事诉讼规则》。例如《联邦民事诉讼规则》37规定，如果当事人违反了关于案情先悉的规定，则审判法官可以禁止该当事人提出相关证据。

下文将对《联邦证据规则》中的相关规定并结合判例法所确定的规则做简单介绍。

（一）相关性规则

相关性规则是所有现代证据法律制度的基本原则，在英美法系中被称为"黄金规则"。塞耶曾经将相关性规则总结为两条著名的原则：①消极原则，即除非具有相关性，否则证据不可采纳；②积极原则，即一切有相关性的证据都可采纳，除非按照可采性原则被排除。

美国《联邦证据规则》401与402规定了相关性规则，按照这些规定，在下列情况下，证据具有相关性：（a）该证据具有与没有该证据相比，使得某事实更可能存在或者更不可能存在的任何趋向；并且（b）该事实对于确定诉讼具有重要意义。所有相关证据均具有可采性，《美国宪法》、国会立法、《联邦证据规则》或者最高法院依据法定权限制定的其他规则另有规定者除外。不具有相关性的证据不可采。相关性规则的意义在于明确本案的证据范围，避免当事人在不相关的问题上花费时间，而且要求执法人员在调查收集证据时，应当限于与本案有关的证据；在审查判断证据时，应当注意及时排除与本案无关的证据。

《联邦证据规则》403赋予了审判法院排除证据的权力，即规定法官在何种情况下可以排除具有相关性的证据。按照该规定，如果相关证据的证明价值为以下一个或者多个危险所严重超过，则法院可以排除该证据：不公平损害、混淆争点或者误导陪审团、不当拖延、浪费时间或者不必要地出示重复证据。上诉法院对下级法院的规则403裁定有着相当的尊重，上诉法院认定存在滥用自由裁量权的情况是比较罕见的。

除了具有像《联邦证据规则》403这样排除证据的自由裁量权规则之外，美国所有的司法辖区还有许多规则用来排除或规制特定类型的不容置疑具有相关性的证据，这些规则有时候称为"相关性规则”。《联邦证据规则》404-415就属于这类规则。

《联邦证据规则》404是关于品性证据的一般规定，一个人的品性证据，对证明该人在具体场合中的行为与其品性一致而言是相关的。但是按照该规则，关于某人的品性或者品性特点的证据，一般不得采纳用来证明该人在具体场合下的行为与之具有一致性。但是下列情况除外：①刑事被告可以打开被告本人的品性证据之门，在这种情况下，检控方可以在反驳中提供被告的品性证据。②刑事被告可以打开被害人品性证据之门，在这种情况下，检控方可以在反驳中提供关于被害人品性或被告品性的证据。③在凶杀案中，检控方为了反驳被害人是第一挑衅者的主张，可以打开被害人性情平和的品性证据之门。④任何当事人均可在《联邦证据规则》607-609允许的范围内，为弹劾与正誉目的提出品性证据。

《联邦证据规则》407对事后补救措施的相关性问题作了规定。按照该规定，“如果采取了将使得在前的伤害或者损害更不可能发生的措施，则关于这些事后措施的证据不得采纳来证明：过失；罪错行为；产品缺陷或者其设计缺陷；或者缺乏警示或者说明。但是法院可以为其他目的采纳该证据，例如弹劾或者在存在争议的情况下证明所有权、控制权或者预防措施的可行性。”

《联邦证据规则》规则408-415分别对和解与提议和解，医药费和类似费用的支付，答辩、答辩讨论以及相关陈述，责任保险，被害人过去的性行为或者性癖好、性侵犯案件中类似犯罪的证据的相关性问题进行了规定。

（二）证人

按照《联邦证据规则》601条的规定，除该证据规则另有规定外，每个人都有作为证人的资格。然而，在民事案件和程序中，若州法规定了有关控诉或者辩护的因素需适用的裁决规则时，证人的作证资格应根据州法确定。在作证前，应当要求每个证人以宣誓或者郑重声明的形式，宣明他将如实作证。该宣誓者郑重声明应当以某种旨在唤醒该人的良知并使其铭记如实作证之职责的方式进行。主持审判的法官不得在该审判中作为证人作证。陪审团成员不得就其听审的案件在该陪审团作为证人作证。如果陪审员被传唤作证，应给予对方当事人在陪审团不在场的情况下提出异议的机会。在对陪审团裁决或起诉书的合法性进行调查时，陪审员不得就陪审团评议期间发生的任何事项或陈述，或者就因影响该陪审员或其他陪审员的思想或情感以至于其赞成或反对该裁决或起诉书的任何事情，或者就该陪审员的思想过程作证。但是陪审员可以就下列事项作证：①是否有外部的有害信息不当地引起了陪审团的注意；②是否有外部影响被不当地引入影响了任何陪审员；③在将裁决制成裁决书时，是否存在错误。陪审员就其不得作证的事项所作的宣誓书或者任何陈述证据也不得为上述目的而予以采纳。

法院可以自行或者根据当事人的建议来传唤证人，对于如此传唤的证人，所有的当事人都有权进行反询问。根据当事人的要求，法院应当命令证人退庭，以使他们不能听到其他证人的证言。法院也可以自动作出该命令。

（三）传闻规则

《联邦证据规则》801规定：“‘传闻’是指这样的陈述:（1）该陈述并非陈述人在当前审判或者听证作证时作出的；并且（2）当事人将其作为证据提出，用以证明该陈述所主张事项之真实性。”《联邦证据规则》802规定，“传闻不可采，除非下列法律或者规则另有规定：联邦制定法；本证据规则；或者最高法院制定的其他规则。”排除传闻证据的一般规则建立了这样一个总的命题，即当陈述是由人们在法庭外作出时，在提出这些陈述以证明这些陈述所宣称的事项时，这些陈述不具有可采性。排除传闻，因为在确定陈述人是否存在诚实性、叙述-歧义、感知、记忆问题（证言或“传闻危险”）时，陈述人没有进行宣誓，没有对陈述人行为举止的观察，没有对传闻陈述人进行交叉盘问的机会。排除传闻证据的一般规则是英美法系的特点之一。

《联邦证据规则》802作为一个基本的排除规则，受到29个例外和8个豁免的约束。以例外为例，《联邦证据规则》规则803规定了传闻规则的例外包括即时感觉印象、激奋话语、当时存在的精神、情感或身体状态、为医学诊断或治疗目的而作出的陈述、记录的回忆；日常行为活动的记录、公共记录和报告、人口统计记录、缺乏公共记录或记载、宗教组织的记录、结婚、洗礼或类似的证明书、家庭记录、影响财产利益的文件记录、影响财产利益的文件中的陈述、陈年文件中的记录、市场报告、商业出版物、学术论文、品性方面的声望、先前定罪的判决等;《联邦证据规则》804规定了在传闻陈述人不能出庭的情况下，先前证言、濒死心态下的陈述、对己不利的陈述、个人或家族史的陈述等五种类型的传闻证据具有可采性。

（四）最佳证据规则

最佳证据规则起源于英国古代司法证明中的"文书审"，主要内容是当书写文件、录制品或影像被提供用以证明其内容时，原件的可靠性极有可能大于复制件的可靠性。因此，该规则要求有原件应当提交原件，如果可以合理解释或证明原件缺失，则可以提交复制品，在此时"第二手"证据可采。

《联邦证据规则》1002规定了最佳证据规则的基本原则：当证据提出者要证明书写文件、录制品或影像的内容时，需要提出原件。《联邦证据规则》1003规定，在大多数情况下，可以提供复制件来代替原件，但是如果对方提出证据就原件的真实性提出怀疑，或者原件或复制件不完整、涂改或残损，使得证据提出者使用该复制件造成不公平，则该复制件不能使用。《联邦证据规则》1004规定了最佳证据规则的例外，包括原件已经丢失或被损毁、不可能得到原件、原件为对方所持有。《联邦证据规则》1005规定，公共记录的经过认证或比较的复制件具有优先权。《联邦证据规则》1006规定，卷帙浩繁的书写文件、录制品或者影像的内容，如果不便于在法庭加以审查，则可以以图表、摘要或者计算分析的形式提出。原件或者复制件，应准备就绪以供其他当事人在合理的时间和地点加以审查或者复制。法院可以命令将它们在法庭上出示。

（五）司法认知与推定

司法认知，指法庭对众所周知的且无争议的事实予以承认和接受，从而免除当事人对该事实的举证责任。可被司法认知的事实范围广泛，如国家法律、国际法、历史事件、地理特征等。《联邦证据规则》201规定，司法认知之事实必须是没有合理争议的事实。这种事实包括两种：①审判法院辖区内泛知的事实；②通过诉诸某种其准确性不受合理置疑的来源而能够准确和迅速确定的事实。无论当事人请求与否，法院均可以进行司法认知。在当事人提出请求并提供了必要信息的情况下，法院应该进行司法认知。经及时请求，当事人有权就进行司法认知的适当性和认知事项的要旨获得听审的机会。在没有事先通知的情况下，当事人可以在司法认知作出后提出该请求。

推定是法院和评论者用来描述规制一种证明过程诸规则的术语，这种证明过程是在一个已证明的事实A——导致推定的事实，和在另一个推定的事实B之间创设一种特定法律关系。例如，许多司法辖区都有一个基于这样事实之证明的规则，即一个人已经失踪七年（事实A），那么推定这个人死亡（事实B）。一般来说，这个规则或推定意味着，事实A的证明（例如，一个人下落不明满七年），要求一个事实B的认定（例如，这个人已死亡），除非反对该推定的当事人对事实B作出充分反驳。推定以不同的形态和形式发挥着作用。有的是不可反驳或结论性的，而有些则是可反驳的。一些可反驳的推定仅仅影响举证责任，而一些则影响说服责任。一些可反驳的推定是强制性的，在这个意义上，它们要求在缺乏充分反驳证据的情况下认定推定的事实。其他可反驳的推定是允许的。它们允许但不要求认定推定的事实，即使没有反驳证据。

《联邦证据规则》301规定："在民事案件中，除联邦制定法或者本证据规则另有规定者外，推定所反对的当事人负有提出证据反驳该推定的负担。但是，本条规则并未转移说服负担，该证明负担仍由原先承担它的当事人承担。"

（六）特免权

特免权是指基于特定身份或者具有某种法律关系的人享有的就特定事项免于提供证据或阻止他人提供证据的权利。其主要目的是保护法庭世界之外的特定关系和利益，这些关系和利益被认为具有充分的重要性，值得司法程序以失去有用证据的方式来承担这些成本。特免权规则的传统理论根据，是功利主义观点。这一观点最常被用来支持秘密交流特免权。这种观点是建立在一个经验性假设基础上的，即特免权的存在将影响个人行为。如果没有特免权保护，交流将被遏制，诸如律师-委托人和医生-患者之间的特定关系将会受到损害。这个理由已经得到了法院的广泛接受，并极大地影响了特免权法的发展。

特免权的存在和范围在美国各个司法辖区各不相同。《联邦证据规则》501规定，在联邦问题和刑事案件中，联邦普通法规制特免权的适用，而在各州诉讼中则由州法来确定适用的特免权。在州法院和适用州法的联邦案件中，特免权法大多数是由州立法机关创设的各种各样规则的集合。

二、科学证据

（一）科学证据的概念及其特点

科学证据（scientific evidence）又被称为科技证据。科学证据具有广义和狭义之分。广义的科学证据是指其形成、发现、收集、保全以及证明价值的揭示需要运用科学技术原理和方法的证据；狭义的科学证据是指运用科学技术原理揭示案件事实的形成、发展、变化及其内在联系的专家意见。后者又被称为检验型科学证据，在英美法系又被称为专家证言。

科学证据概念的出现，是科学技术在司法领域广泛运用的结果。随着科学技术的不断发展，证据的种类在不断地丰富。例如美国著名证据法学家乔恩・R・华尔兹在其著作《刑事证据大全》一书中对科学证据进行论述时涉及：①精神病学和心理学；②毒物学和化学；③法医病理学；④照相证据、动作照片和录像；⑤显微分析；⑥中子活化分析；⑦指纹法；⑧DNA检验法；⑨枪弹证据；⑩声纹；⑪可疑文书证据；⑫多电图仪测谎审查；⑬车速检测。科学证据的广泛性可见一斑。科学证据为解决重大疑难、复杂特殊案件提供了强有力的支持。

科学证据具有以下特点。

第一，科学证据具有科学性。科学证据是自然科学、社会科学和工程技术在司法证明活动中综合应用的结果，是科学原理和技术与司法证明活动相结合的产物。科学证据的本质特征就是其科学性，科学原理与技术是解释案件事实内在联系的手段。

第二，科学证据的运用要依赖专家。科学证据的形成、发现、收集、保全以及其证明价值的揭示，都往往需要掌握科学技术原理与方法的专家。特别是科学检验性科学证据，就是由掌握了专门知识的专家运用科学原理和技术手段所形成的判断。

第三，科学证据具有广泛性。科学证据的广泛性是由科学技术在人类生活中的广泛应用所决定的。随着社会的发展，科学的进步，科学证据的范围也将逐渐扩大。

（二）美国的专家意见的采纳标准

美国的专家证人制度是英美法系专家证人制度的典型代表，在世界范围具有广泛的影响力。在英美法传统中，审判最初是解决常规纠纷的手段。最初审判模式通过把对地方事务拥有知识的个人集合起来，裁决众人皆知的纠纷。随着历史的发展，纠纷的性质日益复杂，这要求改变陪审团的自明性，以证人证言来弥补陪审团成员知识的不足。然而，诉讼涉及的事务变得越来越复杂，事实认定者与证人之间的知识鸿沟不断拉大。一个案件也许取决于特定商业或行业领域的惯例，而非整个社会的惯例。例如，案件可能涉及专门性技术词汇，必须使那些缺乏这类技术培训的陪审员能够理解这些技术。伴随这类案件的不断普遍化，专家证人的使用日益普遍，而事实认定模式仍然是传统的陪审团模式。这就产生了一个问题，即作为事实认定者的陪审团需要在多大程度上掌握这些科学技术知识。或许只要有足够的时间和资源，陪审团成员就能够具有足够的明智，从而裁断所有的诉讼案件。然而，随之而来的是另一些问题：获得这些知识的代价有多大，这种交换是否明智？专家之所以常常成为专家，是因为多年的专业训练，因而在就审判中的相关问题对陪审团进行教育时便常常遇到可怕的障碍。因此，作为把审判保持在一个可控时间长度中的手段，遵从专家专业知识的压力不断产生，但这份遵从压力又对审判的核心概念构成挑战，并且给我们基于对证据之理性思考而作出决定的基本忠信提出了质疑。

总之，专家证言的使用对普通法裁判制度提出了根本挑战。隐藏在这里的是关于诉讼性质的基本问题：理性思考在多大程度上是裁判的标志？美国专家意见的采纳标准问题就是在这样的背景下产生的。

源于科学理论或者原则的证据的有效性取决于三个因素：基本理论的有效性、适用该理论的技术的有效性以及该技术在特定案件中的适当适用。对于前二者的有效性，可以通过司法认知、立法认可、协定、证据证明等方式来加以确立。在使用新的科学技术而获得的证据第一次使用的时候，法院不能就其有效性进行司法认知。新技术的有效性通常是通过提出证据来证明的。

1923年，美国哥伦比亚特区上诉法院在Frye v. United States案件中确定了新技术的普遍接受标准。Frye案涉及了一项新科学技术——心脏收缩压检测。其原理是，当一个人试图进行有意的欺骗时，这个人的心脏收缩压会发生改变。因此，通过仔细监控测试对象的心脏收缩压，专家就能够确定某人是否是在说谎。在该案件中，上诉法院宣布，在专家能够以某种科学理论或技术为基础得出意见前，该项证据的提出者必须证明该理论或技术“在其所属的特定领域中已经获得了普遍接受（general acceptance）”。该标准遭到的一个重要批评是，事实上，该标准将新技术所形成的证据可采性的决定权交给了“那些最有资格评估某个科学方法的普遍有效性的人”，即该专业领域本身。该领域内的大多数成员都应当拥有“决定性的发言权”。不论法官的意见如何，如果这些多数专家赞成该理论，那么有关证据就应当被采纳；如果有关理论在相关科学专业领域没有得到广泛的支持，则应排除该证据，无论法官的意见如何。

1975年，美国《联邦证据规则》生效。《联邦证据规则》702条规定：“如果科学、技术或者其他专门知识将会帮助事实审判者理解证据或者确定争议事实，则因知识、技能、经验、训练或者教育而具备专家资格的证人，可以以意见或者其他的形式作证。”在《联邦证据规则》生效之后，立刻引起的问题就是，普遍接受标准是否依然是有效的法律。

1993年，在*Daubert v. Merrell Dow Pharmaceuticals, Inc.* 案件中，美国联邦最高法院对此给出了否定性的回答。最高法院的裁决指出：证据提出者不能仅仅依据某技术已经应用了很长时间这一事实，而认为该技术具有可采性。强调审判法官有权自行决定如何最好地履行其守门人职责。对于系争专家证据是否具有科学上的有效性，应审查以下事项：①一项理论或技术……是否已经被检验；②它是否“已经历了同行评议和发表”；③已知或者潜在的误差率，以及关于该技术操作的标准是否存在，是否有维护；并且④该理论或技术是否在“在相关学术界”内具有“普遍接受性”。

案例 4-1

美国联邦最高法院

Daubert v. Merrell Dow Pharmaceuticals，Inc.

No. 92-102

[1993 年 6 月 28 日]

BLACKMUN 大法官作出了法院意见。

本案要求我们确定在联邦审判中采纳专家科学证言的标准。

I

请愿人 Jason Daubert 和 Eric Schuller 是具有严重先天缺陷的幼儿。他们同其父母一起在加利福尼亚州法院起诉了答辩人，诉称该先天缺陷是他们的母亲在怀孕期间服用了答辩人销售的抗呕吐处方药盐酸双环胺（Bendectin）的结果。答辩人基于跨州理由将案件移送至联邦法院。

……答辩人……辩称盐酸双环胺没有造成人体先天缺陷，而且请愿人不能就该药品造成人体先天缺陷提出任何可采的证据。为支持其动议，答辩人提交了医师和流行病学家 Steven H. Lamm 的宣誓陈述书。……Lamm 医生说，他已研究了所有关于盐酸双环胺与人类先天缺陷的文献——30多种已发表的涉及 130 000 多位患者的研究。没有研究发现盐酸双环胺是导致人类畸形胎的制剂（即造成胎儿畸形的物质）。根据这一研究，Lamm 医生得出结论说，还没有表明在妊娠期头三个月母亲使用盐酸双环胺具有造成人类先天缺陷的风险因素。

请愿人……以自己的 8 位专家的证言对答辩人的动议作出了回应，他们当中每一位专家都有令人难忘的资质。这些专家得出结论说，盐酸双环胺能够导致先天缺陷。他们的结论的依据是：基于"体外"（试管）和"体内"（活体）动物研究，这些研究发现盐酸双环胺与畸形存在关联；对盐酸双环胺化学结构的药理研究表明，该药物的结构和其他已知的导致先天缺陷的物质结构具有相似性；以及对以前发表的流行病学（人类统计）研究成果的"再分析"。

……

鉴于法院在采纳专家证言的适当标准问题上存在尖锐的分歧，我们同意向下级法院发出调卷令。

Ⅱ

A

自 Frye 案件形成"普遍接受"标准以来，在 70 年间，"普遍接受"标准一直是审判中确定新型科学证据可采性的主导标准。……

Frye 标准起源于 1923 年一项关于心脏收缩压测谎—这是多导测谎仪的原始前身—而取得的证据可采性的判决……当时的哥伦比亚特区上诉法院……宣布：

"科学原理或者发现究竟在何时跨越了试验和证实（demonstrable）阶段之间的界限，是难以界定的。在这一过渡区域的某一点上，科学原理的证据力（evidential force）必须得到承认。虽然在采纳从公认的科学原理或者发现中演绎出的专家证言方面，法院将发挥很大作用，但是据以进行演绎的事情必须得到足够的确立，在其所属领域获得了普遍接受。"

因为测谎"还没有在生理学和心理学权威中获得这样的地位和科学认可，即这种地位和科学认可将支持法院采纳从迄今为止所做的发现、发展和实验中推导出的专家证言"，关于其结果的证据被判定不可采。

Frye 标准的功过一直受到颇多争议，关于其适当范围及其适用的学术研究不计其数。然而，请愿人的主要抨击，并不是针对该规则的内容，而是针对其继续适用效力。他们主张，Frye 标准因《联邦证据规则》的制定而已经被取代。我们同意此种观点。

[《联邦证据规则》702 的]条文根本就没有将"普遍接受"确立为可采性的一个绝对前提条件。答辩人也没有清晰地表明规则 702 或者《联邦证据规则》整体上要吸收"普遍接受"标准。起草史并没有提及 Frye 案，并且一个严格的"普遍接受"要求将与《联邦证据规则》的"自由推进"和它们"放宽对'意见'证言之传统限制的一般方法"相悖。考虑到《联邦证据规则》的容许性背景，以及它们规定了的关于专家证言的具体规则并没有提及"普遍接受"，《联邦证据规则》在一定程度上吸收了 Frye 案的主张是没有说服力的。Frye 案使得"普遍接受"成了采纳专家科学证言的唯一标准。那一严格的标准，在《联邦证据规则》中阙如，并且与《联邦证据规则》不相容，不应当在联邦审判中适用。

B

然而，Frye 标准被《联邦证据规则》所取代，并不意味着这些规则本身对于所称科学证据的可采性没有什么限制。这也不意味着审判法官不能对这种证据进行审查。相反，根据《联邦证据规则》，审判法院必须确保所采纳的任何及所有科学证言或者证据不仅具有相关性，而且具有可靠性。

这种义务的主要体现就是规则702，该规则旨在对专家可以作证的主题和理论进行某种程度的规制，这一点很是清晰。"如果科学、技术或者其他专门知识将会帮助事实审判者理解证据或者确定争议事实"，专家"可以就此作证"。专家证言的主题必须是"科学……知识"。形容词"科学"意味着要立足于科学方法和程序。与此类似，"知识"一词比主观信念或者无根据的猜测包含着更多的含义……为了具有"科学知识"之资格，推论或者主张必须源自科学方法。提出的证言必须为适当的验证—也就是说"充分根据"—所支持，建立在已知的基础上。总之，专家证言要与"科学知识"相关，这一要求，确立了证据可靠性标准。

……

C

因此，面对提出的专家科学证言，审判法官必须在一开始就根据规则104(a)确定，专家是否在准备就(1)将帮助事实审判者理解或者确定争议事实的(2)科学知识作证？这需要进行这样的预备性评估，即证言背后的推理或者方法是否具有科学上的有效性，以及该推理或者方法是否能适当地适用于争议事实。我们相信，联邦法官具有进行这种审查的能力。许多因素与这种探究有关，我们不准备冒昧地提出一个确定的查核清单或者标准。但是，某些一般性评论是适当的。

通常情况下，在确定一项理论和技术是否属于能帮助事实审判者的科学知识时，要回答的一个关键问题是，它是否能被(并且已被)检验。……

另一个相关的考虑因素是，理论或者技术是否已经过了同行评议并发表。……在同行评议的杂志发表(或者没有发表)这一事实，在评估某项意见所依据的特定技术或方法是否具有科学有效性时，将是相关的(虽然不是决定性的)因素。

此外，就某项特定的科学技术而言，法院通常应当考虑已知或者潜在的误差率，以及关于该技术操作的标准是否存在及其维护如何。

最后，"普遍接受性"仍与探究有关……

我们强调规则702所设想的这种探究，是一种灵活的探究。它的首要主题是提出要求裁断事项背后的原理的科学有效性——即证据的相关性和可靠性。当然，关注点，必须完全是原理和方法，而不是它们所产生的结论。

……

Ⅲ

……

Ⅳ

总之：根据《联邦证据规则》，"普遍接受"并不是科学证据可采性的必要前提条件，但是《联邦证据规则》—特别是规则702—确实给审判法官分配了这样的任务，即保证专家的证言既立足于可靠的基础，也与当前的任务具有相关性。立足于科学上具有有效性的原则基础上的相关证据将符合这些要求。

地区法院和上诉法院的探究几乎完全关注的是"普遍接受"，而这是以出版物和其他法院的判决为标准的。因此，撤销上诉法院的判决，案件发回，按照本意见重审。

此判。

Daubert案件之后，带来的问题是，根据《联邦证据规则》702，非科学专门知识是否享受免审，不受Daubert规则的约束。在Daubert案作出裁决之后，许多专家证言的提出者试图通过以下做法规避Daubert规则：①主张Daubert标准仅适用于科学专门知识；②将他们的专家证言定性为非科学的。1999年，在Kumho Tire Co. v. Carmichael案件中，Breyer大法官宣布，即可靠性要求适用于所有类型的专家证言，并指出，对法官而言，根据“科学”知识和“技术”或者“其他专门”知识之间的区别来适用证据规则，将被证明是非常困难的事情。在上述知识之间并不存在非此即彼的清晰界限。

2000年，《联邦证据规则》702条修改为：“如果科学、技术或者其他专门知识将会帮助事实审判者理解证据或者确定争议事实，则在下列情况下，因知识、技能、经验、训练或者教育而具备专家资格的证人，可以以意见或者其他形式作证：①证言基于充足的事实或者数据，②证言是可靠的原理或者方法的产物，并且③证人将这些原理和方法可靠地适用于案件的事实。”这种修正采用了更为严格的方法，不仅要求技术方法的可靠性，还要求就本案有适当的适用。修改后的规则规定，对于审判法院而言，所有类型的专家证言都有可采性的问题，要由审判法院确定该证据是否可靠和有所帮助。该修改并没有就科学的还是其他形式的专家证言进行区分。审判法院的看门人功能适用于任何专家作出的证言。

美国专家证据采纳准的上述演变表明，在对科学证据进行采纳和认证时，应该更加强调法官的主体能动性，而不是被动地接受一个结论；同时，也需要采取措施来限制由法庭对科学证据有效性进行确认所带来的风险。措施之一，就是要培养出具有科学技术素养的法律人，他们要懂得基本科学理论，不盲目崇拜科学。法学院应通过提供法庭科学方面的课程，强化法学教育中的自然科学因素，为今后的司法活动培训出懂科学的法律人；同时，法庭科学学科中的重要原理方法以及新的发展需要通过继续教育、研讨会等适当的渠道传达给法律学者和法律职业人员。总之，必须有意识地建立和促进以法庭科学专家为代表的科学界与法学界之间更紧密的联系。

本章小结

证据法学，是研究诉讼和非诉讼法律活动中运用证据认定案件事实或者其他法律事实的规律、方法和规则的法学学科，是法学体系的重要组成部分。证据法最具普遍意义的价值目标包括准确、效率和政策。

可以用于证明案件事实的材料，都是证据。证据是主观性与客观性的统一，具有关联性和合法性。

证据需要通过有关人员来发现、收集、选择和运用，因此，进入办案人员认识领域的证据，具有主观性，既受到有关个体的主观活动的影响，也受到当代人类认识能力的影响。因此，根据这种证据所认识的案件事实，也具有主观局限性。从这个意义上说，案件最终查明的事实，都属于特定的历史范畴。

根据我国的通说，学理上可将证据分为以下几类：本证与反证、直接证据与间接证据、原始证据与传来证据、言词证据与实物证据等。

在科学证据的采纳标准问题上，1993年Daubert规则取代了Frye规则，更强调法官在科学证据采纳中的守门人作用。

（王进喜）

讨论题

什么是科学证据？在制定科学证据的采纳标准时，应当考虑哪些因素？

思考题

1. 什么是证据法学？
2. 证据法的价值目标是什么？
3. 什么是证据？
4. 什么是言词证据，什么是实物证据？
5. 什么是直接证据？什么是间接证据？

第五章　证据的收集与审查判断

学习目标

通过本章的学习，你应该能够

掌握　证据的基本种类和特点；针对不同证据的收集、保全、审查和判断。

熟悉　证据审查判断的内容；我国三大诉讼法所确立的证明责任和证明标准。

了解　不同证据收集和保全的方法；我国诉讼法中有关证据规则的规定。

近年，在证据属性的争论中，相关性、可采性（证据能力）和证明力的"新三性说逐渐取代客观性、关联性和法律性的"三性说"。在证据的收集审查判断上，也更多地围绕"证据能力"和"证明力"以及与此有关的证据的"关联性"和"可采性"而展开。由此也带来了证据法学和司法审判实践中对证据的认定以及事实认定的变革。

第一节　证据的种类

证据的种类（types of evidence），又称证据的法定种类，是指被用来证明案件事实的各种物质资料的外在表现形式。

证据的种类由法律所规定，具有法定的约束力。在不同的历史时期及不同的国家，有不同的证据制度，对证据进行分类的依据也不相同。不同的诉讼制度，由于其肩负的任务和使命不同，证据的种类也不尽相同。我国的三大诉讼法都在法律条文中明确规定了诉讼证据的种类。

证据种类的法定，将不同种类的证据作了严格划分，目的是确立不同种类证据的证明力大小，体现了一个国家审判制度的法制化和科学化，其使得法官在审理案件时，能够全面地、系统地、客观地、科学地审查有关证据材料。

一、物证

（一）物证的概念

物证是我国三大诉讼法都明确规定的一种十分重要的证据种类，是指以其外部特征、物质属性和存在场所证明案件真实情况的物品或者痕迹。物证的外部特征，主要指其客观存在的形态、大小、数量、颜色、新旧破损程度等。物证的物质属性，主要是指物证所具有的质量、重量、材料、成分、结构、性能等。物证的存在场所主要是指物证所处的位置、所占有的时间、空间范围等。物证以其存在状况、外部特征或属性来发挥证明案件事实的作用。

（二）物证的特征

1. 客观真实性　同其他的证据相比，物证具有较强的客观性和真实性。物证是一种客观存在的具体物品或者痕迹，客观性较强。美国著名物证技术学家赫伯特·麦克唐奈曾经指出："在审判过程中，被告人会说谎,证人会说谎,辩护律师和检察官会说谎,甚至法官也会说谎。唯有物证不会说谎。”

2. 稳定性　物证是一种客观实在的,并不反映人的主观意志,只要及时收集、运用科学的方法提取固定和保存,一般不会随着时间的流逝而消亡和灭失,也不容易受外界因素的影响而发生变化。

3. 不可替代性　物证作为一种客观存在的具体物体和痕迹,具有自己特有的特征,且被特定化于特定的物体之上。因此,它是不能用其他物品或者同类物品来代替的,否则就不能保持原物的特征。《民事诉讼法》就明确规定:“物证必须提交原物,只有在提交原物确有困难时,才可以提交复制品、照片”,但提交的复制品的一切特征必须与原物相同。

4. 间接性　物证与案件事实的关联性一般表现为连接两个事实要素(已知案件事实和未知客体)的桥梁,如果证明链条出现断缺,结果就会导致证明错误,而这决定了物证所反映的案件事实是不完整的片段,是静态的画面,所以我们又称物证为“哑巴证据”,物证不会说谎,但物证也不会说话。物证不能自己直接向法庭证明案件事实,必须与其他证明手段结合起来才具有证明力。

5. 依赖性　物证的使用和证明价值往往要借助一定的科学技术手段。

(三)物证的表现

我国的三大诉讼法都对物证进行了规定,物证在司法实践中的表现形式是纷繁多样的。这也使得我们在立法上无法对物证进行一一列举。在此,仅就诉讼中的主要表现形式进行列举。

1. 物证在刑事诉讼中的表现形式　在刑事诉讼中,物证主要表现为能够证明案件具体情况并经过查证属实的各种肯定的和否定的物品或者痕迹。①现场遗留的各种痕迹,如手印、脚印、笔迹、血迹、车印等。②现场遗留的工具,如盗窃用的钥匙、故意杀人用的枪支、刀具等。③现场遗留的物品,如烟头、衣物等。④犯罪行为直接侵犯的客体物,如抢夺的物品、伤口等。⑤犯罪行为产生的物品,如伪造或变造的货币等。⑥现场被伪造的各种物品或痕迹。⑦无罪的各种物品或痕迹。⑧表明社会危害性后果的各种物品,如被毁坏的房屋。⑨其他可供查明案件事实的物品和痕迹。

2. 物证在民事诉讼中的表现形式　在民事诉讼中,物证主要表现为作为诉讼标的物品。主要包括:①在合同纠纷中,当事人之间所争议的标的物。如在买卖合同中,当事人就标的物的质量、价格、产地等存在争议,在这种情况下,标的物本身就是证明案件事实的物证。②在侵权案件中,各种侵权行为所留下的物品或遭受侵权损害的人身就是物证。如遭受人身损害的受害人的肢体就是证明损害事实存在的物证。

3. 物证在行政诉讼中的表现形式　在行政诉讼中,物证的表现形式也是各式各样,十分广泛的。主要分为:①行政机关实施具体行政行为的过程中依法收集的物品或痕迹。如卫生行政执法机关在行政执法中所查处的不符合食品安全卫生标准的食物。②行政相对人在行政管理过程中向行政机关提交的物品或痕迹。

物证是司法实践中最为广泛运用的一种证据之一。任何一个案件都发生在一定的物质环境中,行为不可能脱离客观存在的物质世界,所以,只要有行为,就一定会在客观存在的物质世界中对物质环境产生不同形式的影响并留下与案件事实有关的某些痕迹或物品。因此,物证是查明案件事实的重要依据。同时物证稳定性的特征决定了其记载案件的真实情况一般不会随时间的流逝而发生变化,也不会受外界因素的干扰,所以,通过对物证的分析和鉴定就可以检验其他证据是否真实可靠的有效手段。

二、书证

(一)书证的概念

书证是指以文字、图形、符号等所表示的内容证明案件真实情况的书面材料或物品。书证通常以文字、符号、图画记载或者表达人的一定的思想,并且通过分析和理解其表达的思想内容借以发现信息。通过这些相关的信息确立和案件的事实有某种联系,从而证明案件的事实。

(二)书证的特点

1. 思想性　书证是人的有意识的思想反映。就书证的形式而言,它是通过书写或刻印在一定物品上的文字、符号和有关的图案来反映人的思想。通过对这些内容的分析，我们就可以发现案件的事实真相。这同时要求书证所记载的内容必须能为人们所认识和理解，如果书证所记载的内容不能为人们所知，那么书证就不能作为发现案件事实真相的证据。

2. 直接性　书证所能证明的事实内容往往比较明确，其内容一般也可以直接证明待证的案件事实，只有在少数情况下例外。

3. 稳定性　在实践中，书证的载体以纸张最为常见，但也包括其他各种物质材料，这使得书证的制作方法多种多样，形式不拘一格。不论在什么样的载体上的书证，一旦形成，就具有较强的稳定性。

4. 物质性　书证以所承载的思想证明案件事实，但作为书证的载体则是客观存在的物质。

（三）书证的分类

1. 以书证内容的表达方式为标准　可以将书证分为文字书证、图形书证和符号书证。

2. 以书证是否依职权制作为标准　可以将书证分为公文书证和非公文书证。凡国家职能部门在职权范围依法定程序所作的文书就是公文书，这类书证成为书证时就是公文书证。除公文书证之外的其他文书就是非公文书证。

3. 以书证的内容所体现的性质为标准　可以将书证分为处分性书证和报道性书证。凡制作书证的目的是设定、变更或消灭一定的权利义务关系的就是处分性书证。如当事人双方所签订的合同书由于规定了当事人双方的权利义务，该合同在案件事实的证明过程中就是处分性书证。与此相对应，凡制作文书的目的仅用于记录或报道已经发生的或具有法律意义的书证，就是报道性书证。如医疗损害赔偿之诉当中作为证据的病历本就是报道性书证。

4. 以书证形成的方法为标准　可以将书证分为正本、原本、副本、节录本、影印本和译本。正本是依照原本采用全文抄录、印制等方法而制作成的内容与原本完全相同，对外与原本具有同等法律效力的文书。原本一般由制作人收存或留作存档备查，而正本则发给主受件人保存或使用。副本通常发送给主受件人以外的其他有必要了解原本内容的相关单位或个人。节录本是指从原本或正本文书中摘抄其主要内容而形成的文本。影印本是指采用影印技术，将原本或正本通过摄影或复制而形成的文书。翻译本指采用原本或正本语言文字以外的语言文字翻译原本或正本而形成的文书。

5. 以是否需要具备特定的形式和履行特定的手续为标准　可以将书证分为普通形式书证和特殊形式书证。凡是依照法律规定必须具备特定形式、格式或必须履行特定程序的文书，称为特别书证，如判决书、裁定书、调解书等。凡法律不要求必须具备特定的形式、格式或必须履行特定程序，而只是具有明确的意思表示并由当事人签名、填写日期而形成的书证，为一般书证。

书证大多数是以文书的形式出现的，而文书在社会生活中被广泛使用。其以在客观载体上记载、表述的思想内容来证明案件事实的，一般具有意思表示明确、具体、形象的特点，使常人一看便知，从而在诉讼中起到直接证明案件事实真相的作用。并且书证常常形成于案件发生之前或发生过程中，其内容是对一定案件事实的客观记载，只要经过必要程序确认其并非出自伪造，经核实其事后未被篡改，其真实、可靠性就毋庸置疑。因此，真实的书证能够反映事实发生时的真实情况，具有较强的证明力，可以衡量其他证据的真实性。

三、证人证言

（一）证人的概念

在英美法系国家，证人在诉讼中占有重要的地位，证人的范围也较为广泛。凡在诉讼过程中向司法机关提供口头证词的人都被称为证人，包括当事人、鉴定人等。但在大陆法系国家，证人专指当事人以外的知晓案件情况而向司法机关陈述有关情况的人，不包括当事人、鉴定人等。在我国，证人的概念是指知道案件的真实情况，向司法机关和案件当事人陈述自己所知的案件真实情况的人。这决定了证人必须符合一定的条件：①证人必须了解案件的事实真相，是案件发生过程的见证人。②证人必须能辨别是非并能正确表达的人。因此，我国法律规定，生理上、精神上有缺陷，或者年幼，不能明辨是非、不能正确表达的人，不能作为证人。③证人只能是自然人，法人和非法人团体不能做证人。

（二）证人证言的概念

证人证言在不同的立法和不同的论著中有不同的表述，综合来看，证人证言是指证人就自己所知道的案件事实在诉讼过程中向司法机关陈述的与案件情况有关的内容。

（三）证人证言的特点

1. 证人证言是由知晓案件有关情况的人所陈述的内容，因而具有不可替代性。不知晓案件有关情况的人就不能成为证人，其所作的陈述也不是证人证言。

2. 证人证言必须是证人对案件事实所感知、记忆的情况向有关司法机关所作的陈述。证人陈述的只是自己所知的案件的客观情况，因此，证人对案件情况的分析、判断和评论等，均不能作为证人证言使用。

3. 证人证言具有不稳定性和多变性。证人证言是证人的一种陈述，由于证人在对案件的感知过程中不可能完全是客观的，这种陈述必然包括证人的主观判断。因此，这种判断受证人感知能力、证人的生活经历、证人的记忆能力等各方面因素的影响。因而，证人证言较其他证据体现出不稳定性和多变性的特征。

（四）证人的诉讼权利和诉讼义务

证人是诉讼活动的参与人，证人通过自己的陈述，使司法机关和当事人能够了解事实真相。因此，证人和普通人在诉讼中的地位是不同的，这决定了证人在诉讼过程中和诉讼完成后应当享有一定的权利和承担相应的义务。只有如此，才能保证证人的合法权益和证人如实陈述自己所知的案件情况。

1. 证人依法应履行的义务　①按时到场作证的义务；②如实作证，不得作伪证和不得隐匿相关的证据的义务；③如实回答当事人等人询问的义务；④遵守法庭秩序的义务；⑤保守秘密的义务。

2. 证人依法享有的权利　①要求司法和执法机关提供自己及近亲属人身安全保障的权利；②使用本民族语言文字提供证言的权利；③客观充分地提供证言，不受非法干涉的权利；④对司法和执法人员及其他相关人员侵犯其合法权利的行为提出控告的权利；⑤刑事证人在侦查期间要求对其姓名保守秘密的权利。

四、被害人陈述

（一）被害人的概念

被害人是指合法权益遭受犯罪行为直接侵害的人。包括经济上或物质上遭受损失的人，也包括精神上或名誉上遭受损失的人，还包括身体上、生命上遭受损失的人。但是，受犯罪行为间接侵害的人不属于刑事被害人的范围。

（二）被害人陈述的概念

被害人陈述是指合法权益遭受犯罪行为直接侵害的人就其所遭受侵害的事实及案件的其他情况向有关司法机关所作的陈述。这里的被害人陈述，不仅包括公诉案件中被害人的陈述，而且也包括自诉案件中自诉人的陈述和刑事附带民事诉讼案件中原告的陈述。

（三）被害人陈述的特点

1. 直接证明性　被害人的陈述是就其自身所遭受的侵害的自我陈述。由于被害人是案件的亲历者，因此，这种陈述直接指向案件事实本身。因此，被害人陈述对案件的证明具有直接性。

2. 综合性　在司法实践中，受害人可能由于遭受侵害致使精神过度紧张或者由于种种原因，被害人的陈述不仅仅是对案件事实的叙述与说明，往往包含许多与案件事实无关的内容，从而在陈述中加入许多自己的主观判断，使得被害人的陈述呈现繁杂和综合性的特点。

3. 排他性　被害人只有向司法机关就有关犯罪事实情况作出的陈述才属于被害人陈述。如果被害人不是向司法机关所做的陈述就不是被害人陈述，这种陈述就不具备证据的价值。

被害人是案件发生的亲历者、见证者，对犯罪，犯罪嫌疑人有主观的感知和直接的接触，一般来说，被害人陈述比较真实客观，而且具有直接、形象、具体、生动的特点。对犯罪分子作案的时间、地点、方法、过程、结果揭露得比较明确具体。因此，被害人的陈述对司法机关掌握有关的线索，确认犯罪人，查明事实真相，审查核实其他的证据具有十分重要的作用。

五、犯罪嫌疑人、被告人供述和辩解

（一）犯罪嫌疑人、被告人供述和辩解的概念

犯罪嫌疑人、被告人的供述和辩解是指犯罪嫌疑人、被告人在刑事诉讼过程中，就与案件事实有关的情况向有关司法机关所作的供述、辩解和陈述，也就是通常所说的口供。其主要内容包括犯罪嫌疑人、被告人承认自己有罪的供述和说明自己无罪、罪轻的辩解，还包括检举揭发他人犯罪行为的陈述，即攀供，当然，对于攀供学术界有不同的看法。

（二）犯罪嫌疑人、被告人供述和辩解的特点

1. 证明案件事实的直接性　犯罪嫌疑人、被告人是侵害行为的实施者，对侵害行为如何发生，他自己最为清楚。因此，犯罪嫌疑人、被告人的供述能更直接、全面地揭示案件的真实情况，一经查证往往能成为案件中的直接证据。

2. 内容的不确定性　犯罪嫌疑人、被告人由于其复杂的心理活动，在供述过程中极易出现反复和多变。

3. 内容的虚假性　为了逃避法律的制裁或达到其他目的，犯罪嫌疑人、被告人往往会进行虚假的陈述。因此，在司法实践中，往往需要对这类证据进行仔细的甄别和判断。

犯罪嫌疑人、被告人在诉讼活动中处于中心地位，对犯罪行为的有无轻重最了解、最清楚。犯罪嫌疑人、被告人的如实供述，有利于缩小侦查范围，尽快收集必要的证据，提高办案效率，迅速查明案件事实。同时，犯罪嫌疑人、被告人供述和辩解还可以审查、核实案件中的其他证据，可以衡量犯罪嫌疑人、被告人是否有认罪、悔罪以及立功的表现情况。按照法定程序正确收集的犯罪嫌疑人、被告人供述和辩解，对案件事实的认定有着重要意义和作用。

六、当事人陈述

（一）当事人陈述的概念

当事人陈述是指当事人就有关的案件事实向人民法院所作的说明。我国《民事诉讼法》和《行政诉讼法》都对当事人的陈述作出了明确的规定。在陈述主体上，必须是案件的原告人、被告人、第三人及共同诉讼人。在陈述的内容上，只能是与案件有关的事实情况，而不包括当事人的诉讼请求、适用法律的意见等陈述。在陈述的形式上，既可以是口头的，也可以是书面的。在陈述的时间上，必须是在诉讼开始到当事人最后陈述程序结束这一段时间内。诉讼开始前和案件进入评议宣判阶段后，当事人所作的陈述起不到证据的作用。在陈述的对象上，必须是向法院作出，否则不发生法律效力。

（二）当事人陈述的特点

1. 事后性　当事人的陈述是在诉讼过程中形成的证据，是当事人在案件发生后就自己所亲历的案件事实的陈述，因此它具有事后性。换言之，如果没有案件的发生在前，就没有当事人陈述在后。

2. 感知性　当事人陈述是以证据主体对案件事实的真切感知为内容，使得它同其他的证据区别开来。

3. 特定性　当事人陈述在性质上属于诉讼行为，只能向特定的人民法院为之方能有效。如当事人是向其他人陈述或描述案件则不是当事人陈述，不具有法律上的意义。

4. 双重性　当事人在对案件的陈述中往往加入一些主观因素，所以，当事人的陈述一方面是对案件真实情况的陈述，另一方面这种陈述又不完全是真实和客观的。

当事人一般是在其合法权益遭受侵害或者与他人发生争议时才求助于诉讼这种解决纠纷的手段。所以，对诉讼程序的开始、发展和终止都具有十分重要的作用。特别是管辖权的确定，划定案件

审理的基本范围,查明案情,迅速解决纠纷,正确断案,保护当事人的合法权益起到举足轻重的作用。

七、鉴定意见

(一)鉴定的概念和特征

1. 鉴定的概念　鉴定是鉴定人运用专门知识和技能以及必要的技术手段,对案件中发生争议并具有专门性的问题依照法定程序进行检测、分析、鉴别、判断的活动。在诉讼活动中,鉴定是一种证据调查的科学方法,是为司法证明服务的一种特殊的科学认识活动,2005年全国人民代表大会常务委员会《关于司法鉴定管理问题的决定》,对"鉴定"一词前冠以"司法",其与诉讼中所使用的"鉴定"一词具有同样的语义。

2. 鉴定的特征　①科学性:案件中所涉及的"专门问题"通过具有专门知识的鉴定人运用科学的知识和技术方法对证据的同一性和真实性予以解答,因此,鉴定的主体必须是在相关学科领域内具有专门知识、能够解答案件中专门问题,具有相关领域的鉴定资格的专业人员。②间接性:鉴定是一种司法证明活动,通过这种证明活动所形成的鉴定意见具有间接证据的特点。③生成性:鉴定的目的在于提供鉴定意见,其并不限于"证据核实行为",还具有生成证据的功能。

(二)鉴定意见的概念和特点

1. 鉴定意见的概念　鉴定意见是指具有鉴定资格的专业人员就案件中的专门问题向司法机关提供的结论性意见。鉴定意见解决的是事实问题而非法律问题,属于"意见证据"。

2. 鉴定意见的特点

(1)主观性和客观性:鉴定意见是鉴定人在观察、检验、分析等科学技术活动的基础上得出的主观性认识结果,具有客观性和主观性间杂的特征。

(2)科学性和程序性:鉴定意见是鉴定人运用科学知识,采用科学方法,依照法定的程序对案件中专门性问题的分析检验,属于"科学证据",但又区别于其他证据的本质属性,具有科学性和程序性统一的特点。

(3)独立性和依附性:鉴定人独立鉴定、独立判断,依据独立的科学技术知识作出独立的鉴定意见,具有独立性。但鉴定意见又受鉴定材料的限制,具有一定的依附性。

(三)鉴定意见的种类

鉴定意见的种类取决于鉴定中的专门性问题的性质及类别,也取决于科学技术发展手段和发展水平。依据不同的标准,我们将鉴定意见分为以下几种。

1. 以鉴定对象为标准,分为人的鉴定意见、物的鉴定意见和综合分析评判鉴定意见。

2. 以鉴定意见所解决的问题性质的不同,分为同一认定型鉴定意见、种属认定型鉴定意见和性质状态型鉴定意见。

3. 以鉴定学科为标准,分为法医鉴定、司法精神病鉴定、人类学鉴定、医学鉴定和会计鉴定等。

4. 以鉴定对象的物质特征不同,分为痕迹物证鉴定意见、文书物证鉴定意见、化学物证鉴定意见、生物物证鉴定意见、音像物证鉴定意见等。

5. 以鉴定意见的确定性程度的不同,可分为确定性鉴定意见和非确定性鉴定意见。

鉴定作为科学证明手段,在消除事实争议、鉴别证据真伪、转换证据种类方面发挥了更大的作用。鉴定意见越来越成为诉讼中正确认识和处理案件,查明案件事实,确定案件性质,明确责任的重要证据之一,是审查判断其他证据真实性的重要手段。

八、勘验、检查和现场笔录

(一)勘验、检查笔录的概念

勘验、检查笔录是指办案人员对与案件有关的场所、物品、人身等进行勘验、检查时所作的文字记载并由有关的勘验、检查人员和在场见证人签名的一种书面文件。

（二）现场笔录的概念

现场笔录是指行政机关的工作人员在实施行政管理的活动中，对违反行政法律法规的行为人给予行政处罚或者作出其他处理时而作的记录。

（三）勘验、检查笔录和现场笔录的特点

1. 客观性　勘验、检查笔录和现场笔录是对与案件有关情况的一种客观的记录，是制作者在制作过程中如实记录自己所听到、看到、感知到的事实情况，而并不对其进行主观上的加工和处理，其内容具有详细、具体、明确的特点。

2. 真实合法性　勘验、检查笔录和现场笔录客观地记载检查工作情况和被检查的物品、人身或尸体的特征，是证明案件事实的诉讼证据。同时勘验、检查笔录和现场笔录所记载的内容，又可以成为审查、鉴别、检查程序和方法是否科学、是否合法的重要根据。

3. 规范性　在形式和内容上，勘验、检查笔录和现场笔录具有规范性，体现在笔录格式、笔录用语和笔录签名的规范性。

勘验、检查笔录和现场笔录是一种独立的诉讼证据，不能与物证、书证和鉴定意见等相混淆。刑事诉讼中科学的勘验检查和全面准确的记录能客观地反映现场、物品、尸体或人身的各种情况，为司法人员研究分析犯罪的时间、地点、作案人数、作案的具体方法、手段、过程等提供重要依据，从而有助于确定侦查方向和范围，正确认定案件性质，查获犯罪分子。同时，勘验检查笔录和现场笔录也是固定证据的重要手段。民事与行政诉讼中的勘验、检查笔录和现场笔录，对于查清民事、行政纠纷发生的原因和发展过程，判明损害的程度、后果，确定当事人间的权利与义务，正确处理民事和行政案件也具有重要作用。

九、视听资料

（一）视听资料的概念

视听资料是指以录音、录像反映出来的音像和形象，或以电子计算机存储的有关资料及其科技设备提供的信息来证明案件真实情况的一种证据，其反映的是有关客体的声音特征和形象特征，所以又称为音像证据。

我国是第一个将视听资料作为一种独立证据种类加以肯定的国家。

（二）视听资料的特点

1. 物质依赖性　视听资料必须具有一定的载体，而这些载体是客观存在的物质。

2. 直观性　视听资料能够直观地展现一定的法律行为或案件事实，提供动态和形象性的案件发生过程，从而给人们以直观的感知和认识。

3. 准确性　真实的视听资料反映的案件事实不受当事人主观意志的制约，能够真实反映案件的事实。

4. 便利高效性　视听资料具有体积小、存储信息量大、便于保存、检索和使用等特点，同其他证据相比，便利性和高效性的特点十分突出。

5. 易被伪造、篡改性　如录影带、录像带容易被消磁、剪辑，容易被传染病毒，输出、输入的数据容易被改变。而且，伪造和篡改后，必须借助科技手段才可以甄别。

在我国，视听资料作为一种新的证据种类，将直观性、动态性带入诉讼中，极大地提高了诉讼效率，为司法公正提供了保障，促进了证据的收集以及举证方式的变革。

十、电子数据

（一）电子数据的概念

电子数据是指基于计算机应用、通信和现代管理技术等电子化技术手段形成的，或者以电子形式表现出来的能够证明案件事实的包括文字、图形符号、数字、字母等的客观资料。具体包括电子邮件、

电子数据交换、网上聊天记录、博客、微博客、手机短信、电子签名、域名等。所以，习惯上人们将其称为“电子证据”。电子数据是2012年修正的《刑事诉讼法》和《民事诉讼法》中新增加的证据种类。

（二）电子数据的特征

1. 与存储介质须臾不可分离　与传统证据不同，电子数据以电子形式存储在芯片、磁带、软盘、硬盘、光盘等各种介质上，技术含量高，信息量大，且以文本、图形、图像、动画、音频、视频等形式，甚至以多媒体形式出现，处于虚拟空间，介质一旦受到改动或破坏，则不易察觉，增加取证的难度。

2. 精确复制，无限快速传递　电子数据本质上主要是一种信息，可在虚拟空间里传播，如电话、电报、E-mail，且传播速度惊人，使用效率极高，对传统的原件、复制件，原始证据和传来证据的判断带来了挑战。

3. 解读的间接性　电子数据存储在各种电子储存介质中，不通过计算机或者电子设备解读，是不能被人们所感知的，更不能为法庭所认可和采信。此外，电子数据的感知离不开特定的系统软件环境。所以，在收集电子数据时，应同时保存相应的软件硬件，保全该证据的运行环境。这也决定了电子数据的隐蔽性或难以直接判断真实性的特点。

4. 客观真实性　排除人为篡改、差错和故障等因素，电子证据是所有证据中最具证明力的一种。它存储方便，占用空间少，表现丰富，传送和运输方便，可长期无损保存及随时反复重现，作为证据易于使用、审查、核对，便于操作。

5. 易破坏性　由于电子数据是以“比特”的形式存在的，是非连续的，数据被人为篡改后，如果没有可资对照的副本，映像文件就难以查清、难以判断。至于误操作、病毒、软硬件故障、系统崩溃、突然断电等意志以外的因素也可导致数据失真。

（三）电子数据的种类

1. 根据所依存的信息技术不同，可以把电子数据分为电子通信数据、计算机数据、网络数据与其他电子数据。

2. 根据形成机制不同，分为电子设备生成数据、电子设备存储数据和电子设备混成数据。其中电子设备生成数据是指完全由电子计算机等设备自动生成的数据，没有掺杂人的任何意志，其可靠性取决于电子设备的性能与运行状况。电子设备存储数据是指纯粹由电子计算机等设备录制人类的信息而得来的数据。其除了受电子设备的性能与运行状况的影响，录入时的各种因素都可影响其准确性。电子设备混成数据是指由电子计算机等设备录制人类的信息后，再根据内部指令自动运行而得来的数据。其兼具上述两种数据特征，因此，对其可采性和证明力的判断均较为复杂。

3. 根据内容和功能不同，可分为数据电文、附属信息数据与系统环境数据。其中，数据电文是指电子数据本身记载了法律关系发生、变更与灭失的数据，如E-mail。其主要用于证明法律关系，属于主体证据。附属信息数据是指数据电文生成、存储、传递、修改、增删而引起的记录，如系统的日志记录。其主要作用在于证明电子数据的真实性。系统环境数据是指数据电文运行所处的硬件和软件环境，主要用于电子数据的显示。

随着计算机和网络技术的发展，网络已成为人们生活和工作中不可或缺的一部分，与此同时因网络引起的民事纠纷和计算机犯罪也不断增加，电子数据已经深入到我们日常生活的方方面面，其在查明案件事实中的作用日益显著。

十一、专家辅助人意见

（一）专家辅助人的概念

在英美法系国家中，具有专门知识的人进入诉讼帮助法官解决案件中存在争议的专门性问题被称为“专家证人”。大陆法系将之称为“技术顾问”，主要是指运用自己的专业知识对司法鉴定过程进行监督、研究和见证的人。“技术顾问”也可以就案件中的专门性问题提出意见，并向法院提交书面意见。他们提交的意见能够影响法官对鉴定意见的审查判断。

在我国,"专家辅助人"一词是2002年《最高人民法院关于民事诉讼证据的若干规定》、《最高人民法院关于行政诉讼证据若干问题的规定》,《中华人民共和国刑事诉讼法》第一百九十二条第二款,《中华人民共和国民事诉讼法》第七十九条中才出现的新名词,是指出庭就鉴定人作出的鉴定意见或者专业问题提出意见的具有专门知识的人。

(二)专家辅助人的特征

专家辅助人出庭相当于证人,而专家辅助人的作用类似于鉴定人,专家辅助人参与到诉讼中又近似诉讼代理人,但又有区别,体现在以下几点。

1. 专家辅助人与证人

(1)对当事人的影响力:证人是由案件本身决定的,具有不可替代性和不可选择性,当事人不可自己确定证人。而专家辅助人可由当事人自由选择,由当事人聘请,具有不特定性,是可被替代或选择的。

(2)资格要求:证人不需要具有专门知识,只要具备表达事实的能力即可。但是专家辅助人必须具有与涉及专门性问题有关的专门性知识。

(3)法定义务:知道案件真实情况的证人就案件事实提供证言是诉讼法规定的法定义务,而专家辅助人参与诉讼是基于当事人的委托。

2. 专家辅助人与鉴定人

(1)委托权不同:在我国刑事诉讼中,只有侦查机关、检察机关和人民法院有权决定聘请鉴定人对案件中的专门性问题进行鉴定,当事人只有提出补充鉴定、重新鉴定的申请权。而专家辅助人是否委托完全取决于控辩双方,无需法院决定。在民事诉讼和行政诉讼中,鉴定人的产生可以为双方或一方当事人委托,也可以由人民法院依案情的需要指定;而专家辅助人则是由一方当事人委托产生的。

(2)鉴定人对案件专门性问题给出的鉴定意见具有主观性,而专家辅助人只是对案件的专门性问题进行说明,主观色彩较少。

(3)专家辅助人能对鉴定人进行询问并质证。鉴定人应当事人的申请,必须出庭质证并接受专家辅助人的提问。

(4)法律效力:鉴定意见是法定证据种类,其证明力高于书证、证人证言和视听资料。而专家辅助人对案件专门性问题的解释说明不属于法定证据种类,不能直接作为证据使用,它仅起到对某一专门性问题的解释或说明作用。

3. 专家辅助人与诉讼代理人　专家辅助人与诉讼代理人都是当事人聘请的,但诉讼代理人是以当事人的名义在代理权限内代为或协助当事人进行诉讼活动。专家辅助人参与诉讼,是凭借自己所掌握的专门知识,以自己的名义对案件中的专门性问题进行说明,不需要当事人的授权,和当事人的个人意志没有关系。

(三)专家辅助人意见的概念

专家辅助人意见是指具有专门知识的人应当事人双方或控辩双方的申请出庭,就鉴定人作出的鉴定意见进行质证并提出的意见。目的是为了弥补对鉴定意见的质证,增强对鉴定意见的审查判断。

(四)专家辅助人意见的特点

1. 专家辅助人意见不是法定证据,不能直接作为证据使用。它仅起到对某一专门性问题的解释或说明作用。

2. 不针对案件事实提出意见,而是针对鉴定意见或专业性问题提出意见,为鉴定意见的质证提供技术上的支持。

3. 对鉴定意见或专业性问题提出的意见有可能被采纳,对案件的审判产生影响。

专家辅助人制度的确立,有利于补充鉴定制度的不足,提高鉴定意见的质证的效率,提高鉴定质量,提升鉴定人的专业能力和职业素养。也有利于当事人服判息诉。

第二节　证据的收集和保全

一、收集与保全证据的概念和意义

（一）证据收集的概念和特征

1. 证据收集（the evidence collected）　是指证明主体及国家专门的执法机关为了证明自己的诉讼主张或者查明特定的案件事实，运用法律许可的方法和手段，发现、获取、汇集或固定各种证据材料的活动。

2. 证据收集的基本特征　①主体的广泛性：收集证据的主体包括国家机关、律师和当事人等，虽然同为收集证据的主体，但他们调取收集证据的行为依据和效果、方法、范围、目的等均有区别。②客体的特定性：收集证据的客体包括证明案件事实的一切材料。只要和案件有关联，能够证明案件的真实情况，均成为证据收集的客体。③程序和方式的合法性：通过收集获取的只能是证据材料，还不能称为证据，只有通过法庭查证、审查判断、核实真伪后，才能作为定案依据。因此，证据的收集一定要遵循相关法律规定，按照法定的程序和方法收集证据，否则所采集的证据将无法成为定案的根据。

（二）证据保全的概念和适用条件

1. 证据保全（evidence preservation）　是指证据可能灭失或者以后难以取得的情况下，人民法院在开庭审理前，根据诉讼参加人的请求或依职权采取一定措施加以固定，以便司法人员、执法人员、当事人和律师在诉讼活动中证明或认定案件事实时使用的一种诉讼行为。

证据保全是诉讼过程中或诉讼前的一项保证证据的完整和真实，防止证据被破坏或灭失的保护性措施。其目的在于对已经发现或提取的证据加以妥善固定和保管，防止毁坏或灭失，以确保证据的客观性，保全证据的证明价值。

2. 适用证据保全的条件　①当事人提出申请或法院依职权进行；②固定和保存有可能灭失并且以后难以取得的证据；③证据可能会被人故意毁损、灭失或者被毁灭；④证据保全的对象必须是与待证事实有关联。

证据的收集和保全在证据制度中居于前提和基础的地位。只有对证据进行全面的收集和保全，才能保证证据的客观真实，才能为正确认定案件事实、正确适用法律提供可靠的事实基础。同时，证据的收集与保全，将影响当事人正当实体权利的实现及保护，是当事人维护自己合法权利的依据。因此，收集和保全证据提供程序保障就成为确保审判正当性的重要举措。

二、收集与保全证据的要求

（一）刑事诉讼证据的收集和保全要求

1. 刑事诉讼证据收集的主体　刑事诉讼中收集证据的主体包括公安、检察机关和人民法院、辩护人、自诉人或诉讼代理人。其中，公诉案件中的证明责任由公安司法机关承担，其在证据的收集和保全中起着主导作用。当然，在诉讼的不同阶段，证据收集的主体各有不同。在起诉和审理阶段，人民检察院、人民法院是收集证据的主体。在侦查阶段，公安机关、人民检察院的反贪、渎职侦查部门，国家安全机关，海关缉私部门，军队保卫部门，监狱等成为证据收集和保全的主体。

对于大多数的案件，当事人及其辩护人、诉讼代理人并没有收集和保全证据的义务，因为犯罪嫌疑人、被告人一般不承担证明的责任，但法律也赋予了他们收集和保全证据的权利。同时，当事人及其辩护人为了从轻、减轻或免除处罚，必须提供证据加以证明，因此也是刑事证据收集和保全的主体。

自诉案件中的自诉人及诉讼代理人、刑事附带民事诉讼的当事人及诉讼代理人也是收集证据的主体。

2. 刑事诉讼中收集和保全证据的要求

（1）客观全面：我国《刑事诉讼法》113条明确规定："公安机关对已经立案的刑事案件，应当进行侦查，收集、调取犯罪嫌疑人有罪或者无罪、罪轻或者罪重的证据材料。"因此，对刑事诉讼证据收集要求全面和细致、实事求是，以证据的真实性为核心。能证明案件事实有关的一切证据都要求予以收集，特别不能遗漏正、反两方面的证据。

（2）迅速及时：证据的收集和保全具有很强的时效性，必须在特定的时间内迅速采取有效措施，一旦错过时机，对证据的收集和保全将造成不可弥补的损失，甚至导致证据的不复存在。

（3）深入细致：这是工作方法和态度问题。证据是不会说话的，它需要我们去发现和寻找。事实真相的查询，一定要仔细、耐心和认真，证据的收集和保全一定要深入细致。

我国刑事诉讼法2012年再次修订时只规定了刑事附带民事诉讼中的财产保全制度，没有任何涉及刑事证据保全制度的条款。目前，证据保全程序性的规定比较粗疏，只规定了由公安、检察机关、人民法院对已经发现的与刑事案件有关的证据采用适当的方法予以固定、提取及妥善保存，核对和宣读、签名或盖章、开列清单等规定。

（二）民事诉讼证据的收集和保全要求

1. 民事诉讼证据收集的主体　民事诉讼中的证据，以当事人及诉讼代理人自行收集为主，人民法院、人民检察院收集为辅。

（1）当事人及诉讼代理人：根据民事诉讼"谁主张，谁举证"的诉讼原则，证明案件事实的证据原则上应当由当事人提供，由此所需的收集、调查证据的活动也应由当事人进行。所以，当事人及诉讼代理人应在合理的期限内积极全面地、正确诚实地收集证据，以完成举证。当然，在此过程中，不得侵害他人合法权益或者违反法律禁止性规定，否则，其所收集的证据不能作为认定事实的依据。

（2）人民法院：人民法院只是在当事人及其诉讼代理人自行收集证据有困难或者法院认为审理案件需要的证据时才能够收集。具体包括：①申请调查收集的证据属于国家有关部门保存并须人民法院依职权调取的档案材料；②涉及国家机密、商业秘密、个人隐私的材料；③需要鉴定、勘验的；④当事人双方提供的证据相互矛盾、经过庭审质证仍无法认定其效力的；⑤当事人及其诉讼代理人确因客观原因不能自行收集的其他证据。

申请人民法院调查收集证据，应当在举证期限届满前7日提交书面申请。申请书应当载明被调查人的姓名或者单位名称、住所地等基本情况、所要调查收集的证据的内容、需要由人民法院调查收集证据的原因及其要证明的事实。

（3）人民检察院：人民检察院作为检察、监督机构，对于各级人民法院已经发生法律效力的判决和裁定，有按照审判监督程序提起抗诉的权利。对此，需要获取证据的支持，因而，人民检察院成为证据收集的主体。

2. 民事诉讼证据的保全　民事诉讼证据保全主要由当事人申请，法院也可以主动采取保全措施。但不得迟于举证期限届满前7日。当然，如果出现法院许可双方当事人商议同意延长举证期限等情形，当事人申请证据保全的期限相应可以延长。当事人申请证据保全，法院可以要求当事人就证据保全申请提供担保，担保的数额应相当于采取该保全措施可能给对方造成的损害。

人民法院进行证据保全，可以根据具体情况，采取查封、扣押、拍照、录音、录像、复制、鉴定、勘验、制作笔录等方法。而且人民法院采取措施保全证据，可以要求当事人或诉讼代理人到场。

（三）行政诉讼证据的收集和保全要求

1. 行政诉讼证据收集主体　行政诉讼证据的收集的主体主要是作为被告的行政机关，作为原告的行政相对人及人民法院也是行政诉讼证据收集的主体。

（1）被告行政机关：在行政诉讼中，行政机关对其作出的具体行政行为负有举证的责任，因而行政机关是行政诉讼证据收集的最重要主体。其不但要收集证据证明其实施的被诉具体行政行为，还要收集其作出该具体行政行为所依据的规范性文件。此外，在诉讼过程中被告不得自行向原告和证人收集证据。

（2）原告：原告作为行政诉讼的提起人，在诉讼中必须收集证明自己起诉符合法定条件的证据；在起诉行政不作为的案件中，要收集行政机关不作为的事实证据及对其造成损害的事实证据。

（3）人民法院：在行政诉讼中，人民法院进行证据收集的情形主要包括：①原告或者第三人及其诉讼代理人提供了证据线索，但无法自行收集而申请人民法院调取证据的；②涉及国家利益、公共利益或者他人合法权益的事实认定的；③涉及依职权追加当事人、中止诉讼、终结诉讼、回避等程序性事项的；④由国家有关部门保存而须由人民法院调取的证据材料；⑤涉及国家秘密、商业秘密和个人隐私的证据材料。

在诉讼中，人民法院认为对专门问题需要鉴定的，应交由法定鉴定部门鉴定。人民法院可依当事人申请或者依职权勘验现场。但是，人民法院不得为证明被诉具体行政行为的合法性，调取被告在作出具体行政行为时未收集的证据。

2. 行政诉讼证据保全　根据《行政诉讼法》的规定，在证据可能灭失或者以后难以取得的情况下，诉讼参加人可以向人民法院申请保全证据，人民法院也可以主动采取保全措施。由此，证据保全的条件包括：①必须存在可能灭失或以后难以取得证据的情况。②采取保全措施的证据必须与案件有一定的关联性。当事人向人民法院申请保全证据的，应当在举证期限届满前以书面形式提出，并说明证据的名称和地点、保全的内容和范围、申请保全的理由等事项。

三、收集与保全证据的主要方法

我国三大诉讼法都对证据的收集和保全作了相应的规定，但对于每一类证据的收集和保全的办法都不同。

1. 提取原物　提取与案件有关的物品文书，适用于可以并且便于移动的物证、痕迹载体、书证和视听资料。在可能的情况下，应当尽可能是原物或者原件，只有在取得原件确有困难，以及在原物不便搬运、不易保存或者依法应当返还被害人时，才可以是副本、复制件、照片及录像。原物只要保存方法得当，提取、固定和使用及时，一般能够基本保持原貌，正确反映与案件有关的事实情况。所以，收集物证和书证，都应当以提取原物为原则。

2. 询问、讯问并制作笔录（有时辅以录音、录像等方法）　对当事人、证人、鉴定人进行询问或者讯问，要求其陈述与案件有关的情况，是常见的收集与保全言词证据的方法。询问用于案件中的证人、鉴定人、被害人及民事、行政诉讼中的原告和被告；讯问则用于刑事诉讼中的犯罪嫌疑人和一般违法行为人。律师向被告人、犯罪嫌疑人提出与案件有关的问题，要求其回答，仍称为询问。从语义上来看，询问具有地位平等、气氛和谐的意思；讯问则具有地位悬殊、严厉的含义。询问和讯问应当制作笔录。

3. 辨认　对与案件相关的物质资料，证据收集和保全的主体可以要求当事人和证人进行辨认，以确定其是否真实、准确。借助辨认，往往能够获得有关证据的相关性、可靠性、合法性和准确性等方面的认知。同时，经辨认可发现新的证据。所以，辨认既是一种收集证据的方法，也是验证其他证据的有效途径。

4. 勘验和检查　勘验是指侦查人员针对与案件的场所、物品等“死”的物体所进行观察、测量、检验、拍照、绘图等活动，其目的是为了直接了解案件的有关场所、物品、尸体，发现和收集证据材料。检查是指侦查人员针对与案件有关“活”着的人所进行的观察、问询、检查等活动。其目的在于确定犯罪嫌疑人的某些特征和被害人的伤害情况或者生理状况。勘验、检查是侦查人员了解案件发生的情况、收集证据的诉讼活动。勘验、检查笔录本身也是法定证据的一种。

勘验检查在刑事诉讼中适用的范围很宽：在侦查阶段，是公安机关依法实施的侦查行为；在审判阶段，人民法院为了核查和验证某些情况，也可以重新进行勘验、检查，属于一种补充性的调查活动。

5. 搜查　公安司法机关依职权对与案件有关的场所或人身进行强制性寻查、寻找和提取证据材料的专门活动。搜查是发现和提取各种物证书证的重要途径，也是查获犯罪嫌疑人的重要手段，搜查笔录本身也是一种证据。

6. 鉴定　是国家专门机关指派或聘请具有专门知识的人就案件中某些专门性问题进行检验、鉴别和判断，作出相应意见的一种活动。鉴定既能揭示证据的特性，印证证据的真伪，其鉴定意见本身也是独立的证据种类。

7. 复制　复制是通过一定的方法或使用一定的设备，按照原物的各种特征制作仿制品的行为。复制是收集证据的重要方法，也是保全证据的常用方法。

8. 侦查实验　侦查实验既是验证案件证据的方法，也是收集证据的方法，目的是为了证实某一事件或行为能否发生或怎样发生，按原有条件将该事件或事实加以重演或进行试验的一种侦查活动。侦查实验可以验证案件发生或者证据的某些特定情况，实验的结果可以作为证据使用。

9. 公证　公证是公证机关根据自然人、法人或者其他组织的申请，依照法定程序对民事法律行为、有法律意义的事实和文书的真实性、合法性予以证明的活动。公证的证据一般情况下无需质证，除非有足以推翻公证证据的其他证据。

10. 扣押　扣押是侦查人员、检察人员依法强行提取、扣留和封存与案件有关的物品、文件的行为。目的就是为了获取和保全证据。

11. 录音、录像　录音和录像资料作为证据，既可以产生于案件发生过程中，也可以产生在诉讼过程中，是视听资料的主要收集方法。

第三节　证据的审查判断

一、证据的审查判断概述

证据的审查判断（evidence examination）是指公安司法机关、当事人及其诉讼代理人、辩护人对收集和保全的证据材料进行分析、鉴别，从而作出判断，找出它们与案件事实之间的客观联系，确定其证据能力（credibility）有无和证明力（probative force degree of proof）大小，正确认定案件事实的一种诉讼活动。它与法官的认证活动密切相关，所以法官是证据审查判断最重要的主体。但证据的审查判断又不仅限于认证，因此审查判断证据的主体扩展为公安司法机关、当事人及其诉讼代理人、辩护人。审查判断证据的方式是通过对证据材料进行分析和鉴别。审查判断证据的目的是鉴别证据的真伪，确定证据的相关性、证据能力以及证明力的大小，查明事实真相，认定案件事实。

证据是诉讼的灵魂，一系列的诉讼环节都是围绕着调查研究证据，查清案件事实，正确处理案件的中心任务进行的。三大诉讼法均明确规定，证据必须经过查证属实，才能作为定案的根据。所谓查证属实，其实质就是对证据的审查判断。离开了证据的审查判断，对案件事实的认定就是不可能的，从而证明任务也就无法完成，正确定案也就成为了一句空话。在世界各国普遍采用证据裁判主义后，对证据的审查判断主要集中于证据能力与证明力两方面。证据能力反映了证据的社会属性，需要遵循各国的具体证据规则予以审查判断，审查判断证据的主体较小能发挥主观能动性。证据证明力反映了证据的自然属性，基于司法理性的考量，一般不预先设定证据的证明力大小，而是由审查判断主体根据内心确信自由心证，审查判断证据的主体能在较大程度上发挥主观能动性。

二、证据审查判断的内容

我国在学理上围绕证据能力和证明力展开对证据的审查判断，提出了确实充分的客观性标准，在立法上也逐渐建立了证据的可采性规则。具体来说，对证据的审查判断包括以下两点。

（一）对证据的证明能力审查判断

证据的证明能力又称证据的可采性，是指证据在法律上可被采纳用以证明待证事实的资格。对证据证明能力的审查判断，即某一证据能否具有诉讼上的证明资格为裁判者所采信，主要依据各国的具体证据规则进行。在我国,学理上对于证据能力的审查判断提出了客观性标准、相关性标准和合法性三项标准,立法上也逐渐建立了一些证据可采性规则。

1. 证据的相关性的审查判断 证据的相关性也就是证据对特定的案件事实的证明作用和价值。因此,证据对于案件事实有无证明力,以及证明力的大小,取决于证据与案件事实之间是否有联系,有何种联系等。相关性是可采性的必要条件,只有具备相关性的证据才可采。因此,相关性是证据可采性审查的首要任务。

对证据相关性的审查内容包括: ①证据与案件待证事实是否存在客观联系。它要求每一个证据都与案件的待证事实具有法律上的联系,而非哲学上的联系。这解决的是证据能否证明案件待证事实的证明资格,也即证据能否证明案件待证事实问题。也就是说,凡是与案件事实无关的事实或材料,均应从诉讼证据中剔除; 对于那些与案件事实之间只有某种表面联系的事实或材料,由于其本身不能证明案件中的某些问题,即使是真实的,也不能作为诉讼证据使用。②证据与案件待证事实存在什么样的联系。它要求每一个证据能够在一定程度上证明案件待证事实的真实性。证据与案件有直接关联的能够对案件事实起直接证明作用的为直接证据,与案件有间接关联的对案件事实不能单独起证明作用,而必须与其他证据相互印证,才能起证明作用的为间接证据。这解决的是证据的证明能力,也即证据能够多大程度上证明案件待证事实的问题。

司法实践中,对证据相关性的审查,除了要审查每一个证据与案件待证事实是否有关联外,还必须审查各个证据材料之间是否有关联。所有的证据只有有机地构成一个证据链,相互印证,合理排除其中的矛盾,才能构成定案的依据。

2. 证据合法性的审查判断 证据的合法性是证据被采信的基础,非法的证据不能作为证据,更不能为法庭所采信。因此,审查判断证据的合法性成为证据审查判断证据能力的重要内容。对证据的合法性的审查主要包括:

(1)对证据形式合法性的审查: 我国三大诉讼法都对证据的形式作出了明确的规定。因此,收集的证据只有符合法律的规定,才是形式合法的证据。如证人证言是书面的,要由证人签名或盖章,如果是口头的,必须制作成询问笔录并由证人和询问人同时签名或盖章。鉴定意见必须以书面的形式作出,并要求鉴定人以个人的名义出具鉴定书加盖鉴定机构公章。如果证据不符合法律规定的形式,就不是合法的证据。

(2)对证据收集主体的合法性审查: 三大诉讼法都对证据收集主体作出了规定。因此,证据的收集主体必须符合法律规定,否则,证据无效。

(3)对证据收集程序合法性的审查: 我国三大诉讼法都对证据收集的程序作出了明确的规定,证据的收集是否符合法定程序,直接影响证据内容的真实性和可采性。因此,如果不符合法定程序收集的证据就不是合法的证据。以下证据材料,由于收集的程序不合法,就不能作为定案依据: ①严重违反法定程序收集的证据材料,包括违反正当程序、权利告知程序、正当方法等; ②以偷拍、偷录、窃听等手段获取,并给他人合法权益造成侵害的证据材料; ③以利诱、欺诈、胁迫、暴力等不正当手段获取的证据材料; ④复议机关收集的证据材料; ⑤域外形成的未办理法定证明手续的证明材料; ⑥不具备合法性的其他证据材料。

(4)对证据的运用是否合法的审查: 我国的《刑事诉讼法》和《民事诉讼法》都对运用证据证明案件事实作了具体的规定。如证据必须经过查证属实,才能作为定案的证据。

3. 证据的可采性规则 证据规则(rules of evidence)有广义和狭义之分。狭义的证据规则是指那些在庭审或审理中对证据的可采性问题起支配作用的规则。因其以可采性为核心,又称可采性规则。广义的证据规则是指规范证据的收集、运用、审查和评价等诉讼证明活动的准则。我国的证据规则处于初创时期,在我国的诉讼法中仅是原则性的体现或是不确切的规定,缺少完备性和明确性,难以形成严密的证据体系。如非法证据排除、最佳证据规则,证人当庭作证; 在数量上也较少,许多规定过于粗疏,许多基本的证据规则尚未确立,如强迫自证其罪规则等。很多证据规则针对个案作出,缺乏统

一、规范体系，且跨度较大，缺乏合理协调，没有形成体系化。特别是三大诉讼法中各自有各自的证据规则，内容却并不一致，在实践中导致刑事、民事等同样的法律事实，审判结果却不相同，从而出现自相矛盾的情形。概括而言，我国现行证据规则呈现出在立法形式上的法典与司法解释并存；在规则性质上多种类型的证据规则并存；在内容上过于粗疏，缺少严格而审慎的规定，缺乏可操作性。

依据我国现行立法和司法解释，我国的证据规则主要有如下几种。

（1）非法证据排除规则：我国现有的非法证据排除规则因诉讼性质的不同而有所区别。对于非法收集的言词证据和部分实物证据，适用不同的排除标准；在民事、行政诉讼中，则对于非法收集的任何证据均适用同样的排除规则。

（2）最佳证据规则：我国的最佳证据规则主要是针对物证和书证等实物证据，与英美法系将证据范围限定在“文字材料”不同，将范围扩大到书证物证等原件，同时，在法定情况下，可以提交复制品、节录本、副本等。

（3）意见证据规则：我国传统上没有意见证据的规定。2010年《关于办理死刑案件审查判断证据若干问题的规定》对证人的猜测性、评论性、推断性的证言，做了不能作为证据使用的规定，但根据一般生活经验判断符合事实的除外。

（4）补强证据规则：我国补强证据规则尚处于萌芽阶段，仅仅规定了应予以补强的证据类型为刑事诉讼中的犯罪嫌疑人、被告人供述。民事诉讼中：①未成年人所作的与其年龄和智力状况不相当的证言；②与一方当事人有亲属关系的证人出具的对该当事人有利的证言；③没有其他证据印证并有疑点的视听资料；④无法与原件原物核对的复印件，复制品；⑤对方当事人不予认可的当事人本人的陈述。至于作为补强证据的证据应当符合什么条件，补强应达到的证明程度等，却没有规范。

（5）自白任意性规则：自白任意性规则是刑事诉讼中重要的证据规则，民事、行政诉讼中无体现。我国刑事诉讼中自白任意性规则，对于非出自自己内心真实的意思表示是以非法方式取得的自白不采用的规定与英美法系国家的规定相同，但我国对非法方法收集的证据作出了例外规定，如能作出合理解释的，仍然可以采用，并且在司法实践中我国依旧重视被告人供述。

（6）证人特权规则：我国的证人特权规则，在概念上的规定与英美法系国家无异，都是在法定情形下特定的公民享有的拒绝作证或阻止他人作证的权利；证人须具有证人适格性，享有证人特权的证人须具有证人适格性；由法律来确定证人拒绝作证的内容和范围。但英美法系国家还规定了亲属特权、职业特权、公务特权等证人享有的拒绝作证的特权。我国仅规定了“不能作为证人”的情形，对职业特权、公务特权有规定，但较为抽象，更多的是一些宏观层面的规范。同时，英美证人特权规则是免除证人的作证义务，我国更多的是权利的剥夺和限制。

（二）对证据的证明力审查判断

证据证明力的主要内容是证据的真实性和证明价值。我国三大诉讼法都规定了法院作出肯定性判决的条件之一就是“证据确实、充分”，即只有具有确实、充分的证据才能作出肯定性判决。因此，对证据证明力的审查判断，应当根据具体情况，从证据与待证事实的关联程度、证据之间的联系等方面进行审查判断。即证据真实性的审查判断和证据的证明价值评断。

1. 审查证据的真实性　根据司法实践，应当综合全案证据进行审查。

（1）证据的来源：即证据是如何形成的，是由什么人收集或者提供的，搜集的方法是否科学，在形成和收集过程中是否由于主客观因素而影响其客观真实性等。证据的来源不同，其真实可靠性即证明力也会因此不同。一般而言，采用科学的方法并依照法定程序收集的证据，其真实可靠性较大；当事人提供的证据，受利害关系的影响，往往提供对自己有利的证据，片面性较大，其真实性会大打折扣。证人证言，鉴定意见也必须根据不同的情况决定证明力。同时，证据的客观性要求证据必须是客观存在的事实，任何掺杂主观推测、猜想，自己的看法和意见，都不能作为认定案件事实的证据使用。

（2）证据的内容：证据的内容集中、全面地反映了案件的信息，对证据内容真实性的审查判断，其实是认定案件事实的关键。①审查证据是否为原物原件。原件、原物是原始证据，复制品、复制件是传来证据，原始证据效力大于传来证据；当然，如果原物原件的提供有问题，也可以提供复制品或复印件，但应审查其与原物原件是否相符。②审查证据内容本身是否一致，有无矛盾。证据的内容应该是对案件事实发生、发展的再现，必须符合客观事物的发展规律。如果证据的内容模棱两可、前后矛盾，缺乏逻辑联系，肯定不能作为认定案件事实的依据，不能予以采信。对于互相矛盾的地方，应在综合其他证据的基础上辨别真伪，对真实部分予以采纳，不真实的部分予以排除。③注意不同种类证据的特点。如物证、书证客观性较强，但容易被涂改、伪造、篡改；被告的人、犯罪嫌疑人口供，由于受所处地位的影响，刑讯逼供、骗供、诱供的可能性较大；即使是鉴定意见，也受鉴定人的资格能力，鉴定材料的充分与否，鉴定方法是否科学等因素影响。要注意根据不同种类的证据特点来审查判断证据。④审查证据之间是否一致，有无矛盾。不同证据之间应该协调一致，从不同的方向和角度反映事实真相，相互矛盾，不能印证的证据应该摈弃。

2. 评断证据的证明价值　不同证据有不同的证明价值，若干个相同的证据以不同的方式组合起来也会有不同的证明价值。对证据能力的审查评断主要是针对单个证据而言，对证明力的审查评断则不仅针对单个证据，而且要针对一组证据乃至全案证据。对证据能力的审查评断是初始审查，对证明力的审查评断是深入审查，前者是后者的前奏。对证据能力的审查评断需要遵循预先规定的证据规则，证据的评判者不能发挥主观能动性。对证明力的审查评判则强调发挥证据裁判者的主观能动性。所以，评断证据的证明价值，遵循“先单个证据或单组证据，后全部证据”的顺序分步进行。

我国最高人民法院《关于民事诉讼证据的若干规定》第66条规定“审判人员对案件的全部证据，应当从各证据与案件事实的关联程度、各证据之间的联系等方面进行综合审查评断”。据此，审判人员评断全案证据价值，主要应分析各个证据组合之间的连接情况，看其逻辑关系的合理性，看所有证据对案件事实的证明程度，从而找出薄弱环节或空缺，以便进行弥补和充实。

三、对各种证据的审查判断

（一）对物证、书证的审查判断

物证、书证是诉讼中较为常见的证据之一，同其他证据相比，物证不易受主观因素影响，具有较强的客观性，通常被用来作为其他证据的佐证，不能单独作为定案的根据。书证一般能直接证明案件的事实，具有一定的稳定性。根据物证、书证的特点，对其审查判断，一般应从以下几方面进行。

1. 物证、书证是否为原物、原件，是否经过辨认、鉴定；物证的照片、录像、复制品或者书证的副本、复制件是否与原物、原件相符，是否由二人以上制作，有无制作人关于制作过程以及原物、原件存放于何处的文字说明和签名。

2. 物证、书证的收集程序与方式是否符合法律、有关规定；经勘验、检查、搜查提取、扣押的物证、书证，是否附有相关笔录、清单，笔录、清单是否经侦查人员、物品持有人、见证人签名，没有物品持有人签名的，是否注明原因；物品的名称、特征、数量、质量等是否注明清楚。

3. 物证、书证在收集、保管、鉴定过程中是否受损或者改变。

4. 物证、书证与案件事实有无关联；对现场遗留与案件有关的具备鉴定条件的血迹、体液、毛发、指纹等生物样本、痕迹、物品，是否已作DNA鉴定、指纹鉴定等，并与被告人或者被害人的相应生物检材、生物特征、物品等比对。

5. 与案件事实有关联的物证、书证是否全面收集。

6. 审查书证的形式　书证的形式对书证的证明力有重要影响。如果法律对书证的形式有规定，有效的书证必须符合法律的规定。

对物证、书证的审查判断方法有辨认、鉴定、检验、比较和印证等。

（二）证人证言的审查判断

证人证言是证人对案件有关情况的主观反映，客观性较差。对证人证言应当着重审查以下内容。

1. 证言的内容是否为证人直接感知。

2. 证人作证时的年龄,认知、记忆和表达能力,生理和精神状态是否影响作证。

3. 证人与案件当事人、案件处理结果有无利害关系。

4. 询问证人是否个别进行。

5. 询问笔录的制作、修改是否符合法律的规定,是否注明询问的起止时间和地点,首次询问时是否告知证人有关作证的权利义务和法律责任,证人对询问笔录是否核对确认。

6. 询问未成年证人时,是否通知其法定代理人或者有关人员到场,其法定代理人或者有关人员是否到场。

7. 证人证言有无以暴力、威胁等非法方法收集的情形。

8. 证人证言与案件事实的关联性;证人证言之间以及与其他证据之间能否相互印证,有无矛盾。

(三)对被害人、当事人陈述的审查判断

被害人、当事人陈述与证人证言有相同之处,都是对案件有关情况的主观反映,主观性较强,而且,被害人、当事人与案件以及案件结局有直接的利害关系,因此,可以参照对证人证言的审查判断,对被害人、当事人的陈述从以下几方面进行审查。

1. 审查被害人、当事人陈述的来源及其形成过程。包括被害人、当事人陈述的内容是否为被害人直接感知;被害人、当事人陈述时的年龄,认知、记忆和表达能力,生理和精神状态是否影响陈述。

2. 审查判断被害人、当事人陈述的目的、动机和内容。

3. 审查被害人与犯罪嫌疑人、被告人之间的关系。

4. 审查被害人、当事人陈述的取得情况。包括询问是否个别进行;询问笔录的制作、修改是否符合法律、有关规定,是否注明询问的起止时间和地点,是否对询问笔录进行核对确认;询问未成年被害人时,是否通知其法定代理人或者有关人员到场,其法定代理人或者有关人员是否到场;被害人、当事人陈述的取得有无以暴力、威胁等非法方法收集的情形。

5. 审查被害人、当事人陈述与案件事实的关联性;与其他证据之间能否相互印证,有无矛盾。

(四)犯罪嫌疑人、被告人的供述和辩解审查判断

犯罪嫌疑人、被告人的供述和辩解具有虚实并存、真假难辨的特点,因此,在对犯罪嫌疑人、被告人的供述和辩解进行审查时必须特别认真和仔细。具体包括以下几方面。

1. 只有被告人的供述,没有其他证据的,不能认定被告人有罪并处以刑罚;没有被告人供述,但证据确实充分的,依然可以据此认定被告人有罪并处以刑罚。

2. 讯问的时间、地点,讯问人的身份、人数以及讯问方式等是否符合法律、有关规定。

3. 讯问笔录的制作、修改是否符合法律及有关规定,是否注明讯问的起止时间和地点,首次讯问时是否告知被告人相关权利和法律规定,被告人是否核对确认。

4. 讯问未成年被告人时,是否通知其法定代理人或者有关人员到场,其法定代理人或者有关人员是否到场;审查犯罪嫌疑人、被告人的供述和辩解与其他证据之间的关系,进行综合分析判断。

5. 被告人的供述有无以刑讯逼供等非法方法收集的情形。

6. 被告人的供述是否前后一致,有无反复以及出现反复的原因;被告人的所有供述和辩解是否均已随案移送。

7. 被告人的辩解内容是否符合案情和常理,有无矛盾。

8. 被告人的供述和辩解与同案被告人的供述和辩解以及其他证据能否相互印证,有无矛盾。

(五)鉴定意见的审查判断

鉴定意见由于科学性较强的特点,往往成为印证其他证据真伪的重要佐证,有时甚至成为定案的关键证据,但鉴定意见毕竟是意见证据,受多种因素的影响,其科学性和准确性也会受到影响,甚至出现错误。因此,对鉴定意见应当着重审查以下内容。

1. 鉴定机构和鉴定人是否具有法定资质。

2. 鉴定人是否存在应当回避的情形。

3. 检材的来源、取得、保管、送检是否符合法律、有关规定，与相关提取笔录、扣押物品清单等记载的内容是否相符，检材是否充足、可靠。

4. 鉴定意见的形式要件是否完备，是否注明提起鉴定的事由、鉴定委托人、鉴定机构、鉴定要求、鉴定过程、鉴定方法、鉴定日期等相关内容，是否由鉴定机构加盖司法鉴定专用章并由鉴定人签名、盖章。

5. 鉴定程序是否符合法律、有关规定。

6. 鉴定的过程和方法是否符合相关专业的规范要求。

7. 鉴定意见是否明确。

8. 鉴定意见与案件待证事实有无关联。

9. 鉴定意见与勘验、检查笔录及相关照片等其他证据是否矛盾。

10. 鉴定意见是否依法及时告知相关人员，当事人对鉴定意见有无异议。

（六）勘验、检查笔录和现场笔录的审查判断

勘验、检查、现场笔录不含有主观分析的成分，仅是勘验人员对自身或借助仪器设备感知的客观事实的记录。因此，客观性较强。对其的审查判断包括：

1. 勘验、检查是否依法进行，笔录的制作是否符合法律、有关规定，勘验、检查人员和见证人是否签名或者盖章。

2. 勘验、检查笔录是否记录了提起勘验、检查的事由，勘验、检查的时间、地点，在场人员、现场方位、周围环境等，现场的物品、人身、尸体等的位置、特征等情况，以及勘验、检查、搜查的过程；文字记录与实物或者绘图、照片、录像是否相符；现场、物品、痕迹等是否伪造、有无破坏；人身特征、伤害情况、生理状态有无伪装或者变化等。

3. 补充进行勘验、检查的，是否说明了再次勘验、检查的原由，前后勘验、检查的情况是否矛盾。

（七）视听资料和电子数据的审查判断

视听资料和电子数据对高科技的依赖性，决定了它容易被伪造或篡改，而且在被伪造、篡改后难以发现。因此，对视听资料应当着重审查以下内容：

1. 是否附有提取过程的说明，来源是否合法。

2. 是否为原件，有无复制及复制份数；是复制件的，是否附有无法调取原件的原因、复制件制作过程和原件存放地点的说明，制作人、原视听资料持有人是否签名或者盖章。

3. 制作过程中是否存在威胁、引诱当事人等违反法律、有关规定的情形。

4. 是否写明制作人、持有人的身份，制作的时间、地点、条件和方法。

5. 内容和制作过程是否真实，有无剪辑、增加、删改等情形。

6. 内容与案件事实有无关联。

7. 对有疑问的视听资料，是否进行鉴定。

对电子邮件、电子数据交换、网上聊天记录、博客、微博客、手机短信、电子签名、域名等电子数据，应当着重审查以下内容：

1. 是否随原始存储介质移送；在原始存储介质无法封存、不便移动或者依法应当由有关部门保管、处理、返还时，提取、复制电子数据是否由二人以上进行，是否足以保证电子数据的完整性，有无提取、复制过程及原始存储介质存放地点的文字说明和签名。

2. 收集程序、方式是否符合法律及有关技术规范；经勘验、检查、搜查等侦查活动收集的电子数据，是否附有笔录、清单，并经侦查人员、电子数据持有人、见证人签名；没有持有人签名的，是否注明原因；远程调取境外或者异地的电子数据的，是否注明相关情况；对电子数据的规格、类别、文件格式等注明是否清楚。

3. 电子数据内容是否真实，有无删除、修改、增加等情形。

4. 电子数据与案件事实有无关联。

5. 与案件事实有关联的电子数据是否全面收集。

6. 对有疑问的电子数据，是否进行鉴定或者检验。

第四节　证明责任与证明标准

一、证明责任

（一）证明责任的概念

证明责任(burden of proof)，是指司法机关或者当事人为了使自己的诉讼主张能够得到法院裁判的确认所承担的收集或者运用证据支持自己的主张，以避免对己方不利的诉讼后果的责任。从上述概念，我们认为，证明责任应包含下列含义：①主张责任：主张是证明的前提，“谁主张、谁举证”，司法机关或者当事人负有就其主张向法院提供证据的责任。②提供证据的责任：提出诉讼主张，必须进一步承担提出证据的责任，这是一种“风险负担”。③说服责任：司法机关或者当事人提供的证据应当能够为法院裁判所确认。④不利后果负担责任：如果司法机关或者当事人提供的证据不能为法院所确认，则应当承担不利后果的责任。

（二）证明责任与举证责任的关系

证明责任和举证责任是我国目前法学界和司法界都在使用的两个概念。只是在学术著作中，学者们较多地使用证明责任的概念，而在司法实践中，人们更多地使用举证责任的概念。在我国的现行法律中，只有《中华人民共和国行政诉讼法》明确使用举证责任这个概念，《中华人民共和国民事诉讼法》和《中华人民共和国刑事诉讼法》只规定“当事人对自己提出的主张，有责任提供证据”。因而，在没有其他明确规定的情况下，证明责任和举证责任是否是同一概念一直众说纷纭。有学者认为，举证责任和证明责任是同一概念，有学者则主张举证责任和证明责任是两个不同的概念，证明责任包括举证责任。我们认为，证明责任与举证责任本就是同义词，人们在理论上和司法实践中完全可以按照习惯使用这两个词汇。

（三）民事诉讼中的证明责任

《中华人民共和国民事诉讼法》第64条规定：“当事人对自己提出的主张，有责任提供证据。”该条只揭示了实践中当事人主张和举证的关系，确立了“谁主张、谁举证”的原则，并没有涉及证明责任的其他内涵。最高人民法院关于《中华人民共和国民事诉讼法》第90条则规定：当事人对自己提出的诉讼请求所依据的事实或者反驳对方诉讼请求所依据的事实，应当提供证据加以证明，但法律另有规定的除外。在作出判决前，当事人未能提供证据或者证据不足以证明其事实主张的，由负有举证证明责任的当事人承担不利的后果。

1. 民事诉讼证明责任分配的一般规则　证明责任的分配是指按一定的标准，将不同法律要件事实的证明责任，在双方当事人之间预先进行分配，如果原、被告双方不能对其应承担的一部分事实进行证明，那么就承担不利的后果。

我国《民事诉讼法》确立了“谁主张、谁举证”的举证责任分配原则。但《中华人民共和国民事诉讼法》只对举证责任的一般规则进行了规定，没有对当事人在诉讼中的举证进行详细的规定。可操作性并不强，无法真正解决实践中的举证责任分配的问题。对此，最高人民法院《关于民事诉讼证据的若干规定》则详细规定了举证责任的分配规则。主要内容包括举证责任的倒置，合同纠纷案件、劳动争议纠纷案件的举证责任，以及举证责任分配中的公平原则和诚信原则。最高人民法院关于适用《中华人民共和国民事诉讼法》司法解释则规定了举证责任分配的一般规则和特别规则。如：主张法律关系存在的当事人，应当对产生该法律关系的基本事实承担举证证明责任。除此，在我国民法及其特别法中也有举证责任分配的相关规定，如《中华人民共和国侵权责任法》。

2. 关于举证责任倒置的特殊规则　“谁主张、谁举证”的一般原则，在大多数情况下可以解决举证责任的分配问题，但是在一些特殊的情况下，如果适用“谁主张、谁举证”的原则将导致对当事人一方，尤其是原告的不公平。因此，从保护当事人合法权益的宗旨出发，在一些特殊的民事案件中，举证责任实行倒置的原则，使相对弱势、举证困难的一方获得司法上的公正。

我国《民事诉讼法》没有对举证责任倒置作出规定，而是在最高人民法院《关于适用〈中华人民共和国民事诉讼法〉若干问题的意见》、最高人民法院《关于民事诉讼证据的若干规定》中对举证责任倒置作了细化的规定。

（四）刑事诉讼中的证明责任

刑事诉讼由于涉及公民人身自由的限制和剥夺，故在证明责任的分配上呈现出与民事诉讼、行政诉讼不同的特点。刑事诉讼实行无罪推定原则和利益衡量原则，证明责任由控方承担，被刑事追诉者一般不承担证明责任。需要特别说明的是，这里的证明责任不包括刑事附带民事诉讼的证明责任问题，因为附带民事诉讼主要适用民事诉讼的证明责任分配规则。

1. 公诉案件的证明责任分配　由控诉方承担证明责任是刑事诉讼中证明责任分配的基本原则，也是控诉职能的基本要求。在刑事公诉案件中，检察机关承担控诉职能，因此，证明责任的承担也是由公诉机关承担，被告人不承担证明责任，被告人无须向法庭证明自己无罪，可以不向法庭提供任何证据，仅对公诉人提出的证据进行质疑。如果公诉方举出的证据不能达到法定的证明标准，法庭将宣布被告人无罪。更有甚者，被告人可以不做任何辩护，法庭也不能因此作出对被告不利的判决。

公安机关作为侦查机关，其逮捕犯罪嫌疑人时，应当向检察机关提供犯罪嫌疑人犯罪事实的证据；在案件侦查终结移交检察机关提起公诉时必须就所认定的犯罪事实提供确实、充分的证据，因此，在刑事诉讼中，公安机关也承担一部分的证明责任。

2. 自诉案件中自诉人的证明责任　自诉案件中，自诉人负有证明责任。自诉人向法院提出控诉，必须提供证据。如果自诉人不能提出充分的证据，其自诉将被人民法院说服撤回，或者将被裁定驳回。

3. 被告人承担的证明责任　在公诉案件中，被告人不承担证明责任。但在一些特殊的案件中，法律也规定证明责任由被告方承担。由被告人承担证明责任的案件主要是涉及非法所得和非法持有违禁品的案件。根据相关法律的规定，在此类案件中，被告人只要不能证明自己所拥有的财产具有合法的来源，法院就可以推定这些财产是非法所得。所以在巨额财产来源不明罪案件中，被告人负有举证责任，一旦无法证明，则应承担不利的后果。此外，刑法中还规定了非法持有毒品、枪支弹药等类型的犯罪实行举证责任倒置，一旦被告不能证明自己持有的合法性，就可以被推定为不合法，就应承担不利的后果。

（五）行政诉讼中的证明责任

行政诉讼中的证明责任在承担的主体上既不同于民事诉讼，也有别于刑事诉讼，既不由当事人分担，也不由原告负担，而是特定由作出具体行政行为的被告承担。这是一项基本原则，也是一种分配标准。它与刑事、民事诉讼证明责任设定的原理和价值取向不同，是对“提出主张的人有证明责任，否定的人没有证明责任”这一原则的倒置和例外，变成“提出主张的人没有证明责任，否定的人有证明责任”。在行政诉讼中，原告不负证明责任，由被告对原告提出的主张作否定的证明，同时要求对原告的事实或行为的非法性作出证明，也要证明被告作出的具体行政行为是合法的。由于行政诉讼的特殊性，原、被告的地位是固定的，不能互换，所以，这一原则也“一劳永逸“地解决了在各种行政诉讼中的证明责任问题。因此，这一原则又是行政诉讼中证明责任分配的标准。

1. 行政诉讼中“被告人举证”的分配原则　行政诉讼中举证责任由被告对其作出的具体行政行为承担举证责任。出现这种情形的主要原因在于，原告不是被诉具体行政行为的作出者，原告并不了解具体行政行为作出的过程。与此相对，被诉具体行政行为是由被告作出的，被告对作出具体行政行为的过程十分了解，加之被告作出的被诉具体行政行为是其职责范围内的事情，作为被告的行政机关举证证明其行为的合法性更为容易。此外，由行政机关承担证明责任也可以有效地保证行政机关依法行政。

2. 行政诉讼中原告的举证责任　在行政诉讼中,原告享有举证的权利。即原告在行政诉讼中举证证明被诉具体行政行为违法的权利。在行政诉讼中,尽管被告承担证明责任是一般原则,但这并不等于原告在行政诉讼过程中无所作为,也不意味着原告只能消极等待被告去承担举证不能的后果,原告仍可以主动提供证据以证明被告行政行为违法而获得胜诉。同时,基于行政诉讼目的、性质、诉讼结构模式、原告举证能力、提高诉讼效率等因素,在特定情况下,原告也承担一定事实的证明责任。主要包括: ①提供符合起诉条件的相应证据。②在起诉行政不作为的案件中对其已经在行政程序中向行政机关提出了申请的证据; 当然,这里的不作为是指经相对人申请后行政机关的不作为,不包括行政机关依照法律规定应当作为而不作为。③在行政赔偿的诉讼中,对其因被诉行为而遭受损害的事实。行政赔偿在本质上和一般的民事侵权损害赔偿没有太大的差别,因此,对损害事实是否存在也应当由原告承担相应的证明责任。

二、证明标准

(一)证明标准的概念

证明标准(proof standard)是指承担证明责任的司法机关和当事人提供相应的证据对案件事实加以证明所要达到的程度。其中包含: ①证明主体对案件事实的证明所应达到的标准; ②事实认定者评价证据所适用的证明标准。

证明标准与证明责任密切相连,证明责任解决的是"待证事实"由谁来提供证据加以证明; 证明标准解决的问题是"待证事实"应当证明到什么程度。从逻辑上来说,证明标准是在证明责任的基础上产生的概念,没有证明责任,无从谈证明标准; 而证明标准又是证明责任的方向和准绳,没有证明标准,证明责任势必被架空,缺乏可操作性。

在司法实践中,证明标准具有十分重要的意义。如果承担证明责任的司法机关和当事人提供的证明达到证明的标准,那么其所主张的事实就能被法院所认定,承担证明责任的司法机关和当事人就完成了其所负担的证明责任。反之,就意味着他没有完成证明责任,就应承担诉讼中的不利后果。

(二)我国诉讼中的证明标准

从我国三大诉讼法对证明标准的规定可以看出,我国三大诉讼法的证明标准是统一的,即"案件事实清楚,证据确实充分"。

1. 刑事诉讼中的证明标准　根据刑事诉讼法的规定,我国现行的刑事证明标准是"犯罪事实清楚,证据确实充分","案件事实清楚"是指与定罪量刑有关的事实和情节都必须查清,不能有所遗漏。"证据确实"是对证据质的要求,刑事诉讼中的证据都必须具有证明力,能够证据案件事实的真相。"证据充分"是对证据量的要求,刑事诉讼中的证据必须达到一定的量,符合法律要求的量的标准。具体来说: ①据以定案的证据均已查证属实; ②案件事实均有证据加以证明; ③证据之间、证据与案件事实之间的矛盾得以合理排除; ④得出的结论是唯一的,具有排他性。

2. 民事诉讼中的证明标准　我国民事诉讼法对证明标准没有作出直接的规定,间接的从相关条款的表述中可以得出,民事诉讼的证明标准也应当是"事实清楚,证据确实、充分"。但是在新修订的民事诉讼法和最高人民法院《关于民事诉讼证据的若干问题》中,则体现了"高度盖然性"或"高度盖然性占优势"的证明标准。据此,有学者认为我国民事诉讼证明标准已经发生了重大的改变,即我国的民事诉讼已经确立了民事诉讼的优势证明标准。

3. 行政诉讼中的证明标准　《行政诉讼法》同《民事诉讼法》一样,也是通过间接的方式对证明标准做了规定,即我国行政诉讼的证明标准也是"事实清楚,证据确实、充分。"

综上所述,我国三大诉讼的证明标准是一致的,都是"案件事实清楚,证据确实、充分"。这意味着证明标准的一元化。但我国没有像世界上其他国家所确立的刑事和民事诉讼证明标准分开的原则,刑事和民事诉讼证明标准一致本身是不符合诉讼的一般规律的。因为诉讼案件的性质不同,决定了案件应当证明的程度应当是不同的,刑事案件由于其所要解决的问题是罪与非罪的问题,刑罚具有惩罚性的特征，因此，刑事诉讼对案件事实证明的程度应当高于民事诉讼中证明案件事实所要达到的程度。因此，未来对证明标准的完善将是证据法理论和司法实践中一个非常重要的命题。

本章小结

不同国家在不同的历史时期有不同的证据制度，对证据进行分类的依据也不相同。不同的诉讼制度，由于其肩负的任务和使命不同，证据的种类也不尽相同。我国的三大诉讼法规定了证据的种类，包括：物证，书证，证人证言，被害人陈述，犯罪嫌疑人、被告人供述和辩解，当事人陈述，鉴定意见，勘验、检查、现场笔录，视听资料，电子数据。2013年新修订的《刑事诉讼法》《民事诉讼法》新增了专家辅助人，就鉴定意见进行质证并提出意见。

不同的证据呈现不同的特点，其收集、保全的方法不同，对其进行审查判断的要求也是不同的。我国三大诉讼法对证据收集的主体根据诉讼的特点不同做了不同的规定：刑事诉讼由公安、检察机关和人民法院、辩护人、自诉人或诉讼代理人收集；民事诉讼以当事人及诉讼代理人自行收集为主，人民法院、人民检察院收集为辅。行政诉讼证据的收集，被告行政机关，作为原告的行政相对人及人民法院都是行政诉讼证据收集的主体。

证据的审查判断是公安司法机关、当事人及其诉讼代理人、辩护人对收集和保全的证据材料进行分析、鉴别，从而作出判断，找出它们与案件事实之间的客观联系，确定其证据能力有无和证明力大小，正确认定案件事实的一种诉讼活动。对证据的审查判断主要集中于证据能力与证明力两方面，它与法官的认证活动密切相关，所以法官是证据审查判断的最重要的主体。但证据的审查判断又不仅限于认证，因此审查判断证据的主体扩展为公安司法机关、当事人及其诉讼代理人、辩护人。审查判断证据的方式是通过对证据材料进行分析和鉴别。审查判断证据的目的是鉴别证据的真伪，确定证据的相关性、证据能力以及证明力的大小，查明事实真相，认定案件事实。

证明责任是司法机关或者当事人为了使自己的诉讼主张能够得到法院裁判的确认所承担的收集或者运用证据支持自己的主张，以避免对己方不利的诉讼后果的责任。我国刑事诉讼中公诉案件的证明责任由控诉方承担，被告人不承担证明责任；刑事自诉案件由自诉人承担证明责任。民事诉讼确立了当事人举证的原则。行政诉讼则实行“被告人举证”的原则。

证明标准是承担证明责任的司法机关和当事人提供相应的证据对案件事实加以证明所要达到的程度。其中包含证明主体对案件事实的证明所应达到的标准和事实认定者评价证据所适用的证明标准。我国三大诉讼法的证明标准是统一的，即“案件事实清楚，证据确实充分”。

（邓　虹）

讨论题

1. 请以辛普森案件为例，谈谈为什么辛普森在刑事诉讼中胜诉而在民事诉讼中败诉？
2. 交警通过偷拍获取的违章证据能否作为处罚依据？

思考题

1. 收集和保全证据的主要方法有哪些？
2. 专家辅助人与证人、鉴定人和诉讼代理人有什么区别？
3. 举例说明对鉴定意见的审查判断应如何进行？
4. 我国刑事诉讼对证明责任是如何规定的？

第六章　司法鉴定及其制度

学习目标

通过本章的学习，你应该能够

掌握　司法鉴定的概念与内涵；司法鉴定的属性与功能；司法鉴定机构的设立条件；司法鉴定人的资格、权利义务及法律责任；司法鉴定职业道德守则。

熟悉　司法鉴定机构的设置；司法鉴定的管理体制与改革方向。

了解　国外司法鉴定机构的设置与管理体制。

引　　言

司法鉴定制度作为司法制度中的重要组成部分，与证据制度、诉讼制度密不可分。证据制度的主要目标是为了及时发现和准确认定案件事实，而司法鉴定所依托的科学技术为这一目标提供了重要的支持。司法鉴定制度的目的就在于通过科学技术在诉讼程序中的运用来保证法庭(法官)能够更准确和有效地对案件事实进行确认。

司法鉴定的核心在于解决涉及诉讼的“专门性问题”(special issue)，这些问题超越了日常生活经验的认知范畴，不能仅凭借直觉或逻辑推断而得出结论，而必须依赖于科学方法与技术手段。司法鉴定体现了科学认知和专业权威对司法判断的辅助支持。因涉及司法过程，司法鉴定体现了较强的法定性、程序性，但其本质属性在于其科学属性，是法律性与科学性的统一；司法鉴定活动的核心角色是鉴定人，即拥有科学技术知识，能够运用各种鉴定手段，去发现认知“专门性问题”的专家。鉴定人的工作集技术规则、法律规范与程序规范于一体，需遵循特定的职业伦理和行为规范。认知和了解司法鉴定的内涵、属性及功能、鉴定机构的设置条件、鉴定人资格、权利义务及法律责任、司法鉴定管理体制等制度内容，方能对司法鉴定有更好认识。

第一节　司法鉴定概述

一、司法鉴定概念

(一) 司法鉴定的语义内涵

在诉讼活动中，鉴定是一种证据调查的科学方法。鉴定的学科基础通常被称为法庭科学(forensic science)。法庭科学为法律服务的运行平台与操作程序需要一个模式，或者是架构一个专门的法律制度，这就是我们通常说的“司法鉴定”。

关于“司法鉴定”的概念，国内外理论界和实务界争议颇多。综合来看，目前主要有广义与狭义两种理解模式。

广义论者认为，司法鉴定是指在争议解决过程中，鉴定人运用科学技术或者专门知识对争议解决中涉及的专门性问题进行鉴别和判断并提供鉴定意见的活动。例如，有学者指出司法鉴定是司法鉴定人接受司法机关、仲裁机构或当事人的委托，依照法律规定的条件和程序，运用专门知识或者技能对诉讼、仲裁等活动中所涉及的某些专门性问题进行鉴别和判定的活动。按照这种理解，广义上的司法鉴定涉及范围很广，在诉讼、仲裁、调解、和解等多种争议解决的过程中所进行的各种技术鉴定都属于司法鉴定，都是专业技术人员运用科学技术或专门知识对相关的待定事实问题进行鉴别和判定的科学实证活动。

狭义论者则将司法鉴定作用的范围限制于诉讼活动，认为只有在诉讼过程中进行的鉴定活动才可以称作司法鉴定。例如，有学者认为，司法鉴定是指在诉讼中，有法定司法鉴定决定权的部门依其职权，或自己决定，或应犯罪嫌疑人、被告人的请求，或任何一方当事人的请求，委托具有专门知识、技能或特别经验的人，对案件涉及的某些专门性问题，进行鉴别、判断的活动。上述两种概念基本上代表传统意义上对司法鉴定的认识。

（二）司法鉴定的定义与理解

"在诉讼活动中，鉴定人运用科学技术或者专门知识对诉讼涉及的专门性问题进行鉴别和判断并提供鉴定意见的活动"，是我国立法机关首次以正式法律形式对司法鉴定概念作出的规定，当属目前关于司法鉴定的立法释义。

对于司法鉴定的理解，可从如下几个层面展开。

1. 司法鉴定是一项涉及诉讼的专门活动。法律之所以将诉讼中的"鉴定"称为"司法鉴定"，并不是因为鉴定活动本身具有司法职能，而是因为鉴定是在诉讼活动尤其是司法审判中进行的。在现实社会中，需要运用专门技术或者专门知识进行鉴定和判断的问题很多，但这类活动不一定都属于司法鉴定，比如资产价值评估中对待评物进行品质鉴定、劳动争议仲裁程序中的工伤能力鉴定等。然而，只有在诉讼活动中对案件涉及的某些专门性问题进行鉴别和判断的活动，才属于法定意义上的司法鉴定。

2. 司法鉴定的主体是司法鉴定人。鉴定人不属于司法人员，而是一种特殊类型的诉讼参与人，英美法系将其称为"专家证人"（expert witness）。司法鉴定人员必须具备解决相关诉讼涉及的专门性问题所需的科学技术手段、专门知识、执业经验和职业技能，并负有依法就提供的鉴定意见出庭作证、接受法官及当事人质询的义务。

3. 司法鉴定的目的是解决诉讼所涉及的专门性问题，促进查明案件事实。对于诉讼所涉及的专门性问题，需要进行鉴定的，应当依法进行鉴定。对此，我国三大诉讼法均作了明确规定。全国人大常委会《关于司法鉴定管理问题的决定》（以下简称《决定》）规定的"诉讼涉及的专门性问题"，主要是指属于案件证明对象范围内的事项，如亲子关系的确定、精神疾病的认定、医疗事故原因、物证痕迹认定等。

4. 司法鉴定需运用科学技术手段、专门知识、执业经验和职业技能进行鉴别和判断。在诉讼活动中，有些问题不能够凭着直观、直觉或者逻辑推理直接认识和判断的，必须借助于科学技术或者专门知识进行鉴别和判断。鉴定的权威性很大程度上在于它超越了日常经验的认识范畴，是一种专业判断意见，体现了认识的科学属性。

5. 司法鉴定活动中重要的成果是形成鉴定意见。司法鉴定的结果是以书面形式存在的鉴定意见，需由鉴定单位和鉴定人签章认可，方符合进入审判程序的形式要求。需指明的是，鉴定意见作为证据，需在庭审中经过质证，达致"说服"法官的效果，才最终完成其功能。

（三）司法鉴定的原则

原则通常理解为指导事物的原理和准则，是正确性与价值性的统一。任何社会活动，都遵循着特定原则。对于司法鉴定而言，其基本原则可以概括如下。

1. 依法鉴定原则 司法鉴定从程序到实体，从形式到内容，从技术手段到技术标准都必须遵守相关的法律、法规和技术规范的规定。

2. 尊重科学原则 司法鉴定过程是科学重现和认识案件事实的过程，是以科学技术为手段，以科学性为其本质特征的。因而要求司法鉴定程序和司法鉴定得出的结论都必须符合有关科学的规律和原理。

3. 独立鉴定原则 一方面，鉴定意见作为诉讼中的证据种类之一，实质上是一种认识意见，是鉴定人凭借其专门知识对某个问题作出的一种认识和判断，鉴定意见是否客观正确，取决于鉴定人自己的科学技术水平和判断能力乃至道德水准，应当由鉴定人自己负责。另一方面，为了保障鉴定人根据科学技术进行鉴定，必须防止权势、人情和金钱的干扰，坚持鉴定人独立地进行鉴定的原则。

4. 公正鉴定原则 鉴定公正是指鉴定实施主体在鉴定活动中应保持中立的地位，鉴定机构必须独立于侦查、起诉和审判机关，鉴定人应该站在中立的立场，不偏袒任何一方。

（四）司法鉴定制度的内涵与内容

司法鉴定制度是指一个国家的法律所规定的，关于司法鉴定的机构设置、人员管理、运行程序和行为标准等方面的规则、规章和体制的总称。司法鉴定制度作为现代国家司法制度的重要组成部分，应遵循其运作、操控规律，通过各种规范形式配置完备、自主的规则体系，如建立司法鉴定启动制度、司法鉴定实施制度、司法鉴定采行制度、司法鉴定标准制度及司法鉴定的资金管理制度等一系列制度，藉此以实现司法鉴定工作的制度化、规范化、法制化。一般来讲，司法鉴定制度具体包括如下几部分。

1. 司法鉴定机构管理制度 主要包括司法鉴定机构登记管理制度、司法鉴定机构名册管理制度、司法鉴定机构许可证管理制度、司法鉴定机构资格评估认证制度、司法鉴定机构撤销制度、司法鉴定机构执业活动管理制度及司法鉴定机构仪器设备配置管理制度等。我国在司法鉴定机构管理制度上，坚持侦查机关内设司法鉴定机构与社会鉴定机构并重发展，同时特别加强对侦查机关内设鉴定机构的管理。在之后的司法鉴定管理制度改革过程中，也应注重对社会鉴定机构管理的完善。

2. 司法鉴定人管理制度 主要包括司法鉴定人产生制度，司法鉴定人登记管理制度，司法鉴定人名册管理制度，司法鉴定人执业证管理制度，司法鉴定人执业活动管理制度，司法鉴定人考核、教育、培训制度等。

3. 司法鉴定程序管理制度 包括司法鉴定受理制度、司法鉴定实施制度、司法鉴定文书制作制度、补充鉴定制度、重新鉴定制度、司法鉴定人出庭作证制度、司法鉴定档案管理制度、司法鉴定重大案件报告制度等。司法鉴定程序与诉讼程序密切相关，在之后的司法鉴定管理制度改革中应注重结合诉讼法的规定，以规范司法鉴定程序。

4. 司法鉴定标准管理制度 包括司法鉴定质量管理制度、司法鉴定资质评估制度、司法鉴定诚信等级评估制度、司法鉴定收费管理制度、司法鉴定技术标准制度、司法鉴定技术方法评价制度、司法鉴定技术装备强制认证制度等。司法鉴定标准管理制度是司法鉴定活动规范、有序进行的前提，应进一步统一、细化司法鉴定相关标准，使司法鉴定标准达到统一化、强制化、稳定化。

5. 司法鉴定责任管理制度 司法鉴定职业道德与执业纪律管理制度、司法鉴定执业法律责任制度、司法鉴定执业活动投诉查处制度等。司法鉴定责任管理制度是司法鉴定管理制度的落脚，是司法鉴定管理制度的重要组成部分之一，而司法鉴定责任管理制度中最为重要的是司法鉴定职业法律责任制度。《决定》确立了司法鉴定行政责任与刑事责任双重法律责任制度，对民事责任制度仅作了原则性规定。所以，我们应该完善司法鉴定中的民事法律责任制度，形成民事、行政、刑事三大法律责任体系。

二、司法鉴定的属性与功能

（一）司法鉴定的基本属性

司法鉴定的基本属性指的是法律性、中立性和客观性的统一。

1. 法律性 主要指司法鉴定机构、鉴定人和鉴定活动具有的法律特征和合法性要求。具体表现在：鉴定程序要严格遵守诉讼法的规定；司法鉴定机构必须经过国家司法鉴定主管部门批准和授权或经司法机关临时指定或者委托；鉴定客体（对象）仅限于案件中经过法律或法定程序确认的某些专门性问题；鉴定主体必须是具有鉴定职业资格的自然人，而且应当依法出庭接受询问和质证；鉴定意见是法定证据类型之一。

2. 中立性 主要指司法鉴定机构和鉴定人在诉讼活动中应当具有相对独立的诉讼地位。一是不能与诉讼职能部门有直接隶属或依附关系；二是不能与诉讼双方存在利害关系；三是不能与委托部门或鉴定要求存在可能的利益关系。

3. 客观性 司法鉴定的客观性是客观规律、客观事实和科学定律对司法鉴定工作提出的基本要求。鉴定意见的客观性取决于三个因素：一是科学性，司法鉴定是以科学技术为生命的，是一个科学认识过程；二是专业性，鉴定意见的可靠性取决于它产生的过程和方式，取决于它的专业化、职业化程度和专业技术水平；三是统一性，不仅自然规律、科学原理和技术方法、技术标准具有统一性，而且鉴定程序和鉴定人的资质要求上也具有统一性。

（二）司法鉴定的功能

司法鉴定的基本功能是为司法审判活动中的事实认定提供判断依据，即辅助发现法律事实。“鉴于我们认识手段的不足及认识能力的局限性，在每一个争讼中均可能发生，当事人对事件的事实过程的阐述不可能达到使法官获得心证的程度的情况”。“司法鉴定意见在诉讼活动中具有双重功能，其一是作为司法证明手段是法定证据的一种；其二因其科学属性，对其他证据起到科学认证、补充和强化的重要作用。”从实践操作层面来看，司法鉴定的功能可归纳为如下两点。

1. 证据功能 司法鉴定的首要功能即为案件提供证据，证明案件事实，从而为案件裁判者提供科学依据。司法鉴定的证据功能主要体现在以下方面。

（1）为法律程序提供科学依据：无论是真实还是虚构，无论是被采纳还是被否定，司法鉴定意见都是一种证据类型。这种证据是从科学技术的角度尽量还原案件事实，彰显法律正义。在刑事诉讼中，鉴定意见给予侦查机关线索，使其掌握破案的方向；给予检察机关作出是否逮捕或者起诉的决定；给予审判机关定纷止争的依据。在民事诉讼中，鉴定意见就争议双方的焦点问题给出判断，给予父母与子女身份关系的尘埃落定等。在行政执法和行政诉讼中，鉴定意见在厘清事实、化解矛盾等方面也表现出了非常优越的证据功能。

（2）印证和补强其他证据的证明力：司法鉴定兼具科学认识与诉讼证明的双重属性。司法鉴定通过技术手段将蕴含于物证、书证等证据材料中的事实信息揭露出来，并将之以鉴定意见的方式加以展示，从而为法庭查明事实提供帮助。一方面，司法鉴定可以揭示物证、书证等证据材料的证据价值；另一方面，诉讼双方在诉讼中会提出各种实体性主张如刑事责任能力、犯罪构成要件等以及程序性主张如诉讼主体的诉讼能力、证人的作证能力等，司法鉴定的作用就是为诉讼双方所提出的上述主张从专业角度提供意见。

2. 扩充知识功能

（1）扩张事实裁判者的认识对象：司法活动的任务就是尽可能地还原案件的本来面目，最大限度地作出符合客观实际的评价。法官对案件事实的认识，需要一定量的证据提供足够充分的信息加以支持，司法鉴定可以弥补法官裁断案件中事实不足。司法鉴定之前，与案件有关的某些信息可能因各种原因而被遮盖，事实裁判者的认识对象在某种程度上被限缩。而司法鉴定的目的之一就是将那些被掩盖的信息揭露出来，从而大大深化了人们在同等情况下对证据所包含信息的理解。

（2）补充事实裁判者在专门性问题上认识能力的不足：在司法实践中，案件事实经常会涉及一些超出一般生活经验范围的专门性问题。这些专门性问题，仅仅依靠常识经验和一般的逻辑思维难以形成正确的认识，需要寻求专业人士的支持。而司法工作者又不可能对于超出一般常识范围之外的各个专门领域也有深入研究。同时，裁判者又不能以对诉讼涉及的专门性问题超出其认识能力范围为由而拒绝裁判。因此，为了缓解裁判者必须裁判的义务和裁判者认识能力欠缺两者之间的矛盾，法律必须寻求一种解决机制以形成对裁判者就专门性问题认识能力欠缺的补充。司法鉴定制度由此而进入了诉讼制度，成为裁判者认定事实的一种制度性保障。所以，鉴定人的作用便是对超出一般常识范围之外的那部分诉讼涉及的专门性问题，利用其自身的技术优势作出鉴别和判断，从而补充事实裁判者在专门性问题上认识能力的不足。

第二节　司法鉴定机构设置

一、我国司法鉴定机构设置的现行体制

我国的司法鉴定机构主要是从新中国成立初期司法机关办案所需而设立的内部鉴定机构演变而来，包括公安、检察和法院系统内部的鉴定机构，分别由所属的司法、行政机关审批管理。至十一届三中全会以后，这类鉴定机构在全国范围内已形成多元化规模体系，承担各类司法鉴定业务。1998年国务院明确赋予司法部指导全国“面向社会服务的司法鉴定工作”以后，为适应社会各方面对司法鉴定工作的要求，各地又设立了一批新的面向社会服务的司法鉴定机构。与此同时，一些高等院校和科研机构除了承担教学、科研任务外，受公安、司法机关的委托也从事一些司法鉴定业务。2000年8月14日，司法部颁布了《司法鉴定机构登记管理办法》、《司法鉴定人管理办法》等规章，全国有相当一部分省、市、自治区也相继制定、颁布了有关司法鉴定的地方法规，批准设立了一批面向社会服务的司法鉴定机构。

《决定》实施后，侦查机关设立的鉴定机构不再面向社会接受委托从事司法鉴定业务，人民法院和司法行政部门不得设立鉴定机构。司法鉴定机构分为两大类。

（1）职权鉴定机构侦查机关（公安、检察、国家安全机关）设置的司法鉴定机构，被称为“职权鉴定机构”。公安机关的司法鉴定机构设置在刑事侦查技术部门，开展的鉴定业务主要是涉及与犯罪有关的各类刑事案件的鉴定工作，其任务是为刑事侦查提供线索和证据。检察机关内部的司法鉴定机构设置在检察技术部门，工作的主要内容分为两大部分，一是对检察机关自侦案件中的有关刑事技术问题进行技术鉴定，二是对公安机关移送的刑事案件中的技术性证据进行文证审查。还有国家安全部门设置鉴定机构。这些为侦查工作提供技术鉴定支持而在内部设立的司法鉴定机构，分别与侦查机关、安全部门存在着隶属关系，没有独立性，属于非中立性的司法鉴定机构。

（2）社会鉴定机构经司法行政机关审核登记、公告的司法鉴定机构，被称为“社会鉴定机构”。根据《决定》，设立司法鉴定机构实行司法行政机关准入许可制度。目前经司法行政机关审核登记、公告的司法鉴定机构主要分布于科研、教育、卫生系统。这些系统由于工作的需要具有较高的科研技术水平，拥有大量的高水平人才，他们在做好本职工作的同时，充分发挥自身优势，设立了一定数量的鉴定机构，开展司法鉴定工作。此外，技术质量行政管理部门、文物管理部门、会计部门和有关专业学会或行业协会等也接受委托，对涉讼中涉及本行业业务的专门性技术问题进行检验鉴定。这些经司法行政部门审核登记的司法鉴定机构在诉讼活动中居于中立地位，它们是独立于审判和侦查机关之外、独立享有权利和承担义务的组织。

二、我国司法鉴定机构设置的具体条件

司法鉴定机构的准入制度：在司法领域，准入是诉讼参与者共同认可的一种带有自律性质的组织管理行为。司法部《司法鉴定机构登记管理办法》第13条、第14条规定，《司法鉴定许可证》是司法鉴定机构的执业凭证，司法鉴定机构必须持有省级司法行政机关准予登记的决定及《司法鉴定许可证》，方可依法开展司法鉴定活动。《决定》第5条确立了鉴定机构准入的几个条件，成为司法鉴定机构准入制度最基本的法律要求。具体包括：①有明确的业务范围；②具有业务范围内进行司法鉴定活动所必需的仪器，设备；③有业务范围内进行司法鉴定所必需的依法通过计量认证或者实验室认可的检测

实验室；④每项鉴定业务至少3名以上鉴定人。申请设立面向社会司法鉴定机构，应当向所在地的省（市）级司法行政机关提出书面申请。实行申请登记制，取得《司法鉴定许可证》在许可范围内从事鉴定工作；侦查机关内部司法鉴定机构的准入由本系统内中央和地方省、市上级机关依职权审批设立，逐级上报，依职权审批。《决定》第19条规定，法人或者其他组织申请从事司法鉴定业务，有下列情形之一的，司法行政机关不予受理，并出具不予受理决定书：①法定代表人或者鉴定机构负责人受过刑事处罚或者开除公职处分的；②法律、法规规定的其他情形。对于跨省（自治区、直辖市）设立分支鉴定机构的，除应当经拟设分支机构所在行政区域的省级司法行政机关审核登记外，还应当报经司法鉴定机构所在行政区域的省级司法行政机关同意。

根据《决定》精神，侦查机关根据侦查工作需要设立的鉴定机构，不应面向侦查系统以外的组织和个人从事司法鉴定业务。在司法实践中，上述两类机构的业务范围事实上没有明显区别。侦查机关所属鉴定机构除办理本机关及本系统委托的鉴定业务外，还办理其他侦查系统、人民法院、行政执法机关等组织委托的鉴定业务，而且不限于诉讼活动中的鉴定业务。另外，侦查机关是在刑事诉讼中行使侦查权能的特定国家机关，其所属鉴定机构不具有"中立、独立"的地位，难保其鉴定意见的客观、公正。

鉴定机构资源的规划和使用不利于司法鉴定秩序的根本改观。目前，鉴定机构和鉴定人素质层次不高，数量过多；相当部分鉴定机构的市场化运作模式，驱使其为追逐利润，迎合当事人的要求，更有甚者，出现给回扣等机构之间的不正当竞争，致使鉴定质量和鉴定的公正性无法保证等。这些问题都与鉴定机构设置制度的缺陷有关。司法鉴定机构的设置制度，应当符合司法鉴定机构的固有性质、地位和基本特征。

三、我国司法鉴定机构设置的原则

司法鉴定为诉讼提供科学证据（scientific evidence），因此司法鉴定机构的设置必须遵循公正和效率的司法原则，与我国诉讼制度保持协调统一。公正与效率是司法的两种价值，人们希望以最有效率的方式实现公正的同时又能以公正的结果实现效率。在司法鉴定机构设置过程中坚持独立性、科学性、集中统筹与合理配置的基本原则，是最终实现这两大原则的根本保障。

1. 独立性原则　司法鉴定是鉴定主体分析、判断、提供证据材料的活动，这种活动必须独立进行，才能有利于鉴定意见的客观性和公正性。鉴定机构必须是独立的法人组织，侦查机关内设的鉴定机构应当与侦查业务部门分离，司法鉴定机构相互之间无隶属关系。鉴定机构的独立最终是为了保证司法鉴定主体的独立，因此鉴定机构应对鉴定人主体活动提供必要的条件和保障，包括鉴定方案的制订、鉴定的实施、鉴定意见的出具、鉴定人出庭质证等必须独立进行。

2. 科学性原则　司法鉴定机构的设置应遵循科学性原则：其一，机构设置要符合学科理论和技术的需要，划分机构需要依据科学规律；其二，机构设置要符合技术人员和技术设施的统一需求，技术人员的数量、专业技术水平只是设立机构的条件之一，技术设施也是(场地、仪器设备等）也是完成鉴定的必备前提；其三，机构设置要处理好规模与等级的关系，强调合理的资源配置，根据司法需求，培育和发展具有不同规模的鉴定机构，或提倡设立某一专长的鉴定领域，树立鉴定机构的科学权威，淡化行政等级决定鉴定效力的观念。

3. 集中统筹与合理配置原则　在一定程度上，效率追求的是以最经济的方式来实现公正的目标，公正与效率是相互依存、相互支持的。司法鉴定机构设置的集中统筹与配置就是要体现司法效率原则。其一，整合鉴定资源，设置规模化鉴定机构。根据我国各地经济水平和地理分布结构特征，集中配置人、财、物，在全国建立规模化司法鉴定服务平台和网络，辐射全国各地，方便当事人诉讼，提升司法鉴定能力与质量。其二，设置重点化鉴定机构，充分发挥高校科研机构的资源优势，对经费投入大、鉴定量小的鉴定项目，可以引导性限量建立标准化法科学实验中心，避免重复投入的浪费。

第三节　司法鉴定人及其法律责任

一、司法鉴定人概述

何为鉴定人?《司法鉴定人登记管理办法》(司法部令第96号)第3条规定,鉴定人是指运用科学技术或者专门知识对诉讼涉及的专门性问题进行鉴别和判断并提出鉴定意见的人员。作为司法鉴定的主体,司法鉴定人必须具备一定的专门知识,并利用其专门知识对诉讼涉及的专门性问题作出判断结果。司法鉴定主体是指运用科学技术和专门知识对诉讼涉及的专门性问题进行鉴别和判断并提出鉴定意见的自然人。

(一)司法鉴定人与司法鉴定机构的关系

司法鉴定人与司法鉴定机构关系紧密,是司法鉴定管理制度的一个重要领域。其关系可以归纳为以下几方面。

1. 司法鉴定机构是司法鉴定人开展鉴定活动的载体。司法鉴定机构在法律意义上是鉴定事项的受托方,无论是当事人申请,还是法院指定,均指向鉴定机构。我国法律还未规定司法鉴定人以个人名义承接司法鉴定事项。而司法鉴定人作为司法机构的专业人员,在机构得到鉴定委托后,根据专业分工具体承办某项鉴定事项。因此,司法鉴定人是作为鉴定机构的专业执业人员开展工作的,其开展鉴定活动须以鉴定机构作为载体。

2. 司法鉴定机构为鉴定人完成鉴定活动提供保障。鉴定机构与司法鉴定人也并非完全是制度绑定关系,相反,两者各自为鉴定活动的完成提供要素支持,存在依存关系。鉴定机构所具备的鉴定设备、仪器、高标准实验室环境等硬件条件,鉴定机构管理制度和人才团队的协调配置等软件条件,均为保障鉴定活动高效、科学、规范发挥了重要的支撑作用。如果没有机构的物质支持,鉴定人专业技能的发挥也会受到极大限制。

3. 司法鉴定机构为司法鉴定人提供身份证明。根据《决定》和司法部有关司法鉴定的部门规章规定,司法鉴定意见的出具需加盖司法鉴定机构司法鉴定专用章。其主旨是证明司法鉴定活动的程序规范性以及司法鉴定人身份及其资格的合法性。

4. 司法鉴定机构是鉴定人在执业中民事责任的承担者。根据现行法律规定,司法鉴定人在执业过程中因违反法律规定、违反执业规范造成他人损失的,由鉴定人所在的鉴定机构承担民事责任。当然,鉴定机构对于鉴定人的过错行为具有内部追责的权利。由鉴定机构对鉴定人的不当行为承担民事责任,强化了对社会公众利益的保护,也有利于激励鉴定机构加强内部管理、防范执业风险,对司法鉴定人的活动起到监督制约作用。

(二)司法鉴定人的资格

司法鉴定人的资格不仅代表着鉴定人从事司法鉴定业务的职业凭证,还应包括各种与鉴定人鉴定能力密切相关的各种信息资料,如鉴定人的专业领域、鉴定人的知识技能水平、从事司法鉴定工作经历等。

《决定》第4条规定了司法鉴定主体资格的取得必须具备的条件,即:“具备下列条件之一的人员,可以申请登记从事司法鉴定业务:(一)具有与所申请从事的司法鉴定业务相关的高级专业技术职称;(二)具有与所申请从事的司法鉴定业务相关的专业执业资格或者高等院校相关专业本科以上学历,从事相关工作五年以上;(三)具有与所申请从事的司法鉴定业务相关工作十年以上经历,具有较强的专业技能。因故意犯罪或者职务过失犯罪受过刑事处罚的,受过开除公职处分的,以及被撤销鉴定人登记的人员,不得从事司法鉴定业务。”另外,为了贯彻《决定》的实施,《司法鉴定人登记管理办法》第12条规定:“个人申请从事司法鉴定业务,应当具备下列条件:(一)拥护中华人民共和国宪法,遵守法律、法规和社会公德,品行良好的公民;(二)具有相关的高级专业技术职称;或者具有相关的行业执业资格或者高等院校相关专业本科以上学历，从事相关工作5年以上；（三）申请从事经验鉴定型或者技能鉴定型司法鉴定业务的，应当具备相关专业工作10年以上经历和较强的专业技能；（四）所申请从事的司法鉴定业务，行业有特殊规定的，应当符合行业规定；（五）拟执业机构已经取得或者正在申请《司法鉴定许可证》；（六）身体健康，能够适应司法鉴定工作需要。”第13条就司法鉴定人的资格还规定了禁止申报的情形。

二、司法鉴定人的权利义务

（一）我国司法鉴定人的权利

我国法律层面上关于司法鉴定主体的权利仅在《民事诉讼法》第77条第一款作了规定：“鉴定人有权了解进行鉴定所需要的案件材料，必要时可以询问当事人、证人。”其他诉讼法律法规并未明确规定司法鉴定主体的权利。另外，司法部公布的《司法鉴定人登记管理办法》第21条规定了司法鉴定人享有九项权利。

1. 了解案件情况的权利　鉴定人有权了解、查阅与鉴定事项有关的情况和资料，有权了解进行鉴定所需要的案件材料，有权询问与鉴定事项有关的当事人、证人等。

2. 获得鉴材权　鉴定人有权要求鉴定委托人无偿提供鉴定所需要的鉴材、样本，当鉴定人在鉴定过程中发现鉴定材料不齐全、不充分或者不符合条件时，有权要求委托人补充鉴定材料。

3. 进行鉴定权　鉴定人在接受委托后，有权进行鉴定所必需的检验、检查和模拟实验等。

4. 拒绝鉴定权　鉴定人有权拒绝接受不合法、不具备鉴定条件或者超出登记的执业类别的鉴定委托。此外，当委托人提供虚假信息或者不配合鉴定人的鉴定时，鉴定人也有权拒绝鉴定。

5. 拒绝作答权　即鉴定人有权拒绝解决、回答与鉴定无关的问题。

6. 保留意见权　在多个鉴定人共同鉴定的情况下，当出现鉴定人与其他鉴定人的意见不一致时，鉴定人有权保留不同的意见，鉴定意见上要作出标注。

7. 接受培训权　鉴定人有权接受岗前培训和继续教育。

8. 获得报酬权　鉴定人在完成委托人委托的司法鉴定后，有权获得合法的报酬。

9. 其他权利　这些权利是法律法规规定的法定权利，例如人身财产不受侵犯权、独立鉴定权等。

（二）我国司法鉴定人的义务

我国关于司法鉴定人义务的规定散见于相关司法解释和规章中，法律层面的规定较少。结合《司法鉴定人登记管理办法》第22条的规定与相关司法解释，现阶段我国司法鉴定主体享有以下义务。

1. 独立鉴定义务　鉴定人受所在司法鉴定机构指派进行鉴定时，应按照规定时限独立完成鉴定工作，并出具鉴定意见。

2. 对鉴定意见负责义务　鉴定人要对自己作出的鉴定意见的客观性、合法性负责。

3. 回避义务　当遇有法定应当回避的情形时，鉴定人应退出相关鉴定活动。

4. 妥善保管义务　鉴定人应妥善保管送鉴的鉴材、样本和资料，要有高度责任心和严谨的工作态度。

5. 保密义务　鉴定人在进行司法鉴定参与诉讼活动过程中，应保守知悉的国家秘密、商业秘密和个人隐私。

6. 出庭作证义务　鉴定人依法应当出庭作证，回答与鉴定有关的询问。经法院通知，鉴定人拒不出庭作证的，其鉴定意见不得作为认定事实的依据。

7. 接受管理监督义务　为了切实保障我国司法鉴定统一管理制度，鉴定人应自觉接受司法行政机关的管理和监督、检查，以免发生混乱。

8. 参加培训义务　鉴定人应自觉参加司法鉴定岗前培训和继续教育，提高自身业务水平，这既是其权利又是其义务。

9. 其他义务　如遵守相关法律法规、遵守职业道德、科学鉴定等。

三、司法鉴定主体的法律责任

（一）司法鉴定主体的刑事责任

根据罪刑法定原则，司法鉴定人的刑事责任以构成犯罪为前提。在司法鉴定活动中，司法鉴定人可能涉及的刑事犯罪并承担刑事责任的情形如下。

（1）根据刑法第305条规定，司法鉴定人在刑事诉讼过程中，故意作虚假鉴定，隐匿事实真相，妨碍司法活动正常进行而应承担伪证罪的刑事责任。在这里要特别注意，刑法第305条明确规定了该罪适用于刑事诉讼过程中，因此对于民事诉讼、行政诉讼以及仲裁活动过程中故意作虚假鉴定等行为不适用伪证罪。

（2）具有国家工作人员身份的司法鉴定人，在接受指派或聘请进行司法鉴定活动的过程中，如果接受案件利害关系人的贿赂，从而作出虚假的鉴定意见，妨害了司法公正，就要承担受贿罪的刑事法律责任。同时，具有国家工作人员身份的鉴定人还可能构成玩忽职守罪、滥用职权罪、徇私舞弊罪等渎职犯罪。

（3）刑法第163条规定了公司、企业人员贿赂罪，2006年《刑法修正案（六）》颁布后，将“受贿罪”的主体予以扩大，包括了“其他单位的工作人员”。这样，在鉴定活动过程中，鉴定人员作为“其他单位的工作人员”利用鉴定的便利，索取他人财物或者非法收受他人财物，为他人谋取利益，数额较大的行为，构成“非国家工作人员受贿罪”。

（4）根据《刑法修正案（七）》的规定，司法鉴定人违反国家规定，将本单位在履行职责或者提供服务过程中获得的公民个人信息，出售或者非法提供给他人，构成侵犯公民个人信息罪。

（5）在诉讼活动中，唆使、协助当事人隐匿、毁灭、伪造证据，情节严重的行为，构成帮助毁灭、伪造证据罪；明知是犯罪的人而为其提供隐藏处所、财物，帮助其逃匿或者作假证明包庇的行为，构成窝藏罪和包庇罪。

（6）司法鉴定人在鉴定中获知国家秘密，如果违反国家保密法的规定，故意泄露国家秘密、情节严重的行为则构成泄露国家秘密罪。

关于司法鉴定机构的刑事责任问题，从《刑法》条文来看，绝大多数构成司法鉴定方面的犯罪并没有规定单位可以成为主体，因此，在刑事法律没有规定单位犯罪时，司法鉴定机构不成为刑事法律责任的主体，自然不承担相应的刑事责任。

《刑法修正案（七）》第7条增加了一条关于侵犯公民个人信息罪的规定：“国家机关或者金融、电信、交通、教育、医疗等单位工作人员，违反国家规定，将本单位在履行职责或者提供服务过程中获得的公民个人信息，出售或者非法提供给他人，情节严重的，处三年以下有期徒刑或者拘役，并处或者单处罚金。窃取或者以其他方法非法获取上述信息，情节严重的，依照前款的规定处罚。单位犯前两款罪的，对单位判处罚金，并对其直接负责的主管人员和其他直接责任人员，依照各该款的规定处罚。”根据该条规定，司法鉴定机构违反国家规定，将在履行职责或者提供服务过程中获得的公民个人信息，出售或者非法提供给他人，构成侵犯公民个人信息罪，承担刑事责任。

（二）司法鉴定主体的行政责任

司法鉴定人承担行政责任是指鉴定人进行鉴定活动时违反了行政法律法规而依法受到的行政处分或行政处罚，主要包括：警告、罚款、停止执业一定期间、取消其鉴定人资格和执证书等。承担行政责任的情形包括：①因严重不负责任给当事人合法权益造成重大损失的；②提供虚假证明文件或者采取其他欺诈手段，骗取登记的；③经人民法院依法通知，拒绝出庭作证的；④鉴定人违反鉴定程序、操作规程或因其他重大过失导致鉴定明显错误；⑤故意作虚假鉴定尚未构成犯罪的；⑥超出核定的范围从事鉴定、同时在两个以上司法鉴定机构执业；⑦私自接受司法鉴定委托；⑧违反保密和回避规定；⑨拒绝接受司法行政机关监督、检查或者向其提供虚假材料的；⑩鉴定人对送检材料管理不善，致使送检材料毁损、灭失、无法鉴定的；⑪法律、行政法规规定的其他情形。

在司法鉴定活动中，司法鉴定机构涉及的法律责任主要是行政责任。《决定》第13条规定：鉴定人或者鉴定机构有违反本决定规定行为的，由省级人民政府司法行政部门予以警告，责令改正。鉴定人或者鉴定机构有下列情形之一的，由省级人民政府司法行政部门给予停止从事司法鉴定业务3个月以上1年以下的处罚。情节严重的，撤销登记：①因严重不负责任给当事人合法权益造成重大损失的；②提供虚假证明文件或者采取其他欺诈手段，骗取登记的；③经人民法院依法通知，拒绝出庭作证的；④法律、行政法规规定的其他情形。《司法鉴定机构登记管理办法》第38条规定：法人或者其他组织未经登记，从事已纳入本办法调整范围司法鉴定业务的，省级司法行政机关应当责令其停止司法鉴定活动，并处以违法所得1~3倍的罚款，罚款总额最高不得超过3万元。

第39条对司法鉴定机构违反职业道德和执业纪律的十种违法行为，由省级司法行政机关依法给予警告，并责令其改正。第40条规定对下列情形由省级司法行政机关依法给予停止从事司法鉴定业务3个月以上1年以下的处罚；情节严重的，撤销登记：①因严重不负责任给当事人合法权益造成重大损失的；②具有本办法第三十九条规定的情形之一，并造成严重后果的；③提供虚假证明文件或采取其他欺诈手段，骗取登记的；④法律、法规规定的其他情形。

（三）司法鉴定主体的民事责任

《司法鉴定人登记管理办法》第31条规定，“司法鉴定人在执业活动中，因故意或者重大过失行为给当事人造成损失的，其所在的司法鉴定机构依法承担赔偿责任后，可以向有过错行为的司法鉴定人追偿。”第41条规定，“司法鉴定机构在开展司法鉴定活动中因违法和过错行为应当承担民事责任的，按照民事法律的有关规定执行。”根据上述规定，承担民事责任的主体，是司法鉴定机构。司法鉴定机构是接受鉴定委托的主体，因此，其也是民事责任的主体。司法鉴定机构依照民事法律的规定承担民事责任后，可以向有故意或者重大过失行为的司法鉴定人追偿。

司法鉴定人民事责任的性质？对其追究合同责任还是侵权责任？英美法系和大陆法系的做法存在一定差别。前者倾向于追究合同责任，后者则倾向于追究侵权责任。关于司法鉴定人民事责任的性质，国内、国外学界存在着违约责任说、侵权责任说和责任竞合说三种学说。

违约责任是违反合同的民事责任的简称，是指合同当事人一方不履行合同义务或履行合同义务不符合合同约定所应承担的民事责任。鉴定人的违约责任是指鉴定人违反委托合同中的约定义务或法定义务而依法应当承担的法律责任。合同是判断违约责任存否的前提。《决定》第8条规定：鉴定机构接受委托从事司法鉴定业务，不受地域范围的限制。第9条规定：鉴定人从事司法鉴定业务，由所在的鉴定机构统一接受委托。《司法鉴定机构管理登记办法》第8条：司法鉴定机构统一接受委托，组织所属的司法鉴定人开展司法鉴定活动，遵守法律、法规和有关制度，执行统一的司法鉴定实施程序、技术标准和技术操作规范。《司法鉴定程序通则》第12条规定：司法鉴定机构接受鉴定委托，应当要求委托人出具鉴定委托书，提供委托人的身份证明，并提供委托鉴定事项所需的鉴定材料。委托人委托他人代理的，应当要求出具委托书。鉴定人在鉴定活动中与当事人形成委托合同关系。

有合同就可能有违约，有违约就会产生违约责任。在司法鉴定过程中，产生违约责任的情形一般包括：鉴定人超越权限而为鉴定；随意破坏送检的检材、样本、资料；擅自变更、拖延或终止鉴定任务或无正当理由不按时出庭接受质证等情形。

侵权责任是指民事主体因实施侵权行为而应承担的民事法律后果。鉴定人的侵权责任则是指鉴定人违反法律规范及技术性规范与行业惯例，不法侵害委托人或第三人的人身、财产权益所应承担的民事责任。司法鉴定活动作为专门问题的判断，所涉及的法律规范及技术性规范与行业惯例非常多，因此造成侵权，承担侵权责任也就不足为怪了。司法鉴定产生鉴定人侵权责任的情形主要有：因虚假、错误鉴定使当事人败诉造成财产损失的情形；因泄露当事人的商业秘密或其他隐私而造成的其他损失；法院采纳了鉴定人的错误鉴定而使相关当事人人身和财产所遭受的损失；鉴定人在鉴定过程中给当事人人身、财产造成直接损害的情形。

责任竞合是指由于某种法律事实的出现而导致两种或两种以上的责任产生，并使这些权利产生冲突的现象，在民法中，责任竞合主要表现为违约责任与侵权责任的竞合。即行为人实施的某一违法行为，具有违约行为和侵权行为的双重特征，从而在法律上导致了违约责任和侵权责任的共同产生。从权利人（受害人）的角度看，因不法行为人的行为多重性导致责任的多重性，使其具有因多种性质的违法行为而产生的请求权，此种现象称为请求权的竞合。这正符合了司法鉴定的实际情况，多重鉴定行为导致了多重的责任，这时如果单纯按照违约责任处理可能难以充分保障委托人的合法权益，比如，司法鉴定人在鉴定过程中没有按照专业要求的鉴定事项完成全部的鉴定，而当事人由于不懂专业根本没有做特别委托，或者在鉴定中重要证据损坏或丢失，但双方在委托合同中没有约定该证据的价值或赔偿方案，显然，在这些情况下，单独适用违约责任来解决似乎不太妥当。根据《中华人民共和国合同法》规定：因当事人一方的违约行为，侵害对方人身、财产权益的，受损害方有权选择依照《合同法》要求其承担违约责任或者依照其他法律要求其承担侵权责任。《最高人民法院关于适用〈中华人民共和国合同法〉若干问题的解释（一）》第30条进一步规定："债权人依照合同法第122条的规定向人民法院起诉时作出选择后，在一审开庭以前又变更诉讼请求的，人民法院应当准许。对方当事人提出管辖权异议，经审查异议成立的，人民法院应当驳回起诉。"这时委托人就可以选择违约之诉或侵权之诉维护自己的权益。这也体现了对受害人意愿的尊重和权利的保护。

本章小结

1. 司法鉴定及其制度是我国理论界和实践领域长期探讨的热点问题，观点和见解不断变化创新，争论交锋此起彼伏，对我国现行体制、机制的批判如火如荼。作为教材，我们仅根据现行法律规范进行常识性介绍。

2. 有关国外司法鉴定制度及其运行的资料已有诸多介绍，国外相关法庭科学领域发展因国情而异，对其规律性总结仁者见仁智者见智。作为教材我们未进行系统梳理，有兴趣的学生可以自学有关文献。

（王丽霞　魏曙光　邓　虹）

讨论题

1. 司法鉴定概念中"专门性问题"的范围？
2. 当前我国司法鉴定机构设置现状及存在的问题？

思考题

1. 司法鉴定的基本属性？
2. 司法鉴定人与司法鉴定机构之间的关系？
3. 我国司法鉴定人享有的基本权利？

第七章　司法鉴定程序规范

学习目标

通过本章的学习，你应该能够

掌握　法医鉴定的委托和受理程序、法医鉴定实施程序、法医鉴定文出具要求、法医鉴定管理程序。

熟悉　法医鉴定程序规范的意义、法医鉴定诉讼性质、鉴定程序及执业类别分类、法医鉴定的申请与决定。

了解　法医鉴定目的分类法。

司法鉴定程序是指司法鉴定机构和司法鉴定人(forensic expert or medical examiner)进行司法鉴定活动应当遵循的方式、方法、步骤以及相关的规则和标准。司法鉴定程序有两种含义：一是鉴定在整个诉讼活动中的程序，二是鉴定活动本身的程序。司法鉴定在诉讼活动中的程序内容包括司法鉴定的启动，鉴定机构或鉴定人的选任，鉴定的委托、受理、实施，鉴定意见的举证、质证以及认证等过程；司法鉴定活动自身的程序内容则包括了解案情，检材、样本的提取、保存，对检材或样本进行检验，对检验结果进行论证和说明，出具书面鉴定意见等步骤。

司法鉴定程序的规范具有重要的意义。第一，它决定鉴定意见是否具有合法性，如果司法鉴定活动违反了司法鉴定程序，那么鉴定意见将不能作为认定案件事实的证据。第二，司法鉴定程序保障了司法鉴定的客观、公正，鉴定程序规范了鉴定的启动，实施和鉴定意见的举证、质证、认证，有效地避免了鉴定人认识活动的随意性。而关于鉴定人回避、鉴定人及鉴定机构应负的法律责任等规定，有利于保证鉴定活动的公正。第三，有利于提高诉讼效率。司法鉴定程序对鉴定人数、鉴定期限、重复鉴定的启动等相关规定，有利于提高鉴定的效率和诉讼的效率。第四，预防司法鉴定腐败。总之，司法鉴定程序规范了鉴定机构和鉴定人的鉴定行为，通过一定的监督机制和法律责任制度，预防司法鉴定腐败行为的发生，保证鉴定意见的科学、客观、公平、公正。

第一节　司法鉴定分类

根据不同目的和标准，可以对司法鉴定进行不同分类。从诉讼应用角度来讲，常用的分类有四种。

一、诉讼性质分类法

按诉讼性质可分为刑事诉讼司法鉴定、民事诉讼司法鉴定、行政诉讼司法鉴定和自行鉴定等。

1. 刑事诉讼司法鉴定　又称刑事鉴定，是指按照《刑事诉讼法》等的规定，对刑事诉讼案件中的专门性问题进行的鉴定。

2. 民事诉讼司法鉴定　又称民事鉴定，是指按照《民事诉讼法》等的规定，对民事诉讼案件中的专门性问题进行的鉴定。

3. 行政诉讼司法鉴定　指按照《行政诉讼法》等的规定，对行政诉讼案件中的专门性问题进行的鉴定。

4. 自行鉴定　指案件进入诉讼程序前（司法机关未受理、立案之前），由诉讼当事人一方自行委托有合法资质的鉴定机构进行的鉴定，故又称当事人举证鉴定或诉前鉴定。

上述分类的主要依据和基础是不同性质的诉讼所涉及的实体法事实、程序法事实、调查取证主体、举证责任与证明责任承担主体、证明标准严格程度等均有所不同，相应的诉讼中涉及的“专门性问题”的性质和内容，以及提请（申请）、决定、委托的主体、鉴定意见的审查判断主体、鉴定实施过程中鉴定人对被鉴定人或物的检查检验权限、鉴定人虚假鉴定后可能面临的责任性质等亦有所不同。

二、司法鉴定程序分类法

根据司法鉴定程序的性质、作用和组织方式，可分为初次鉴定、补充鉴定、重新鉴定和共同鉴定等。

1. 初次鉴定　指针对案件同一鉴定对象或同一专门性问题进行的第一次鉴定。

2. 补充鉴定　是在原来鉴定的基础上，为了更明确、更全面地反映待证事实，由原鉴定人或其他鉴定人对其中的个别问题进行修正或补充性鉴定后作出判断的一种活动。补充鉴定是原鉴定的继续，是对原鉴定进行补充、修正、完善的再鉴定活动，重新鉴定程序中也可以产生补充鉴定活动。

3. 重新鉴定　指已经过鉴定的专门性问题，由于原鉴定在程序、方法、结果等方面存在缺陷或争议，应诉讼当事人申请并经司法机关决定，或司法机关依职权自行决定进行的再次鉴定。

4. 共同鉴定　指为了解决某些重大、疑难、复杂的专门性问题，由超过一个鉴定机构的多名鉴定人对同一专门性问题进行集体鉴定的程序。共同鉴定可以是初次鉴定，也可以是补充鉴定或重新鉴定。

三、司法鉴定目的分类法

根据司法鉴定目的或者鉴定意见确定案件事实可分为确定同一的鉴定、确定种属或种类的鉴定、确定事实真伪的鉴定、确定事实有无的鉴定、确定事实程度的鉴定、确定事实因果关系的鉴定和确定鉴定客体来源与出处的鉴定等。

1. 确定同一的鉴定　指确定案件中有关的人或物是否同一的鉴定。根据具体对象的不同，又分为人的同一认定鉴定和物的同一认定鉴定两类。人的同一认定鉴定常用的方法主要有指纹鉴定、手印鉴定、赤足脚印鉴定、牙印鉴定、声纹鉴定、笔迹鉴定，以及用STR DNA鉴定进行的个人识别鉴定和亲子鉴定等。物的同一认定鉴定常用的方法有鞋印鉴定、枪弹痕迹鉴定、工具痕迹鉴定和印章印文鉴定等。

2. 确定种属或种类的鉴定　指确定鉴定客体的种属或种类范围或异同的鉴定。这类鉴定常用的方法主要有毒物毒品种类鉴定、金属微粒等微量物证种类鉴定、爆炸物残留物种类鉴定、枪弹射击残留物种类鉴定、火灾现场残留物种类鉴定、采用血型鉴定与线粒体DNA（mtDNA）鉴定进行的个人识别鉴定及动植物种属鉴定等。

3. 确定事实真伪的鉴定　指确定案件中的某些争议事实真假的鉴定。这类鉴定常见的主要有确定笔迹、印章印文、货币、证券、商标、证件、证书、票证和公文等真伪的鉴定。

4. 确定事实有无的鉴定　指通过对鉴定客体的检验，确定某种待证事实是否存在的鉴定。最常见的是各类诉讼中需要确定是否存在损害事实的鉴定，如有无人身损害、物品的损坏等。另外还包括对某些行为是否发生过的认定，如通过文书鉴定确认是否发生过刮擦、消退、掩盖、添写、密写和损毁行为等。法医毒物分析常用的定性分析方法其实也是一种确定事实有无的鉴定。

5. 确定事实程度的鉴定　指确定案件中需要查明的事实损害程度的鉴定。这类鉴定较常见的有医疗事故技术鉴定中确定医疗事故等级、交通事故受伤人员伤残等级、工伤事故中劳动能力丧失程度、责任事故中机器设备损害程度、伤害案件中活体损伤程度、司法精神病学鉴定中责任能力和行为能力等的鉴定。

6. 确定事实因果关系的鉴定　指对案件中某种事实造成的结果或对引起某种事实发生的原因进行分析和评断的鉴定。较常见的有死亡原因、交通事故原因、火灾事故原因和医疗事故原因等的鉴定。这种鉴定通常是一种综合性的鉴定，即需要综合考察多种鉴定材料，运用多种检查、检验技术和学科理论，通过逻辑推理等手段才能得出客观、准确的结论。

7. 确定鉴定客体来源与出处的鉴定　指确定某些物品，如纸张、墨水、印刷器等的生产销售厂家、商家，微量物证泥土来源地，动物昆虫栖息地、孳生地和植物种子生长地等的鉴定。

四、执业类别分类法

执业类别是指确定司法鉴定人执业资格和司法鉴定机构鉴定业务范围的依据。针对法医而言，主要包括以下几类。

1. 法医病理鉴定　指运用法医病理学的理论和技术，通过尸体外表检查、尸体解剖检验、组织切片观察、毒物分析和书证审查等，对涉及与法律有关的医学问题进行鉴定或推断。其主要内容包括死亡原因鉴定、死亡方式鉴定、死亡时间推断、致伤（死）物认定、生前伤与死后伤鉴别、死后个体识别等。

2. 法医临床鉴定　指运用法医临床学的理论和技术，对涉及与法律有关的医学问题进行鉴定和评定。其主要内容包括人身损伤程度鉴定、损伤与疾病关系评定、道路交通事故受伤人员伤残程度评定、职工工伤与职业病致残程度评定、劳动能力评定、活体年龄鉴定、性功能鉴定、医疗纠纷鉴定、诈病（伤）及造作病（伤）鉴定、致伤物和致伤方式推断等。

3. 司法精神病鉴定　指运用司法精神病学的理论和方法，对涉及与法律有关的精神状态、法定能力（如刑事责任能力、受审能力、服刑能力、民事行为能力、监护能力、被害人自我防卫能力、作证能力等）、精神损伤程度、智能障碍等问题进行鉴定。

4. 法医物证鉴定　指运用免疫学、生物学、生物化学、分子生物学等的理论和方法，利用遗传学标记系统的多态性对生物学检材的种类、种属及个体来源进行鉴定。其主要内容包括个体识别、亲子鉴定、性别鉴定、种族和种属认定等。

5. 法医毒物鉴定　指运用法医毒物学的理论和方法、结合现代仪器分析技术，对体内外未知毒（药）物、毒品及代谢物进行定性、定量分析，并通过对毒物毒性、中毒机制、代谢功能的分析，结合中毒表现、尸检所见，综合作出毒（药）物中毒的鉴定。

第二节　司法鉴定启动程序

在司法鉴定程序的各环节中，启动程序是司法鉴定的前提条件，包括司法鉴定申请、决定与委托三大阶段。对于诉讼案件中鉴定的启动，《刑事诉讼法》第87条规定："对案件中的专门性问题需要鉴定，但没有法定司法鉴定机构，或者法律、司法解释规定可以进行检验的，可以指派、聘请有专门知识的人进行检验，检验报告可以作为定罪量刑的参考"；《民事诉讼法》第76条规定："当事人可以就查明事实的专门性问题向人民法院申请鉴定。当事人申请鉴定的，由双方当事人协商确定具备资格的鉴定人；协商不成的，由人民法院指定；当事人未申请鉴定，人民法院对专门性问题认为需要鉴定的，应当委托具备资格的鉴定人进行鉴定"。最高人民法院《关于民事诉讼证据的若干规定》第26条规定："当事人申请鉴定经人民法院同意后，由双方当事人协商确定有鉴定资格的鉴定机构、鉴定人员，协商不成的，由人民法院指定"。换言之，检察机关、侦查机关、人民法院对申请方的鉴定申请认可后，应当根据诉讼类型和案件情况采取不同方式选聘鉴定机构和鉴定人。刑事诉讼在侦查初期的鉴定一般由侦查机关直接指派或聘请鉴定机构或鉴定人进行鉴定；在侦查后期及诉讼中的鉴定则必须考虑申请方的意见；民事诉讼中进行鉴定委托要由人民法院与双方当事人共同决定，协商不成时，由法院指定。

司法鉴定启动程序被认为是司法鉴定的关键程序。由谁决定是否启动及由谁进行鉴定是司法鉴定中非常重要的环节，它直接决定着一国鉴定程序的特征，并直接反映整个诉讼结构的价值取向。对于司法鉴定启动程序的不同设置模式，反映了各国不同的法律制度和诉讼文化。目前主要有两种颇具代表性的司法鉴定启动方式，一种是为英美法系国家采用的“当事人主导型”模式，即是否需要鉴定，进行何种鉴定以及由谁来进行鉴定等事项均由诉讼当事人自己决定；另一种是为大陆法系国家所普遍实行的“法官主导型”模式，即决定鉴定的开始和选任鉴定人均由法官依职权进行。长期以来，我国的司法鉴定启动程序主要以“法官主导型”模式为主导，但是在某些具体规定上也在一定程度上体现了英美法系模式的某些特点。

目前在我国，刑事诉讼中司法鉴定启动权，在不同的诉讼阶段分别由公安机关、检察机关、人民法院行使；在民事诉讼司法鉴定中居于主导地位的是法院，当事人只享有申请初次鉴定和重新鉴定的权利；在道路交通事故司法鉴定中，依据委托要求不同，分别由当事人授权律师、公安机关、人民法院启动鉴定；在亲子鉴定案件中，依据委托要求不同，分别由当事人、居委会或村委会、行政机关或司法机关启动鉴定；与社会保险相关的鉴定，由保险公司启动；涉及医疗事故或医疗纠纷的司法鉴定，可由卫生行政机关或双方当事人共同委托。

一、司法鉴定的申请与决定

（一）司法鉴定的申请

司法鉴定的申请是指诉讼当事人及其利害关系人向司法机关提出进行司法鉴定的要求。因当事人在刑事诉讼、民事诉讼中举证责任不同，其鉴定的申请权也有所区别。

1. 民事诉讼中司法鉴定的申请　在民事诉讼中，当事人双方地位平等，法官居中裁判，诉讼活动围绕这三方的互动展开。民事诉讼司法鉴定的启动环节存在三个问题：一是由哪一方来启动司法鉴定；二是由哪一方来选择需要进行鉴定的案件事实；三是由哪一方对鉴定机构或鉴定人进行选择。这也是民事诉讼司法鉴定启动中的主导地位的归属问题。在我国，民事诉讼司法鉴定中居于主导地位的是法院，当事人只享有申请初次鉴定和重新鉴定的权利。2002年最高人民法院《关于民事诉讼证据的若干规定》出台后，当事人对民事诉讼司法鉴定的启动拥有了一定的影响力。《民事诉讼法》第49条规定：“当事人有权委托代理人，提出回避申请，收集、提供证据，进行辩论，请求调节，提出上诉，申请执行”；最高人民法院《关于民事诉讼证据的若干规定》第25条规定：“当事人申请鉴定，应当在举证期限内提出，对需要鉴定的事项具有举证责任的当事人在人民法院指定的期限内无正当理由不提出鉴定申请或不预交鉴定费用或拒不提出鉴定相关材料，致使对案件争议的事实无法通过鉴定意见予以认定，应当对该事实承担举证不能的法律后果”；第26条规定，鉴定必须依当事人的申请并经法院同意而启动。由于鉴定意见属于证据之一，如果当事人需要收集该证据的话，就需要委托鉴定。虽然当事人可以在诉前自行委托鉴定，但进入诉讼程序以后，当事人自行委托的鉴定往往不被鉴定部门受理或在诉讼中不被认可，另有一些鉴定若是非法院等司法机关委托的鉴定机构也不予受理。因此，民事诉讼中的当事人如果要利用鉴定意见举证的话，应申请人民法院委托鉴定，当事人及代理人没有司法鉴定的实质启动权，而仅有启动鉴定程序的申请权。

2. 刑事诉讼中司法鉴定的申请　刑事诉讼分为侦查、起诉、审判三个阶段。在我国刑事诉讼中，司法鉴定启动权分别由公安机关、检察机关、法院行使。在侦查阶段，由公安机关提出申请，县级以上公安机关负责人批准；在审查起诉阶段，由检察机关提出申请，检察长批准；在审判阶段，由人民法院直接指派或聘请。在我国，当事人仅享有补充鉴定和重新鉴定请求权。

在侦查阶段，当事人没有鉴定启动权的理由如下：①符合侦查权的主动性特征，在刑事案件发生后，侦查机关负有立案和侦查的义务，侦查是一个主动收集、调查有罪和无罪证据的过程，而被害人或者嫌疑人是被调查的对象，他们处于被动的地位；②符合侦查阶段的保密原则，侦查是秘密进行的，哪些问题需要鉴定，当事人可能或者根本不清楚，他们无法行使启动权；③符合侦查迅速、及时的原则，如果当事人在侦查阶段提出鉴定必然影响或者延误侦查的时机，也不排除当事人故意利用鉴定来迷惑侦查人员。

在起诉阶段和审判阶段，由于侦查已终结，案件大部分事实已查清，证据已固定下来，控辩双方展开真正的对抗，所以应当赋予当事人鉴定申请权。《律师法》规定："律师担任辩护人的，自人民检察院对案件审查起诉之日起，有权查阅、摘抄、复制本案的案卷材料"，使律师对案件证据有了全面的掌握，对是否需要鉴定应与当事人商议后方能决定。

3. 道路交通事故司法鉴定的申请　我国目前正处于道路交通事故的高发期。事故通常会给个人、家庭和社会造成财产损失甚至人身伤亡。对于已发生的交通事故，必须弄清楚事故真相，为交通事故的勘查处理、责任认定与善后赔偿等工作打下基础。鉴于道路交通事故发生过程的动态复杂性、产生原因的多样性以及法律对事故证据要求的严肃性，在涉及人身伤害的道路交通事故或涉嫌酒驾、毒驾的当事人必须进行司法鉴定。道路交通事故司法鉴定既是一项专门的技术，更是一项法律执业活动，必然会在事故当事人、道路交通事故处理的行政部门（或法院）、鉴定机构及其鉴定人之间形成一种事实上的鉴定委托法律关系。

在道路交通事故司法鉴定中，依据委托要求不同，分别由当事人授权律师、公安机关、人民法院启动鉴定。在有些交通事故案件的诉讼中，将伤残评定、财物损失评估作为诉讼立案的前置条件，当事人必须先行自找鉴定机构实施鉴定，在这种情况下当事人需授权律师向鉴定机构提出申请并委托。公安机关委托的鉴定，是公安机关道路交通管理部门依据道路交通安全法及道路交通事故处理程序的规定，对道路交通事故处理过程中的相关问题委托相关机构予以鉴定，以获取更真实、权威、有效的鉴定意见。它有助于还原交通事故真实发生过程，确认事故损害后果。人民法院委托的鉴定，是人民法院对正在诉讼中的道路交通事故，从确认道路交通事故处理中已经取得的证据材料的真实性、合理性、不完善性等方面，委托司法鉴定机构对某些疑难性的专业问题进行鉴定的过程，其鉴定意见更富法律有效性。

（二）司法鉴定的决定

司法鉴定的决定是指司法机关对司法鉴定申请人所提出的鉴定申请作出是否同意鉴定的答复。司法鉴定决定的具体程序包括以下两点。

1. 鉴定申请的审查　司法机关在收到鉴定申请后应进行形式审查。如果鉴定申请符合申请的条件，应当受理；如果不符合申请鉴定所要求内容的，应要求申请人补充完善，口头补充的应记录在案。

2. 决定的作出　司法机关可根据案件的需要主动决定鉴定或者根据申请主体的鉴定申请决定是否启动鉴定程序。如果是依职权主动决定鉴定的，应将决定的依据记录在案；如系对鉴定申请的决定，应以书面形式及时通知申请人，对于作出不同意鉴定的决定应当附理由。

二、司法鉴定的委托

司法鉴定的委托是指司法鉴定的委托主体向司法鉴定实施主体提出司法鉴定的要求。鉴定委托权是指选择并委托鉴定人实施鉴定的权利，鉴定委托权依附于鉴定决定权而存在，凡具有鉴定决定权的机构或人都可以进行委托。鉴定委托程序主要包括委托主体确认鉴定资料、选任鉴定机构或鉴定人、出具鉴定委托书等。

（一）委托主体

《司法鉴定程序通则》规定，在诉讼活动中，司法鉴定机构应当依法接受人民法院的司法鉴定委托；根据诉讼需要，可以依法接受检察机关、侦查机关的鉴定委托。特殊情形下，经人民法院同意，司法鉴定机构可以依法接受诉讼当事人及其监护人、辩护人、诉讼代理人的司法鉴定委托。

在刑事案件中，司法鉴定的委托权在公安机关、检察机关和人民法院，当事人只有在案件移送审查起诉之日起，才具有申请补充鉴定和重新鉴定的权利。案件在检察机关的由检察机关的鉴定人员进行鉴定；在人民法院的，由人民法院委托司法鉴定机构进行鉴定。

在民事诉讼中，鉴定的委托权主要在人民法院。但最高人民法院《关于民事诉讼证据的若干规定》第28条规定："一方当事人自行委托鉴定有关部门作出的鉴定意见，另一方当事人有证据足以反驳并申请重新鉴定的，人民法院应予准许"，该规定是将当事人自行委托鉴定的鉴定意见看作是当事人提供的证据，既然如此，就可以推断出当事人可以"绕过"法院而不必提出鉴定申请、也不必经过法院的同意，完全可以自主委托鉴定，从这个角度看，在某种程度上我国法律已赋予当事人委托权。

在道路交通事故司法鉴定中，委托的主体可以是当事人所授权的律师，也可以是公安机关、人民法院。值得注意的是，在道路交通事故处理过程中，由于该类案件的特殊性，在委托时限上有特殊的要求。《道路交通事故处理程序规定》第50条规定：需要进行检验、鉴定的，公安机关交通管理部门应当按照有关规定，自事故现场调查结束之日起三日内委托具备资质的鉴定机构进行检验、鉴定。尸体检验应当在死亡之日起三日内委托。对现场调查结束之日起三日后需要检验、鉴定的，应当报经上一级公安机关交通管理部门批准。对精神疾病的鉴定，由具有精神病鉴定资质的鉴定机构进行。第51条规定：公安机关交通管理部门应当与检验、鉴定机构确定检验、鉴定完成的期限，确定的期限不得超过二十日。超过二十日的，应当报经上一级公安机关交通管理部门批准，但确定的期限最长不得超过六十日。第55条规定：公安机关交通管理部门应当对检验报告、鉴定意见进行审核，并在收到检验报告、鉴定意见之日起五日内，将检验报告、鉴定意见复印件送达当事人。第56条规定：当事人对检验报告、鉴定意见有异议，申请重新检验、鉴定的，应当自公安机关交通管理部门送达之日起三日内提出书面申请。同一交通事故的同一检验、鉴定事项，各方当事人申请重新检验、鉴定，以一次为限。第57条规定：重新检验、鉴定应当另行委托鉴定机构。没有条件另行委托鉴定机构的，由原鉴定机构另行指派鉴定人。

在亲子鉴定案件中，依据委托要求不同，委托的主体可分别是当事人、居委会或村委会、行政机关或司法机关；与社会保险相关的鉴定，委托主体是保险公司；涉及医疗损害或医疗纠纷的司法鉴定，委托主体为卫生行政机关、专门的调解组织或医患双方。

（二）确认鉴定材料

鉴定材料包括检材和鉴定资料。检材是指与鉴定事项有关的生物检材和非生物检材，如体液、毒物等；鉴定资料是指存在于各种载体上与鉴定事项有关的记录，如活体或尸体的检查记录、患者的病历、各种检查报告等。委托主体应当向受委托的鉴定机构提供真实、完整、充分的鉴定材料，并对鉴定材料的真实性、合法性负责。

（三）鉴定机构及鉴定人的选任

一般情况下，司法鉴定的委托主体可以根据鉴定工作的需要以及司法鉴定人的条件选任鉴定机构和鉴定人。

1. 鉴定机构的选任　在司法鉴定实践中，一般是委托鉴定机构而不是委托自然人。受委托的鉴定机构必须持有《司法鉴定许可证》，它是司法鉴定机构的执业凭证，由司法部统一监制，使用期限为五年。各省、直辖市均有司法行政机关编制的司法鉴定机构和鉴定人名册，可由委托主体从中指定或随机抽取。如果双方当事人同时提出鉴定申请，应当由双方当事人协商选择一个鉴定机构，协商不成的，由法院指定鉴定机构。法医实践中，双方当事人都要求鉴定的情况比较多，这主要是由于一方当事人对另一方当事人委托的鉴定机构一般是不信任的，因此双方当事人对鉴定机构达成一致意见的可能性较小，此时赋予法院指定鉴定机构的权力是十分有必要的。在这种情况下，为保证鉴定的中立和公正，多采用随机抽取的方法选任鉴定机构。

2. 鉴定人的选任　司法鉴定机构确定后，如果委托主体明确指出鉴定人的，除因回避、超出鉴定业务范围等原因不能接受鉴定外，该鉴定机构应当指派该鉴定人进行鉴定；如果委托主体只是委托了某个鉴定机构而未明确指出该机构的具体鉴定人，则由该鉴定机构向委托主体介绍自己所聘任的鉴定人的基本情况，由委托主体选择；委托主体不选择或同意鉴定机构指定的，由该鉴定机构自由决定该鉴定业务范围内的鉴定人。

在鉴定人选任过程中，要严格执行鉴定人回避制度（rule of avoidance）。《司法鉴定程序通则》第20条规定："有下列情形之一的，司法鉴定人应当回避：①司法鉴定人是委托鉴定事项涉及案件的当事人或者当事人近亲属的；②司法鉴定人或者其近亲属与委托鉴定事项有利害关系的；③司法鉴定人曾被聘请为有专门知识的人参与过与委托鉴定事项有关的法庭质证的；④司法鉴定人担任过与委托鉴定事项有关的侦查员、检察员、辩护人、诉讼代理人的；司法鉴定机构与委托鉴定事项存在利害关系，可能影响独立、客观、公正进行鉴定的，应当回避"。第21条规定："司法鉴定人自行提出回避的，由其所属的司法鉴定机构决定；委托人要求司法鉴定人回避的，应当向该司法鉴定人所属的司法鉴定机构提出，由司法鉴定机构决定。委托人对司法鉴定机构是否实行回避的决定有异议的，可以撤销鉴定委托。当事人要求司法鉴定人或者司法鉴定机构回避的，应当向委托人提出"。第35条规定："进行重新鉴定，对参加过同一鉴定事项初次鉴定的，或在同一鉴定事项鉴定过程中作为专家提供过咨询意见的鉴定人应当回避"。

（四）出具鉴定委托书

在确定了鉴定机构和鉴定人、鉴定材料准备充分后，委托主体要出具鉴定委托书。鉴定委托书应当载明：①委托机关或委托人的名称或姓名；②拟委托司法鉴定机构的名称；③委托的鉴定事项、委托事由；④送检人姓名、职务、工作单位、联系电话、通讯地址和邮政编码；⑤案件或事件的简要情况；⑥送检检材、物品和样本的载体、名称、数量、性状及包装等情况；⑦检验鉴定的具体要求；⑧补充鉴定、重新鉴定时应提交原鉴定文书及当事人等对原鉴定意见的异议理由；⑨委托单位负责人的意见（应加盖委托单位的公章）。

第三节　司法鉴定操作程序

司法鉴定委托主体完成委托后，所委托的鉴定机构或鉴定人必须按照鉴定的受理、实施、出具鉴定意见等程序具体实施司法鉴定行为。在诉讼活动中，司法鉴定机构应当依法接受人民法院的鉴定委托；根据诉讼需要，可以依法接受检察机关、侦查机关的鉴定委托。经人民法院同意或者经民事争议双方当事人同意，司法鉴定机构可以依法接受诉讼当事人及其监护人、辩护人、诉讼代理人的司法鉴定委托。

一、司法鉴定受理

司法鉴定受理是指司法鉴定机构或鉴定人对司法鉴定委托要求进行审查并作出是否接受的工作程序。

1. 委托审查　司法鉴定机构收到委托，应当对委托的鉴定事项、鉴定要求、鉴定材料进行审查，对属于本机构司法鉴定业务范围，委托鉴定目的及鉴定要求合法，提供的鉴定材料能够满足鉴定要求的，应当予以受理。对提供的鉴定材料不完整、不充分的，司法鉴定机构可以要求委托人补充；委托人补充齐全的，可以受理。

具体而言，司法鉴定受理过程主要包括以下几项工作：①查验《司法鉴定委托书》，审查鉴定委托主体的资格是否符合法律规定。②听取委托方介绍与鉴定相关的案情和具体要求，但委托方不得暗示或者明示鉴定机构或鉴定人作出某种倾向性的鉴定意见。③与委托人一起共同审查、核对鉴定材料的名称、来源、提取与固定方法、产生的时间、数量、质量、性状、保存状况等。鉴定委托方要对鉴定材料来源的可靠性、真实性、合法性负责，要对每件（份）材料的来源情况予以说明并签名确认。受理方应逐一核实有关情况并对鉴定条件提出意见。④根据鉴定材料的状况共同商定鉴定要求。受理方审查鉴定材料后，与委托方共同决定是维持原鉴定要求还是修改鉴定要求。

2. 受理时限　司法鉴定机构对符合受理条件的鉴定委托，应当即时作出受理的决定；不能即时决定受理的，应当在七个工作日内作出是否受理的决定，并通知委托人；对通过信函提出鉴定委托的，应当在收到信函七个工作日内作出是否受理的决定，并通知委托人；对重大疑难、特殊复杂鉴定事项的委托，可以与委托人协商确定受理的时间。

3. 不予受理情形　①委托事项超出本机构司法鉴定业务范围的；②发现鉴定材料不真实、不合法或者不完整、不充分或者不能满足鉴定要求的；③鉴定事项的目的不合法或者违背公德的；④鉴定要求不符合司法鉴定执业规则或者相关鉴定技术规范的；⑤鉴定要求超出本机构技术条件和鉴定能力的；⑥委托人就同一鉴定事项同时委托其他鉴定机构进行鉴定的；⑦要求对其他司法鉴定机构出具的鉴定意见进行鉴定的；⑧鉴定人受到当事人或者利害方的人身攻击或者威胁，人身安全得不到保障的；⑨委托人要求或者暗示司法鉴定机构和司法鉴定人按其意图或者特定目的出具鉴定意见的；⑩司法鉴定机构应当回避的；⑪其他不符合法律、法规、规章、规定情形的。

对不予受理的，应当以书面形式向委托人说明理由，并退还其提供的鉴定材料。

4. 签订协议　司法鉴定机构决定受理鉴定委托的，应当与委托人在协商一致的基础上签订司法鉴定协议书，协议书应当载明下列事项：①委托人和司法鉴定机构的基本情况；②委托鉴定事项及目的；③委托鉴定要求；④委托鉴定事项涉及案件的简要情况；⑤委托人提供的鉴定材料的目录、种类、数量、性状、保存状况；⑥委托鉴定事项是否属于重新鉴定；⑦鉴定过程中双方的权利、义务；⑧鉴定时限；⑨鉴定费用、出庭作证相关费用及交付方式；⑩鉴定机构对鉴定结果的风险提示；⑪委托人或者当事人双方对鉴定标准有特别约定的；⑫鉴定文书的发送方式；⑬其他需要载明的事项。

因鉴定需要耗尽或者可能损坏鉴定材料的，或者在鉴定完成后无法完整退还鉴定材料的，应当事先向委托人讲明，征得其同意，并在司法鉴定协议书中载明。在司法鉴定过程中需要变更协议书内容的，应当由协议双方协商确定。

5. 收取鉴定费　鉴定费是指司法鉴定机构应委托人的申请、按照国家有关技术规程和标准对所委托事项等进行鉴定时，依法应收取的服务费用。鉴定费由鉴定的劳务费、材料消耗费、仪器使用费以及其他必需的费用组成。鉴定费的标准一般由物价部门审核确定，鉴定机构必须严格遵守，禁止乱收费。需要注意的是，鉴定费不包括鉴定所需的调查费和鉴定人出庭作证所需的费用，这些费用应当根据实际支出核定。如果申请鉴定的当事人确有困难的，鉴定机构应该适当减免；对特别困难的可实行"鉴定援助"，只收取最低标准的材料消耗费和仪器使用费，或者全部免除鉴定费用。收取鉴定费应该严格遵守国家财务、税务制度，出具合法的收费票据。

根据诉讼性质和申请鉴定的方式不同，法律对于鉴定费由谁承担的规定并不一致。一般来说，在刑事诉讼中，如果是司法机关依职权直接决定进行的鉴定，鉴定费由司法机关承担；如果是应具有鉴定申请权的相关当事人提出申请而决定的鉴定，鉴定费用由鉴定申请方承担。如根据最高人民检察院《人民检察院刑事诉讼规则》第253条规定："用作证据的鉴定意见，人民检察院办案部门应当告知犯罪嫌疑人、被害人；被害人死亡或者没有诉讼行为能力的，应当告知其法定代理人、近亲属或诉讼代理人。犯罪嫌疑人、被害人或被害人的法定代理人、近亲属、诉讼代理人提出申请，经检察长批准，可以补充鉴定或者重新鉴定，鉴定费用由请求方承担，但原鉴定违反法定程序的，由人民检察院承担。犯罪嫌疑人的辩护人或者近亲属以犯罪嫌疑人有患精神病可能而申请对犯罪嫌疑人进行鉴定的，鉴定费用由请求方承担"。

在民事、行政诉讼中，根据最高人民法院《关于民事诉讼证据的若干规定》第25条和《关于行政诉讼证据若干问题的规定》第31条等的规定，对需要鉴定的事项负有举证责任的当事人，鉴定费用由提出鉴定申请的当事人预付承担。而对于由人民法院依职权决定的鉴定，鉴定费用一般由双方当事人共同预付承担。

二、司法鉴定实施

司法鉴定的实施是指司法鉴定机构或鉴定人具体进行司法鉴定的活动。司法鉴定的实施是司法鉴定程序的核心环节，必须遵循相关的原则和执行程序，否则会直接影响鉴定工作的整体水平。

（一）司法鉴定实施的一般程序

1. 选定鉴定人　司法鉴定机构受理鉴定委托后，应当指定本机构中具有该鉴定事项执业资格的司法鉴定人进行鉴定。委托人有特别要求的，经双方协商一致，可以从本机构中选择符合条件的司法鉴定人进行鉴定。司法鉴定机构对同一鉴定事项，应当指定或者选择二名司法鉴定人进行鉴定；对重大疑难、特殊复杂的鉴定事项，可以指定或者选择多名司法鉴定人进行鉴定。在选定鉴定人时，一定要遵循前面所提到的回避原则。

2. 了解案情及鉴定材料审查　根据鉴定需要，司法鉴定人有权调取、了解与鉴定事项有关的情况，查阅、复制相关资料，询问与鉴定事项有关的当事人和相关人员，例如，案情的审查和调查材料，原告和被告的询问笔录，旁证的讯问笔录，现场勘察记录，伤者的病历资料，如病历复印件、影像学资料、病理学资料（病理切片、组织蜡块、大体标本等）、身份证或其他身份证明复印件等；听取办案人员介绍案情和亲自询问当事人，详尽了解案件发生的原因、情节、时间和地点；了解受伤部位、致伤物、伤后经过和医疗情况等，以便在检查时做到心中有数。

对需要到现场检查、检验、检测或者提取鉴定材料的，应当由不少于二名司法鉴定人到场。进行上述活动前，应当征得委托人同意，必要时通知委托人派员到场见证。司法鉴定人不得私自会见当事人。

3. 鉴定材料保管　司法鉴定机构应当严格依照有关技术规范保管和使用鉴定材料，建立科学、合理的管理制度，严格监控鉴定材料的接收、传递、检验、保存和处置。司法鉴定机构和鉴定人因严重不负责任造成鉴定材料损毁、遗失的，应当依法承担责任。

4. 拟订鉴定实施方案　鉴定方案是鉴定实施的核心内容，是鉴定意见正确与否的重要保证。在拟订鉴定实施方案时，在全面、仔细地审查送检材料的基础上，根据鉴定要求拟订解决问题的方式、方法和步骤，主要内容包括：①应当针对鉴定检材的哪些方面、哪些特性进行检验；②应当采用的鉴定标准和规范：原则上应当首先采用国家标准和技术规范，如无上述标准，再依次采纳司法部和全国司法鉴定行业协会制定的行业标准和技术规范或者国务院相关行业部门制定的与司法鉴定有关的技术标准和技术规范，省级司法行政机关和省司法鉴定行业协会的地方标准和技术规范，经省级司法行政部门确认和省司法鉴定行业协会推荐、或者该专业领域多数专家认可的技术标准和技术规范；不具备前款规定的技术标准和技术规范的，可以采用司法鉴定机构自行制定的非标准方法；③应当使用的仪器设备：用于司法鉴定的仪器设备应当符合相关的规定和要求，并及时校准和维护，确保正常使用；仪器设备应当按照相关技术规程规范操作；④预计可能的检验结果以及这些结果在诉讼证明中的意义。

拟订鉴定实施方案时，应当遵循的原则主要有：①保全鉴定材料的原则：即实施鉴定必须对检材进行保全，除非实施鉴定必须破坏检材，否则不得破坏；对样本也应如此；②无损检验方法优先的原则：有损检验将破坏检材，即使在委托人同意进行有损检验的情况下，也要先进行物理等无损检验，然后再进行化学等有损检验；③检验系统化的原则：实践中，对同一检材有时可能需要解决若干个专门问题，此时便应设计出系统、有序的检验方案；④效率的原则：实施鉴定时应在保证鉴定质量的前提下，优先选用灵敏、简便、特异性高、耗时少、成本低的鉴定方法。

5. 法医学检查、检验　在拟订了鉴定实施方案后，根据委托要求，进行必要的法医学检查或检验，如活体检查、尸体剖验、物证检验、毒物检验等。

（1）活体检查（clinical examination）：按照临床常规检查的方法和要求进行全面系统的检查，对损伤检查应作详细记录，包括损伤的部位、性状、大小、数目、方向及颜色，有无异物存留，伤与伤的关系等。测量要准确，记录要规范。由于活体损伤因检查时间不同常有差异，因此除文字记录外还应拍照。

在实际案件鉴定工作中，一般临床医学检查常常不能满足鉴定工作的需要，还要进行实验室和其他的特殊仪器检查，常用的有：X线摄片、CT、磁共振、超声及各种电生理检查。综合各种检查结果后，鉴定人可以确定损伤的部位、损伤类型和程度、是否有诈病及夸大伤情。

（2）尸体剖验（obduction）：通常包括尸表检查、大体解剖和组织病理学检验。在尸检过程中鉴定人要做到以下几点：①尸体剖验要系统全面，要求坚持剖开三腔（颅腔、胸腔、腹腔），避免因遗漏而造成悬案。②肉眼检查要认真仔细，切勿遗漏应该检查的部位，如隐蔽处的电流斑或注射针眼，柔软物体压闭口鼻部导致的不明显的暴力痕迹等。③判断病变要准确，否则会导致错误的鉴定意见。例如，误将临床抢救时所致的胸部皮下出血、肋骨骨折（有的甚至刺破肺、肝）认为是暴力伤害；误将胰腺死后自溶认为急性坏死性胰腺炎。因此，需要鉴定人具有强烈的责任心和扎实的医学及法医学理论知识、技能和办案经验。④正确提取检材。例如，组织病理检材的提取必须建立在肉眼观察的基础上，不能毫无目的地从每个器官上随意提取一小块组织送检，这样达不到病理组织学诊断的目的，甚至会导致误诊。⑤尸体剖验记录要详实，注明解剖的时间、地点、解剖人、照相人、参加人，详细记录解剖的步骤及所见。⑥拍摄照片要清晰。⑦妥善保管尸检标本。

（3）法医物证检验：法医物证是指与人体有关的生物物证，主要是各种人体成分及其分泌物和排泄物，如血液（血痕）、精液（斑）、唾液（斑）、毛发、牙齿及骨骼等。检验过程中，要注意以下几点：①检验前应根据送检人员的介绍或函寄的委托书，仔细核对每份检材的包装情况，检材的数量和种类是否与提供的送检物品清单相符，确认无误后按要求及时送检；若发现异常情况或检材不足，应及时与送检单位联系，说明情况或要求补寄检材，得到答复后再进行检验。②根据送检要求和生物性检材的不同类型，制定检验方案和步骤。一般先作不破坏检材的检验如直观检查或物理检查等，然后才进行化学或分子生物学检验；检验时应尽量节省检材，并保留相当部分检材以备复验或再鉴定时使用。③必须采取有效措施防止污染。例如，在查看检材或检验时，勿用手直接触摸检材；检验时所用工具和器皿必须清洁；在剪取一件检材后，应将剪、镊等仔细擦洗干净，再剪取另一块检材；DNA提取，PCR扩增及DNA分型必须在不同的专用实验室进行，以免交叉污染，造成错误。

（4）法医毒物检验（toxicological analysis）：法医毒物检验不同于一般的化学分析，它具有分析目的不确定、分析案件复杂、检材多样且特别、分析方法综合及肩负法律责任等特点，因此，法医毒物检验工作者在检验前必须全面掌握实情，审查核对检材，严格按规定妥善储存检材，防止污染、变质或替换。在检验过程中，首先对检材进行分编，记录每一份检材的重量和体积，分配化验样和保留样等；然后根据检材的性状、毒物的性质和实验条件，制定细致周密、切实可行的检验方案，包括实验方法、实验步骤和实验进度；最后对检验结果进行客观、理性的分析，作出科学的判断。

（5）检查特别要求：①需要对女性作妇科检查的，应当由女性司法鉴定人进行；无女性司法鉴定人的，应当有女性工作人员在场；②需要对未成年人或者七十岁以上老人的身体进行检查的，应当通知其监护人或者近亲属到场；③需要对被鉴定人进行法医精神病鉴定的，应当通知委托人或者被鉴定人的监护人或者近亲属到场；④对于被鉴定人有严重疾病或者损伤，不能自理的，应当通知委托人或者被鉴定人的监护人或者近亲属到场；⑤需要对尸体解剖的，委托人应当通知死者的监护人或近亲属到场见证。上述所称通知内容应当记录；到场人员应当在相关鉴定记录上签名；到场见证人员不得干扰司法鉴定活动的正常进行；经通知未到场的应予记录，但不影响鉴定活动的正常进行。

6. 讨论与咨询　司法鉴定机构在进行鉴定的过程中，对于疑难、复杂的问题和重新鉴定，应当组织本机构鉴定人进行研究讨论。对于有争议的重大疑难、特别复杂的问题和多次委托的重新鉴定，可以向本机构以外的相关专业领域专家进行咨询，专家应当在所出具的咨询意见书上签名，但最终的鉴定意见应当由本机构的鉴定人出具。鉴定机构应当记录专家咨询意见、专家相关信息，并存入同一案卷。

7. 鉴定复核　委托的鉴定事项完成后，司法鉴定机构可以指定具备符合资质的鉴定人进行复核，对于涉及重大疑难、特别复杂的技术问题或属于重新鉴定的鉴定事项，应当指定专人进行复核。复核人员对该项鉴定的实施是否符合规定的程序、是否采用符合规定的技术标准和技术规范以及鉴定文书是否规范等情况进行复核，复核后的意见，应当存入同一鉴定案卷。复核发现有违反规定的，司法鉴定机构应当予以纠正。

8. 终止鉴定情形　司法鉴定机构在进行鉴定过程中，有下列情形之一的，应当终止鉴定：①发现鉴定目的不合法或者违背社会公德的；②发现委托人提供的鉴定材料不真实或者取得方式不合法的；③发现鉴定材料不完整、不充分或者因鉴定材料耗损，委托人不能或者拒绝补充提供符合要求的鉴定材料的；④委托人的鉴定要求或者完成鉴定所需的技术要求超出本机构技术条件和鉴定能力的；⑤委托人不履行司法鉴定协议书规定的义务或者被鉴定人不予配合，致使鉴定无法继续进行的；⑥因不可抗力致使鉴定无法继续进行的；⑦委托人撤销鉴定委托或者主动要求终止鉴定的；⑧委托人或者当事人拒绝支付鉴定费用的；⑨委托人就同一鉴定事项同时委托其他鉴定机构进行鉴定的；⑩司法鉴定协议书约定的其他终止鉴定的情形；⑪当事人或者其他有关人员以暴力、威胁等手段严重影响司法鉴定工作秩序、执业活动或者司法鉴定人及其近亲属人身安全，致使司法鉴定活动不能正常进行的。终止鉴定的，司法鉴定机构应当书面通知委托人，说明理由，退还鉴定材料，并酌情退还部分鉴定费用。

9. 鉴定时限　不同类型的鉴定机构和鉴定项目，所要求的鉴定时间长短不一。公安机关的司法鉴定机构对于人身伤害案件的鉴定，根据公安部《公安机关办理伤害案件规定》第19条的规定，具备即时进行伤情鉴定条件的，应当在受委托之时起24小时内提出鉴定意见，并在3日内出具鉴定文书；对于伤情比较复杂、不具备即时进行鉴定条件的，应当在受委托之日起7日内提出鉴定意见并出具鉴定文书；对影响组织、器官功能或者伤情复杂，一时难以进行鉴定的，待伤情稳定后及时提出鉴定意见，并出具鉴定文书。人民检察院的司法鉴定机构根据最高人民检察院《人民检察院鉴定规则（试行）》第15条的规定，具备鉴定条件的，一般应当在受理后15个工作日以内完成鉴定；特殊情况不能完成的，经检察长批准，可以适当延长，并告知委托单位。

面向社会服务的司法鉴定机构根据司法部《司法鉴定程序通则》第29条的规定，司法鉴定机构应当在与委托人签订司法鉴定协议书生效之日起30个工作日内完成委托事项的鉴定。鉴定事项涉及重大疑难、复杂技术问题或者检验过程需要较长时间的，经本机构负责人批准，完成鉴定的时间可以延长，延长时间一般不得超过30个工作日，并书面告知委托人。司法鉴定机构与委托人对鉴定时限及告知方式另有约定的，从其约定。在鉴定过程中补充或者重新提取鉴定材料所需的时间，不计入鉴定时限。

知识拓展：终止鉴定 1 例

被鉴定人男性，59 岁，已婚。园林守护员，为人本分，没有违法记录。某晚 9 时左右，在看守园林时，该男翻栅栏进入园艺场院子，11 时后被园艺场职工送回家。第 2 天下午，住宿在园艺场院内的一位 51 岁女民工到派出所报案，指认某男未经允许进入自己房间，强行发生性关系。该男承认进入园艺场院内，但否认与报案人接触。该男因涉嫌强奸被刑事拘留。在案件审理过程中，家属反映其精神异常，要求鉴定刑事责任能力。在某司法鉴定机构受理鉴定过程中，当询问委托机关强奸事实是否被确认时，委托方回答：尽管没有做 DNA 比对，但该男的钥匙遗留在了报案人床上，因此认定强奸事实成立。委托方委托鉴定机构对“该犯罪嫌疑人承认到了现场，却否认性行为”的行为进行解答。该鉴定机构在调查情况和进行精神检查后，发现该男子有 30 年连续饮酒史，近十年几乎每天三餐都饮酒，每天喝白酒 1 斤多，近年来脾气变坏，可以诊断酒依赖。在被问及“性行为”时，他激动地否认。经仔细分析报案经过笔录，发现 2 个重大疑点：一是在“性行为”过程前后，报案人不清楚该男在什么地方脱下和穿上衣服，这样，就不能证明他的钥匙是因“性行为”遗留在报案人床上。二是根据笔录，在“性行为”过程中，施暴者性能力很强，与该男子长期酒依赖、没有性能力的陈述不符。加之委托方告知，报案人已经离开，无法联系，因此，该鉴定机构认为委托方提供的鉴定材料不完整、不充分，不能确认“性行为”事实。依据《司法鉴定程序通则》第三十条第三款规定，该鉴定机构以鉴定材料不完整、不充分为由终止了鉴定，说明原因并解答了鉴定委托方的疑惑：该男子否认“性行为”的原因是“性行为”也许不存在。委托方最终接受了该鉴定机构的意见，以证据不足，终止了对被鉴定人的羁押。

值得注意的是,在《司法鉴定程序通则》中,分别有不受理鉴定和终止鉴定的规定,不受理鉴定是在接受鉴定以前,终止鉴定是发生在鉴定过程中,两者的具体条款有一定重叠。在上述这个案例中,鉴定机构在接受鉴定委托时,尽管对作案事实表示了怀疑,由于不予受理的理由不充分,还是受理了这个鉴定。最终选择终止鉴定的理由是,在鉴定过程中,发现被鉴定人有酒依赖,与报案材料中施暴者性能力很强的事实不符,这个情况只有在鉴定中才能发现;而委托方又不能补充符合要求的鉴定材料,只能采用终止程序。

(二)司法鉴定实施特别程序

补充鉴定、重新鉴定和共同鉴定是在特定情况下才会进行的司法鉴定程序,因此也称为司法鉴定的特别程序。

1. 补充鉴定　是指在原来鉴定的基础上,为了更明确、更全面地反映待证事实,由原鉴定人或其他鉴定人对其中的个别问题进行修正或补充性鉴定后作出判断的一种活动。补充鉴定是原委托鉴定的组成部分。根据我国三大诉讼法的规定,在诉讼的各阶段,诉讼当事人均有进行补充鉴定的申请权,相关司法机关均具有补充鉴定的决定权和委托权。有下列情形之一的,司法鉴定机构可以根据委托人的请求进行补充鉴定:①委托人发现原委托的鉴定事项有遗漏的;②委托人就原委托鉴定事项又提供新的鉴定材料的;③其他需要补充鉴定的情形。

补充鉴定一般由原委托鉴定事项的鉴定人实施,特殊情况下可以由其他鉴定人实施。对于补充鉴定的鉴定文书,根据情况有两种处理方式:①如果经过鉴定发现既要修改原鉴定的鉴定文书内容,又要增加新的鉴定项目的内容,应当重新出具完整鉴定文书,将原鉴定书撤销作废;②如果原鉴定文书的内容无需改变,仅需要增加新鉴定项目相关的内容时,可以单独出具补充鉴定文书。此时,补充鉴定的鉴定文书和原鉴定文书同时使用。在补充鉴定文书中应当注明原鉴定文书编号、需要补充鉴定的内容、要求和鉴定日期等。补充鉴定与原委托鉴定事项同一年实施的,应当与原司法鉴定文书为同一编号,但需在编号中标注补充二字;补充鉴定与原委托鉴定事项不是同一年实施的,司法鉴定文书可以重新编号,但应当注明相关情况。如果原鉴定事项不符合补充鉴定的要求时,司法鉴定机构应当及时告知委托人进行重新鉴定。

2. 重新鉴定　是指诉讼当事人或者司法机关对原鉴定意见持有异议,有充足的理由要求再次对该专门性问题所进行的鉴定。根据我国三大诉讼法的规定,在诉讼的各阶段,均可启动重新鉴定。《司法鉴定程序通则》第33条规定,具有下列情形之一的,司法鉴定机构可以接受司法机关委托,进行重新鉴定:①原司法鉴定人不具有从事原委托事项鉴定执业资格的;②原司法鉴定机构超出登记的业务范围组织鉴定的;③原司法鉴定机构或者司法鉴定人按规定应当回避没有回避的;④委托人或者其他诉讼当事人对鉴定意见有异议,并能提出合法依据和合理理由的;⑤法律规定或人民法院认为需要重新鉴定的其他情形。

根据三大诉讼法和相关司法解释的规定,重新鉴定应当由原司法鉴定机构以外的列入《国家司法鉴定人和司法鉴定机构名册》的其他司法鉴定机构进行。特殊情况下经委托人同意的,也可以委托原司法鉴定机构,由其指定原司法鉴定人以外的其他符合条件的司法鉴定人进行鉴定。接受重新鉴定委托的司法鉴定机构的资质条件,应当高于原委托的司法鉴定机构,司法鉴定人中至少有一名具有相关专业高级技术职称。原鉴定由国家级司法鉴定机构进行的,其他国家级司法鉴定机构可以接受重新鉴定的委托。在进行重新鉴定的过程中,除了遵循初次鉴定的回避原则外,曾经参加过同一鉴定事项鉴定或者就同一鉴定事项作为专家提供过咨询意见的鉴定人也应当回避。重新鉴定与原鉴定意见不一致的,应当予以说明。

重新鉴定是我国立法、司法、执法、鉴定管理等相关方面高度关注的一个重要问题。随着我国社会主义法治不断完善,诉讼民主程度日益提高,在司法实践中重新鉴定增多是不容否认的客观事实。

分析其原因,主要有以下几方面。

(1)鉴定程序违法:如前所述,司法鉴定程序包括鉴定申请、决定与委托、鉴定受理、鉴定实施、补充鉴定、重新鉴定等环节,每个环节还有若干具体规定。鉴定中违背任何一个环节中的具体规定均属违法鉴定,即有产生重新鉴定的必要。诉讼实践中因程序违法而出现重新鉴定的情形比较多。例如,由当事人一方直接委托的鉴定,或被委托的鉴定机构未经当事人双方协商一致的鉴定,或鉴定主体未依法回避的鉴定,或鉴定主体未列入国家名册的鉴定等情形。

(2)鉴定主体不具备法定资格:鉴定主体包括鉴定机构与鉴定人,如果他们跨专业范围受理鉴定、受理尚未审核批准的鉴定业务、超越诉讼种类受理鉴定业务、鉴定参与人中有个别未获得鉴定资格证等情形,都是产生重新鉴定的条件。

(3)鉴定材料未达到鉴定要求的条件:鉴定材料包括被鉴定的检材和供鉴定比较的样本(样品),检材和样本未达到科学技术标准规定的鉴定要求,是引起多次鉴定或重新鉴定的常见原因。检材具有不可逆性,因样本不符合科学技术标准规定的数量、质量,初次鉴定未获得应有结果而转化为重新鉴定的比例极高。尤其民事、行政诉讼中涉及的鉴定事项,常因样本收集上的种种困难或阻力而引起"一事数鉴"的后果。其中既有司法人员缺乏收集样本的科学知识,更多的是诉讼当事人双方不予配合,千方百计借口不提供于自己不利的鉴定样本。有时,一个鉴定事项历经四五次鉴定,因样本反复更换而结论各异。有时,司法机关在无法获取新的样本情况下,不得不叫鉴定机构"依据仅有的样本作结论"。凡此种种,都为重新鉴定提供了条件。

(4)鉴定事项本身属于疑难、特别复杂的技术问题:现代司法鉴定的专业范围极其广泛,涉及各个学科领域,具体鉴定事项和要求种类很多,而鉴定材料的产生、提取、保存、经历的时空条件千差万别,在案件发生前后又可能受到人为变动或破坏,使得某些本来就很复杂的技术问题又增加了难度。由于鉴定机构仪器设备和鉴定人能力的差异,同一疑难鉴定事项,不同鉴定机构出具的鉴定意见常常不一致。即便是仪器设备和能力条件基本等同的"顶级"鉴定机构之间,由于鉴定对象本身的难度也可能出现鉴定意见分歧。有的法学家、律师、诉讼当事人就将鉴定机构之间不同的鉴定意见一概视为是"虚假鉴定",这种判断有失公正。

(5)多数鉴定事项缺乏统一的鉴定技术标准或技术规范:鉴定主体之间运用不同的标准使同一鉴定事项出现不同的鉴定意见。由于多数专业没有统一的法定技术标准,各部门、各学科、各地区、各鉴定机构之间,对同一鉴定事项的鉴定要求往往出现不同的鉴定结果;又因为标准的缺失,也会给鉴定人留下出具随意性鉴定意见的空间;有的由于对统一标准理解、掌握不准确,也会导致重新鉴定甚至多次重新鉴定。

(6)鉴定机构对鉴定业务监管不严,鉴定人员业务素质不高,出具的鉴定文书不符合法律与技术要求。由于鉴定人能力缺陷和不遵守操作规程,使鉴定文书内容过于简单,未清晰地反映出鉴定过程、步骤、原理、方法、依据、标准,鉴定意见缺乏科学技术支撑。有的鉴定文书意见表述不符合证据要求,未能反映出被鉴定事项与诉讼案件中一定人、事、物的关系。存在上述瑕疵的鉴定文书,只有通过重新鉴定来弥补或矫正。

(7)鉴定机构和鉴定人违背职业道德和职业纪律,办"人情案""关系案"。有的当事人为了获得对自己有利的鉴定结果,或疏通关系,或请客送礼,或进行某种利益交换等手段,诱惑鉴定主体出具不客观、真实的鉴定意见,由此导致鉴定争议明显而引起重新鉴定。

(8)鉴定活动受到外界非法干预,鉴定机构或鉴定人迫于压力出具违心的鉴定意见。鉴定主体有的是受到案内其他证据的错误引导,有的是不恰当地依赖案情,有的是迫于领导或社会舆论的压力,有的是受到当事人或被害人方面的纠缠或威胁等,自觉或不自觉地放弃科学原则,出于明哲保身,出具不真实的鉴定意见,从而引发重新鉴定。

(9)诉讼当事人对鉴定意见死死纠缠,无休止地申请重新鉴定,司法机关被迫同意重新鉴定申请。有的鉴定意见的科学依据无懈可击,法律程序也无瑕疵,但因该鉴定事项属于案内关键性证据甚至是定案的孤证，当事人以为推翻了鉴定意见就能胜诉或使原判决获得改变，因而不惜血本在鉴定上下工夫。重新鉴定次数多的鉴定，多半有这一因素存在。

（10）司法机关采信鉴定意见失当，当事人一方不服引起重新鉴定。在审判过程中，一个鉴定事项的同一鉴定要求出现几个不同鉴定意见的情况并非个例。人民法院由于对证据链的审查、衔接不够严密，有时由于对人证与物证的取舍出现偏差，或者对于孤证的过分信任，采信了欠客观的鉴定意见或者舍弃了真实的鉴定意见，引起当事人一方不服而要求重新鉴定。

由于重新鉴定属于重新启动一次全新的鉴定活动，无论从时间消耗还是费用负担方面都将增加当事人的诉讼成本，也会影响诉讼效率。因此，对于重新鉴定的申请和决定应该保持谨慎的态度。对有缺陷的鉴定意见，如果可以通过补充鉴定、重新质证或者补充质证等方法解决的，通常不予进行重新鉴定。

3. 共同鉴定　是指为了解决某些重大、疑难和复杂的专门性问题，由超过一个鉴定机构的多名鉴定人对该专门性问题所进行的集体鉴定。共同鉴定可以是初次鉴定，也可以是补充鉴定或重新鉴定。

共同鉴定的特殊性主要在于鉴定组织形式上。司法鉴定管理规定，鉴定人只允许在一个鉴定机构中从事司法鉴定业务，鉴定人和鉴定机构应当在鉴定人和鉴定机构名册注明的业务范围内从事司法鉴定业务。但是在诉讼实务中，有时可能会遇到一些超过单一鉴定机构业务范围、跨行业、跨专业等的专门性问题，此时就需要由数个鉴定机构的鉴定人共同参与，才能完全彻底地解决问题。

《司法鉴定程序通则》第37条规定，对于涉及重大案件或者遇有重大疑难、特殊复杂的技术问题或者涉及综合性的鉴定事项，根据司法机关的委托或者经其同意，司法行政机关或者司法鉴定行业协会可以组织或协调多个司法鉴定机构进行鉴定。一般来说，共同鉴定人可以由本鉴定机构的鉴定人与聘请的其他鉴定机构的鉴定人共同组成；也可以全部由聘请的其他鉴定机构的鉴定人组成。共同鉴定人应当不少于三名，采取鉴定人分别独立检验、集体讨论的方式进行。共同鉴定人应当共同出具鉴定意见。鉴定人意见有分歧的，应当在鉴定意见中写明分歧的内容和理由，并分别签名或者盖章。

三、出具司法鉴定文书

司法鉴定文书（forensic expertise report）是司法鉴定机构和司法鉴定人依照法定条件和程序，运用科学技术或者专门知识对诉讼中涉及的专门性问题进行分析、鉴别和判断后出具的记录和反映司法鉴定过程与司法鉴定意见的书面载体，是法律文书的组成部分。鉴定机构和鉴定人在完成委托的鉴定事项后，应当向委托人出具司法鉴定文书。

（一）司法鉴定文书的分类

司法鉴定文书分为司法鉴定意见书和司法鉴定检验报告书。

1. 司法鉴定意见书是司法鉴定机构和司法鉴定人对委托人提供的鉴定材料进行检验、鉴别后出具的记录司法鉴定人专业判断意见的文书，一般包括标题、编号、基本情况、检案摘要、检验过程、分析说明、鉴定意见、落款、附件及附注等内容，其缩略语为“鉴”。

2. 司法鉴定检验报告书是司法鉴定机构和司法鉴定人对委托人提供的鉴定材料进行检验后出具的客观反映司法鉴定人的检验过程和检验结果的文书，一般包括标题、编号、基本情况、检案摘要、检验过程、检验结果、落款、附件及附注等内容，其缩略语为“检”。

（二）司法鉴定文书制作要求

1. 基本要求　①使用符合国家通用语言文字规范、通用专业术语规范和法律规范的用语；②使用国家标准计量单位和符号；③使用少数民族语言文字的，应当符合少数民族语言文字规范；④文字精练，用词准确，语句通顺，描述客观、清晰。

2. 鉴定文书内容　司法鉴定文书一般由封面、正文和附件组成。

（1）封面：应当写明司法鉴定机构的名称、司法鉴定文书的类别和司法鉴定许可证号；封二应当写明声明、司法鉴定机构的地址和联系电话。

（2）正文：包括题目、编号、基本情况、检案摘要、检验过程、检验结果、分析说明、鉴定意见、落款、附注等部分（表7-1）。

表7-1　司法鉴定意见书

××××司法鉴定中心
司法鉴定意见书
××司鉴中心［20××］鉴（检）字第×号
一、基本情况
委托单位：
委托事项：
受理日期：
鉴定日期：
送检材料：
送　检　人：×××，×××
鉴定地点：
被鉴定人：
在场人员：
二、检案摘要
三、检验过程
四、分析说明
五、鉴定意见
鉴定人：姓名　技术职称（签名）
执业证号：
鉴定人：姓名　技术职称（签名）
执业证号：
授权签字人：姓名　技术职称（签名）
执业证号：
鉴定结构:（盖章）
鉴定日期：

1）标题：写明司法鉴定机构的名称和委托鉴定事项。

2）编号：写明司法鉴定机构缩略语、年份、专业缩略语、文书性质缩略语及序号，年份用[ ]括起，如："××司鉴中心［20××］临鉴（检）字第×号"，并在文书的编号处加盖防伪"司法鉴定技术专用章"钢印。

3）基本情况：写明委托人或委托机关、委托鉴定事项、鉴定要求、受理日期、鉴定材料、鉴定日期、鉴定地点、被鉴定人、在场人员或相关人员情况等内容。其中鉴定材料应当客观写明委托人提供的与委托鉴定事项有关的检材和鉴定资料的简要情况，并注明鉴定材料的出处。

4）检案摘要：写明委托鉴定事项涉及案件的简要情况。例如，司法机关立案卷宗、书证复核材料、旁证材料、被告人供述、当事人陈述等的摘要。所有摘要均需注明出处，重点摘录有助于说明鉴定或检验结果的内容，引用材料应客观全面，主要包括：①案情摘要；②病史（伤情）摘要、书证摘要，常见于法医临床学和法医病理学专业；③被鉴定人概况、调查材料摘要，常见于法医精神病学专业。

5）鉴定过程：写明鉴定采用技术方法、技术标准和技术规范，所使用的仪器设备，使用和耗损的鉴定材料等内容。具体包括：①鉴定所依据或参照的标准或规范，原则上首选国家标准或行业标准；

②检材处理和检验方法，经典方法只列方法名称，新方法须具体说明；③描述通过肉眼、各种技术测试方法、专用设备等所观察、检查或检测到的客观事物的真相，例如，法医病理鉴定的尸表检验、尸体解剖、组织病理学检查、组织化学检查、病原学检查、毒物化验、物证检验、其他特殊检验等；法医临床鉴定的体格检查、专科检查、临床辅助检查等；法医精神病鉴定的精神状态检查、心理测验、临床辅助检查等；法医物证鉴定的形态分析、化学分析、仪器分析等；法医毒物鉴定的毒物、毒品形态分析、化学分析、仪器分析、免疫分析等。

6）检验结果：写明对委托人提供的鉴定材料进行检验后得出的客观结果。

7）分析说明：写明根据鉴定材料和检验结果形成鉴定意见的分析、鉴别和判断的过程。引用的资料应当注明出处。

8）鉴定意见：应当明确、具体、规范，具有针对性和可适用性。

9）落款：包括司法鉴定人执业证号、技术职称、签名，同时加盖司法鉴定机构的司法鉴定专用章，并注明文书制作日期等。

由多人参加的司法鉴定，对鉴定意见有不同意见的，应当注明。司法鉴定文书经过复核的，复核人应当在司法鉴定机构内部复核单上签名。

10）签章要求：鉴定文书要同时加盖司法鉴定机构的司法鉴定专用章红印和钢印两种印模。鉴定文书正文标题下方编号处应当加盖司法鉴定机构的司法鉴定专用章钢印；鉴定文书各页之间应当加盖司法鉴定机构的司法鉴定专用章红印，作为骑缝章；司法鉴定文书制作日期处应当加盖司法鉴定机构的司法鉴定专用章红印。

司法鉴定机构的司法鉴定专用章红印和钢印为圆形，制作规格应当为直径4厘米，中央刊五角星，五角星上方刊司法鉴定机构名称，自左而右环行；五角星下方刊司法鉴定专用章字样，自左而右横排。

司法鉴定机构的司法鉴定专用章红印和钢印印文中的汉字，应当使用国务院公布的简化字，字体为宋体。民族自治地方的司法鉴定机构的司法鉴定专用章红印和钢印印文应当并列刊汉字和当地通用的少数民族文字，自左而右环行。

11）附注：对司法鉴定文书中需要解释的内容，可以在附注中作出说明。

司法鉴定文书制作一般应当一式四份，三份交委托人收执，一份由本机构存档。委托人另有要求的，可以依协议出具。

司法鉴定文书正文可以根据不同鉴定类别和专业特点作相应调整。

（3）附件：应当包括与鉴定意见、检验报告有关的关键图表、照片等以及有关音像资料、参考文献等的目录。附件是司法鉴定文书的组成部分，应当附在司法鉴定文书的正文之后。

3. 格式要求　①使用A4规格纸张，打印制作；②在正文每页页眉的右上角注明正文共几页，同时注明本页是第几页；③落款应当与正文同页，不得使用“此页无正文”字样；④不得有涂改。

（三）鉴定文书发送、补正和撤回

1. 文书发送　司法鉴定机构应当按照与委托人约定的方式，向委托人发送司法鉴定文书，并将记录发送鉴定文书的形式、时间及其相关凭证，存入同一案卷。发送鉴定文书时需要一并退还鉴定材料的，应当履行登记手续。直接领取的由领取人签名确认，通过邮寄等方式发还的，应当记录并保存相关凭证。

2. 文书补正　有下列情形之一的，经司法鉴定机构负责人审核批准，应当对司法鉴定文书进行补正：①鉴定文书的图像、谱图、表格不清晰的；②鉴定文书中的签名、盖章或者编号不符合制作要求的；③鉴定文书文字表达有瑕疵或者错别字，不改变鉴定意见、不影响鉴定文书的其他内容的。补正一般应当在原鉴定文书上进行，补正处由司法鉴定人签名并加盖司法鉴定人执业印章。经委托人同意，可以重新制作鉴定文书，但应当同时收回原鉴定文书。重新制作的鉴定文书除补正内容外，其他内容应当与原鉴定文书一致并在文书编号中标注“补正”二字。

3. 文书撤回　已经进入人民法院法庭审理程序的，司法鉴定机构不得撤回已经出具的司法鉴定文书。鉴定文书出具后，司法鉴定机构、司法鉴定人发现所出具的司法鉴定意见存在重大误差的，应当及时向委托人和人民法院作出书面声明。

第四节　司法鉴定管理程序

司法鉴定机构和鉴定人一旦受理委托，在整个鉴定过程中，每一步都要建立完善的管理规章制度，从签订委托受理合同、收费、鉴定标本的管理到档案的管理，都要认真地执行相关规定，这样才能保证鉴定工作有序进行。

一、收接案管理程序

1. 审核委托材料　受理委托时，接案人要认真审核委托书和送检材料，要对鉴定委托书中应记载的事项逐一审核，并要求委托方提供的鉴定材料全面、客观、真实；因提供的材料虚假或不完全而出现的错误鉴定，由委托方负责。

2. 签订鉴定协议　对委托书、送检材料等进行审核后，对于符合受理条件，决定受理的，可由鉴定机构与委托方签订司法鉴定协议书，签订协议时，要对协议书所载内容逐一向委托方说明。

3. 收取鉴定费用　鉴定机构依照有关标准收取鉴定费用。鉴定费由鉴定机构财务部门统一办理，并出具正式发票。鉴定人不得直接向委托方收取鉴定费或将鉴定费挪作他用。

4. 整理委托材料　由专人负责对送检材料进行详细登记并对委托人出具收据，妥善保管。

5. 申请鉴定人回避　从受理之日起三日内告知委托方负责本次鉴定的法医学鉴定人的相关情况。委托方及当事人可在被告知鉴定人情况后两日内提出鉴定人回避的申请。

二、鉴定材料管理程序

1. 检验材料（检材）的分类

（1）人体对象：活体、尸体。

（2）生物检材：人及动物的体液、组织、毛发等。

2. 检验材料的接收与审核

（1）法医病理学、法医临床学、法医精神病学专业的检材由鉴定人负责接收。

（2）法医物证学、法医毒物化学专业的检材由样品管理员接收，紧急状态下（夜间或节假日等非法定工作时间收案）允许鉴定人接受检材，但应记录检材交接情况，并及时补办交样手续。

（3）法医病理尸体解剖后需进行法医毒物化学鉴定的，由病理专业的鉴定人将所需检材送交样品管理员，统一管理。

（4）接收检材或资料时，应对其状况、数量和包装进行检查，并与《鉴定委托书》所填相应栏目核对，若有异常情况，应及时向委托方说明并予以记录。

（5）检材由接收者按标识规则进行标识。唯一性标识标志应始终伴随检材在鉴定机构内部或机构间流转，确保检材在实际工作中、在记录或其他文件中提及时，不会被混淆。

（6）在采样时，应由两名专业人员施行。采样单由采样人填写，经合同双方确认签字后有效。

3. 检验材料的标识

（1）检材的唯一性标识：编号标识规则为：案号（年份+专业缩略语+文书性质缩略语+序号）+子样数号。

（2）检验状态标识：①区域法：分区域存放“待检”检材、“在检”检材、“检毕”检材；②标记法：加贴不同颜色的标签或加贴“待检”“在检”“检毕”标签区分。

4. 检验材料的流转　应遵循以下规则。

（1）检材在流转过程中，鉴定人员应确认其状态，做好交接记录，适用时应填写《检材流转单》作为运行记录。

（2）当对检材的适用性有疑问，或当检材与鉴定/检验方法中描述的或规定的正常状况不符，或鉴定/检验要求不够详细时，鉴定人在着手工作前应与上一级传递者甚至委托方进行联系。

（3）法医物证学、法医毒物化学专业的检材流转要求：①样品管理员应把接收的检材分为两份，一份为检测样，用于检验，一份为复核样，用于对检验结果有异议时的复检，检验样品随检材流转单流转至相关专业室，鉴定人检验结束后，应在检材流转单上注明情况或交回余样；②因工作失误或其他特殊情况造成检验失败，而所剩检测样品不能满足完成全部检验工作需要时，应经相关专业技术负责人签字、质量负责人同意后，方可分取足够检验的复核样进行检测；③因投诉等特殊情况需动用复核样品的，须提出书面申请并由质量负责人签字批准。

（4）鉴定人在检验过程中应保存检材的唯一性标识，确保该检材在记录或其他文件中被提及时，不会混淆。

（5）鉴定人在检材流转过程中应遵循相关保密和保护管理程序，保证检材的完好状态，以维护鉴定机构和委托方的利益。

5. 检验材料的贮存、处置

（1）检材按照鉴定或检验方法（作业指导书）或委托方的约定进行贮存和处置。

（2）法医病理大体器官标本在解剖取材后应放回尸体体腔内，与尸体一起处理；需要保存的大体标本需经甲醛溶液固定，保存期一至两年；切片、石蜡块存放档案柜，永久保存，大体标本、组织蜡块和切片标识的案号须与该案档案编号一致。

（3）法医物证学、法医毒物化学专业的检材处置：①样品管理员应妥善保管复核样和检测余样（生物样品应在-18℃条件下贮存），并对贮存环境、贮存条件进行监测、控制，以保证检材的安全及完好状态；②复核样品和监测余样一般保存3个月，重大案件的检材保存期可适当延长。保存期届满，样品管理员应填写检材处理表，报技术负责人批准后按“三废”规定统一处置。检材处理记录应归档保存。

（4）由专业室鉴定人管理的检材按合同的约定经核对后退还委托方。

三、鉴定档案管理办法

1. 材料的收集与立卷归档

（1）整理归档：鉴定机构接到委托鉴定书后，应当根据档案管理的要求，收集有关的文书材料，结案后及时整理，然后交档案管理员统一归档。

（2）按序排列：卷内文书材料应当按照排列顺序，在有文字的每页材料上填写页号，并填写卷内文书材料目录和备查表。案卷材料排列顺序：①案卷封面；②卷内目录；③委托鉴定书；④鉴定协议书；⑤回避告知书；⑥接收和返还送检材料清单及检材流转单；⑦检验过程原始记录；⑧鉴定意见书或检验报告书；⑨送达回执；⑩收费凭证；⑪与鉴定有关的其他材料；⑫备查表；⑬封底。

（3）文题准确：案卷封面应当逐项填写清楚，案卷题名要简明，确切反映卷内文书材料内容。

（4）装订整齐：案卷应当采用三孔一线的方法装订，装订时以文书材料的左边和下边为基准，将上边和右边宽出部分折起，装订整齐、美观。

（5）编制卷号：根据鉴定实际情况，按鉴定执业范围分卷立项；再以卷宗为单位，按不同门类和保管期限排列，编制案卷序号，集中保管。

（6）保管期限：鉴定档案根据需要保管期限分为：十五年、三十年、五十年。

2. 鉴定档案（forensic file）的借阅、复制 法医学鉴定机构应当建立档案借阅、复制登记簿。凡借阅、抄录、复制鉴定档案的部门和单位，需履行审批和登记手续，并严格遵守有关规定。

（1）履行借阅手续：有关部门和单位需借阅、抄录、复制司法鉴定档案，应持本部门和单位介绍信并说明原因，经鉴定机构负责人批准后，办理借阅、抄录、复制手续。律师请求借阅、抄录、复制司法鉴定档案的，需持律师执业证和律师事务所介绍信，手续不全不予接待。

（2）限制性抄录复制：抄录、复制的司法鉴定材料只限于原始文证材料及文书原本。鉴定讨论记录不在抄录、复制范围之内。

（3）履行保密义务：抄录、复制的内容中涉及保密的，由抄录、复制的单位按有关规定办理，不得泄密。档案管理人员必须严格遵守保密制度，保守机密，不得违反制度向任何人提供档案和扩大利用范围，不得向他人泄露档案的内容。

（4）及时收回及审核：对借阅、复制的司法鉴定档案，鉴定机构要及时收回，如果发现案卷破损、文书材料短缺、涂改、增删、污损等情况，应立即向鉴定机构负责人汇报并及时追查处理。

四、保密制度

司法鉴定机构和鉴定人要认真贯彻执行党和国家有关保密工作的方针、政策、决定，经常开展保密宣传教育，提高保密观念。

1. 保密范围　①鉴定过程中知悉的当事人的隐私、技术资料、商业秘密等；②鉴定机构出具的司法鉴定报告书及委托人、当事人提供的相关资料；③司法鉴定人研究鉴定的意见记录；④鉴定机构长期积累的案例、汇编及业务统计数据；⑤鉴定机构重大决策不对外公布的事项；⑥其他应当保密的事项。

2. 鉴定文书传递要求　司法鉴定报告的制作、收发、传递、使用、复制、摘抄、保存和销毁由专人执行。采用电脑技术存取、处理、传递的本鉴定机构秘密，由电脑操作人员负责保密。

3. 保管措施　①非经批准，保密范围内的文件、资料不得复制和摘抄；②收发、传递和外出携带，由指定人员担任，并采取必要的安全措施；③在专门的资料柜中存放。

4. 保守鉴定机构秘密　不准在私人交往和通信中泄露鉴定机构秘密，不准在公共场所谈论鉴定机构秘密，不准通过其他方式传递鉴定机构秘密，定期检查并清理秘密文件、资料，严防将秘密文件、资料和文件底稿随同废纸遗弃。鉴定机构工作人员发现秘密已经泄露或者可能泄露时，应立即采取补救措施并及时报告。

5. 泄密处置　出现下列情形之一的，给予警告并处以相应罚款：①泄露秘密，尚未造成严重后果或经济损失的；②已泄露秘密但采取补救措施的。出现下列情形之一，予以辞退，赔偿经济损失：①故意或过失泄露鉴定机构秘密，造成严重后果或重大经济损失的；②违反保密制度规定，为他人窃取、刺探、收买或违章提供本鉴定机构秘密的；③利用职权强制他人违反保密规定的。泄密情节严重，构成犯罪的，依法追究有关人员的刑事责任。

本章小结

1. 司法鉴定的委托、受理是启动整个鉴定的关键环节，鉴定机构和鉴定人一定要认真审核委托要求是否合理、合法，是否属于鉴定机构鉴定业务范围；提供的鉴定材料是否满足鉴定的要求；在签订司法鉴定协议书时要向委托方逐条解释协议内容，尽到告知义务。

2. 在司法鉴定实施过程中，要充分了解案情并认真审查鉴定材料，严格监控鉴定材料的接收、传递、检验、保存和处置；要按照最新的国家或行业标准和技术规范实施鉴定；委托的鉴定事项完成后，司法鉴定机构可以指定具备符合资质的鉴定人进行复核；注意不要超过规定的或约定的鉴定时限。

3. 重新鉴定属于重新启动一次全新的鉴定活动，会增加当事人的诉讼成本，影响诉讼效率。因此，对于重新鉴定的申请和决定应该保持谨慎的态度。

4. 司法鉴定意见是一种诉讼证据，一定要按照司法鉴定文书规范制作，主要包括题目、编号、基本情况、检案摘要、检验过程、检验结果、分析说明、鉴定意见、落款、附注等，并签名和签章。

5. 司法鉴定档案是司法鉴定活动的真实记录，是鉴定机构的宝贵财富。鉴定机构应确定专职档案管理人员，负责司法鉴定档案的收集、整理、保管和借阅等事宜。档案管理人员必须严格遵守保密制度，不得违反规定向他人提供和泄露司法鉴定档案的涉密内容。

（马春玲）

讨论题

1. 目前我国司法鉴定程序存在的问题？
2. 如何完善我国重新鉴定启动机制？

思考题

1. 提起重新鉴定主要见于哪些情形？
2. 司法鉴定协议书应当载明哪些事项？
3. 在哪些情形下可终止鉴定？
4. 司法鉴定文书正文应包含哪些内容？
5. 司法鉴定程序规范的意义？
6. 司法鉴定的保密范围？

第八章　法医学鉴定的质量管理

学习目标

通过本章的学习，你应该能够

掌握　法医学司法鉴定质量管理的理论，认识司法鉴定质量管理的重要性，树立科学鉴定、公正服务的理念。

熟悉　技术标准的分类和适用规则，了解法医学鉴定领域有哪些相关的技术标准。

了解　鉴定机构实验室认可、资质认定的概念、意义、使用的准则和认可、认定程序。

第一节　概　　述

法医学鉴定技术和法医学鉴定的质量管理，是完成法医学鉴定工作两个相互独立而又相互依存的重要组成部分。鉴定技术的发展和应用是法医学鉴定的学术基础，法医学鉴定质量管理体系的建立和运行是实现鉴定质量目标的制度保障。

一、法医学鉴定质量管理的意义

（一）是法医学鉴定证据属性的客观要求

法医学鉴定意见是鉴定人对案件中争议的专门性问题所作的科学判断，是查明案件事实、实现司法公正的依据。法医学鉴定意见作为一种重要的诉讼证据，是公正裁判的基石。鉴定质量好坏直接关系到公民合法权益的保障和司法公正的实现。由于鉴定质量体现着鉴定意见的准确性、可靠性和鉴定服务的公正性，对鉴定质量进行科学管理是法医学鉴定作为证据的必然要求，而且应该较其他技术行业具有更高的质量管理水准和质量管理体系要求。

（二）是推进我国法医学鉴定管理改革的迫切需要

在目前的司法鉴定管理体制下，我国法医学鉴定存在几个较为突出的问题：①鉴定机构注册门槛低，鉴定必需的环境和设备条件难以得到充分的保障；②鉴定人队伍良莠不齐，尤其是部分社会鉴定机构的鉴定人，缺乏系统的法医学鉴定理论知识和实践经验；③某些社会鉴定机构只追求营利，鉴定人培训投入少，设备添置与更新难，也有的机构在利益驱动下，或采取不正当手段获取鉴定案源，或投当事人所好违背客观公正原则出具鉴定意见；④鉴定机构缺乏中立性，自诉自鉴、自侦自鉴是较为普遍的现象；⑤鉴定管理相关法律、法规尚不够完善，技术标准相对滞后。这些问题的长期存在，影响法医学鉴定质量的提高。制定法医学鉴定行业的质量目标，改革鉴定体制，加强质量管理是关系着法医学鉴定事业兴衰的大政，势在必行。

（三）是法庭科学数据库建设的时代需求

利用DNA分型技术和计算机、网络技术建立起来的DNA数据库，在许多国家已成为打击犯罪常用的工具。目前我国已经研究并建立了存储上千万人员数据的DNA数据库。牙模数据库、三维颅面复原的颜面皮肤数据库、毒品数据库等也在不断地研究和建设之中。标准化和质量管理是建立各类数据库的前提。以DNA数据库为例，数据库能否成功建立并正常运行的关键是不同的实验室、不同的实验人员对同一样本测试得到的DNA分型结果完全一致。实验室只有在检验过程中采用标准方法、通过质量控制措施，才能达到实验数据的准确性和可重复性，以保证建立合格的数据库。

随着跨国犯罪率的增加和国际恐怖组织犯罪活动的日益猖獗，打击国际犯罪和反恐协作不断加强，法庭科学数据库可以为国与国之间数据交流和资源共享提供平台。此外，对于居住在中国的外籍人员死亡和伤害案件中我方出具的法医学鉴定意见，或为移民他国在我方进行的DNA亲缘关系鉴定等是否能得到其他国家司法和行政部门的认可，均涉及实验室和检验机构国际互认的问题。要想使得法医学鉴定在国际间进行协作与互认，前提是鉴定机构的质量控制和管理水平要得到国际相关组织的认可。

（四）是鉴定机构和鉴定人自身可持续发展的保障

国家司法鉴定管理对法医鉴定机构提出了质量管理要求：没有一定的资金、场地、设备，以及鉴定人员资质不符合要求的机构不得注册、开业；从事对外服务的法医学鉴定机构，国家要求强制性的第三方认可或资质认定；鉴定机构负责人和鉴定人要定期、定额参加相关专业的继续教育培训，提高技术水平和鉴定能力；法医学鉴定实行错案追究制度，独立的司法鉴定实体可以作为被告对因过错行为给被鉴定人造成的损失予以赔偿。鉴定人故意出具虚假鉴定意见构成犯罪的，可以追究其刑事责任。因此，司法鉴定的服务性质要求法医学鉴定机构通过质量管理措施提高和保障鉴定质量，预防差错鉴定，保证服务水准。不符合国家司法鉴定机构质量管理要求的鉴定机构和鉴定人将会被注销鉴定资格，鉴定质量是鉴定机构赖以生存和发展的基础。离开了质量管理，法医学鉴定机构和鉴定人既不能符合国家的要求，也不能可持续发展。

二、法医学鉴定的质量管理

质量管理是指确定质量方针、目标和责任，并通过质量体系中的质量策划、质量控制、质量保证和质量改进，实现其所有管理职能的全部活动。对法医学鉴定进行质量管理，就是要运用现代质量管理科学的理论、方法和手段，建立起适合法医学鉴定行业的管理模式，以达到预防差错、保持鉴定水平、提高鉴定质量的目的。

（一）现代质量管理理念与法医学鉴定质量管理

质量管理的概念最早来源于商品生产，是为商品交换服务的。根据管理使用的手段和方式，质量管理理念的发展经历了以下几个阶段。

1. 传统质量管理阶段　工人既是操作者又是质量检验管理者，经验就是“标准”。质量标准的实施依靠“师傅带徒弟”的方式，故又称之为“操作者的质量管理”。

2. 质量检验管理阶段　通过对批量产品进行检验来控制和保证出厂或转入下道工序的产品质量。它属于“事后检验”，一经发现废品就是“既成事实”，无法在生产过程中对产品质量问题起到预防和监控作用。

3. 统计质量管理阶段　它使“事后检验”转变为“事前预防”，但其过分强调统计方法，忽视了组织管理工作，有可能使人们误以为质量管理就是统计方法。

4. 现代质量管理阶段　现代质量管理也称全面质量管理（total quality management），国际标准化组织给全面质量管理所下的定义是：一个组织以质量为中心，全员参与为基础的管理方法，目的在于通过顾客满意和本组织所有成员以及社会受益而获得长远的成功。这一概念强调了以下几点。

（1）质量管理活动是包括机构领导者、部门组织者以及参与生产、服务的全体工作者的所有层次人员共同参与的活动。

（2）质量管理活动要体现在生产或服务的全过程中，在每一个对质量有影响的环节上都要实现其质量目标。同时还要组织管理所有研制质量、维持质量和提高质量的活动，使之成为一个统一的有机整体，而不局限于只对过程实行控制。

（3）最高层管理者强有力的支持和领导，以及组织内所有成员的教育和培训是这种管理方法取得成功必不可少的条件。

（4）质量管理也要讲求成本，质量成本投入的目的，一是要满足社会对质量的要求，二是要给企业、机构及其全体员工带来长远效益。

我国司法鉴定管理部门将现代质量管理的措施法制化。《决定》在第5条第三款中规定，申请从事法医学鉴定的法人或组织要“有在业务范围内进行司法鉴定所必需的依法通过资质认定或者实验室认可的检测实验室”。目前，进行实验室认可和资质认定所依据的国际标准和国家标准都是按照现代质量管理理论制定的标准，实验室要通过认可或认定，其质量管理体系的运行必须按照质量管理的要求运作。

（二）质量管理几个常用的基本概念

1. 质量体系（quality system）　质量体系是为实施质量管理所需要的组织结构、程序、过程和资源的有机整体。为行使“组织”职能而设置的结构模式，包括人员职责、权限及其相互关系，就是该体系的“组织结构”；为完成某项活动所规定的途径就是该体系的程序，一般应编制成文件，包括该项活动的目的和范围，做什么，谁来做，何时何地和怎样做，应使用什么设备、材料和文件，以及活动如何进行控制和记录等内容；过程是将输入转化为输出的一组彼此相关的活动；资源分无形资源（如信息）和有形资源（如厂地、设备、材料等），但首要的资源是人才及其专业技能资源。法医学鉴定的质量体系就是为了完成司法鉴定任务而由鉴定机构的组织结构、与鉴定有关的各项程序、过程和鉴定人、鉴定场地、设备、材料等资源组成的有机整体。

2. 质量方针（quality policy）　质量方针是由组织的最高管理者正式颁布的该组织总的质量宗旨，是各部门和全体人员执行质量职能、从事质量管理活动必须遵守和依从的行动纲领。法医学有自然科学的属性和应用科学的特点，同时它又是依法鉴定、为司法公正提供服务的与法学活动紧密相关的学科。因此，科学鉴定、公正服务是社会对法医学鉴定的基本要求，应围绕着科学与公正两大主题制定法医学鉴定机构的质量方针。

3. 质量目标（quality objective）　质量目标是根据质量方针的要求，在一定期间内质量方面所要达到的预期成果。对法医学鉴定机构来说，某一年的质量目标可以是“全年鉴定投诉率小于1%”或“全年无超期鉴定”等。

4. 质量计划（quality program）　质量计划是针对某项产品、过程、服务、合同或任务专门制订的质量措施、资源和活动的文件，是落实质量目标的具体部署和行动安排。比如，针对超期鉴定所采取的措施和安排，包括人力、物力资源的投入。

5. 质量控制（quality control）　质量控制是为达到质量要求所采取的作业技术和活动。质量控制可以通过监视质量形成过程，消除质量环上各阶段引起不合格或不满意效果的因素等手段，达到质量要求，获取效益。例如，对法医DNA实验室来说，参加有组织的能力验证活动，实验室间比对，使用阴性、阳性对照，进行重复实验，复核人核查检验记录等，都属于对DNA分型的质量控制活动。

6. 质量保证（quality assurance）　质量保证是为了使大众确信某实体能满足质量要求而在质量体系中实施并根据需要进行证实的全部有计划、有系统的活动，其主要目的是使客户确信产品或服务能满足规定的质量要求。例如，法医DNA实验室对样本DNA分型的质量保证活动要体现在：①制订质量保证计划，如在检验人资质要求、试剂供应商选择、仪器设备状态要求、使用标准的检验方法、实验室防污染措施以及样本的流转、保存过程等方面都要有预先的规划；②检验过程中按照计划完成每一步质量保证措施；③计划和措施的完成要有记录，以证实检验活动是按照质量计划实施的。这些记录包括：书面的计划、鉴定人资质证书和技能考核与培训记录、试剂的质量保证书和到货验收合格记录、设备检定和校准证书及使用状态记录、使用标准方法进行检验的记录、实验室防污染监督记录、样本流转单、实验室参加能力验证的结果、实验室间比对的结果等。从“计划”到“实施”再到“证明”是一个有系统的活动，保证了对鉴定委托人的质量承诺。

7. 质量审核（quality audit）　质量审核是为了确定质量活动和有关结果是否符合计划的安排，以及这些安排是否有效地实施，并适合于达到预定目标所做的系统、独立的检查，如内部审核和管理评审。它一般用于对质量体系或其要素、过程、产品或服务的审核，目的是为了查明质量体系各要素的实施效果是否达到了规定的标准。

以法医学鉴定为例，质量审核要审查各类鉴定活动是否符合司法鉴定程序通则和本机构鉴定程序的要求、评价部门技术负责人岗位职责履行情况，审查是否履行了对当事人隐私保密的承诺、检验记录是否符合要求、评价鉴定机构的人员、设备是否能完成质量计划规定的任务等。

8. 质量监督（quality supervision）　质量监督是为了确保满足规定的要求，对实体的状况进行连续监视和验证并对监督记录进行分析的活动。质量监督一般由顾客或以顾客名义的认证机构、质量监督部门来实施。法医学鉴定机构通过实验室认可或资质认定后，合格评定国家认可委员会和质量技术监督部门会定期对该机构的质量活动进行监督、评审。

9. 质量成本（quality cost）　质量成本是为了确保满意的质量而发生的费用，以及没有达到满意质量所造成的损失。

从上述几个概念可以看出，质量管理是一个组织中与其所有成员都有关系的管理职能活动，不仅最高管理者要参加，还是该组织各级管理者必须承担的职责，也是该组织全体成员都应参与才能认真实施的活动。其首要内容是确定质量方针和质量目标，明确质量职责。然后，通过质量策划、质量控制（对内）、质量保证（对外）和质量改进，实现既定的质量方针和质量目标。

（三）质量管理的基本原理

现代质量管理必须严格遵循的三个基本原理是：人本原理、过程监控原理和体系管理原理。

1. 人本原理　人是第一要素，对质量管理的开展起着决定性的作用。只有不断提高人的质量，才能不断提高活动或过程的质量、产品质量、组织质量、体系质量及该组合的实体质量。人本原理强调以下几方面内容。

（1）人、机器、材料、方法与环境是质量管理的五大要素，其中，人处于中心地位。对于司法鉴定机构来说，首先是机构最高管理者的质量素质；其次是各级管理人员，尤其是质量管理人员的水平；第三是全体鉴定人的技能。他们的质量决定了机构的质量，从而决定了鉴定的质量。

“执照”与“证书”制度，是世界各国、各行业评价人的资质的一种方法。《关于司法鉴定管理问题的决定》第4条，就是我们国家对从事法医学鉴定的鉴定人提出的最基本的资质要求。

（2）人的培训与教育是贯穿质量管理的重要基础工作，法庭科学技术的发展日新月异，要保证和提高鉴定质量，就要坚持定期培训制度，要有再教育的资金投入。

（3）充分激励和调动人的积极性和创造性是提高质量管理成效的关键。

2. 过程监控原理　过程是“把输入转化为输出的一组互相关联的资源的活动。”这里的“资源”包括人员、资金、设施、技术和方法等。过程本身是通过人、财、物、信息等资源在输入与输出之间转换而增值的活动。所有的工作都是通过过程来完成的，以DNA检验为例（图8-1）加以说明。

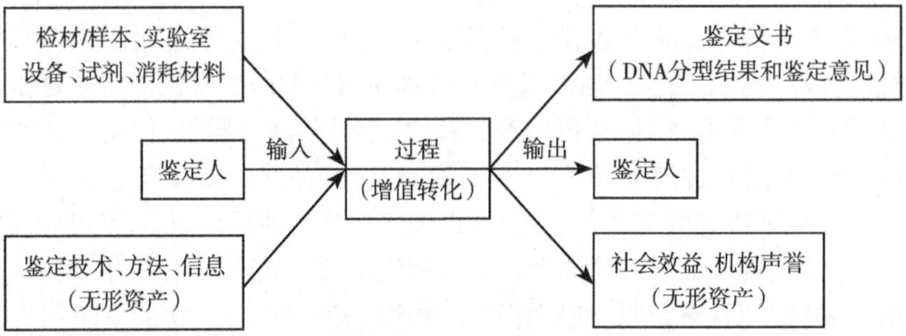

图8-1　DNA分型的过程

每个过程都有有形资源和无形资源的输入和输出，而输出则是过程的结果，过程本身是通过人来实现增值转换的，人的质量也通过过程而得到提高。图8-1中输出的鉴定人至少要比输入的鉴定人增添了有关检验鉴定的知识和经验。

过程原理认为，所有质量工作都是通过过程完成的，质量管理要通过对过程的监控来实现。任何一个组织都应该识别、组织、建立和管理质量活动过程的网络及其接口，以创造、改进和提供持续稳定的质量。

质量体系由若干个要素组成。首先要把各个要素展开为一系列的过程，通过实现过程控制来实现要素的控制。因此，也可以说，质量体系是通过一系列过程的组合而形成的，任何一个质量体系，都是相关的各个过程网络的组合。而且，只有在组成质量体系的过程网络相互协调又接口兼容时，才能使质量体系有效地运行起来。

以DNA检验试剂的采购为例：材料采购是质量体系的一个要素，但它可由一系列过程所组成。

1. 编制采购文件。

2. 选择合格的供应商。

3. 签订购销合同和质量保证协议书。

4. 对所购试剂进行质量检验等。

上述过程又可进一步展开为若干个小过程，如"选择合格供应商"这一过程可由以下五个小过程构成：

（1）对供应商的质量保证能力或质量体系进行评价（要求提供质量保证书等）；

（2）对供应商的产品样品进行试用、检测分析和评价；

（3）对比供应商类似产品的质量历史情况；

（4）对比类似产品的检验或试验结果；

（5）了解和对比其他实验室对该试剂的使用情况和经验等。

这些大大小小的过程虽然总归口于采购职能部门，但又跨越了采购部门的职能范围。如采购文件的编制和试剂的实验验收需要DNA技术部门配合；所购试剂的质量检验、对比类似产品的检验可能要请质量检测和计量部门承担。因此，必须明确各职能部门的职责、分工和协调，才能实现对每一过程的有效控制，实现质量体系的有效运行。质量管理就是要理顺和强化对过程，尤其是对主干过程的控制和管理。

3. 体系管理原理　任何一个组织，只有依据其实际环境条件和情况，策划、建立和实施质量体系、实现体系管理，才能实现其质量方针和质量目标。这就是质量管理的体系管理原理，它包括三方面的内容。

（1）质量体系的环境：包括非合同环境、供需双方之间合同环境、第二方（需方）的批准或注册、第三方的认证或注册。法医学鉴定的体系环境属于第三方认证或注册环境（可简称为认证环境）。

认证环境一般是由认证机构代表第三方，按照认证法规、规章及合同，对供方（第一方）的质量体系进行审核和复审。通过审核或复审，即授予使用认证证书，并注册公布供方能对顾客提供符合某一质量保证标准规定的质量保证能力，以减少第二方（顾客）对供方质量体系的评审次数及费用。显然，供方必须按认证的质量体系要求建立有效的质量体系。

法医学鉴定机构通过实验室认可（laboratory accreditation）的活动，就是通过中国合格评定国家认可委员会（China National Accreditation Service for Conformity Assessment，CNAS）对申请认可的机构是否符合标准（司法鉴定/法庭科学机构能力认可准则）的要求进行审核、复核，并授予认可证书的活动；同样，实验室资质认定也是针对司法鉴定机构的资质认定评审准则，由国家认证认可监督管理委员会和各省、自治区、直辖市人民政府质量技术监督部门对鉴定机构的基本条件和能力是否符合法律、行政法规规定以及相关技术规范或者标准实施的评价和承认活动。

（2）质量体系结构与要素：包括组织结构、程序、过程和资源。资源是质量体系的运行基础，它包括人员、资金、设备装置、技术、方法等。

（3）质量体系文件：质量体系的建立和运行要通过质量体系文件的编制和实施才能加以实现。质量体系文件是实行体系管理的依据，它们可以有不同的形式和名称，但均表述质量体系结构、质量体系运行的规则，是提供质量体系有效运行见证的文件的总称。其层次结构和名称见表8-1。

表8-1　质量体系文件层次结构及名称一览表

层次	文件类别	文件名称	作用
1	纲领性文件	质量手册	阐述质量方针，描述质量体系
2	支持性文件	质量责任制度，通用技术与管理标准或规范（即一般程序文件）	规定各职能部门及与质量直接相关的人员的质量职责和权限；基本质量活动的规定和方法；管理标准和通用技术标准
3	操作性文件	质量计划，专业技术作业指导书，管理与工作标准或规范（即专用程序文件）	对某项特定的项目或合同，制定专用的质量措施、资源和活动顺序的文件
4	见证性文件	质量活动原始记录，统计报表等质量记录	为已经完成的质量活动或达到的结果提供客观证据

（四）质量管理的基础工作

开展质量管理必须具备一些基本条件、基本手段和基本制度，例如标准化工作、计量工作、质量信息工作、质量责任制和质量教育工作等。法医学鉴定的质量管理同样如此。

1. 标准化（standardization）工作　标准化工作是对实际与潜在的问题作出统一规定，共同、反复使用，以在预定的领域内获取最佳秩序和效益的活动。

法医学鉴定的标准，包括技术标准、管理标准和工作标准是鉴定质量管理的基础和依据，而质量管理又是贯彻执行标准的保证，二者关系密切：①法医学鉴定标准化是鉴定质量管理的基础和前提。②鉴定标准化贯穿于鉴定质量管理的始终，鉴定标准化和全面质量管理都是全员参加的全过程的全面性工作，它们具有一致的目标。③鉴定的质量管理是运用各种科学方法的综合质量管理，它改变了那种办事无标准、无规范的手工业作坊式的管理习惯，也没有那种片面强调管理部门垂直分工、各自为政，以分工为分家，缺乏横向协调联系的管理方式。因此，鉴定质量管理的开展可以使鉴定标准化更具有科学性。④质量管理已成为标准化工作的一个重要领域。

2. 计量工作　计量工作是实验室工作和检验工作的技术基础，是保证检验质量、促进技术进步和管理的重要条件，也是有效实行技术监督的手段。

法医学鉴定工作中，计量工作对质量管理有重要意义：①准确、可靠的检测、检验数据是形成科学鉴定意见的依据。②加强对计量器具和仪器、仪表的质量监督，对正在使用中的计量器具和仪器仪表实行定期校准和检定，是保证鉴定质量的手段。③加强对检验、检测工作的计量监控，是鉴定质量控制的方法之一。

建立计量确认体系，实行测量过程控制，应抓好以下几个主要环节：①所有计量器具及仪器必须经检定、校准合格，具有合格证及标志，才准许投入使用。②计量器具及仪器要正确合理使用及妥善保管。③对使用中的计量器具进行定期检定。④借出的量具及仪器被归还以后，在用于检验、鉴定之前应进行校准或检定，保证其处于正常状态。⑤计量器具及仪器应及时检修和报废。

3. 质量责任制　建立质量责任制是法医学鉴定质量管理的首要环节。它要求明确规定每一个人在鉴定程序工作中的具体任务、责任和权利，做到鉴定质量工作环环有人管、人人有专责，办事有标准，工作有检查，形成一个严密的质量管理工作系统。一旦发现质量问题，可以追溯责任。

法医学鉴定质量责任制的内容主要是规定鉴定机构各级管理人员，与鉴定或服务质量直接有关的鉴定人、职员以及各部门的质量责任。如：鉴定机构负责人的质量职责、技术负责人的质量职责、各科室专业负责人的质量职责、鉴定人的质量职责、实验员的质量职责等。还要对各质量活动之间的接口控制与协调措施作出清晰、明确的规定，以防止相互扯皮和推诿。

4. 质量信息工作　鉴定质量信息包括反映鉴定质量和鉴定工作各个环节质量的基本数据、原始记录以及鉴定过程中反映出来的各种信息资料。质量信息是鉴定质量管理的耳目。

影响鉴定质量的因素是多方面的，而且错综复杂，关键是要对来自各方面的影响因素有清楚的认识，做到心中有数。质量信息工作应重点掌握的三个环节：①从检验、鉴定过程中收集有关鉴定质量的原始记录、数据等资料。②从鉴定辅助过程中收集有关工作质量和鉴定质量方面的信息。如鉴定试剂采购和验收的记录、被检样本保存的记录、仪器设备使用和维修记录、鉴定质量审核记录等。③从其他渠道收集鉴定相关信息，了解先进技术和管理方法，改进鉴定质量。

5. 质量法规体系　质量法规体系是由国家颁布的有关质量管理方面的法律、行政（地方）法规及国家行政机关制定发布的质量方面的规章组成的体系，它们具有“法”的属性，是进行质量管理、质量监督的依据。

我国虽然没有对司法鉴定专门立法，但法医学鉴定活动受到诸多法律、法规的调整和规范，每个鉴定机构的管理者和鉴定人以及与鉴定工作有关的人员都必须熟悉和掌握，法医学鉴定管理规范是法医法学研究的重要内容之一。

（五）质量管理的国际标准化

标准化活动是质量控制的基础工作，标准化活动的过程已从行业标准化发展到国家标准化，进而发展到国际标准化。

1977年，德国标准化学会（DIN）倡议国际标准化组织（ISO）制定质量保证方面的国际标准。ISO 9000系列标准发布后不久，就有70多个国家以及欧共体（欧盟前身）等区域组织纷纷等同或等效采用。

> ISO是一个国际标准化组织，其成员由来自世界上100多个国家的国家标准化团体组成，代表中国参加ISO的国家机构是国家技术监督局（现为国家质检总局）。ISO与国际电工委员会（IEC）有密切的联系，中国参加IEC的国家机构也是国家技术监督局（现为国家质检总局）。ISO和IEC作为一个整体，担负着制订全球协商一致的国际标准的任务。ISO和IEC都是非政府机构，它们制订的标准实质上是自愿性的，这就意味着这些标准必须是优秀的标准，它们会给工业和服务业带来收益，所以他们自觉使用这些标准。ISO和IEC不是联合国机构，但他们与联合国的许多专门机构保持技术联络关系，它有约1000个专业技术委员会和分委员会，各会员国以国家为单位参加这些技术委员会和分委员会的活动，它还有约3000个工作组。ISO/IEC每年制订和修订约1000个国际标准。

我国于1988年等效采用、1992年又等同采用发布了GB/T 19000系列标准，积极采用了统计质量控制技术方面的ISO国际标准，并制定了质量成本等方面的国家标准，同样形成了一个质量管理方面的国家标准体系。

目前，司法鉴定行业在质量管理过程中进行的实验室认可和资质认定，溯源到的国际标准主要有：①ISO/IEC 17025：2005《检测和校准实验室能力认可准则》；②ISO/IEC 17020：2012《检查机构能力认可准则》；③ILAC-G19《法庭科学机构认可指南》。

三、法医学鉴定的质量方针

（一）实现鉴定的科学性

科学性是法庭科学各类鉴定所共有的属性，是鉴定意见，即法庭科学证据区别于其他证据的本质特征，其核心在于通过掌握着科学技术的鉴定人，应用科技理论与手段，借助仪器与设备，揭示出被鉴定对象的客观属性。科学鉴定的目的是为了使鉴定意见具有准确性、可靠性和可重复性，法医学鉴定也不例外。法医学鉴定工作者不同于其他职业(法官、律师、医生等)的特点在于,其鉴定事业的运行与发展必须符合法医学学科的客观规律和运作机制。要实现法医学鉴定的科学性,需要做到以下两点。

1. 有一个掌握着法医学先进科学技术的鉴定人团队　法医学鉴定科学性的实现,不仅要有鉴定技术专家,还要有一支优秀的技术团队。基于法医学学科发展越来越精细化的特点,这支团队还应具有一定的规模。每一个案件的鉴定结果都关乎公民的合法权益,而有些案件又涉及多学科领域的问题,各专业之间的相互协作十分重要。有些案件的鉴定必然会凝聚多方专家的集体智慧。

2. 要有相应的技术条件　技术条件主要是指场地、设备、技术方法和管理要达到一定的要求。法医学是一门应用科学,我们一方面承认鉴定人自身的专业知识和经验,另一方面,在我国必须强调技术条件的科学配置。设施与设备安排合理、技术方法稳定可靠、鉴定遵循一致公认的技术标准、鉴定过程科学规范,是法医学鉴定体现科学性和实现鉴定准确、可靠且有可重复性的必要保障。没有相应的技术条件,再睿智的专家也不可能仅凭"望、闻、问、切"发现事物内部的结构和变化特征,更无法保证鉴定的科学性。

科学化管理的、掌握了法医科学技术的鉴定团队,只有使用先进的科学仪器,采用标准化的科学方法进行鉴定,才能出具科学的鉴定意见。

(二)实现鉴定服务的公正性

法医学鉴定是为司法活动提供科学证据的一种服务。鉴定意见的证据属性和鉴定机构(包括鉴定人)独立的第三方地位,决定了公正是司法鉴定永恒的价值追求,因此,公正性是评价法医学鉴定服务质量的首要标准。不能简单地以"微笑服务",委托人满意,双方当事人"口服心服"作为评价法医学鉴定工作的指标。要做到鉴定的公正服务,须注意以下两点。

1. 鉴定机构和鉴定人应具有中立性　要保证鉴定的公正性,首先要有中立的鉴定机构。"中立机构"不仅要中立于双方当事人,而且要中立于控、辩双方。目前我国的司法鉴定中鉴定机构不中立的现象仍然存在,例如,侦查权对科学证据的控制和垄断,使一部分鉴定机构的中立性受到了质疑。

另外,法医学鉴定人在从事鉴定工作时也要有中立的理念和行为。现实中常见的法医学鉴定委托方式并不完全具有中立性,鉴定人一般面对的只是一方当事人,甚至有制度允许一方当事人出资委托鉴定,这就更需要以科学的要求和管理制度加以矫正。

2. 以公正的态度从事鉴定工作　客观公正是法医学鉴定工作必须遵循的原则。法医学鉴定意见是为判断是非曲直而提供的重要依据,有时是唯一的证据。因此,法医学实践和服务与其他行业向社会提供服务的性质完全不同。它经常是在恶势、权势、金钱利诱或言辞威胁的环境中追求真理的活动,由于鉴定意见是展示鉴定工作的唯一载体,这就要求对检验结果的判读、分析与推断必须客观公正。就一个案件的鉴定而言,弥补、解释和救济的机会很少,法医学鉴定人必须坚持实事求是的原则,力求忠实于事实真相,客观地出具鉴定意见。违背公正原则、故意作虚假鉴定的鉴定人要承担法律责任。

(三)科学鉴定与公正服务的关系

科学鉴定与公正服务,两者相互依存、相互制约,共同揭示了司法鉴定的本质属性。

科学鉴定是对鉴定人业务素质和能力的要求,公正服务是对鉴定人职业道德和素养的要求,科学鉴定是前提、公正服务是目的,它们是鉴定人应具有的基本理念。鉴定人技术水平低,鉴定不科学,会导致冤、假、错案;但服务不公正,即使鉴定人技术水平再高,也不可能出具客观的鉴定意见。更有甚者,会在"技术权威"的光环下去辐射自己的错误主张,使某些司法机关碍于"专家"的"权威"而作出错误的裁判。技术水平可以通过学习和培训加以提高,职业道德也可以通过教育和法律约束加以培养。在市场化经济日益发展的今天,在法医学职业教育过程中加强对鉴定人法制观念和职业道德的培养是重要而紧迫的任务。

科学鉴定与公正服务要求建立以国家设置的法医学鉴定机构为主流的独立的鉴定体制,尽量减少法医学鉴定社会化、市场化和自侦自鉴、自检自鉴等司法机构内设鉴定机构的现象。由此,可以保证法医学鉴定的中立性、公益性、科学性和鉴定服务的公正性。

四、加强法医学鉴定的质量管理

针对法医学鉴定工作的特点和质量管理的薄弱环节，应加强以下几方面的工作，落实质量管理措施。

（一）标准化工作

做好标准化工作是开展质量管理的基础和前提。法医学鉴定既然是对与法律有关的医学问题的判断活动，就会大量涉及定性与定量的技术问题，以什么作为参照来判断是与非、用什么方法得到结果、按什么程序进行分析，是鉴定技术的实质性问题，涉及大量的标准。法医临床学的损伤程度鉴定，如果没有人体损伤程度鉴定标准，就无法区分重伤、轻伤与轻微伤。若没有伤残评定标准，就无法区分伤残等级。法医DNA检验和毒物分析，若没有统一的试验要求、试验方法和结果解释的标准，则不能实现检验结果的可重复性，其科学性和准确性更无从谈起。

因此，落实法医学鉴定的质量管理，要从落实标准化做起。首先，要保质、保量并及时地制定出法医学鉴定需要的技术标准，满足鉴定质量管理的需要；其次，要在鉴定中运用标准，依照标准进行检验鉴定，保证鉴定质量；同时，还要在运用标准的过程中总结经验，并关注新技术的应用，及时修订标准使之不断完善，跟上技术发展的步伐。关于标准的知识和运用问题，在下一节会有较为详细的说明。

（二）法医学鉴定机构的认可与资质认定

《司法鉴定/法庭科学机构能力认可准则》和《检验检测机构资质认定评审准则》是根据现代质量管理的理念设计出来的标准，他们都要求鉴定机构根据本机构的特点建立和完善符合标准要求的质量体系，强调质量控制和监督，倡导使用标准方法，并要求鉴定机构的运作符合国家法律、法规、安全和环保等要求，从管理和技术两个层面构建质量管理的框架，实现可持续性的质量保障。

按照实验室认可和资质认定的要求建立法医学鉴定机构的质量管理框架，运行鉴定管理体系，是实现司法鉴定质量管理的可靠途径。开展实验室认可、资质认定的意义和此方面的知识将在本章第三节中作重点阐述。

（三）法医学鉴定的行政管理

司法行政权对法医学鉴定的管理主要集中在法医学鉴定职业准入与执业活动两方面。这些管理活动的最终目的是为了保障法医学鉴定机构能够为司法审判提供高质量的鉴定意见，从而保障国家司法权的正常运行，维护社会公平、正义。

法医学鉴定职业准入包括鉴定人的准入和鉴定机构的准入，即什么样的人能够从事法医学鉴定工作，什么样的机构能够开展法医学鉴定业务；执业活动管理是对获得准入资格的机构和个人开展执业活动的管理，包括对执业纪律道德的监察、鉴定人员的学习培训、鉴定机构的年检注册等。目前，行政管理所依据的相关法规见表8-2。

表8-2　司法鉴定行政管理相关法规

名称	发布机关	实施日期
关于司法鉴定管理问题的决定	全国人大常委会	2005.10.1
司法鉴定机构登记管理办法	司法部	2005.9.30
司法鉴定人登记管理办法	司法部	2005.9.30
司法鉴定许可证和司法鉴定人执业证管理办法	司法部	2007.10.1
司法鉴定人和司法鉴定机构名册管理办法	司法部	2010.4.12
司法鉴定机构内部管理规范	司法部	2014.4.22
司法鉴定程序通则	司法部	2007.10.1
司法鉴定执业分类规定（试行）	司法部	2000.1.1

续表

名称	发布机关	实施日期
司法鉴定收费管理办法	国家发改委、司法部	2009.11.1
司法鉴定职业道德基本规范	司法部	2009.12.24
司法鉴定执业活动投诉处理办法	司法部	2010.6.1
司法鉴定文书规范	司法部	2007.12.1
司法鉴定教育培训规定	司法部	2008.1.1
司法鉴定机构仪器设备配置标准	司法部	2012.3.1

（四）加强法医学鉴定的行业管理

法医学鉴定的行业管理是指由法医学鉴定机构及鉴定人经选举产生一个专门的协作机构，负责对法医学鉴定专业范围内的各类事项进行组织、引导、监督与规范的活动。行业管理不同于行政管理。行政管理是司法行政机关代表国家对法医学鉴定机构和鉴定人的规范及制度管理，强调的是宏观管理；行业管理是民间团体协作机构，即法医鉴定机构和鉴定人自愿组成的协会或学会经选举形成的机构，对法医学鉴定专业内的事务性问题进行的业内管理，强调的是专业管理和行业自律，以保障法医学鉴定质量和全行业的持续发展。行业管理弥补了行政管理“外行领导内行”的缺陷，确保实现国家和社会对法医学鉴定工作职能和管理目标的全面实现。目前，我国法医学鉴定业的行业团体有中国法医学会和司法鉴定业协会（内设法医专业委员会）。

中国法医学会/司法鉴定业协会简介

中国法医学会　成立于1985年，是全国法医工作者及相关人员自愿组成的公益性、学术性、非营利性的法人社会团体。其业务主管单位是中国科学技术协会，挂靠单位是公安部，登记管理机关是民政部。中国法医学会设有法医病理、法医物证、法医临床等专业委员会，同时还下设各省、市级法医学会，主办《中国法医学杂志》，定期组织全国性的法医学术交流会。

司法鉴定业协会　2005年2月以后，各级司法行政部门开始实施对司法鉴定的行政管理，相应的各级司法鉴定行业协会—司法鉴定业协会也纷纷成立。司法鉴定业协会是司法鉴定机构，司法鉴定人，司法鉴定教育、研究人员等与司法鉴定工作有关的业内人士自愿组成的行业性、非营利性社会团体组织，接受司法部（局）和民政部（局）的业务指导和监督管理。司法鉴定业协会设有法医、物证、声像资料、建筑工程质量、知识产权等专业委员会，结合实际需要，有针对性地开展专业研讨和培训，并进行调查研究和投诉案例分析等，查找行业中存在的问题，探索业务工作规律，加强鉴定质量监督。

法医鉴定行业管理的主要内容是：①宣传相关法律、法规，保障会员依法执业，维护行业和会员的合法权益；②制定并执行鉴定标准和规范，接受政府有关部门委托，对执行情况进行监督和检查；③研究法医鉴定工作中的新问题，配合政府有关部门制定相关的规章制度；④制定行业自律规则，形成行业自律管理机制；⑤接受委托，组织对疑难、重大鉴定事项的研讨、会商等专业技术活动；⑥接受委托，制订鉴定人教育培训计划并组织实施；⑦接受委托，对会员的执业能力、职业道德进行评估和技术职称的评审；⑧组织学术交流和理论研讨，提高鉴定质量；⑨协调行业内、外部关系；⑩处理鉴定机构和鉴定人的投诉，按照有关规定对会员的违规行为进行处分；⑪组织开展国内外行业间的交流活动；⑫编辑出版学术期刊和书籍、资料等。

法医学鉴定行业管理每一项职能的落实，都与鉴定质量管理的实施密切相关，是实现质量管理必不可少的手段，可以在法医学术交流、技术监督和行业自律、政策法规建议、技术标准制定、鉴定人技能培训和职称评定等诸多方面为法医学鉴定质量管理提供技术平台和协作场所。

总之,法医鉴定质量管理的落实不仅是鉴定机构自身完善的过程,它还需要一个有利于其健康发展的环境,是需要国家、行业、第三方机构和鉴定部门共同努力去完成的任务。

第二节　法医学鉴定相关技术标准

一、标准的基础知识

学习、掌握标准的概念和基础知识,有利于我们在进行法医学鉴定和鉴定质量管理时正确地理解和使用相关标准。

(一)标准的概念

为各种活动或其结果提供规则、导则或规定特性的文件被称为规范性文件。标准就是一种规范性文件,是标准化活动的成果。ISO和我国国家标准GB/T20000.1—2002《标准化工作指南第1部分: 标准化和相关活动的通用词汇》中,对标准的定义是:"为了在一定范围内获得最佳秩序,经协商一致制定并由公认机构批准,共同使用的和重复使用的一种规范性文件"。该定义的附注指出:"标准宜以科学、技术和经验的综合成果为基础,以促进最佳的共同效益为目的。"

制定标准的目的和价值是通过"共同使用和重复使用",在一定范围内达到统一性,从而维护最佳秩序,追求最佳的共同效益的; 标准制定的基础是科学、技术和经验的综合成果; 标准形成过程本身就是科学技术和经验积累的过程,也是技术创新的过程; 标准产生的程序必须"经协商一致制定"和"公认机构批准",从而体现共同认可的科学性和权威性; 标准的表现形式是"规范性文件",即格式的标准化和内容的可操作性,从而明示标准的严肃性和规范性。

技术规范、规程和法规等也是规范性文件,标准与它们之间的区别在于: 标准是经协商一致并由公认机构批准的; 技术规范和规程,前者规定的是产品、过程或服务应满足的技术要求,后者是为设备、构件、制造、安装、维修或使用而推荐的管理或程序,不一定存在"协商一致"和"公认机关批准"的问题。法规则是权力机构通过的有约束力的法律文件。技术法规是规定技术要求的法规,它或直接规定技术要求,或通过引用标准、技术规范或过程来规定技术要求,或将标准、技术规范或规程的内容纳入法规中。权力机构通过的技术法规,其特点在于执行上有国家或地方行政权力作为后盾。

(二)标准的分类

根据标准管理和实施的需要,主要有以下几种标准分类方式。

1. 按标准的内容划分　通常按标准的专业内容,将标准划分为技术标准、管理标准和工作标准3大类。

(1)技术标准: 是对标准化领域中需要统一的技术事项所制定的标准。技术标准是一个大类,可进一步分为: 技术基础标准、产品标准、工艺标准、检验和试验方法标准、设备标准、原材料标准等。其中的每一类还可进一步细分,如技术基础标准还可再分为: 术语标准、图形符号标准、数据标准、技术通则性标准等。

(2)管理标准: 是对标准化领域中需要协调统一的管理事项所制定的标准。管理标准主要是对管理目标、管理项目、管理业务、管理程序、管理方法和管理组织所作的规定。

(3)工作标准: 是对标准化领域中需要协调统一的工作事项所制定的标准。例如,对工作岗位的工作范围、责任、权限、方法、质量与考核以及工作程序等有关事项所制定的标准。

2. 按标准的对象划分　按照标准化对象不同还可以分为基础标准、方法标准、产品标准、管理标准、安全标准、卫生标准、环保标准和其他标准八个类别。

3. 按标准的使用范围划分　按照标准的使用范围,可以将标准划分为国际标准、区域标准、国家标准、行业标准、地方标准和企业标准。

（1）国际标准：是由国际标准化组织（ISO）、国际电工委员会（IEC）和国际电信联盟（ITU）制定的标准，以及由ISO确认并公布的其他国际组织制定的标准。ISO、IEC、ITU批准、发布的标准是目前主要的国际标准。ISO认可的国际组织，如国际计量局（BIPM）、食品法典委员会（CAC）、世界卫生组织（WHO）等组织制订、发布的标准也是国际标准。ISO/IEC17025《检测和校准实验室能力的通用要求》，ISO/IEC17020《各类检查机构能力的通用要求》，ISO/IEC导则43《利用实验室间比对的能力验证》均是用于规范包括法医学鉴定机构在内的实验室认可、认证的国际通用标准。

（2）区域标准：是由某一区域标准化或标准组织制定并公开发布的标准。如欧洲标准化委员会（CEN）发布的欧洲标准（EN）。

（3）国家标准：是针对需要在全国范围内统一的技术要求制定的标准。国家标准由国务院标准化行政主管部门编制计划和组织草拟，并统一审批、编号、发布。不同国家的标准有不同的代号，如GB、ANSI、BS、NF、DIN、JIS分别是中、美、英、法、德、日的国家标准代号。

（4）行业标准：对没有国家标准又需要在全国某个行业范围内统一的技术要求，可以制定行业标准，作为对国家标准的补充，当相应的国家标准实施后，该行业标准应自行废止。行业标准由行业主管部门或行业团体批准、发布，实施统一管理。行业标准的归口部门及其所管理的行业标准范围，由国务院标准化行政主管部门审定，并公布该行业的行业标准代号。如医药行业代号为“YY”，环境保护为“HJ”，公共安全行业为“GA”。

（5）地方标准：对没有国家标准和行业标准而又需要在省、自治区、直辖市范围内统一的产品安全、卫生要求、环境保护、节约能源等要求，可以制定地方标准。地方标准由省级标准化行政主管部门统一组织制定、审批、编号、发布。

（6）企业标准：是由企业单位自行制定、发布的对企业范围内需要协调、统一的技术要求、管理要求和工作要求所制定的标准。

4. 按标准约束程度划分　可将标准分为强制性标准、推荐性标准和指导性技术文件。

（1）强制性标准：是由法律规定的必须遵照执行的标准。依据《中华人民共和国标准化法》的规定，保障人体健康、人身、财产安全的标准和法律、行政法规规定强制执行的标准是强制性标准；省、自治区、直辖市标准化行政主管部门制定的工业产品安全、卫生要求的地方标准，在本地区域内是强制性标准。

（2）推荐性标准：推荐性标准的对象一般是具有指导性意义，但又不宜强制执行的技术和管理要求。是推荐采用、自愿执行的标准。推荐性国家标准的代号为“GB/T”，行业标准中的推荐性标准是在行业标准代号后加“T”字，如“GA/T”即公共安全行业推荐性标准，不加“T”字即为强制性行业标准。

（3）指导性技术文件：它是为处于技术发展过程中，特别是发展快的技术领域提供标准化指南或信息，供科研、设计、生产、使用和管理等有关人员参考使用的特殊标准化文件。技术型指导文件不宜由标准引用使其具有强制性或行政约束力。

（三）标准的格式

1. 标准编号　标准的编号由国家标准的代号、标准发布的顺序号和标准发布的年号（即发布年份）构成。代号包括国家标准代号、行业标准代号、地方标准代号和企业标准代号4类。如我国的国家标准代号为GB，单独的GB为强制性标准，斜线后跟T是推荐性标准，跟Z表示指导性技术文件。我国的行业标准，根据主管部门不同，设有60多个代号。与法医学鉴定密切相关的代号为GA，含义是“公共安全”，其行政主管部门为公安部科技司。

2. 标准的结构层次　标准的结构层次从大到小分为：概述、部分、章、条、段、列项、附录。中华人民共和国国家标准《标准化工作导则　第1部分：标准的结构和编写》（GB/T 1.1—2009）中5.2规定了“层次划分”，见表8-3。

表8-3　标准层次划分

汉语名称	对应英语词	编号示例
概述		
部分	part	××××.1
章	clause	1
条	subclause	1.1
条	subclause	1.1.1
段	paragraph	[无编号]
列项		1)2)3)或a)b)c)
附录	annex	A、B、C

二、法医学鉴定相关标准概述

（一）目前我国法医学鉴定相关技术标准简介

我国法庭科学行业标准化管理起步较晚，最早与法医鉴定有关的技术标准是1993年制定的《物证通用标签GA55-1993》，修改后为GA55—2011所替代。在之后的二十多年中，法医学各分支学科相继制定了一系列行业标准和国家标准，由标准制定机构批准、发布。司法部司法鉴定管理局也制定了部分技术规范。

1. 国家标准　与法医学鉴定有关的国家标准见表8-4。

表8-4　法医学鉴定相关国家标准

名称	编号	发布部门
人体损伤程度鉴定标准		五部委(公、检、法、司、安全)
职工非因工伤残或因病丧失劳动能力程度鉴定标准(试行)	劳社部发[2002]8号	劳动和社会保障部
人身保险伤残评定标准	中保协发[2013]88号	中国保险行业协会、中国法医协会
暂予监外执行规定	司发通[2014]112号	五部委(公、检、法、司、卫生)
医疗事故分级标准	卫生部令第32号	原卫生部

2. 行业标准　与法医学鉴定有关的行业标准一般由全国刑事技术标准化技术委员会(技术委员会编号: TC179)负责组织制定。现已颁布实施的法医学相关行业标准见附录一。这些行业标准中，既有建议性标准，也有强制性标准，适用于全国公共安全行业，包括公、检、法、司、安全等部门的法医学鉴定领域。

3. 技术规范　司法部司法鉴定管理局自2010年开始颁布实施了一些司法鉴定技术规范，其中涉及法医学鉴定的技术规范见附录二。与上述国家标准和行业标准不同的是，这些技术规范适用于在司法部和各省、市司法局注册登记的司法鉴定机构。

4. 法医学鉴定经常使用的其他“标准”　在法医学鉴定中，我们会经常使用一些对鉴定意见起决定性作用的鉴定“标准”，以法医临床学鉴定中最为常见，如表8-5所示。

这些“标准”具有技术标准的特征: ①它们面对的是法医学鉴定中大量重复出现的损伤和伤残等级评定等技术问题; ②这些“标准”是根据医学科学基础和实践经验制定出来的; ③均“经协商一致”在一定范围内达成共识; ④制定的目的都是为了在全国或地方统一使用，做到定罪、量刑、赔偿上的公平与公正。但它们均不是我们前面所述的严格意义上的标准，因为它们没有经历标准的编制程序，未经国家或行业标准归口部门审批、编号、发布。因此，这些"标准"只能称之为部门规章。由于《人体损伤程度鉴定标准》和《暂予监外执行规定》等规章的颁布具有国家司法、行政机关的权力作为后盾，故它们在全国范围内的适用相当于技术法规，具有强制性。

表8-5　几种常用的法医临床学鉴定技术"标准"

标准名称	标准编号	实施时间
道路交通事故受伤人员伤残评定	GB 18667—2002	2002.12.01
法庭科学DNA数据库建设规范	GB/T21679—2008	2008.08.01
残疾人残疾分类和分级	GB/T26341—2010	2011.05.01
疑似毒品中海洛因的气相色谱、气相色谱-质谱检验方法	GB/T29635—2013	2013.11.01
疑似毒品中甲基苯丙胺的气相色谱、高效液相色谱和气相色谱-质谱检验方法	GB/T29636—2013	2013.11.01
疑似毒品中氯胺酮的气相色谱、气相色谱-质谱检验方法	GB/T29637—2013	2013.11.01
人身损害误工期、护理期、营养期评定规范	GB/T1193—2014	2014.11.26
劳动能力鉴定职工工伤与职业病致残等级	GB/T16180—2014	2015.01.01
人身损害护理依赖程度评定	GB/T31147—2014	2015.01.01

为适应司法鉴定规范化的需求，对于没有全国性标准和技术规范的一些事项，地方行业协会经本地区同行协商一致出具的"标准"对当地的鉴定工作具有指导意义；地方司法机关出具的"标准"，在当地具有强制性。如北京、江苏、浙江等地使用的下列"标准"，见表8-6。

表8-6　部分地方性技术"标准"

名称	编号	发布部门
司法精神病学法律能力鉴定指导标准	京司鉴[2010.7.1]	北京市司法鉴定业协会
人身损害致残程度鉴定标准（2011修订稿）	京司鉴发[2011]5号	北京市司法鉴定业协会
人体残疾程度鉴定标准（试行）	1998.6	江苏省高级人民法院
人体损伤残疾程度鉴定标准（试行）	2005.1	浙江省高级人民法院

（二）现有标准的特点

1. 国家标准较少，行业标准偏多　法医学鉴定有关的国家标准只有9个，行业标准有105个左右，考虑主要与标准使用的覆盖面有关。

2. 各分支学科标准研制进展不一，技术标准分布不均　在国家标准和行业标准中，法医毒物分析技术标准最多，占60%；法医物证（法医DNA）技术标准占23%，法医病理9%，法医临床占8%，司法精神病学鉴定未见有行业技术标准。这种现象主要与法医学各学科的技术特点有关。法医毒物分析和法医物证的检测对象与方法相对固定，工作的可重复性比较强，适合于采用标准的方式进行规范和统一；法医临床和法医病理与临床医学和基础医学有极大的交叉性，技术工作上受临床医学和普通病理学技术规范和诊断标准的指导颇多，在很大程度上弥补了法医学鉴定技术标准的不足。

3. 强制性标准少，推荐性标准多　技术标准是否要求强制执行，反映了制定者对标准制定对象希望达到的管理和统一的力度，在本质上取决于标准制定对象在整体事物中的重要程度。强制性的行业技术标准，在司法鉴定/法庭科学领域机构从事鉴定活动时必须遵照执行。现有行业标准中对于检验程序和方法多使用了推荐性标准，符合技术程序与方法发展变化相对较快和方法多样性的特点。

4. 技术标准多，管理标准少　此问题主要与我国司法鉴定制度有关。2005年以前，法医学鉴定主要隶属于公检法系统，各系统机构设置、工作任务及工作程序不尽相同，且受主管部门职能的制约，难以形成统一的管理标准。其后，由司法行政部门管理社会司法鉴定机构和业务，与侦查机关的鉴定管理模式不尽相同，管理标准的统一尚待时日。

三、技术标准与方法的适用

这里的适用是对鉴定机构和鉴定人使用技术标准和方法的要求。

（一）标准的适用

1. 采用标准　司法鉴定人在鉴定时，应当依下列顺序遵守和采用相关专业领域的技术标准和技术规范：①国家标准和技术规范；②全国刑事技术标准化技术委员会或司法部等主管部门组织制定的行业标准或技术规范；③该专业领域多数专家认可的技术标准或地方性技术规范。不具备前款规定的技术标准和技术规范的，可以采用所属司法鉴定机构自行制定的有关技术规范。

法医病理、法医临床和司法精神病等领域，在鉴定过程中对损伤或疾病进行诊断或对临床诊疗等事项进行评价时，应适用医疗卫生行业的相关诊疗规范。

2. 使用现行有效的标准　如果使用过期作废的标准进行检验和判断，得出的鉴定意见就会失去可采性。

3. 执行标准　在鉴定的过程中，技术操作、观察和判断应该按照标准中描述的方法和要求去做。例如，标准方法中要求"10分钟内观察结果"，如果鉴定人员在半小时之后才观察结果，将对检验结果判断的可靠性产生影响，属于标准适用上的不符合行为，其检验结果会受到质疑，这将影响到事实认定者对其鉴定意见的采信。

（二）方法的适用

在确立鉴定的技术方法时，应优先选择和使用国家或行业发布的标准方法。并应考虑到以下几点。

1. 技术方法所能够解决的问题应该与鉴定事项要求解决的问题相对应。例如，使用"人血红蛋白检测金标试剂条法"针对血斑进行种属检验，方法与目的相适应，方法选择正确；如果用该方法检测斑迹是否为人的精斑，则方法与目的不相符合，方法选择不当。

2. 方法的有效性程度（包括效能、灵敏度、误差等）是否符合被检测对象的特点及对检验精确度的要求。例如：采用15个常染色体基因座的检测体系进行"三联体"亲子鉴定，累计非父排除率在99.99%以上，符合鉴定规范的要求，得出的"支持有亲子关系"的鉴定意见可靠；如果同样的检测体系用于"二联体"亲子鉴定，由于基因座数量偏少，非父排除率一般不能达到99.99%，此时出具有亲子关系的报告，误判的风险就会增加，不符合相关行业标准或鉴定规范的要求。应该增加检测基因座的数量，提升检测系统效能后，方法才能与目的相适应，出具的鉴定意见才能达到标准要求的可靠程度。

3. 有多种方法可以使用的情况下，一般要选择可靠性程度及灵敏度更高、鉴定人熟练程度更高的标准方法。

第三节　法医学鉴定机构的认可与资质认定

对法医学鉴定机构进行实验室认可和资质认定是实现鉴定质量管理的重要途径，是政府对司法鉴定机构进行管理的重要手段，是鉴定机构向社会和司法部门提供科学鉴定意见和公正服务的重要保障。因此，每一个从事法医学专业鉴定的技术人员，必须了解认可和认定的有关知识。

一、实验室认可与资质认定概述

（一）基本概念

1. 认可　认可是"权威机构对某一组织或个人有能力完成特定任务作出正式承认的程序"（ISO/

IEC导则2：1996）。认可常常是由经过授权的认可机构对实验室或检查机构的管理能力和技术能力按照约定的标准进行评价，并将评价的结果向社会公告以正式承认其能力的活动。

（1）认可的主体可以是某个组织或个人：组织通常是指从事检测或校准工作的实验室和从事检查活动的检查机构，不论其人员数量多少或检测范围有多大，在认可标准中的要求是"实验室、检查机构或其所在的组织应是一个能承担法律责任的实体"。个人指授权签字人，是经过CNAS派出的考评组考核合格，并备案负一定法律责任的人员。

（2）评价和认可的机构：在中国，经过授权的认可机构是中国合格评定国家认可委员会（China National Accreditation Service for Conformity Assessment，英文缩写：CNAS）。

（3）认可标准：认可是一个评价和承认的过程，评价就要有约定的标准。我国适用于司法鉴定/法庭科学领域鉴定机构能力认可的标准是CNAS-CL08《司法鉴定/法庭科学机构能力认可准则》（Accreditation Criteria for the Competence of Forensic Units）。这一准则覆盖了ISO/IEC 17025：2005"检测和校准实验室能力认可准则"所有的管理要求和技术要求，同时采用了ISO/IEC 17020：2012"检查机构能力认可准则"和ILAC-G19"法庭科学机构认可指南"的部分内容。

（4）评价内容：被评价的内容是实验室或检查机构的管理能力和技术能力是否符合认可标准的要求。

（5）获准认可机构的公告：对于符合认可标准的实验室或检查机构，认可机构会将对其能力的承认向社会公布。通常的做法是，向社会公告，向实验室授予证书。获准认可的机构可以在报告、证书、文件、宣传品和网页上声明其认可状态。

2. 资质认定　资质认定是指国家认证认可监督管理委员会（以下简称"国家认监委"）和各省、自治区、直辖市人民政府质量技术监督部门对实验室和检查机构的基本条件和能力是否符合法律、行政法规规定以及相关技术规范或者标准实施的评价和承认活动。我国适用于司法鉴定/法庭科学领域鉴定机构能力认可的标准是《检验检测机构资质认定评审准则》和《检验检测机构资质认定刑事技术机构评审补充要求》或《检验检测机构资质认定司法鉴定机构评审补充要求》。

取得CNAS认可的实验室和检查机构，在申请资质认定时，可以简化相应的资质认定程序，避免不必要的重复评审。

实验室认可和资质认定的区别见表8-7。

表8-7　实验室认可与资质认定的区别

项目	实验室认可	资质认定
标准依据	能力认可准则	资质认定评审准则
性质	自愿	强制
类型	一级国家认可	两级认定
实施机构	CNAS	国家认监委、省级资质认定部门
考核内容	24个要素	评审准则+专业补充要求
结果	CNAS标识	CMA标识
国际互认	ILAC-MRA和APLAC-MRA	仅适于国内

（二）认可机构

1. 认可机构的设置　国际上实验室认可活动基本上遵循下列三个原则：①各国实验室认可活动是在政府支持下开展的，形成了一个独立的实验室认可体系。②各国政府只应在国家一级建立一个实验室认可体系，不搞多个体系竞争。③实验室认可活动是一种非盈利活动，不是商业性行为。因此，实验室认可活动有国际、区域与国家三个层次，但实验室认可机构却只有国家一级，国际与区域两个层次只是进行实验室认可合作与交流的论坛。

中国合格评定国家认可委员会（CNAS）是根据《中华人民共和国认证认可条例》的规定，由国家认监委批准设立并授权的国家认可机构，统一负责对认证机构、实验室和检查机构等相关机构的认可工作。CNAS于2006年3月31日正式成立，是在原中国认证机构国家认可委员会（CNAB）和原中国实验室国家认可委员会（CNAL）基础上整合而成的。

CNAS的组织机构包括：全体委员会、执行委员会、认证机构技术委员会、实验室技术委员会、检查机构技术委员会、评定委员会、申诉委员会、最终用户委员会和秘书处。中国合格评定国家认可委员会委员由政府部门、合格评定机构、合格评定服务对象、合格评定使用方和专业机构与技术专家等5方面，总计64家单位组成。

2. CNAS的宗旨和任务　CNAS的宗旨是推进合格评定机构按照相关的标准和规范等要求加强建设，促进合格评定机构以公正的行为、科学的手段、准确的结果有效地为社会提供服务。其主要任务如下。

（1）按照我国有关法律法规、国际和国家标准、规范等，建立并运行合格评定机构国家认可体系，制定并发布认可工作的规则、准则、指南等规范性文件。

（2）对境内外提出申请的合格评定机构开展能力评价，作出认可决定，并对获得认可的合格评定机构进行认可监督管理。

（3）负责对认可委员会徽标和认可标识的使用进行指导和监督管理。

（4）组织开展与认可相关的人员培训工作，对评审人员进行资格评定和聘用管理。

（5）为合格评定机构提供相关技术服务，为社会各界提供获得认可的合格评定机构的公开信息。

（6）参加与合格评定及认可相关的国际活动，与有关认可及相关机构和国际合作组织签署双边或多边认可合作协议。

（7）处理与认可有关的申诉和投诉工作。

（8）承担政府有关部门委托的工作。

（9）开展与认可相关的其他活动。

截至2015年4月底，CNAS累计认可各类认证机构135家，这些机构颁发的各类认证证书数量超过84万份；累计认可实验室6609家，其中检测实验室5547家、校准实验室768家、医学实验室184家、生物安全实验室63家、标准物质/标准样品生产者11家、能力验证提供者36家；累计认可检验机构384家。

3. 国际互认　中国合格评定国家认可制度的认可活动已经融入国际认可互认体系。中国合格评定国家认可委员会是国际认可论坛（IAF）、国际实验室认可合作组织（ILAC）、亚太实验室认可合作组织（APLAC）和太平洋认可合作组织（PAC）的正式成员。目前包括CNAS在内的IAF互认成员来自55个经济体的60个认可机构，ILAC互认成员来自74个经济体89个认可机构。

（三）法医学鉴定机构进行实验室认可与资质认定的意义

1. 满足法律、规章的要求　全国人民代表大会常务委员会《关于司法鉴定管理问题的决定》和2006年3月1日起实施的公安部《关于公安机关鉴定机构登记管理办法》中要求，“法人或者其他组织申请从事司法鉴定业务的，应当具备下列条件：有在业务范围内进行司法鉴定所必需的依法通过计量认证或实验室认可的检测实验室”。

国家质量监督检验检疫总局制定、2015年8月1日起实施的《检验检测机构资质认定管理办法》中同样要求，“检验检测机构从事下列活动，应当取得资质认定：为司法机关作出的裁决出具具有证明作用的数据、结果的；为行政机关作出的行政决定出具具有证明作用的数据、结果的；为仲裁机构作出的仲裁决定出具具有证明作用的数据、结果的；为社会经济、公益活动出具具有证明作用的数据、结果的。”司法部和国家认证认可监督管理委员会又颁布了《关于开展司法鉴定机构认证认可试点工作的通知》（司发通〔2008〕116号）要求从2008年10月1日起，在北京、江苏、浙江、山东、四川和重庆等6个省（市）进行认证认可试点，用2年时间，使上述地区所有从事法医类、物证类和声像资料类司法鉴定机构必须通过实验室资质认定，或者实验室认可、检查机构认可。

2. 提升法医学鉴定的质量保障　获认可和资质认定的鉴定机构出具的法医学鉴定文书可使用CNAS认可标识和CMA认定标识，以向社会证明获准认可、认定的法医学鉴定机构和实验室提供的检验鉴定和服务的质量体系和技术能力已满足国际标准和指南的要求，能够开展有质量保障的法医学鉴定活动。

3. 有利于提高管理水平和技术能力　鉴定机构和实验室通过认可和资质认定可以促进自身的管理水平和技术能力，拥有不断改进提高的机制，有利于降低管理成本，提高效率。鉴定质量和服务水平的提高，还可以使鉴定机构和鉴定人赢得信赖和声誉。

4. 实现国际互认　通过各国实验室认可机构之间签订的双边或多边相互承认协议，对获得认可的实验室出具认证证书或相互承认检测报告，为国际司法协作和法医实验室参与国际实验室交流合作提供了条件。

（四）我国司法鉴定/法庭科学机构实验室认可状况

自从2005年2月全国人大常委会《关于司法鉴定管理问题的决定》出台以来，我国司法鉴定行业对实验室认可和资质认定的认识与理解逐步增强，认可和认定工作在行业内逐渐展开。公安部、司法部和最高人民检察院对各自所管理的司法鉴定/法庭科学机构的实验室认可、资质认定工作均作出了部署，自2003年起，认可机构逐年增长（表8-8）。近年来司法鉴定/法庭科学机构认可、认定工作踊跃（表8-9）。

表8-8　我国司法鉴定/法庭科学机构认可情况（数据截至2015年4月）

年份	2003	2005	2007	2009	2011	2013	2015
认可机构数	1	2	9	52	148	237	308

表8-9　已认可的司法鉴定/法庭科学机构（数据截至2015年4月）

系统	认可专业	已认可机构数
社会鉴定机构	物证、毒化、DNA、法医、电子证据、文件检验等	109
公安系统	DNA、毒化、微量物证、法医、图像、文件检验、痕迹、电子证据等	170
检察院系统	毒化、法医临床、文件检验等	29

二、司法鉴定/法庭科学机构的认可领域

可以申请认可的司法鉴定/法庭科学机构实验室认可领域包括：

1. 法医病理鉴定　法医病理类鉴定可申请能力认可的领域包括死亡原因鉴定、尸体解剖、组织病理学诊断、死亡方式判断、致伤物推断。

2. 法医人类学鉴定　包括种属鉴定、性别鉴定、身高推断。

3. 法医临床鉴定　包括损伤程度鉴定、伤残程度鉴定、道路交通事故伤残程度鉴定、职工工伤与职业病致残程度鉴定、男子性功能评定、视觉功能评定、听觉功能评定。

4. 法医物证鉴定　包括人类血（斑）种属试验、人类精液（斑）种属试验；血（斑）、精液（斑）、唾液（斑）、组织/器官（含毛囊、牙髓）、毛干、牙齿、骨骼的常染色体STR及性别检测、Y染色体STR检测、X染色体STR检测和线粒体DNA检测。

5. 毒品毒物鉴定　包括气体毒物类、挥发性毒物类、合成药毒物类、天然药毒物类、毒品类、杀虫剂类、除草剂类、杀鼠剂类、金属毒物类和水溶性无机毒物类检验。

6. 文书鉴定　包括笔迹、印章印文、印刷文件、特种文件、篡改（污损）文件、朱墨时序、模糊记载等。

7. 痕迹鉴定　包括手印、足迹、工具痕迹、钥匙及锁具痕迹鉴定；枪弹痕迹鉴定、金属号码图文显现、整体分离痕迹鉴定；现场爆炸痕迹、爆炸力及炸药量检验、雷管、导火（爆）索及爆炸装置检验；物体破裂痕迹、车体痕迹、轮胎痕迹、整体分离痕迹、车速等鉴定。

8. 微量物证鉴定　包括油脂及残留物、火灾现场助燃剂残留物、火/炸药及残留物、射击残留物、油漆涂料、塑料、纤维、玻璃、纸张、油墨、黏合剂、染料/色素、金属类、泥土等。

9. 录音资料鉴定　包括语音同一性鉴定、录音真实性（完整性）鉴定、录音处理及录音资料载体及录音器材鉴定。

10. 图像资料鉴定（包括录像和照相资料）　包括图像真实性（完整性）、图像处理、图像内容分析、图像同一性鉴定、录像资料载体及拍摄器材鉴定。

11. 照相、录像技术　包括可见光照相、红外照相、紫外照相、光致发光照相、光谱成像、录像技术。

12. 电子数据鉴定　包括电子数据的提取、固定与恢复；电子数据真实性（完整性）鉴定和电子数据同一性、相似性鉴定等。

三、实验室认可、资质认定的原则和依据

（一）实验室认可、资质认定的原则

1. 自愿申请　实验室认可是一种自愿性的活动，不论实验室的规模、等级、所有制与隶属关系如何，都可提出申请，而认可机构也将一视同仁，保持公正，以激励其公平竞争。资质认定则是强制性的，凡是对社会出具公证数据的实验室或机构都必须申请并通过资质认定。

我国对司法鉴定/法庭科学机构（包括法医学鉴定机构）的认可或资质认定要求是强制性的。

2. 专家评审　对申请实验室认可或资质认定机构进行的评审工作均由认可、认证机构派遣的注册评审员承担。这些评审员均经认可或认证机构的培训和考核，熟知有关法规、标准、认可程序与要求，获得了注册资格，他们按照规定的程序与要求，对申请认可或资质认定的机构开展评审工作。

3. 国家认可　按照国际惯例，实验室认可只在国家一级进行。当国家认可机构审定实验室（或机构）的质量体系和技术能力已满足规定的要求时，即可颁发认可证书，各地区、各部门不建立实验室认可机构。资质认定则是分级负责制，审定后颁发资质认定证书。

（二）实验室认可和资质认定评审的依据

1. CNAS-CL08《司法鉴定/法庭科学机构能力认可准则》　该准则是司法鉴定/法庭科学机构为证明其按照管理体系运行、具有技术能力并能提供正确的鉴定结果所必须满足的要求。它覆盖了ISO/IEC 17025“检测和校准实验室能力认可准则”所有的管理要求和技术要求。同时采用了ISO/IEC 17020“检查机构能力认可准则”和ILAC-G19“法庭科学机构认可指南”的部分内容，是对司法鉴定/法庭科学机构能力进行认可的基础。

CNAS-CL08的管理要求包括15个要素：①组织；②管理体系；③文件控制；④委托受理；⑤分包；⑥服务和供应品的采购；⑦服务客户；⑧投诉；⑨不符合鉴定工作的控制；⑩改进；⑪纠正措施；⑫预防措施；⑬记录的控制；⑭内部审核；⑮管理评审。其技术要求包括9个要素：①人员；②设施和环境条件；③鉴定方法及方法的确认；④设备；⑤测量溯源性；⑥抽样/取样；⑦检材/样本的处置；⑧鉴定结果质量的保证；⑨鉴定文书。

2.《司法鉴定/法庭科学机构能力认可准则》在不同专业领域的应用说明　为了适应司法鉴定/法庭科学认可发展的需要，根据司法鉴定/法庭科学发展现状和我国司法鉴定/法庭科学机构认可需求情况，CNAS还编制了CNAS-CL08在法庭科学不同专业领域的应用说明。例如，CNAS-CL08在法医学不同专业领域的应用说明如下。

CNAS-CL28《司法鉴定/法庭科学机构能力认可准则在法医物证DNA鉴定领域的应用说明》

CNAS-CL47《司法鉴定/法庭科学机构能力认可准则在法医学鉴定领域的应用说明》

CNAS-CL50《司法鉴定/法庭科学机构能力认可准则在法医毒物分析和毒品鉴定领域的应用说明》

这些应用说明规定了不同专业领域鉴定机构必须遵循的要求，是对CNAS-CL08《司法鉴定/法庭科学机构能力认可准则》所做的进一步说明及具体解释，其目的是为了根据不同专业的具体情况，在并不增加或减少该准则要求的情况下进行适当的延伸，为评审工作提供更多的可操作性依据。申请认可的司法鉴定/法庭科学领域的鉴定机构应同时满足CNAS-CL08以及相应专业领域的应用说明的要求。

3.《司法鉴定机构资质认定评审准则》(2013年1月1日起实施)　管理要求包括11个要素：①组织；②管理体系；③文件控制；④外部信息；⑤服务和供应品的采购；⑥鉴定委托和司法鉴定协议书评审；⑦投诉；⑧纠正措施、预防措施及改进；⑨记录；⑩内部审核；⑪管理评审。

技术要求包括8个要素：①人员；②设施和环境条件；③鉴定方法；④仪器设备和标准物质；⑤量值溯源；⑥鉴定材料处置；⑦结果质量控制；⑧司法鉴定文书。

4. 我国相关法律法规　相关的法律有:《中华人民共和国药品管理法》和《药品管理法实施条例》《中华人民共和国劳动法》《中华人民共和国安全生产法》《中华人民共和国环境保护法》《中华人民共和国标准化法》和《标准化法实施条例》《中华人民共和国认证认可条例》《中华人民共和国计量法》等。

相关的行政法规和规范性文件：全国人民代表大会常务委员会《关于司法鉴定管理问题的决定》《国务院办公厅关于加强认证认可工作的通知》《实验室和检查机构资质认定管理办法》《关于开展司法鉴定机构认证认可试点工作的通知》等。

四、实验室认可和资质认定的准备工作

（一）建立质量体系

1. 编制质量体系文件　根据CNAS-CL08《司法鉴定/法庭科学机构能力认可准则》和(或)《检验检测机构资质认定评审准则》及相关法律法规，结合鉴定机构的实际工作，编制鉴定机构自己的《质量手册》《程序文件》《作业指导书》等。

实验室在确定要建立质量体系后，首先要进行认可准则和本机构质量体系文件的培训。在选定认可或认证机构后，还要进行认可、认证要求(包括认可规则、认可领域分类、认可仪器配置要求、能力验证规则等)的培训。培训的目的在于使机构全体人员熟悉认可准则的要求，熟悉本机构质量管理体系的运行规则，以便按照规则的要求去做。

2. 质量体系试运行　质量体系文件编制完成后，需要试运行质量体系。一方面可以广泛征求鉴定机构全体人员的意见，进一步查找质量体系文件中不符合标准或不合理之处，以便修改、完善；另一方面可以形成质量体系运行的有关记录，如内部审核记录、管理评审记录、人员培训、测量不确定度评估、结果质量保证记录，在以后的认可评审时可以作为质量体系运行状况的证据。

3. 修改完善质量体系文件　编制质量体系文件时考虑不周的问题，经过试运行后就会暴露出来。质量体系文件修改、完善是一个必经的过程。

（二）参加实验室能力验证

能力验证(Proficiency testing)，指利用实验室间比对，按照预先制定的准则评价参加者的能力(ISO/IEC17043，3.7)。它也被称为能力验证活动，包含各类能力验证计划、测量审核和比对计划。能力验证发放的盲测样本由能力验证提供者提供。国家认监委组织认可机构等有关方面，对能力验证的提供者是否符合相关国家标准或者技术规范的要求进行评价。符合要求的，国家认监委确定其作为能力验证提供者。

司法鉴定/法庭科学的能力验证计划，是在法庭科学领域设计和运作的一轮或多轮能力验证。在此类活动中，鉴定机构向能力验证提供者购买能力验证的盲测样本，后者将被检测样本(材料或制品)成批发放到鉴定机构。鉴定机构在一定期限内完成检验工作，将结果报告给能力验证组织者。例如：能力验证提供者——司法部司法鉴定科学技术研究所在2015年5月中旬组织了一轮能力验证，其中法

医物证鉴定领域发放了4份样本，包括个体识别CNASZ0043（血斑与精斑）、个体识别CNASZ0044（血斑与骨粉）、亲权鉴定CNASZ0045（血斑）和亲权鉴定CNASZ0046（二联体PI计算），要求在6月10日之前以邮寄的方式向其报告检测结果。

测量审核，是对一个参加者进行的"一对一"能力评价的能力验证计划。这个参加者对被测物品进行实际测试，将其测试结果与参考值进行比较，评价其检测能力。鉴定机构如果未能参加某一轮的能力验证计划，可以向能力验证提供者申请测量审核。

CNAS能力验证是对合格评定机构（即申请认可的鉴定机构）能力进行评价的重要手段，与现场评审构成了互为补充的两种能力评价方式。对于鉴定机构来说，能力验证是一种有效的外部质量保证活动，也是内部质量控制程序的补充。实施能力验证计划是CNAS维持国际认可机构相互承认协议（ILAC-MRA和APLAC-MRA）的基础和要求。能力验证结果是CNAS判定申请认可的鉴定机构和获准认可的机构维持其技术能力的重要依据之一。

根据CNAS-RL02《能力验证规则》的要求，只要存在可获得的能力验证，合格评定机构初次申请认可的每个子领域应至少参加过1次能力验证且获得满意结果（申请认可之日前3年内参加的能力验证有效）；获准认可合格评定机构应满足CNAS能力验证领域和频次要求且获得满意结果。司法鉴定/法庭科学特定领域参加能力验证的频次要求见表8-10。

表8-10　司法鉴定/法庭科学特定领域参加能力验证的频次要求

领域	子领域	最低参加频次
法医	法医病理学	1次/1年
	法医临床学	1次/1年
	法医物证学（包括DNA检验）	1次/1年
	法医毒化	1次/1年
物证	文书	1次/1年
	痕迹	1次/2年
	微量物证	1次/2年
声像资料		1次/2年
电子物证		1次/2年

能力验证的结果分为"满意""通过"和"不通过"。验证结果为"通过"和"不通过"的项目，应按照认可准则要求实施纠正措施，并验证措施的有效性。当"不通过"结果已不能符合专业标准或规范时，除实施纠正措施并验证措施的有效性外，机构还应该自行暂停在相应项目的鉴定文书中使用认可标识。

五、认可与资质认定的程序

（一）实验室认可的程序与要求

国际标准化组织（ISO）和国际实验室认可大会（ILAC）推行的实验室认可程序，也是我国实验室认可的程序。简述如下。

1. 提出申请　申请认可的机构按CNAS秘书处的要求提供申请资料，并交纳申请费用。《实验室认可申请书》的主要内容包括：①申请认可机构的基本信息；②最近3年内参加能力验证的情况；③人员及设施情况；④描述检测领域、确定申请认可的检验、鉴定技术能力范围；⑤向认可机构提交质量体系文件与其他证实其技术能力的证明性材料。

2. 作好认可评审准备　在资料审查过程中，CNAS秘书处会将所发现的与认可条件不符合之处通知申请机构。申请机构应对提出的问题给予回复。回复后能满足受理条件的，CNAS将受理认可申请，实验室应作好接受认可评审的准备工作。

3. 评审　一般情况下，CNAS秘书处在受理申请后3个月内安排评审。

（1）文件评审：CNAS秘书处受理申请后，将安排评审组长审查申请资料；只有当文件评审结果基本符合要求时，才可安排现场评审。

（2）现场评审：CNAS秘书处会根据申请机构的申请范围组建具备相应技术能力的评审组，并征得申请人同意；评审组依据认可准则、规则和要求及有关技术标准，对申请机构申请范围内的技术能力和质量管理活动进行现场评审。现场评审将覆盖申请范围所涉及的所有活动及相关场所；评审组长将在现场评审末次会议上，将现场评审结果提交给被评审机构；对于评审中发现的不符合之处，申请机构应及时采取纠正措施，纠正措施通常应在3个月内完成；纠正措施验证完毕后，评审组长将最终评审报告和推荐意见报CNAS秘书处。

4. 认可评定、发证与公布　CNAS秘书处将对评审报告、相关信息及评审组的推荐意见进行符合性审查，并向评定委员会提出是否推荐认可的建议。评定委员会对申请人与认可要求的符合性进行评价并作出评定结论。评定结论可以是以下四种情况之一：①予以认可；②部分认可；③不予认可；④补充证据或信息，再行评定。CNAS秘书长或授权人根据评定结论作出认可决定。

满足下列条件的实验室或检查机构可以获得认可：①具有明确的法律地位，具备承担法律责任的能力；②符合CNAS颁布的认可准则和相关要求；③遵守CNAS认可规范文件的有关规定，履行相关义务。

经国家认证认可委员会批准后，CNAS秘书处向获准认可实验室颁发认可证书以及认可决定书，认可证书有效期一般为3年。CNAS秘书处负责公布获准认可实验室的基本信息、认可范围和授权签字人等内容，并将其列入获准认可实验室名录，予以公布。

获准认可的机构可以在报告、证书、文件、宣传品和网页上使用CNAS认可标识（图8-2），声明其认可状态。

图8-2　ILAC-MAR/CNAS联合标识

5. 监督评审　监督评审的目的是为了证实获准认可实验室在认可有效期内持续地符合认可要求，并保证在认可规则和认可准则变化后，能够及时采取措施以符合变化的要求。

获准认可实验室应在认可批准后的12个月内接受CNAS安排的定期监督评审。定期监督采用现场评审的方式，不需要获准认可实验室提出申请。评审的范围是认可要求的全部内容、全部或部分已获认可的技术能力。对于多场所的获准认可实验室，监督评审应覆盖所有场所。

在认可要求发生变化、能力验证活动出现多次不满意结果、行政执法检查中被发现存在较多问题等情况发生时，CNAS可视需要随时安排对实验室的不定期监督评审。

6. 复评审　获准认可的境内机构应在认可有效期到期前6个月向CNAS秘书处提出复评审申请。CNAS秘书处在认可有效期到期前会根据获准认可机构的申请组织复评审，并决定是否延续认可至下一个有效期。复评审的要求和程序与初次认可一致，是针对全部申请范围和全部认可要求的评审。

（二）资质认定

根据《检验检测机构资质认定管理办法》（总局令第163号），国务院有关部门以及相关行业主管部门依法成立的检验检测机构，其资质认定由国家认监委负责组织实施；其他检验检测机构的资质认定，由其所在行政区域的省级资质认定部门负责组织实施。

1. 提出申请　申请资质认定的检验检测机构（以下简称申请人），应当向国家认监委或者省级资质认定部门（以下统称资质认定部门）提交书面申请和相关材料，并对其真实性负责。

2. 受理　资质认定部门应当对申请人提交的书面申请和相关材料进行初审，自收到之日起5个工作日内作出受理或者不予受理的决定，并书面告知申请人。

3. 技术评审　资质认定部门应当自受理申请之日起45个工作日内，依据检验检测机构资质认定基本规范、评审准则的要求，完成对申请人的技术评审。技术评审包括书面审查和现场评审。

4. 出具认定证书　资质认定部门应当自收到技术评审结论之日起20个工作日内，作出是否准予许可的书面决定。准予许可的，自作出决定之日起10个工作日内，向申请人颁发资质认定证书。不予许可的，应当书面通知申请人，并说明理由。资质认定标识如图8-3所示。

5. 国家认监委和地方质检部门会定期公布取得资质认定的实验室和检查机构名录以及计量认证项目、授权检验的产品等。

图8-3　资质认定标识

资质认定证书的有效期为6年。

需要延续资质认定证书有效期的，应当在其有效期届满3个月前提出申请。资质认定部门根据检验检测机构的申请事项、自我声明和分类监管情况，采取书面审查或者现场评审的方式，作出是否准予延续的决定。逾期不提出申请的，由发证单位注销资质认定证书，并停止其使用标志。

本章小结

本章在第一节中着重介绍了以全面质量管理为核心的司法鉴定质量管理理念，以及质量管理的基本原理（即人本原理、过程监督原理和体系管理原理）和基础工作（标准化工作、计量工作、质量责任制、质量信息工作和质量法规体系），阐述了法医学鉴定的质量方针，强调了现阶段法医学鉴定质量管理应主抓标准化工作、实验室认可/资质认定、司法鉴定行政管理和行业管理工作。第二节介绍了标准基础知识和现行法医学鉴定标准，学生应了解法医学各分支学科都有哪些技术标准，并初步掌握鉴定工作中技术标准的适用规则。通过第三节对实验室认可/资质认定工作的介绍，学生应重点了解实验室认可/资质认定的意义、认可机构、法医学领域的认可范围和申请认可/认证的准备工作。

（鲁　涤）

讨论题

如何实现法医学鉴定的质量管理？

思考题

1. 法医学鉴定质量管理的意义是什么？
2. 法医学鉴定标准化和质量管理的关系？
3. 法医学鉴定机构开展认可与资质认定的意义？
4. 实验室能力验证及其作用？
5. 如何准备实验室认可工作？

第九章　法医学鉴定意见及审查规范

学习目标

通过本章的学习，你应该能够

掌握　法医学鉴定意见审查判断的方式，法医学鉴定意见主体审查，法医学鉴定意见文书审查，法医学鉴定意见程序审查，法医学鉴定意见实体审查。

熟悉　鉴定人出庭作证的程序与准备工作，专家辅助人与鉴定人的区别，专家辅助人的性质与特点，专家辅助人的法律地位、权力、义务与主要职责。

了解　法医学鉴定意见与其他种类证据的异同点，法医学鉴定意见的特点。

第一节　法医学鉴定意见及其特点

《刑事诉讼法》第144条规定："为了查明案情，需要解决案件中某些专门性问题的时候，应当指派、聘请有专门知识的人进行鉴定"。第145条规定："鉴定人进行鉴定后，应当写出鉴定意见，并且签名"。在诉讼过程中，遇到涉及法医学问题时，办案机关根据案情需要或当事人的申请，依法委托、聘请具有法医学鉴定资格的法医学司法鉴定机构及鉴定人，要求其运用法医学理论知识、技能和经验，按照规范的法医学鉴定标准进行检验、分析和判断，并作出结论性的鉴定意见。

一、法医学鉴定意见简述

（一）何谓法医学鉴定意见

法医学鉴定意见属诉讼法规定的证据之一，是一种独立的证据种类，由法医学鉴定人接受相关部门委托或聘请，采用法医学专业知识和相关技术与方法，对尸体、活体或与人体相关物证进行检验，并运用法医学及相关学科的理论知识，依照相应的法医学鉴定标准，结合法医学鉴定人自身经验对检验结果进行研究、分析、判断后，所出具的书面鉴定意见，亦称为专家意见。

（二）法医学鉴定意见的分类

法医学鉴定意见根据其鉴定内容、对象、程序等不同，有多种分类方法。

1. 根据鉴定内容分类　可分为死因鉴定、死亡方式鉴定、损伤程度鉴定、伤残等级鉴定、血痕鉴定、精斑鉴定、毛发鉴定、毒物定性及定量分析鉴定、微量物证鉴定等。

2. 根据鉴定对象的性质分类　可分为法医病理学鉴定、法医临床学鉴定、法医司法精神病学鉴定、法医物证学鉴定和法医毒物分析鉴定，以及对被鉴定人的病历资料进行分析判断的法医学文证审查鉴定。

3. 按照法医学鉴定程序分类　可分为初次鉴定意见、补充鉴定意见、重新鉴定意见、共同鉴定意见。

4. 按照书面形式分类　可分为法医学鉴定书、法医学检验报告及法医学检验意见书。

（三）法医学鉴定意见与其他种类证据的异同点

法医学鉴定意见具有法定证据的客观性、关联性、合法性，从证据存在和表现形式上讲，法医学鉴定意见与证人证言等证据均属于言词证据的范畴，但从本质上却与其他言词证据、实物证据有很大的区别。

1. 法医学鉴定意见与证人证言、当事人陈述等言词证据的区别

（1）法医学鉴定意见具有科学性：法医学鉴定意见的提供主体是具有专业教育背景的拥有专门知识的专家，有相关的、合法的鉴定资质，凭借科学的技术方法和仪器设备进行鉴定，揭示了案件中与法医学相关问题的本质现象，延伸了法官认识和发现问题以及证明事实的功能，凸显科学性。而证人证言是证人亲身感受案件事实后，对感知的情况所作的陈述，是证人对案件事实的感性反映，不是对案件事实的评断，不具备科学性，不能发表自己根据这些事实得出的结论或意见。

（2）法医学鉴定意见具有客观性：法医学鉴定意见以鉴定材料为基础，以学科理论与技术为支撑，拒绝感情色彩和主观想象，其鉴定结果具有可视性和可重复性，并以书面形式固定保存，且是在案件发生后形成的。而证人证言是证人对案件事实所作的陈述，是在案件发生过程中形成的感知，其相对主观性成分较大。因此，鉴定意见比一般的言词证据具有更显著的客观性。

2. 法医学鉴定意见与物证、书证、勘验笔录、检查笔录等实物证据的区别

法医学鉴定意见是以法医学相关物证为研究对象，对其进行检验、分析、鉴别，从而使物证产生证据价值，因此具有转化证据的属性。而物证、书证、勘验笔录、检查笔录等实物证据，是以客观载体和客观存在的自然状态为表现形式的证据属性。

3. 法医学鉴定意见与其他证据的关联　法医学鉴定意见既可印证其他证据的证据价值，又可将其他证据进行相互关联、相互印证，形成完整的证据链，共同为查明案件真实性发挥证明作用。同时，司法人员可通过其他证据的证据作用对法医学鉴定意见进行判断审核。

二、法医学鉴定意见的特点

（一）法医学鉴定意见的主客观双重性

法医学鉴定意见是鉴定人作出的判断性意见，它并非是对客观事实的直接反映，而是有资质的鉴定人通过科学手段对所拥有的物证及待鉴材料进行鉴别分析后得出的结论，属于“科学证据”范畴，是对客观事实的间接反映，一般符合一定历史条件下的知识、技术水平，具有一定的客观性。同时，法医学鉴定意见作为鉴定活动的结果，是依赖法医学专家个人的知识技能和专业经验作出的因果分析，是专家的判断性意见，具有一定的主观性，属于“意见证据”。这种主观性特点将鉴定结论与其他证据形式严格区分开来，如证人证言、勘验笔录等应如实反映出事实真相，否则失去了作为证据的基本要素，而鉴定结论则需要专家的判断性意见，具有当然的主观性。

鉴定活动所依据的科学原理是对客观规律的真实反映，鉴定材料是客观的，检验、实验、观察的对象也是客观的。尽管鉴定中鉴别、分析与判断是主观活动，但这种主观活动受制于客观事实和客观规律，体现出主客观相统一的双重性（案例9-1）。

【案例 9-1】

某小区因纠纷发生一斗殴，伤者胡某称被打后头痛，但无任何其他症状和体征。经某市级医院 CT 检查，怀疑有脑挫伤。经公安分局法医检查伤者，复查 CT 片后认为脑组织有挫伤，认定胡某脑挫伤系在纠纷中由外伤所致，被鉴定为轻伤，遂将嫌疑人余某采取强制措施。余某家属不服，要求复核，聘请多名省级医院放射科专家会诊，对伤者 CT 片重新审查，均认为无脑组织挫伤，市公安局根据会诊结论认定胡某所受损伤为轻微伤。

此案中，第一份鉴定意见带有很强的主观性，此与法医学鉴定人的业务水平、专业经验不足有关，引起主观上判断偏差，影响案件真实情况的反映。

（二）法医学鉴定意见的独立性与依附性

鉴定结论作为诉讼法规定的一类独立证据，是案件发生后与案件无关的鉴定人受相关部门委托与聘请进行鉴定，且使用的科学理论与技术具有独立的学科体系，所提供的鉴定意见与其他证据无必然的联系，其来源、性质、证明形式均与其他证据不同。然而，就某一具体案件鉴定而言，法医学鉴定意见必然依附于所提供的鉴定材料。鉴定材料的质量、数量和性状等决定了鉴定结果。有些需要法医学鉴定回答的问题，还必须参考案情和公安、司法人员的调查材料，受到案件条件的影响。

（三）法医学鉴定意见的针对性与综合性

法医学所要解决的专门性问题仅限于医学领域，不涉及法律问题或其他非法医学专业问题及未委托的问题，仅针对某一个或某一类法医学待检物证，采用相关的技术手段进行针对性的法医学检验、鉴定与分析，形成具有明显针对性的法医学鉴定意见。法医学具有若干分支学科，对某一针对性法医学问题的获取，有时需综合多种不同专业方向的法医学技术手段综合检验结果判断。如某凶杀案中死者的死因鉴定，需结合法医损伤学和法医毒理学、法医毒物分析的原理、技术方法及结果，综合分析死者是损伤致死还是中毒致死。

（四）法医学鉴定意见的权威性与失真性

法医学鉴定意见的科学性和客观性决定了其具有权威性。法医学鉴定的权威在司法鉴定领域必然会形成社会的公信力，为持续维护鉴定的权威，就需要程序规范、科学技术标准化程度高、技术方法稳定成熟、鉴定人专业认知能力较强。但在现实中，法医学鉴定意见是鉴定人对已经发生过的事实进行认知，具有回溯性认知特征，显然受到诸多因素的影响。如鉴定所依据的基础材料提供的有限性、虚假性和片面性，尸体与生物性检材的时限性与不可重复性，以及法医学鉴定人认知能力的相对差异性，科学技术和原理的相对真理性，鉴定人自身的主观倾向性，不同的法医学鉴定机构与鉴定人对鉴定程序规范、科学技术标准、技术方法稳定均不同等，对同一个法医学鉴定对象、同一问题必然存在认知程度上的差别，决定了鉴定意见具有失真的可能性。

第二节　法医学鉴定意见审查判断

一、对法医学鉴定意见审查判断的方式

法医学鉴定意见审查判断是指审判人员在案件诉讼过程中，对法医学鉴定人出具的鉴定意见从合法性、科学性、规范性等方面核查、分析、研究，找出它们与案件事实之间的客观联系，分析证据能力和证明力，从而就案件事实作出法律判断的活动过程。

《刑事诉讼法》第48条、《民事诉讼法》第63条、《行政诉讼法》第31条明确规定“任何证据都必须经法庭查证属实才能作为定案的根据”，审查证据是判断证据和采信证据的前提，有利于维护法律的权威性及当事人的合法权益。证据属性和特点决定了法医学鉴定意见应当严格适用此证据审查判断制度。在司法实践中，法医学鉴定意见既是审查判断其他证据的手段和方法，又是作为证据被审查判断的对象。法庭对其审查判断主要通过鉴定人出庭作证的形式，接受法庭质证。

（一）对法医学鉴定意见质证审查

质证（inquiry），广义是指在诉讼过程中，由法律允许的质证主体借助采取各种证据方法，对包括当事人提供的证据在内的各种证据采取询问、辨认、质疑、说明、解释、咨询、辩驳等形式，从而对法官的内心确信形成特定证明力的一种诉讼活动。

1. 法医学鉴定意见质证的主体　法医学鉴定意见质证的主体是案件中诉讼争议的双方当事人及其代理人或辩护人。《刑事诉讼法》规定，审判人员可以询问证人、鉴定人。公诉人、当事人、辩护人和代理人经审判长许可，可以向证人、鉴定人发问。《民事诉讼法》规定：原告、被告、鉴定人及其代理人和辩护人均为质证活动的主体。

2. 法医学鉴定意见质证的客体　法医学鉴定意见质证的客体是法医学鉴定意见所包含的内容，即对法医学鉴定意见的主体、法医学鉴定意见的实体进行质证，就法医学鉴定意见的合法性、科学性进行审查评断，以确认该鉴定意见的证明能力与证明力。

3. 法医学鉴定意见质证的原则

（1）交叉询问规则（the rule cross-examination）：交叉询问作为英美对抗制审判中一种典型的人证调查方式，强调控辩双方对证人进行言词询问，是建立在证人出庭的基础之上，不仅作为第三人的证人必须出庭接受交叉询问，而且被告人、被害人、专家证人如果要在法庭上作证，也必须接受交叉询问。交叉询问的主要内容为法医学鉴定意见证明力，即围绕鉴定人是否具备专业能力、鉴定方法是否可靠、鉴定过程是否存在瑕疵、鉴定推论是否正确、鉴定依据是否真实、错误与误差的可能性、仪器设备是否先进、鉴定结论是否可信等问题进行，不得对鉴定人进行人身攻击。

（2）直接言词原则（principle of direct and verbal trial）：直接言词原则是直接审理原则与言词审理原则的合称。主要包括两层含义：①法官必须在法庭上亲自听取当事人、证人和其他诉讼参与人的陈述，亲自听取双方的辩论以及检验物证、审查书证、鉴意见，由此产生感知，从而形成对案件事实性的内心确信；②审判程序原则上应以言词陈述方式进行，其中包括当事人之间在诉讼中就事实主张和证据的可信性进行的攻击与防御，必须以言词辩论方式进行。直接言词原则有利于体现当事人诉权的主导作用，更容易发挥当事人的主观能动性，确保审判的公正性、规范性以及法官形成内心确信的正当性。

4. 法医学鉴定意见质证的结果　经庭审质证后，法医学鉴定意见能够当即认定的，应当即认定；当即不能认定的，可以休庭合议后再予以认定；合议之后认为需要继续举证或者进行鉴定、检验等工作的，在下次开庭质证后认定。一方当事人要求补充证据或者申请重新鉴定、检验，人民法院认为有必要的可以准许。补充的证据或者重新进行的鉴定及检验结论，必须再次开庭质证。

（二）法医学专业鉴定委员会审查

法医学专业鉴定委员会是司法鉴定的行业自律性组织，一般隶属于学会或协会。专业鉴定委员会对鉴定意见的审查启动程序，主要是由司法鉴定行政主管部门委托。司法鉴定主管部门可以根据人民法院的要求或当事人对鉴定的投诉，视情况启动鉴定审查程序。当对某一鉴定意见进行审查时，出具鉴定意见的鉴定机构应实行回避制度。专业鉴定委员会的审查意见原则上不能作为鉴定意见使用，但可以作为法官启动重新鉴定的依据，或者是法官在判决中对多份鉴定意见进行取舍的理由。同时，专业鉴定委员会制定司法鉴定过错评判标准，细化过错等级和可操作依据，这也是司法鉴定主管部门对鉴定机构和鉴定人进行考核及行政处理的重要依据。

二、对法医学鉴定意见审查的内容

2012年12月25日，最高人民法院发布了《关于适用〈中华人民共和国刑事诉讼法〉的解释》，对鉴定意见应当着重审查作出明确的规定。

第八十四条规定，对鉴定意见应当着重审查以下内容：（一）鉴定机构和鉴定人是否具有法定资质；（二）鉴定人是否存在应当回避的情形；（三）检材的来源、取得、保管、送检是否符合法律、有关规定，与相关提取笔录、扣押物品清单等记载的内容是否相符，检材是否充足、可靠；（四）鉴定意见的形式要件是否完备，是否注明提起鉴定的事由、鉴定委托人、鉴定机构、鉴定要求、鉴定过程、鉴定方法、鉴定日期等相关内容，是否由鉴定机构加盖司法鉴定专用章并由鉴定人签名、盖章；（五）鉴定程序是否符合法律、有关规定；（六）鉴定的过程和方法是否符合相关专业的规范要求；（七）鉴定意见是否明确；（八）鉴定意见与案件待证事实有无关联；（九）鉴定意见与勘验、检查笔录及相关照片等其他证据是否矛盾；（十）鉴定意见是否依法及时告知相关人员，当事人对鉴定意见有无异议。

第八十五条鉴定意见具有下列情形之一的，不得作为定案的根据：（一）鉴定机构不具备法定资质，或者鉴定事项超出该鉴定机构业务范围、技术；（二）鉴定人不具备法定资质，不具有相关专业技术或者职称，或者违反回避规定的；（三）送检材料、样本来源不明，或者因污染不具备鉴定条件的；（四）鉴定对象与送检材料、样本不一致的；（五）鉴定程序违反规定的；（六）鉴定过程和方法不符合相关专业的规范要求的；（七）鉴定文书缺少签名、盖章的；（八）鉴定意见与案件待证事实没有关联的；（九）违反有关规定的其他情形。

法医学鉴定意见审查的内容，主要包括法医学鉴定意见主体审查、法医学鉴定意见文书审查、法医学鉴定意见程序审查、法医学鉴定意见实体审查四方面。

（一）法医学鉴定意见主体审查

1. 对法医学司法鉴定机构的审查　包括：①司法鉴定机构是司法鉴定人所依附的执业机构，鉴定人从业登记和注册必须从属某一具体的司法鉴定机构；②司法鉴定机构为鉴定人提供从事鉴定活动的场地和必要的仪器设备，是固定资产的所属者与管理者；③司法鉴定机构可以证明鉴定人职业身份和受理某一具体案件的专业资格；④司法鉴定机构对鉴定人的司法鉴定活动进行组织、管理和监督。

2. 对法医学鉴定人的审查　包括：①审查司法鉴定机构是否通过相应的司法行政主管部门审核认证，并已被注册编入鉴定机构名册。②审查法医学鉴定人是否已取得国家认可的鉴定人职业资格，是否仅在一个合法的法医学司法鉴定机构中从事法医学鉴定业务。③审查所进行的法医学鉴定项目，是否属于该法医学司法鉴定机构在司法行政主管部门注册登记的鉴定项目范围之内，以及被鉴定项目与该鉴定人注册登记的专业类别的鉴定资格是否相符（案例9-2）。④审查法医学鉴定人业务能力，参照美国的五项判断标准，结合我国国情，综合为学历、职称、工作经历、专业经验、专业成就、学术会议参与及专业文章发表，以此明确鉴定人的专业地位，学术上的影响力和知名度，以及社会威望和信誉度。鉴定人专业技能、客观逻辑和经验判断能力是形成鉴定意见的关键条件，能反映出鉴定人鉴定能力的高低，也直接影响着鉴定意见的可靠性。

【案例9-2】

某县发生一杀人案，死者张某与嫌疑人王某因纠纷发生斗殴，张某被王某用刀刺破肺脏致失血性休克死亡。因事发白天，过程简单，且有多名目击者，整个调查破案过程也很清晰明确，案件很快进入诉讼程序。但是，嫌疑人家属提出王某患有精神病，案发时精神病发作，提出对嫌疑人王某进行司法精神病鉴定。法院根据嫌疑人王某家属的请求，委托某省级法医学司法鉴定中心对王某进行法医学司法精神病鉴定，鉴定结果出来后，双方对鉴定结果均无异议。法院在审查该鉴定意见书时却发现，进行该鉴定的两名法医学鉴定人中，只有一名法医学鉴定人具有法医学司法精神病专业鉴定资格，而另一名法医学鉴定人具有其他法医学专业类别的鉴定资格。因此，法院对该法医学鉴定意见不予采信。

（二）法医学鉴定意见文书审查

法医学鉴定意见书是反映法医学鉴定委托、鉴定过程、鉴定步骤、方法及其结果的一种法律文书，一般由标题、案件编号、基本情况、检案摘要、检验过程、检验结果、分析说明、鉴定意见、落款、附件及附注等内容组成。一份完整、规范的法医学鉴定意见书通过审查、质证、被采信即成为认定案件性质的事实证据，对案件的公正调查、审判都相当关键，它具有科学性和法律性相结合的特点。法医学鉴定人对鉴定意见书文本的规范写作是非常重要的，它既是法律严肃性与权威性的重要体现，也是法医学鉴定人专业水平及人文素质的体现。

对法医学鉴定意见书的审查，主要是检查鉴定书是否符合法律所规定的形式和内容，如果不具备法定的形式要件与内容，则影响其合法性。

1. 形式审查

（1）格式审查：法医学鉴定意见书应符合法定的格式规范，如司法部《司法鉴定程序通则》（司法部2007年10月)、公安部、最高人民检察院的相关规定。包括纸张、文字大小、计量方法、单位、语言等。

(2)印章审查：鉴定意见文书所用印章应遵循《国家行政机关公文格式》的国家标准。按照规定，鉴定书编号处需加盖鉴定文书制作单位的司法鉴定专用章钢印，在正文最后落款日期处则需加盖司法鉴定专用章红印；多页的鉴定意见书，还需在各页之间加盖该鉴定机构的司法鉴定专用章红印作为骑缝章，以及法医学鉴定意见书封面加盖钢印等。

(3)鉴定时间审查：法医学鉴定意见是否在规定的司法鉴定时限内出具；接收委托时间、受理案件时间、实施鉴定时间及出具鉴定意见书的时间标示是否正确，有无矛盾或不符之处。

(4)鉴定人签名审查：法医学鉴定意见书的尾部要有法医学鉴定人的亲笔签名和盖章，并注明鉴定人本人的司法鉴定人执业证书编号及专业技术职称。若有多位鉴定人参与鉴定，则须共同签名；对鉴定意见如有分歧的，应当注明观点，并亲笔签名。

2. 内容审查

(1)案情摘要审查：须明确记载案件的基本要素，即何时、何地、何事、何人等情况，应客观记录案件主要事实等重要内容。案情摘要应注明出处，鉴定人不能随意编写。

(2)检材审查：检材提取重点突出、恰当，与送检材料登记须吻合，未选用的检材要有说明，原始记录要完整。

(3)检验经过审查：检验过程中的原始记录要具有客观性、真实性，如尸体解剖案件要有尸解鉴定过程的详细记录，要有相应的照片及说明等。

(4)分析论证审查：分析论证部分尤为重要，是整个鉴定过程的高度浓缩和鉴定书关键所在，应审查此部分是否有理有据，是否建立在客观事实及实际检验结果的基础上。

(5)鉴定意见审查：鉴定意见应针对委托要求作出，应客观、明确。

(三)对法医学鉴定程序审查

对法医学鉴定程序的审查是以诉讼法为依据并衍生出其具体内容。通过法医学鉴定程序所得出的鉴定意见作为一种法定证据形式，其合法性直接受到鉴定程序合法性的影响。法医学鉴定人从案件受理到鉴定意见书形成的每一个鉴定活动环节上，都必须遵循科学的标准和法定的程序规范，客观公正、不受任何因素干扰、独立地进行鉴定活动。如有违反或超越法定规范和程序的一些情形，法医学鉴定意见当被视为无效，不具有证据能力，不能作为法律依据或法庭证据。法医学鉴定程序审查包括鉴定启动程序审查和实施程序审查。

1. 法医学鉴定启动程序审查

(1)法医学鉴定委托程序审查：主要包括：①委托主体是否出具了相应的书面委托书，委托事项和送检相关事项的有关要求是否明确、具体、合法；②文书记载的鉴定资料、原始材料及检材与实际情况是否相符；③委托书的内容与形式是否符合要求，是否有委托人的签名或盖章；④委托主体是否具备合法身份。

(2)法医学鉴定受理程序审查：法医学司法鉴定机构在受理时要认真核实以下内容：①是否签订委托协议；②是否遵循回避制度。

2. 法医学鉴定实施程序审查　法医学鉴定机构与鉴定人在受理了法医学鉴定委托之后，便进入了法医学鉴定实施程序，也是法医学鉴定活动的中心环节。对法医学鉴定实施程序的审查，主要从法律意义上审查具体案件的鉴定手段的正当性。主要包括：①鉴定手段是否有违背公序良俗，如果鉴定手段违反人类社会基本的道德标准和伦理准则，不论其结论是否正确，也应当排除其作为证据的资格；②鉴定实施步骤是否完善、合法，如案件的统一受理方式、受案登记编号、检材收取、交接、保存、样本检验以及档案管理等，一系列鉴定质量管理及监督程序规则的制定是否完善，是否被有效地遵循；③有无私自受理鉴定与收费现象，有无弄虚作假故意违规操作等情形，其过程是否受到应有的监督。

(四)法医学鉴定意见实体审查

法医学鉴定意见实体审查是指在法医学鉴定实施过程中，作为法医学鉴定基础事实材料的合法性、真实性、科学性的审查。

1. 法医学鉴定材料来源的合法性审查　对法医学鉴定材料来源的审查内容主要包括：①涉及的鉴定材料来源是否合法；②提取人身份是否合法；③提取程序是否合法。

2. 法医学鉴定材料来源的真实性审查　法医学鉴定材料来源的真实性也是法医学鉴定意见客观性的重要保障和基础，对鉴定意见的证明力具有决定作用。主要从以下几方面审查。

（1）鉴定材料真伪的审查：审查委托鉴定材料是否具备法医学鉴定条件，送检材料来源是否真实、可靠，鉴定材料数量和质量是否符合鉴定要求。如：青少年骨龄的测定是对涉及刑事犯罪的可疑责任年龄的青少年是否需要承担相应刑事责任的重要依据，其法医学鉴定材料是被鉴定人的整个左、右手包括腕关节的正位X线片，因此，对所送检X线片首先应进行个人识别，以防张冠李戴。在审查此类委托鉴定材料时，一定要将案情、案件调查情况、实际检验结果及其他调查证据相结合，如户口、学籍证明等，查找有无可疑矛盾点，以便审查委托鉴定材料的真实性。

（2）鉴定材料提取过程审查：审查对鉴定材料提取所采用的方法、过程是否有同步记录，核实鉴定材料与标记内容是否相符。

（3）鉴定材料流转过程审查：审查鉴定材料保存、移交、处理过程是否符合鉴定的要求。鉴定材料的保管要求保护鉴定材料在法医学鉴定活动中的价值，要从科学的角度来保证鉴定材料的安全性，防止证据材料被损坏或变质，保证鉴定材料本身的证明力，从而保证鉴定意见的证明力。为此，要审查该法医学鉴定机构是否具有严格的管理登记制度；是否对鉴定材料的使用情况进行了详细登记；是否按照统一标准用有利于鉴定材料保存的方式进行包装、运输、移交；是否妥善保管鉴定材料。

当对鉴定材料来源的真实性产生有根据的合理怀疑时，都将动摇法医学鉴定意见的证据能力。轰动全球的美国辛普森杀妻案中，辩护方最终获得了胜诉，主要原因在于美国的刑事诉讼实行排除合理怀疑的证明标准制度，辩护方对控方提出的专家证言（expert testimony）的材料来源的真实性提出了质疑，使陪审团内心产生了合理的怀疑，从而导致对鉴定意见的否定，认定辛普森无罪。

3. 法医学鉴定意见的科学性审查　法医学鉴定意见的科学性是其具有证据价值的特有属性，但却不具备当然的科学性，必须经法庭审查质证。

（1）法医学鉴定机构技术条件审查：许多法医学鉴定项目，仅仅依靠法医学鉴定人自身的知识与经验无法完成，还必须借助实验室和相关检查仪器设备。法医学鉴定机构的实验室、相关检查仪器设备等是否具有良好的技术条件，往往直接影响到能否进行法医学鉴定，以及能否得到准确、科学的法医学鉴定意见。

审查包括：①对法医学实验室和检测仪器设备等基本条件的审查，即审查是否具备鉴定的技术条件，包括是否满足法律所要求的鉴定资质，是否通过实验室认定机构的资质认可，是否具有独立性和公正性，其安全、环境、人力资源、设施、设备、程序和方法、质量控制体系等方面是否能够达到要求；②对鉴定机构和实验室的鉴定能力方面的审查，即鉴定机构和实验室仪器设备的先进性、准确性、可靠性、稳定性、可重复性的审查，以保证其能出具有证据效力的数据和结果的相关经验和检测水平。

（2）法医学鉴定技术手段审查：审查法医学鉴定意见技术手段的有效性、先进性、科学性，是法医学鉴定意见实体审查的重要内容之一。司法机关借助怎样的主观或客观标准进行客观判断，世界各国做法也不尽一致。大陆法系国家一般用内心确信标准；英美法系国家为了限制专家证据的作用，大多规定了不同的客观标准(参见第四章)。

（3）法医学鉴定意见科学依据审查：法医学鉴定意见的依据是否科学，直接关系到其证据效力采信程度。包括：①对“分析论证”的审查。实际上是对法医学鉴定意见实体的分析、鉴别、推理和判断过程的审查。有学者称“分析论证”是法医学鉴定文书的关键部分，也是检验法医学鉴定文书质量好坏的标志之一。主要审查法医学鉴定意见所依附的科学原理运用是否合理，论据是否充分、推论是否合理、分析是否全面、因果关系是否清楚、论据与鉴定结论之间是否存在矛盾等。②对“鉴定意见”的审查。鉴定意见与案内其他证据的关系是否协调一致、是否符合法律与科学的要求；是否遵循“委托什么，鉴定什么”的原则，结合现场勘验、案情特征进行的综合分析，是否针对委托鉴定项目作出了明确回答等。

知识拓展：震撼全美的“世纪审判”—辛普森案

1994年6月13日深夜，在美国加利福尼亚州发生了一起震撼全国的重大谋杀案：美国著名前橄榄球明星、影视界当红演员奥伦撒尔·詹姆斯·辛普森（Orenthal James Simpson）的前妻尼科尔·布朗·辛普森（Nicole Brown Simpson）及其男友罗纳德·戈尔德曼（Ronald Goldman）双双被杀害于尼科尔在洛杉矶西部的一个豪华别墅里，当日警方传讯辛普森后将其释放；17日，辛普森驾车外逃时被捕，美国全国电视实况转播了在洛杉矶高速公路上的惊险追捕场面。辛普森被警方指控犯有双命血案，辛普森自称无罪。于是开始了一场历时474天震撼全美的“世纪审判”。

在辛普森案件中，辩护方最终获取了胜诉，主要原因在于辩护方对控方提出的几组专家证言所依据的检材来源的真实性提出了“合理的怀疑”。主要包括以下三点内容：①关于现场血痕：警方在案发第二天的现场勘查中发现地面上有一些滴落血痕，经检验其DNA与辛普森相同，而辛普森的左手中指有一刀伤。公诉方认为这是证明辛普森到过现场的重要证据，而且多名法庭科学专家可证明该血痕从提取到鉴定过程中绝无污染或偷换检材的可能性。但是辩护方声称警方在提取和保管该现场血痕的过程中多有疏漏，如使用本应用来包装干血痕的纸袋包装该检材，并怀疑有人从警方保存的辛普森血液样本中盗取了一些并“植入”到现场血痕之中。辩护方还解释说辛普森案发当天在自己家中碰破了中指，而且该伤口很小，不足以滴落现场那么多的血迹；警方后来发现辛普森手指上的伤口较大是因为辛普森在案发第二天上午在芝加哥的旅馆里不小心被玻璃再次割伤该手指。由于现场提取的血痕和警方抽取的辛普森血样在流转过程中没有严格的交接手续记录，因此对现场血痕的可疑直接影响鉴定结论的可靠性。②关于血手套：警方在现场发现了一只超大号深色皮手套，并在辛普森家发现的那只手套上的血迹中检出了辛普森和两名被害人的DNA。有人证明辛普森前妻在1990年曾给辛普森买过两双这种手套。辩护方称，现场那只手套是由侦探福尔曼“安置的”，这名有种族歧视思想的侦探企图陷害辛普森，而且那手套辛普森戴着不合适。因而手套上的血迹鉴定不可采。③关于血袜子：警方在辛普森卧室的床脚处找到了一双带血迹的深颜色袜子，DNA证明那袜子上的血中有辛普森和其前妻的DNA。辩护方称这血袜子是警方“安置”的证据，因为那袜子上的一些血迹是从一侧浸到另一侧的，而一只穿在人脚上的袜子如染上血迹则不会出现这种现象。同时辩护方还对轿车上的血迹提出了同样的怀疑。正是因为对血液检材来源的真实性的疑问，影响了控方DNA鉴定结论的证据能力。

第三节　鉴定人出庭作证的法律规范与法律依据

一、鉴定人出庭作证的法律规范与法律依据

我国目前的《刑事诉讼法》《民事诉讼法》等法律，均有对鉴定证据质证的相关规定。

（一）《刑事诉讼法》中关于鉴定证据质证的规定

《刑事诉讼法》中关于鉴定证据质证的规定如下。

第187条规定：公诉人、当事人或者辩护人、诉讼代理人对鉴定意见有异议，人民法院认为鉴定人有必要出庭的，鉴定人应当出庭作证。经人民法院通知，鉴定人拒不出庭作证的，鉴定意见不得作为定案的根据。

第190条规定：公诉人、辩护人应当向法庭出示物证，让当事人辨认，对未到庭的证人的证言笔录、鉴定人的鉴定意见、勘验笔录和其他作为证据的文书，应当当庭宣读。

第151条规定：传唤当事人，通知辩护人、诉讼代理人、证人、鉴定人和翻译人员，传票和通知书至迟在开庭三日以前送达。

最高人民法院《关于适用〈中华人民共和国刑事诉讼法〉的解释》，其中对鉴定意见的审查与认定如下。

第86条 经人民法院通知，鉴定人拒不出庭作证的，鉴定意见不得作为定案的根据。

鉴定人由于不能抗拒的原因或者有其他正当理由无法出庭的，人民法院可以根据情况决定延期审理或者重新鉴定。

对没有正当理由拒不出庭作证的鉴定人，人民法院应当通报司法行政机关或者有关部门。

第87条 对案件中的专门性问题需要鉴定，但没有法定司法鉴定机构，或者法律、司法解释规定可以进行检验的，可以指派、聘请有专门知识的人进行检验，检验报告可以作为定罪量刑的参考。

对检验报告的审查与认定，参照适用本节的有关规定。

经人民法院通知，检验人拒不出庭作证的，检验报告不得作为定罪量刑的参考。

最高人民法院《关于审理刑事案件程序的具体规定》的第113条规定：鉴定人应当出庭宣读鉴定结论，但经人民法院许可的除外。宣读鉴定结论后，公诉人经审判长许可，可以向鉴定人发问。当事人和辩护人也可请审判长向鉴定人发问或者经审判长同意直接发问。

（二）《民事诉讼法》中关于鉴定证据质证的规定

《民事诉讼法》中关于鉴定证据质证的规定如下。

第78条规定：当事人对鉴定意见有异议或者人民法院认为鉴定人有必要出庭的，鉴定人应当出庭作证。经人民法院通知，鉴定人拒不出庭作证的，鉴定意见不得作为认定事实的根据；支付鉴定费用的当事人可以要求返还鉴定费用。

第68条规定：证据应当在法庭上出示，并由当事人互相质证。

最高人民法院《关于民事诉讼证据的若干规定》对鉴定证据的质证问题作了相应的补充和完善。

第47条第1款规定：证据应当在法庭上出示，由当事人质证。未经质证的证据，不能作为认定案件事实的依据。

第59条规定：鉴定人应当出庭接受当事人质询。鉴定人确因特殊原因无法出庭的，可以书面答复当事人的质询。

第60条规定：经法院许可，当事人可以向证人、鉴定人、勘验人发问。询问证人、鉴定人、勘验人不得使用威胁、侮辱及不适当引导证人的言语和方式。

第61条规定：当事人可向人民法院申请由一至二名具有专门知识的人员出庭就案件的专门性问题进行说明。人民法院准许其申请的，有关费用由提出申请的当事人负担。审判人员和当事人可以对出庭的具有专门知识的人员进行询问。经人民法院准许，可以由当事人各自申请的具有专门知识的人员就有关案件中的问题进行对质。具有专门知识的人员可以对鉴定人进行询问。

最高人民法院在《关于适用民事诉讼法若干意见》第72条规定：证据应当在法庭上出示，并经庭审辩论质证。

（三）《决定》

第11条规定：在诉讼中，当事人对鉴定意见有异议的，经人民法院依法通知，鉴定人应当依法出庭作证。

（四）《司法鉴定人登记管理办法》

第22条规定："依法出庭作证，回答与鉴定有关的询问"为司法鉴定人必须履行的义务之一，并且在该办法第30条中明确规定："经人民法院依法通知，非法定事由拒绝出庭作证"的司法鉴定人，则"由省级司法行政机关给予停止执业三个月以上一年以下的处罚；情节严重的，撤销登记；构成犯罪的，依法追究刑事责任"。

上述法律规定和司法解释中，规定出庭作证是鉴定人必须履行的法定义务，并明确了拒绝出庭作证的法律责任。在诉讼中，检察院、当事人及其辩护人、法定代理人、诉讼代理人对鉴定意见有异议的，可向法院申请要求鉴定人出庭作证，法院根据案件需要，决定鉴定人是否出庭作证。对于未经法院同意，鉴定人无正当理由而拒不到庭作证的，法院可向司法行政机关发出司法建议书，由司法行政机关进行立案调查，依法处理。

二、鉴定人出庭作证的程序

法医学鉴定人出庭接受当事人的质询和法官的询问，是法医学鉴定程序的最后阶段，也是鉴定意见升华为诉讼证据的关键所在，直接影响法官对鉴定结论的采信。法医学鉴定人出庭作证有利于当事人服从判决，有利于人民法院作出公正判决，有利于法医学鉴定人行使诉讼权，有利于推进我国庭审制度改革进程，使原来的国家职权主义转变为控辩式的当事人主义，增大了控辩双方的举证责任。

（一）鉴定人出庭作证程序的启动

法医学鉴定人出庭作证程序的启动可由诉讼双方当事人或法官提起，但应由法官掌握启动决定权。诉讼双方当事人提出书面申请，要求鉴定人出庭作证的，法官应以该鉴定人出庭作证是否有利于案件事实的查明为标准进行审查，决定是否批准。诉讼双方当事人无人申请，但法官在庭前审查时发现诉讼双方对鉴定意见有异议的，可依职权决定鉴定人出庭作证。

（二）送达鉴定人出庭作证通知书

按照《刑事诉讼法》第一百五十一条第（四）款“传唤当事人，传票和通知书至迟在开庭三日以前送达”的规定，法院如决定鉴定人出庭，一般应于开庭三日前用书面形式直接送达鉴定人，经鉴定人签收后生效。也可向鉴定人所在鉴定机构送达，由鉴定机构相关负责人代为签收后，再转交给鉴定人本人。若鉴定人在外地的，应将通知时间提前，以确保鉴定人及时收到出庭通知。逾期送达鉴定人的，鉴定人可不参加庭审，也可以要求人民法院更改开庭时间。通知均以书面形式，内容包括鉴定人的姓名、所在司法鉴定机构、鉴定人出庭的案件名称、鉴定的委托机关、出庭作证的时间、地点、权利义务、不出庭以及作伪证的法律后果，告知可以申请不出庭的例外情形等。鉴定人接到出庭通知后，应当按时出庭。

（三）鉴定意见的庭前公示

法院在庭审前应组织控辩双方对拟提交法庭作为证据使用的鉴定意见予以相互开示的程序，称为证据开示（discovery），也称为证据交换，是指在庭审前诉讼双方获取或了解对方的信息和证据的程序，一般由审判人员主持，且为双向开示，是建立和落实交叉询问制度的重要条件。证据开示制度不仅应用于民事案件，近年完善刑事证据开示制度也是新刑事诉讼法实施以来的一项重要举措，有利于保障刑事诉讼的公正与效率，能够更加有效地让辩护人行使辩护权，切实保障犯罪嫌疑人和被告人的合法权益。通过庭前证据开示，强化对证据的审查和掌握，有针对性地对瑕疵证据进行补充和完善，从而保障了案件质量，维护了司法公正。无法定事由，庭前未经开示的鉴定意见，不得在庭审中提出。

法医学鉴定意见开示为证据开示种类之一，主要包括鉴定人（专家）资格、鉴定意见的内容和鉴定意见形成的过程、依据等。其基本价值在于：①固定证据，促使庭审中鉴定意见的质证程序实质化；②有利于鉴定人出庭作证时明确法庭审理争点、确定庭审证据调查范围，有的放矢；③帮助当事人为法庭审判作充分的准备，从根本上保证当事人享有充分、平等的辩论机会，避免法庭突袭，确保诉讼公正；④增强诉讼的可预测性，将当事人之间没有争议的主张和证据排除在法庭审理范围之外，简化法庭审理，加快诉讼进行，提高诉讼效率。

控辩双方在鉴定意见的庭前开示程序中，应就鉴定意见内容表示是否持有异议，并由法院记录在案。对于双方没有异议的鉴定意见，可以不通知鉴定人出庭作证；对于有异议的鉴定意见，根据异议的理由，可以通过补充鉴定或者重新鉴定的方式解决。法院将有异议的鉴定意见列入法庭质证的重点，通知相应的鉴定人出庭作证。

（四）法庭核对鉴定人身份及资格

庭审中，法庭首先核对鉴定人身份，考察是否属于回避对象，以及法医学鉴定人学历、职称、鉴定人资格证书等。

（五）鉴定人的权利义务告知

法庭告知法医学鉴定人诉讼的权利、义务及故意作虚假鉴定意见的法律责任。旨在维护鉴定人的权利，使鉴定人明确作证行为的性质以及不履行该义务将要承担的法律责任，审慎地对待法定义务。

（六）鉴定人庭前保证

在两大法系国家，对鉴定人庭前宣誓一般都有明确的规定。如美国《联邦证据规则》第603条规定，作证前要求每个证人声明如实提供证词，通过宣誓或虽不宣誓但以某种旨在唤醒证人良知和加深证人责任感的方式来进行。法国刑事诉讼法第168条规定："如有必要，鉴定人应当宣誓以自己的荣誉和良心协助公正审判以后，当庭宣示他已进行的技术鉴定结果"。日本刑事诉讼法第166条规定："鉴定人应当宣誓"。

我国现行法律法规中没有庭前宣誓的具体规定，但在现行诉讼模式下一般采取庭前保证的方式对鉴定人进行规范。鉴定人庭前保证程序在权利义务告知程序之后进行。庭前保证应当包括：忠实于法律和事实真相，如实向法庭作证，承担伪证责任等主要内容，并在保证书上签名。

（七）询问鉴定人

在这一环节中，法医学鉴定人的工作主要有两项，即陈述鉴定意见和接受各方交叉询问。

1. 宣读法医学鉴定意见书　首先在法庭上公开宣读法医学鉴定意见书，概括陈述送检情况和检验过程，重点突出分析检验结论，阐明作出该案法医学鉴定意见的依据和科学道理。

2. 接受各方的交叉询问　交叉询问是产生于对抗制庭审中的一种证人质证制度。庭审中对鉴定人的交叉询问顺序通常为：①主询问：指申请鉴定人出庭作证的一方当事人、代理人或辩护人对鉴定人进行询问，主要内容是开示法医学鉴定意见的主要观点；②交叉询问：指对方当事人、代理人或辩护人对鉴定人进行询问，主要对鉴定人资质、鉴定意见的依据、利用的方法、技术手段及其过程等方面进行询问；③再主询问：指申请鉴定人出庭作证一方的当事人、代理人或辩护人对鉴定人再次进行询问，是对鉴定人的补充询问，一般只能就交叉询问中作证的内容进行提问，其目的是澄清交叉询问中的有关问题，对抗或抵消交叉询问中的有关质疑；④再交叉询问：指对方当事人、代理人或辩护人对鉴定人进行再询问，就鉴定意见相关内容具有针对性的再次询问；⑤补充性询问：法庭认为确有必要，可以决定由审判长进行补充性询问，或者依申请允许被害人或者代理人进行询问。

（八）鉴定人退庭

法医学鉴定人在回答完诉讼各方及法官所提的所有问题后，诉讼各方已不再发问时，法官则应当宣布鉴定人作证完毕。此时，鉴定人退庭，即退出审判区，但允许其参加旁听。在退庭前，应当庭核对笔录，确认签字。如鉴定人认为记录不符合其陈述，可以当庭公开指出并要求更正，但不得擅自修改，而应根据其陈述由书记员更正。

三、鉴定人出庭作证实务

（一）法医学鉴定人出庭作证的准备

法医学鉴定人出庭作证能否达到应有的目的，除了取决于鉴定人所掌握的专业知识、技能及周密、严谨的基础工作外，还取决于出庭前的各项准备工作。

1. 熟悉与法医学鉴定相关的法律问题

（1）熟悉证据规则：证据规则是控辩双方诉讼立证的具体标准和准则，决定着诉讼资料的证据能力和证明力。英美法系国家和大陆法系国家的证据规则主要包括：传闻证据规则、直接言词原则、意见证据规则、品格证据规则、最佳证据规则、非法证据排除规则等。我国目前在现行诉讼模式下确立严格的直接言词原则已经成为理论和实践的共识，即各诉讼主体必须亲自出庭，法官必须亲自参与案件的审理，只有法官在直接审理直接调查所得的证据才能作为定案的根据。法庭审理和判决活动必须采用言词陈述形式进行，法庭判决只能以诉讼主体在法庭上的言词陈述形式提供的证据材料作为认定案件事实的根据，未在法庭审理中以言词形式提出的事实或材料，不得作为认定案件事实的依据。

（2）了解庭审的基本程序：按照刑事诉讼法的规定，法庭审判大体可分为五个阶段：①开庭：开庭审理前，书记员应当查明公诉人、当事人、证人、鉴定人及其他诉讼参与人是否到庭；宣读法庭规则；请公诉人、辩护人、审判人员入庭并向审判长报告准备工作就绪。审判长宣布开庭并传唤被告人到庭；公布案件的来源、起诉的理由等；宣布合议庭组成人员、书记员、公诉人、辩护人、诉讼代理人、鉴定人和翻译人员名单；告知诉讼权利。②法庭调查：当庭对案件事实和证据进行审查、核实。在宣读起诉书和审讯被告人后，法庭对包括法医学鉴定意见在内的各种证据要一一核实。对于鉴定人，审判人员首先要核实其身份，与当事人及本案的关系，然后告知权利义务。鉴定人在保证书上签名后，陈述该案的法医学鉴定意见，并接受交叉询问，询问完毕后退庭。③法庭辩论：即在审判长的主持下，控、辩双方对案件的证据和案件事实，以及法律适用等问题，发表意见，进行论证和互相辩驳。④被告人最后陈述。⑤评议和宣判：合议庭组成人员在法庭审理的基础上，对案件的事实和证据进行分析、判断并依法对案件作出处理。

2. 树立每案均出庭作证的意识　法医学鉴定人考虑出庭作证问题，绝非在收到法院通知书后才着手准备，而是在受理鉴定和进行鉴定的过程中，就应时刻想到出庭作证的可能。因此，在接受鉴定委托时，即要求委托机关或当事人提供充分、真实、合法的资料，要详细审查检材，完备委托协议，严格遵守鉴定过程中的各项程序规则，科学论证、客观分析，使鉴定结论有根有据；对于自己无法解决的疑难案件，应及时会诊，联合攻关，虚心听取有关专家对鉴定工作提出的意见和建议，防止鉴定中的不慎或疏忽，成为出庭作证时的“症结”。

同时要掌握当事人的争议焦点，鉴定意见对一方当事人不利时，要思考该当事人可能会提出的问题；鉴定意见相对中性时，如评定伤残等级的鉴定，更应该分别站在双方当事人的角度分析论据。鉴定人受理案件时，在与当事人接触过程中，感觉该当事人对技术问题存在错误认识时，鉴定人就应高度重视，既不能丧失科学公正的原则，又要做好出庭作证的思想准备。

3. 拟订出庭作证的问答提纲　凡事预则立，不预则废。做好出庭作证问题预测，拟订问答提纲是非常重要内容之一，主要方法如下。

（1）分析预测相关问题：以自己掌握的材料，尽可能全面地从不同角度找问题，也可与有关人员商量探讨关键性的问题所在，分析预测案件相关人员在庭审过程中可能提出的问题，并列出清单，做到周密严谨、心中有数、有备无患。

（2）全面熟悉案情：不仅要了解鉴定及检验工作，对案件侦查、检察中的情况、定案的主要依据、现场情况，以及控辩双方所掌握和提出的关键性问题等，均要有所了解。要详细阅读案卷，了解案件背景，辩护人辩护观点，当事人的基本情况以及社会关系等，以帮助鉴定人掌握当事人诉讼期望，双方当事人矛盾、纠纷症结和争议焦点，预测出庭作证可能遇到的问题。

（3）与法官沟通：鉴定人接到要求出庭的通知后，在庭审开始之前，应尽快与法官取得联系，询问对已经出具的鉴定意见所提出的针对性问题，特别是当事人准备质询的问题。一般鉴于委托关系，法官可以事先要求当事人就鉴定人出庭提出书面意见，供法医学鉴定人参考和准备。

4. 全面系统准备出庭作证的相关材料

（1）熟悉案卷材料和鉴定文书：认真阅读案卷材料，重温案情，梳理检材，对整个案件事实和证据情况做到了如指掌，全面系统复习鉴定档案资料，整体把握，吃透细节，认真逐字审读鉴定文书每一字词，包括标点符号、新发现的问题，甚至错别字都要心里有数，形成答复意见。

（2）掌握案件鉴定的步骤、方法、结论：对鉴定意见要深入准备，对鉴定意见的知识点以及依据应有重点地复习资料，寻找充分的理论和实际的支持依据。对涉及该案鉴定的程序、试剂、过程等要有充分掌握，并且做好备忘录。若发现原鉴定存在漏洞，要及时进行补充、完善，并作出补充鉴定意见书。对于那些无法弥补的漏洞，或受当前技术水平的限制无法解决的问题，应仔细分析研究，准备好妥善的答辩方案，并及时与法庭联系加以说明，以体现法医学鉴定意见书的客观、公正、实事求是的特点。

（3）寻找支撑自身观点的材料：查阅与本案鉴定相关的资料要注意两点：一是抓住自己知识薄弱的环节：①基础知识，因长期不用可能有些模糊，例如解剖学知识；②鉴定相关学科知识，如与鉴定有关的临床医学知识；③与案件有关法律知识，例如非法行医的定罪量刑问题。二是查阅的参考文献应以行业标准和教科书等成熟的理论和技术为主，要被同行所认可，切忌将实验研究和个案报道作为主要支撑材料。

（4）准备出庭作证的各类证明及材料：一般包括司法鉴定机构证明材料和鉴定人个人身份及鉴定资格证明材料。如：鉴定人的身份证、毕业证、职称证、执业证、年检合格手续；所在鉴定机构的司法鉴定许可证、税务登记证、机构代码证、鉴定结构登记注册合格批文、年检合格批文等。同时，还需准备鉴定人从事司法鉴定专业所必须具备的知识、技能证明材料，包括教育背景、职称、从业经历、科研成果证明等。

鉴定材料的准备包括：鉴定委托书的复印件、鉴定程序合法性的说明、鉴定书复印件、鉴定原始记录材料等。

（5）制作出庭作证报告：做到条目清楚，说理依据充分，论证简明扼要并且语言通俗易懂，对于专业术语要做通俗解释，防止使用只有内行甚至自己才懂的言辞。报告内容主要包括：①鉴定程序和鉴定内容问题要点及其依据；②对可能出现的情况和疑难问题的预案；③两位以上鉴定人共同出庭时，对问题和重点知识点的分工及相互支撑材料；④制作需要当庭直观演示的图片、幻灯、影像资料、实例、实物、照片及与此案相关文献复印件，或以往相似案例，以及物证、示意图和展示板。

（二）法医学鉴定人出庭作证的技巧

法医学鉴定人出庭作证时，为了取得理想的效果，必须掌握一定的规则与技巧。

1. 准时出庭　鉴定人接到人民法院的出庭通知书后，应合理安排各项事务，保证按时到庭，遵守法庭纪律，不能因为鉴定人的缺席、迟到而影响庭审的顺利进行，避免产生法庭认为鉴定人工作作风不够严谨，降低鉴定人诚信度的不良后果。

2. 仪表与语言规范

（1）仪表文明：鉴定人出庭作证着装宜庄重、正式、整洁，不宜着休闲服、时装等，要始终保持严肃、认真的姿态与良好的精神状态。

（2）举止文明：庄重、大方的行为举止是尊重法庭严肃性的重要表现。包括出庭时的姿势和眼神，要避免过分夸张的手势等动作，回答问题要注视对方，态度诚恳，尊重对方，不能以专家自居、盛气凌人，不能有手舞足蹈和跷二郎腿等不良表现。

（3）语言文明：鉴定人在法庭上宣读鉴定意见、回答问题、接受质证时，语言要平和，用词要规范、简练、流畅、通俗易懂，避免较长时间的停顿和过多的犹豫，说理时自信，但不能声色俱厉，不应采用讽刺与挖苦的语言，更不能搞恶语中伤。对情绪激动的当事人，自己要稳定情绪，不亢不卑，对其同样要表示出应有的尊重。

（4）礼貌文明：鉴定人对法庭上所有诉讼参与人，以及担任法庭记录的书记员与法庭值班法警、新闻媒体与旁听公民等也应礼貌相待，这也体现了鉴定人自身的素质修养。对他人的提问，不能因问题尖刻甚至无理而激动，更忌讳带有人身攻击的言行。

（5）遵守法庭规则：由于法庭在整个审理中均由审判长主持，所以所有的发言无论是回答或不回答，均应尊重法官，尊重法庭，要举手或口头请求，征得同意后方可进行。拒绝回答问题或打断对方提问，也要征得法官允许。

3. 阐明鉴定观点　在熟悉、掌握大量客观资料的基础上，运用语言逻辑和答辩技巧，阐明鉴定结论的正确性。法医学鉴定人对鉴定意见的提出要严格遵守鉴定程序与标准化,要有充分的支持依据。参照美国《联邦证据规则》702条规定: 鉴定人在宣示自己的鉴定意见时,应遵循的原则有: ①鉴定意见基于充足的事实或数据; ②鉴定意见是可靠的原理或方法的产物; ③鉴定人将这些原理和方法可靠地适用于案件的事实。

法医学鉴定人所做的法医学鉴定意见,必须是肯定的、唯一的,不能自相矛盾,宣读鉴定书时要沉着、冷静、口齿清楚、语言坚定。对一些复杂的专业性问题,需加以系统、严谨的分析论证,为法庭的审判提供可靠的技术性依据。

4. 回答问题的原则

(1)法定原则: 我国的法律、法规对此类问题都有所规定,如: 询问鉴定人鉴定书是否是你制作、参加过何种培训、取得过何种资格证书、受什么机关委托进行鉴定、鉴定结论说明了什么内容、是否受过他人干扰、鉴定的依据和材料、设备和方法等。这些问题是法律规定和有关制度所规定的,对此类提问是必须回答的。

(2)客观真实原则: 一方面,法医学鉴定人在法庭上只表述自己在法医学鉴定过程中,对委托单位送检的材料及资料进行检测、分析后得出的客观的鉴定意见。如果因送检的材料及资料不真实、不全面而导致鉴定意见不准确,应如实回答。另一方面,对凡带有"如果"、"假设"等假设性词语、假定前提、假定内容的发问,出庭的法医学鉴定人可以当庭拒绝回答,避免将鉴定意见的争论演变成法医学学术讨论。

(3)中立原则: 法医学鉴定人只是接受委托解决与法医学专业有关的问题,在回答问题、接受质证时,用事实说话,不带感情色彩,应严守中立身份。即使鉴定意见对一方当事人有利,而面对不利的当事人的讯问,也要体现出客观公正及中立性,让法官遵从和运用鉴定意见。

(4)拒绝原则: 科学证据或者司法鉴定不是要解决诉讼案件所有的问题,只是其中一部分,或者很小一部分的专门性问题。例如,法医学鉴定只能说明损伤的程度和机制,无法证明犯罪的动机和意图。因此,法医学鉴定人在出庭作证时应避免大包大揽,成为投诉、缠诉等矛盾的焦点。只回答与该案法医学鉴定意见相关的事实问题,而不回答诉讼上的法律定性问题,不直接参与控辩双方与鉴定有关的辩论和评价,对不是本专业或者本领域的鉴定项目,要敢于说"不"。学会与公安、司法人员(委托人)及时修订委托目的,剔除无关或超领域的鉴定项目; 学会使用"拒绝鉴定"这个权利。如果鉴定人认为发问的内容与鉴定结论、鉴定所依据的法医学事项无关,或者是公认的常识性问题,或者诱导式提问,可拒绝回答。

5. 出庭作证的注意事项　鉴定人虽然在出庭前作了精心准备,但是庭审中可能还会出现个别令鉴定人意想不到的问题,因此,鉴定人在庭审中一定要以沉稳的心态调整好思维,沉着应战。针对不同的发问者从不同方面提出的问题,区别对待,立足于对鉴定意见进行回答。在回答问题时要注意以下几点。

(1)确定答辩点,掌握答辩主动: 鉴定人出庭答辩的主要内容是阐明鉴定观点,证实鉴定意见,要充分论证鉴定意见成立的理由,语言简练明确,避免拖泥带水,统计数据和重要论据要说明出处。针对鉴定意见的观点及理由进行分析论证,沉着应对来自各方的询问。充分体现出鉴定人深厚的专业知识功底、良好的文化素养,掌握答辩主动权。

(2)预防陷阱,回避圈套: 无论是解释理由或回答问题,忌绝对化,要留有余地; 保持清醒的头脑,小心提防对方问题中的陷阱,避免陷入被动; 尽可能避免一问一答的方式,最好待其问题全部或分阶段提出后,通过合并同类项进行综合回答。同时,要敏锐地发现对方所聘请的专家证言中的漏洞,抓住对方弱点,解脱对方纠缠。

(3)对突发性问题要思考后再回答: 对于未听懂或未考虑成熟的问题不轻易回答,此时鉴定人一定要沉着,应以询问方所提问的内容未听清楚为由,要求对方复述一次等合法的方法来拖延时间,以考虑应对,力求回答准确,不能随意回答,避免由于人为因素造成不良的答辩后果和被动局面。

6. 出庭作证的后续工作

(1)总结经验,找出不足之处: 法医学鉴定人要对出庭质证过程中的经验、教训进行总结和反思,同时与公诉人员进行沟通,必要时走访审判长、审判员,听取公诉人的意见,明确不足之处,不断改进,积累出庭作证的经验,进一步提高出庭作证质量。

(2)及时汇报,健全鉴定档案: 鉴定人出庭后应及时向部门领导汇报出庭情况,总结出庭作证的各项工作。同时,将出庭作证的发言稿、各类资料等整理齐全,归入鉴定档案。

(3)及时反馈,提升鉴定水平: 与案件承办法官取得联系,回访、反馈法医学鉴定意见在该案审判中发挥的作用,不断提升法医学鉴定水平。

(4)防微杜渐,加强风险意识: 通过鉴定人出庭作证的经验和教训,鉴定人应增强职业风险意识。如: 鉴定具有条件性和局限性,鉴定意见书中最好注明"鉴定资料由当事人提供,鉴定意见供参考";对已经出具的倾向性或排除性鉴定意见,任何人在诉讼阶段提供合理怀疑的证据时,鉴定人一定要认真对待,否则鉴定人随时都有可能承担法律责任。

第四节 专家辅助人制度

一、专家辅助人概述

(一)专家辅助人的法律依据

刑事诉讼法第192条规定:"法庭审理过程中,当事人和辩护人、诉讼代理人有权申请通知新的证人到庭,调取新的物证,申请重新鉴定或者勘验。公诉人、当事人和辩护人、诉讼代理人可以申请法庭通知有专门知识的人出庭,就鉴定人作出的鉴定意见提出意见"。

最高人民法院《关于民事诉讼证据的若干规定》第61条规定:"当事人可以向人民法院申请由一至二名具有专门知识的人员出庭就案件的专门性问题进行说明。审判人员和当事人可以对出庭的具有专门知识的人员进行询问。经人民法院准许,可以由当事人各自申请的具有专门知识的人员就有关案件中的问题进行对质。具有专门知识的人员可以对鉴定人进行询问"。

最高人民法院《关于行政诉讼证据若干问题的规定》第48条规定:"对被诉具体行政行为涉及的专门性问题,当事人可以向法庭申请由专业人员出庭进行说明,法庭也可以通知专业人员出庭说明。必要时,法庭可以组织专业人员进行对质。当事人对出庭的专业人员是否具备相应专业知识、学历、资历等专业资格等有异议的,可以进行询问。由法庭决定其是否可以作为专业人员出庭。专业人员可以对鉴定人进行询问"。

(二)专家辅助人的性质

专家辅助人又称为诉讼辅助人或专家技术顾问,是指在科学、技术以及其他专业知识方面具有特殊的专门知识或经验的人员。根据当事人的聘请委托,在诉前或诉讼过程中帮助当事人分析技术问题、评价鉴定意见,必要时经法院准许出庭,以辅助当事人对讼争的案件事实所涉及的专门性问题进行说明,或发表专业意见和评论。

在涉及法医学鉴定的诉讼活动中,当事人聘请法医学专家作为技术顾问是对该案法医学鉴定人提交的法医学鉴定意见进行质证的必要手段,缺少这些法医学专家,当事人的质证活动就难以触及法医学鉴定意见的本质,达不到质证的效果。这也增加法庭审判的对抗性,可以使鉴定意见去伪存真,制约和监督鉴定人的行为; 另一方面,当事人对鉴定意见所提出的争议,对审判人员在案件裁定上的随意行为起到了限定作用。

(三)专家辅助人的特点

专家辅助人没有具体资格条件和认定管理规定,这一称谓是学界的一种普遍称谓,而非法律上明确规定的称谓,既不是鉴定人、证人,也不是诉讼代理人,仅是当事人的技术顾问,依其专业知识协助解决诉讼中专业性问题，在对问题的分析判断上体现科学性，发表的是专业性、中立性意见，不体现当事人意志，不得涉及法律事实或法律适用问题，这是对专家意见的一种合理限制。

专家辅助人由当事人选任，法院的准许，更多注重其程序意义上的，类似于委托除律师之外的人作为诉讼代理人的程序。除了当事人的授权委托外，尚需经过法院准许，其目的主要在于排除不适合担任的情形。

（四）专家辅助人与鉴定人的区别

1. 参与到诉讼中的原因不同　对专业性的问题如需要鉴定的，司法部门会委托国家规定的鉴定部门鉴定，鉴定人必须依法参与出庭作证。但是专家辅助人是因为当事人申请才参与到诉讼中来。

2. 在诉讼中的作用不同　鉴定人参与诉讼，不属于诉讼的任何一方，针对争议的专门性问题应用专门知识、科学仪器、检验鉴定程序和分析方法，出具检验鉴定意见，以查明事实真相。专家辅助人参与诉讼，则可以具有倾向性，利用其掌握的知识或经验，针对案件的专门性问题，与鉴定人询问、质证。

3. 在诉讼中的效力不同　鉴定意见属于法定证据的形式之一，具有法律效力，通过质证后其证明力是高于书证、证人证言和视听资料的。但专家辅助人在法庭上对专门问题的询问、质证及表述意见，仅仅起到解释或澄清作用，辅助法官对鉴定意见的理解，不具备证据证明能力和证明力。

（五）专家辅助人与证人的区别

1. 陈述内容不同　证人向司法机关陈述的是自己听到的和看到的有关情况而不是自己的意见；证人证言是证据形式之一，具有证明能力和证明力。专家辅助人对案件的发生并不知情，他只是对案件中的鉴定意见和鉴定人的陈述提出自己的意见；专家辅助人意见不是证据形式，不具备证明能力和证明力。

2. 法律义务不同　根据法律要求，证人有作证的义务，其介入诉讼可以是主动的，也可以是被动的。专家辅助人参与诉讼过程是被动的，是经有关当事人申请后由法院决定是否出庭。

3. 资格要求不同　证人不需要有专门知识，具备正确表达事实的能力就可以作证。专家辅助人必须要有与涉案专门性问题有关系的专门性知识。

（六）专家辅助人与诉讼代理人的区别

1. 诉讼地位不同　诉讼代理人是受当事人或其近亲属的委托依法以当事人的名义进行诉讼，有特别的诉讼地位和特殊的权利，以维护被代理人合法权益。专家辅助人是由公诉人、当事人和辩护人、诉讼代理人申请，法院审查同意出庭，以自己的名义参与诉讼。

2. 诉讼目的不同　诉讼代理人以为当事人提供法律帮助为目的，仅限于向委托自己的当事人提供服务。专家辅助人则以专业知识为范围向当事人及法庭答疑解惑。

二、专家辅助人制度基本问题

建立专家辅助人制度，使法医学鉴定人与专家辅助人成为“二元制”司法鉴定主体参与诉讼，通过质证，防止法医学鉴定专家垄断，用其所具备的专业知识解答案件相关事实的问题，实现控辩双方的平等对抗，保障当事人利益，维护法律尊严。

（一）专家辅助人的法律地位

在英美法系国家，法律上没有规定“专家辅助人”这一概念，具有专门知识的人员实际上就是“专家证人”。《美国法律词典》中对其表述：“在一项法律程序中作证，并对作证的客观事项具有专门知识的人”，“证人”即“专家”在诉讼中的地位。1999年英国《新民事证据规则》以及《专家证人指南》均明确规定了“专家对法院的优先职责”，其专家证据应当是并且被视为专家个人的独立‘产品’，不受任何形式的干扰。在意大利，技术顾问是当事人一方聘请的并为其服务的技术专家，其地位既不是鉴定人，也不是特殊的证人；但其可对涉及专业知识的证据进行判断和审查，也参与诉讼，向已方当事人提供建议和指导。在俄罗斯的“专家”刑事诉讼与意大利“技术顾问”相似，有助于当事人参与鉴定过程，提高鉴定结果的公信力，防止司法机关聘请的鉴定人工作中出现漏洞或错误，甚至影响事实认定。日本刑事诉讼法中直接规定了“鉴定证人”，不适用关于鉴定人的规定，适用有关证人的规定。

在我国法医学专家辅助人法律地位并不明确，其在法律层面上不是证人、鉴定人和诉讼代理人，有学者提出多种意见，如特殊专家证人，属证人范畴，但多数专家认为可作为具有独立特性的诉讼参与人。

（二）专家辅助人制度的功能

专家辅助人的职能，就是依据自己在某一领域掌握的专门知识、技能和实践经验，就诉讼中涉及的专业问题，作出自己的判断并发表质证意见。专家辅助人制度主要功能：①有利于弥补刑事诉讼中公诉人、诉讼参与人缺乏相关专业知识的缺陷，控辩双方可以向专家辅助人寻求帮助，使其更好地理解鉴定意见；②有利于保障基本人权、维护当事人的诉讼权利，以及查明案件真实情况，实现司法公正价值，提高刑事诉讼的效率，节约司法资源。

（三）专家辅助人的资格

专家辅助人作为有专门知识的人出庭作证，依据自己在某一领域掌握的专门知识、技能和实践经验，就诉讼中涉及的专业问题，作出自己的判断并发表质证意见。但目前对哪些人为“有专门知识的人”法律并无明确规定，致使在庭审中出现专家辅助人的资质良莠不齐，程度不一，那样会大大降低庭审的效果与效率（案例9-3）。

【案例9-3】

2013年4月上海复旦大学上海医学院研究生黄洋遭他人投毒后死亡。犯罪嫌疑人林森浩是受害人黄洋的室友，投毒药品为剧毒化学品N-二甲基亚硝胺；2014年2月18日上午在上海市第二中级人民法院一审宣判，被告人林森浩犯故意杀人罪被判死刑，剥夺政治权利终身。林森浩对判决不服，于2014年2月25日提起上诉。2015年1月8日上午，上海市高级人民法院对被告人林森浩故意杀人上诉一案进行公开宣判。林森浩投毒案终审维持原判：因故意杀人罪被判死刑。

在本案二审的过程中，最引人注目的是，辩方邀请法医胡某以个人名义作为专家辅助人参加出庭作证，认为“被害人黄洋不是死于二甲基亚硝胺中毒，而是爆发性乙型病毒性肝炎致急性肝坏死，多器官衰竭死亡”。检方对胡某的鉴定资质提出质疑，胡某表示，自己是法医，但“我不是毒物鉴定实际操作专家”，不具备毒物方面鉴定资质。此案中，胡某因不具备针对性的法医学专业知识，不具备法医专家证人资质，其对鉴定意见的质疑未被法院采纳。

出庭作证的专家辅助人至少必须满足以下条件：①无精神疾病史、成年人；②未被剥夺政治权利；③与案件无利害关系；④不阻碍案件正确审理；⑤从事相关工作的年限不低于十年；⑥所具备的知识、经验、技能与案件涉及的专门性问题有直接关联；⑦有书面的资质证明与说明。

（四）专家辅助人的权力与义务

我国专家辅助人法律责任并没有具体的法律条文规定，但参考其他国家的关于专家证人制度，我国专家辅助人参与诉讼，应具有权利和义务，否则，易导致出现专家辅助人由于故意或重大过失时发表专家意见导致法官的判断错误。

专家辅助人权利：①质证权。专家辅助人参与诉讼，可对相关问题进行解释和说明，在庭审中有权向司法鉴定人出示的鉴定意见提出问题和意见，并就自己的观点与之相互对质和辩论。②参与鉴定权，审查、调阅鉴定资料权。有权要求司法鉴定人提供鉴定的材料，鉴定过程以及鉴定意见，也可向公安机关、检察院及法院要求查阅、摘抄、复制与鉴定有关的材料。③独立发表意见权，不受委托人和其他人员的影响。④可从委托方获取报酬权。⑤拒绝委托权。如果当事人委托事项违反法律，违背公序良俗，专家辅助人有权拒绝其委托的权利。

专家辅助人义务：①必须到庭质证的义务；②对专门性问题进行客观性、科学性、中立性表述，使诉讼程序得以顺利进行的义务；③对其参与的诉讼案件保密的义务；④遵守回避原则的义务。

（五）专家辅助人的主要职责

在开庭前，当事人聘请专家辅助人，应向法院提出申请，并经法院准许，并以书面形式通知专家辅助人到庭，法院不得依职权主动聘请。专家辅助人主要职责为：①询问鉴定人，参与鉴定结论质证，对鉴定人和鉴定结论提出质疑；②与对方当事人聘请的专家辅助人就有关案件中的问题进行对质，参与涉及法医学问题证据的质证，包括对本方提交证据和发表意见的说明，以及向对方提交证据和发表意见的辩驳；③接受审判人员和当事人的询问，运用专门知识为查清案件中的专门性问题提供专业技术服务；④质证完毕，专家辅助人应在庭审笔录上签字或盖章。

（六）专家辅助人的意见效力

专家辅助人意见不属于八大证据类型之一，其仅表现为庭审质证中针对专门性问题的口头意见，不能出具书面意见，其内容的质量高低由法官来审查判断，是辅助庭审质证的一种方法，不是具备证明能力的证据，但可对鉴定意见中的专业知识解释说明，对鉴定意见中存在问题的质疑，来确定鉴定意见的可采性。

（七）专家辅助人的出庭程序

启动程序：①向法庭申请并提出专家辅助人人选；②法庭审核、启动；③向诉讼双方及社会公示；④开庭前1周通知专家辅助人出庭作证。

询问专家辅助人程序：①对鉴定意见的质疑陈述；②交叉质询。

（八）专家辅助人的监督机制

我国专家辅助人既不属于证人，也不属于鉴定人，在执业上有着自由性，基本处于没有监管的状态，因此，当其违法作出质证意见或故意作出虚假的质证意见时，不会按照刑法第305条规定的伪证罪予以定罪处罚。同时，由于专家辅助人特殊的身份和社会地位，其质证意见对案件的发展起着很重要的作用，其影响往往比一般的证人要大得多，所以，必须建立相应的监督机制和信用评价机制，加强对专家辅助人的监督。

（九）专家辅助人的援助制度

目前，我国尚无专家辅助人的援助制度，但为保障基本人权、维护当事人的诉讼权利，以及查明案件真实情况，审判机关有权从专家辅助人库中指派专家辅助人援助当事人，对专门性问题进行解释和说明。

三、司法实务中的专家辅助人

（一）我国专家辅助人出庭作证的现状及特征

1. 专家辅助人的出庭作证的聘请　公诉人、当事人和辩护人、诉讼代理人对案件证据中可能涉及专门性问题、鉴定意见中疑议，均可以申请法庭通知有专门知识的人出庭，就鉴定人作出的鉴定意见提出意见。法官无独立聘请专家辅助人出庭作证的权利，但对争议性问题可引导当事人聘请专家辅助人出庭作证。

2. 民事案件专家辅助人出庭作证多，刑事案件专家辅助人出庭作证少　专家辅助人制度的产生与兴起主要在民事案件，我国《民事诉讼证据规定》第61条："当事人可以向法院申请由一至二名具有专门知识的人员出庭就案件的专门性问题进行说明。人民法院准许其申请的，有关费用由提出申请的当事人负担。审判人员和当事人可以对出庭的具有专门知识的人员进行询问。经人民法院准许，可以由当事人各自申请的具有专门知识的人员就有关案件中的问题进行对质。具有专门知识的人员可以对鉴定人进行询问。"第64条规定"当事人对自己提出的主张，有责任提供证据"，在该种"谁主张，谁举证"的诉讼环境和质证程序下，由当事人聘请专家辅助人对鉴定结论进行质疑、辩驳，维护了当事人的合法利益；同时，针对民事案件多样性和复杂性的变化，借助专家的专业化知识，解决专门性问题，最大限度地满足民事案件多样化的需求，也实现了法律公平公正。此类专家辅助人出庭作证多见于医疗纠纷和民事损伤、工伤、交通事故纠纷。

而在刑事诉讼法中，专家辅助人为新增加内容，专家辅助人出庭作证在刑事诉讼中刚起步，特别是新《刑事诉讼法》正式实施以后，国家和社会对冤假错案的纠正力度不断加强，对刑事鉴定司法证据的认识不断提高，刑事专家辅助人出庭作证呈现逐渐增多趋势。著名案例有安徽省黄山"陷警案"、福建念斌投毒案、2013年复旦大学投毒案，均是社会关注的刑事诉讼专家辅助人出庭作证案。

刑事诉讼专家辅助人出庭第一案为安徽省黄山市祁门县警察方卫、王晖涉嫌故意伤害案，即"陷警案"，见案例9-4。

【案例9-4】

2010年12月22日凌晨6时许，涉嫌盗窃罪的犯罪嫌疑人熊军死在安徽省黄山市祁门县公安局的办公室。2011年1月7日，刑警方卫、王晖被黄山市检察院以涉嫌刑讯逼供罪逮捕。这就是轰动一时的"陷警案"。2011年1月1日，安徽省检察院司法鉴定中心作出的鉴定意见认为：熊军死前被固定在审讯椅上长达十多个小时，使机体处于极度的疲劳状态；尸体检验见胃内有稀糊状内容物约50毫升，可以证明机体死前处于饥饿状态，因而属于机体处于极度疲劳、寒冷、饥饿状况下，"内环境"出现紊乱，诱发了潜在性心脏疾病，致心源性猝死。2011年12月8日，黄山市含山县人民法院开庭审理了此案。间隔一年后，含山县人民法院根据鉴定意见于2013年1月18日作出判决：方卫、王晖因故意伤害罪被判处有期徒刑10年。

一审判决后，被告人方卫、王晖均提出了上诉。2013年4月16日，安徽省马鞍山市中级人民法院开庭受理此案，公诉人与辩护人的"熊军的死亡与被告人的讯问行为有没有因果关系"，成为庭审焦点。庭审中，安徽省检察院司法鉴定中心和最高人民检察院司法鉴定中心的鉴定意见称：尸体具备一定的冻死表现，依据目前的送检材料确定"冻死"尚缺乏充足依据，综合分析认为，熊军符合因饥饿、较长时间固定体位、寒冷，机体处于高度应激状态，在心脏潜在病变的基础上突然死亡，外来因素和心脏潜在病变共同参与了死亡过程，其中寒冷等外来因素起主要作用，心脏潜在病变起一定的辅助作用。刘良教授作为"有专门知识的人"受被告辩护人委托出庭发表了意见。熊军在收押入看守所体检时，其心电图表明有窦性心动过缓症状（方卫、王晖当时不知）。他的死亡原因，在刘良教授看来，应为心脏传导系统疾病（窦房结病变）所致的心源性猝死。引起窦性心动过缓的诱因有很多，如外伤、感染、过冷过热、情绪激动等，也有一些诱因可能潜在，不易被人识别，如猝死发生在休息或睡眠状态中。而结合本案，熊军正是死在后半夜睡眠中，机体处于安静状态而非高度应激状态。刘良教授认为，鉴定意见中的"苦笑面容"、"胃黏膜出血"、"立毛肌收缩"等现象，都是在躯体死亡后细胞逐渐死亡的发展过程中出现的特征，与死亡过程无关。从法医专业角度看，认定其生前存在饥饿、冷冻和高度应激状态的依据不足。至于鉴定意见中的饥饿一说更是荒谬的。一般情况下，只要胃内存在未消化的内容物，起码不应该是严重的饥饿。最后，刘良教授认为：两份鉴定意见认为熊军的死亡原因是"心源性猝死"结论是对的，但在死因确定为心源性猝死的前提下，又试图用涉及另外一种死因，即饿死、冻死的实体现象来说明生前机体处于饥饿、寒冷状态，既不科学，也违反逻辑。

二审结果，方卫、王晖改判处有期徒刑3年半。

（二）我国法医学专家辅助人制度有待完善

法医学专家辅助人制度虽已确定，但存在诸多不完善之处，特别是在刑事诉讼方面的问题更多，如对专家辅助人的界定、职业道德诚信评价、专家辅助人意见的审核标准和法律价值与地位、专家辅助人经济补偿制度、专家辅助人救助制度等。

1. 明确法医学专家辅助人的刑事诉讼地位　专家辅助人在刑事诉讼中的地位是完善专家辅助人制度首先需要解决的问题。新《刑事诉讼法》仅从外延上界定了专家辅助人作为诉讼参与人的范围,并没有从内涵上揭示诉讼参与人的含义,作为诉讼参与人应具有以下特征:①诉讼参与人是依法参加刑事诉讼的人;②诉讼参与人是享有一定诉讼权利、承担一定诉讼义务的人;③诉讼参与人是国家司法机关及其工作人员以外的人。我国应借鉴《俄罗斯联邦刑事诉讼法典》和《意大利刑事诉讼法典》的有益经验,修改新《刑事诉讼法》第106条的相关规定,增设专家辅助人为其他诉讼参与人。

2. 确定专家辅助人意见的证据能力 我国新《刑事诉讼法》虽确立了专家辅助人制度,却并没有确立专家辅助人意见的证据种类,导致专家辅助人意见不具有证据资格,不能作为认定案件事实的依据,只是质证鉴定意见的一种有限方法,在一定程度上限制了专家辅助人在诉讼中的作用。

3. 完善专家辅助人参加刑事诉讼的质证程序 质证是实现证据具有证明能力和证明力的必备过程与阶段,对法医学鉴定意见的质证也是如此,法医学鉴定人、法医学专家辅助人参与刑事诉讼的质证程序是质证的关键,但专家辅助人可以进入诉讼程序的最早时间是什么时候,何时进入庭审,何时对鉴定意见提出质疑以及如何提出质疑等,不仅是理论中的问题,更是实践中的难题。特别是鉴定人和专家辅助人在庭审质证中展开了一场专门知识领域内的辩论,易使对鉴定意见的质疑演变成为"法医学学术研讨",使之丧失质证的本质,因此,完善、规范专家辅助人参加刑事诉讼的质证程序及要求是保障法医学鉴定意见证据作用,实现公平公正的法律原则必要保证。

总之,进一步完善专家辅助人制度,可减少法医学鉴定意见证据的主观性和不确定性,以实现法官对鉴定意见应用的正确性,使之真正实现法律的公平、公正。

本章小结

1. 法医学鉴定意见具有法定证据的客观性、关联性、合法性,从证据存在和表现形式上讲,法医学鉴定意见与证人证言等证据均属于言词证据的范畴,但法医学鉴定意见具有科学性,证明力一般大于其他书证、视听资料和证人证言。

2. 法医学鉴定意见既是审查判断其他证据的手段和方法,又是作为证据被审查判断的对象。法医学鉴定意见审查的内容,主要包括法医学鉴定意见主体审查、法医学鉴定意见文书审查、法医学鉴定意见程序审查、法医学鉴定意见实体审查四方面。

3. 出庭作证是鉴定人必须履行的法定义务。法医学鉴定人出庭作证有利于当事人服从判决,有利于人民法院作出公正判决,有利于法医学鉴定人行使诉讼权,有利于推进我国庭审制度改革进程,使原来的国家职权主义转变为控辩式的当事人主义,增大了控辩双方的举证责任。

4. 法医学鉴定人应树立每案均出庭作证的意识。在受理鉴定和进行鉴定的过程中,就应时刻想到出庭作证的可能,做好充足的准备工作,了解庭审的基本程序,分析预测相关问题,全面熟悉案卷材料和鉴定文书,寻找支撑自身观点的材料,准备出庭作证的各类证明及材料,为了取得理想的效果,还必须掌握一定的规则与技巧。

5. 专家辅助人又称为诉讼辅助人或专家技术顾问,在科学、技术以及其他专业知识方面具有特殊的专门知识或经验的人员。根据当事人的聘请委托,在诉讼前或诉讼过程中帮助当事人分析技术问题、评价鉴定意见,必要时经法院准许出庭,以辅助当事人对讼争的案件事实所涉及的专门性问题进行说明,或发表专业意见和评论。

6. 专家辅助人目前没有具体资格条件和认定管理规定,这一称谓是学界的一种普遍称谓,而非法律上明确规定的称谓,既不是鉴定人、证人,也不是诉讼代理人,仅是当事人的技术顾问,依其专业知识协助解决诉讼中的专业性问题,在对问题的分析判断上体现科学性,发表的是专业性、中立性意见,不体现当事人意志,不得涉及法律事实或法律适用问题。

(刘 艳)

讨论题

1. 法医学鉴定人出庭质证前需做哪些准备工作？
2. 试述我国专家辅助人基本制度。

思考题

1. 简述法医学鉴定意见的法律性质及其作用。
2. 试述法医学鉴定意见主体审查的内容。
3. 简述法医学鉴定意见程序审查的内容。
4. 法医学鉴定意见开示内容及作用是什么？
5. 简述专家辅助人定义及与鉴定人、证人、诉讼代理人的区别。

第十章　法医学学科与法律

学习目标

通过本章的学习，你应该能够

掌握　法医学鉴定程序及检验鉴定技术问题涉及的法律问题。

熟悉　与法医学鉴定相关的现行法律规定。

了解　实体法律规定对法医学学科及其鉴定实践的作用和影响。

第一节　法医病理学与法律

法医病理学是法医学的主体学科，在国外法医病理学等同于法医学，只有法医病理学家才被称为法医。法医病理学（forensic pathology）是应用医学和其他自然科学的理论与技术，研究并解决与法律有关的人身死亡原因、方式和发生发展规律及其检验鉴定的一门应用科学。

一、死亡

死亡是机体生命活动和新陈代谢的终止，是生命的组成部分。从法律意义上说，生命是人具有权利能力和行为能力的基础，生命具有不可替代性。因此，生命是人存在的基础，是人至高无上的利益所在，是人的第一尊严。

死亡意味着生命的终结，在法律上则意味着作为法律关系主体的人之法律关系主体资格的消灭。通常情况下，死亡都是按照人的生命规律自然进行的，但由于各种因素的影响和介入，也经常会出现非自然死亡的情况，如自杀、他杀或意外事故等，还有与死亡有关的脑死亡，安乐死等问题。自杀、脑死亡与安乐死均会涉及死亡权的讨论。生命权应包括人在生命三个不同阶段中所具有的三个具体权利内容，即生命从开始孕育到出生时的出生权，从出生后到死亡前的生存权，以及临近整个生命末端的死亡权。承认死亡权，在某种意义上体现了法律对个人意愿的尊重和保障。死亡权包括死亡决定权、死亡标准选择权和死亡方式自主权等多方面。

（一）脑死亡及其相关法律

脑死亡（brain death）是指大脑、小脑和脑干等全脑功能不可逆转的永久性停止而导致的死亡。由于各国立法不同，脑死亡的诊断标准也不同。脑死亡作为死亡的诊断标准，在法医学鉴定中具有重要的意义。

我国尚未就脑死亡进行立法。国外的立法模式可以分为两种情况：一是与器官移植法合在一起而形成的脑死亡法律体系，法国是最具代表性的国家之一，1976年法国正式颁行《器官移植法》；二是分立式脑死亡法律体系，美国是最为典型的代表，1978年美国颁布《统一脑死亡法》，1984年又通过了《器官移植法案》。

（二）安乐死及其立法

安乐死（euthanasia）是指对于现代医术无法挽救、临近死亡的病人，医生在病人本人真诚委托的前提下，为减少病人难以忍受的剧烈痛苦而采取措施结束病人生命的一种方式（《中国大百科全书·法学卷》）。倪正茂等学者提出安乐死从法律角度有以下属性：安乐死的适用对象必须是在当前医学条件下无法挽救并且正在遭受难以忍受痛苦的临近死亡的患者。实施安乐死的首要目的必须是减轻和解除患者不堪忍受的事实痛苦。患者必须在意识清醒的状态下自愿提出接受安乐死的请求，并需多次提出相关请求。实施安乐死的方式必须是仁慈和尽可能无痛的。

全球第一个通过安乐死立法的国家是荷兰，目前，世界上承认安乐死的国家和接受的人数都在增加。

（三）死亡证明及管理

死亡医学证明书是由医务人员对死亡者填写的一种具有法律效力的证明文件，其用途主要包括：①是居民死亡的法定记录文件，属于法律文书凭证；②居民死亡医学证明，记载死者的各项基本情况及死亡原因，有关部门据此注销户口，办理殡葬火化等手续；③是死亡原因的原始资料，卫生部门利用它可以进行居民健康状况的专题研究，提出优先解决的公共卫生问题，为制定卫生工作方针，采取防病措施提供科学依据；④告诉死者家属导致死者死亡不同阶段的生理状态，有助于他们对死者遗产相关事务的处理；⑤提供死亡原因和死亡时所处的环境，为保险机构等提供信息。

死亡证明是合法的对个体死亡进行证实的文件，但不能作为法庭分析死亡原因和死亡方式的证据。在大多数案例中，应该由病人的主治医生开具死亡的医学证明，因为他们最了解病人的诊疗过程，从而很可能对死亡原因作出正确判断（除非死亡的环境和相关的法律要求需要法医开具死亡证明）。

美国死亡证明书标准中包含了3个主要的信息主题：人口统计信息和个人信息（如教育背景，职业，社保编号，出生地等）；尸体存放的方法和位置细节（土葬，火葬等）；死亡的原因和死亡时所处的环境（死亡的医学证明部分）。

二、尸体检验相关法律

“尸体解剖（autopsy）”一词源于希腊语“亲眼看”，英语有“亲自勘察”和“实地勘察”之意。尸体解剖是研究分析尸体诸多问题的最基本的方法。最早的法医尸体解剖出现在13世纪，到16世纪随着解剖学的逐步形成和发展，法医检验中尸体解剖的重要性也得到了法律的认可。可以说尸体解剖这一方法，在法医学漫长的发展史中具有里程碑的作用，是古代法医学与现代法医学的分水岭。

（一）验尸官制度

英国是验尸官制度（coroner system，主要是英格兰和威尔士，苏格兰实行大陆法系）的发源地。验尸官是独立的司法人员，主持验尸官法庭（coroner court，又称“死因裁判法庭”）的调查工作。负责调查暴力死、非自然死或原因不明的猝死，以及狱中死等死亡案件。英国规定验尸官的资格应为执业5年以上的律师，或者取得执业医师资格的医生，且要求其具有司法实践经验。①有些国家和地区规定应向验尸官报告的死亡案件有以下20种情况。诸如：医生不能准确作出死因诊断；死者死亡前14日内未经执业医生诊治，但曾被诊断为晚期的病人除外；意外或受伤导致死亡；与麻醉药物使用有关的死亡，因全身麻醉或麻醉后24小时内死亡者；手术导致的死亡或术后48小时内的死亡；职业病导致的死亡；胎儿死亡；孕妇在分娩、堕胎或流产30日内发生的死亡；原因不明的败血症导致的死亡；可疑自杀；官方看管期间内死亡；具有法定逮捕或羁押权的公职人员在执行公务时死亡；死亡发生在具有法定逮捕或羁押职权的部门；私立精神病院或疗养院发生的死亡；他杀死亡；中毒死亡；虐待、饥饿或疏忽导致的死亡等情况。②验尸官通过分析病理学家的初步检验结果，认为可以排除对死因的怀疑，应当作出批准免于尸体解剖的命令；埋葬命令；火葬命令。反之，应命令解剖尸体；分析研究病理学医师的尸体检验报告；考虑是否启动调查程序（调查交由警方进行并提交死亡报告）；考虑是否由陪审团加入并启动验尸官法庭询问程序；还可以签发搜查令；等。另外，验尸官应将验尸结果通知户政登记部门；验尸官应支付证人、陪审团出庭费用和津贴等工作。

（二）部分国家和地区的相关规定

欧盟部长委员会提案[NO. R（99）3]各成员国法医学尸体解剖通用规则：关于尸检范围的规定，事关非自然死亡，有关部门必须组织一个以上法医及时赶赴现场进行现场勘查、尸体检查，并决定是否进行尸体解剖。对于非自然死，无论死因确定或者可疑，即使死亡至发现有时间间隔，也一律应做尸体解剖，特别是在以下情况：①他杀或疑似他杀。②猝死，包括婴幼儿猝死。③侵犯人身权益，如怀疑逼供或任何形式的虐待。④自杀或疑似自杀。⑤疑似医疗事故。⑥意外死亡，包括交通、职业、家庭的意外死亡。⑦职业性疾病或损伤。⑧工业或环境灾害。⑨监护期内死亡或与警察、军人有关的死亡。⑩无名尸体或白骨化尸体。

苏格兰检察官制度：在苏格兰，有关死因不明或意外死亡，以及死亡发生在职业场所或司法拘留、监禁过程中等情况，由检察官负责调查。即使医师已开具死亡证明书的，检察官也有权决定解剖且无需家属同意，解剖由法医病理学医师进行。检察官决定执行解剖的法医人数和资格。根据死亡事件与检察官手册规定，需要向检察官报告的死亡情况有16种。包括：因暴力、可疑或不明原因的死亡；涉及第三人过错或过失的死亡；可能或可疑自杀；意外死亡；因飞机、船舶或火车等交通工具引起的死亡；溺死；烧、烫伤或由火灾、爆炸引起的死亡；婴幼儿死亡；工作场所死亡；职业引起的死亡，包括职业病或中毒；医疗事故；中毒或可疑中毒；法定报告的传染病或食物中毒；司法拘留或监禁情况下的死亡；在不明处死亡；医师无法认定的死亡原因。

美国佛罗里达州法医师制度：佛罗里达州州法第406章是关于法医师的规定。法医师遇有下列情况可以自行决定或经州检察长委托进行检验、调查和解剖：暴力犯罪；意外事故；自杀；身体健康的突发猝死；未经执业医师诊治的死亡；在监狱或刑罚矫正机关内的死亡；在警察看管或拘留中死亡；其他可疑或不正常的死亡；违法堕胎；中毒；导致死亡的疾病足以引起大众对公共卫生和健康的疑虑；职业病、职业伤害或职业中毒；尸体由外地运至本州而无医学证明者；尸体将被火化、肢解或海葬者。

日本和德国：日本一般由警察委托开业医师进行验尸，少数大城市实行法医师制度（也称检察医制度）。除诉讼法规定外，日本还有专门的尸体解剖保存法。法医师进行检验和解剖的情况为：①病死或自然死，包括医师诊治期间猝死；医师诊治期间不明原因死亡；医师诊治期间非疾病死亡；发病但死亡状况异常的死亡。②外因性死亡或因其并发/继发症状死亡，诸如交通事故、高坠、溺死、烧死、窒息死、中毒死、暴力死、电死等。③无法认定是病死、外因死或不明原因的死亡，如他杀、自杀。

德国刑事诉讼法第87条对勘验尸体、解剖尸体作出了具体规定。①尸体由检察院在医师协助下勘验，依检察院申请，也可由法官在医师协助下勘验。显然无需医师协助也可查明事实的情况，可以不请求医师协助。②尸体应由两名医师解剖，其中一名必须是法医，或者是公立法医、病理学研究院院长，或者是由该院院长委托的，具有法医知识的该院医师。对尸体不得交给治疗过死者死亡前最后病症的医师解剖。但是可以要求他解剖时在场，从病历的角度给予说明。检察院可以参加尸体解剖。依检察院的申请，尸体解剖应在法官在场时进行。③为了勘验、解剖，许可将已经埋葬的尸体掘出。④是否解剖、掘出已经埋葬的尸体，由法官决定。再延误就将影响侦查结果时检察院也有权决定。决定掘尸时，如果无特别困难即可找到死者亲属的要同时决定通知死者亲属，以通知不会影响侦查目的为限。

（三）对我国解剖尸体规则的评价

1979年，原卫生部重新发布了《解剖尸体规则》。该规则规定尸体解剖分为三种，即普通解剖、法医解剖和病理解剖。普通解剖限于医药院校和其他有关教学、科研单位的人体学科在教学和科学研究时实施；病理解剖限于教学、医疗、医学科学研究和医疗预防机构的病理科（室）施行。规则全文共

13条，关于解剖的情况没有详细的规定，程序性规定也相对比较简单。

从该规则解剖的分类和条件看，划分十分笼统，且相互交叉。通常应该根据解剖的目的不同分为学术解剖和司法解剖两类。前者以学术研究为目的，死者的死亡原因清楚，且尸体来源合法。后者以查明死因为目的，又可分为依法强制性解剖和经家属同意的解剖。司法解剖的本质是对死因存在争议，或基于查明的死因由国家采取应急措施。司法解剖的主体不一定完全由法医承担。依法强制性解剖的情况：一般涉及或可能涉及刑事案件；急性传染病或疑似急性传染病；涉及重大民众生命安全的事故或中毒事件；其他需要强制性解剖的情况。经家属同意的解剖包括：比较明确的意外事故；猝死；医疗纠纷事件；自杀等情况。与上述国外相关法律规定比较，我国没有规定强制性解剖的范围，实践中随意性较大，甚至法医有条件进行系统解剖的，也多以所谓的死因明确而草率结束。有关法医学尸体检验的技术标准已颁布若干，但均为建议性使用，没有强制执行力。

尸体解剖对临床医学的价值可以概括为"3C"，即：确定诊断（confirming）、澄清疑问（clarifying）及校正错误（correcting）。医疗纠纷的尸检目的主要为：检验临床诊断、疾病的严重程度、临床事件的印证和死亡原因及其启动因素的分析。关于医疗纠纷事件由医院承担尸体解剖，在程序上显失公正。

我国尸体解剖量缺乏详细的统计数据，但尸体解剖率很低是不需证明的事实，与国外比较到底低多少无法准确统计。国际上通用解剖指数（autopsies index），即以当年解剖人数除以当地死亡人口。同时，还有法医检验率，即法医检验总数除以总人口死亡数；法医解剖率，即法医解剖总数除以法医检验总数。美国佛罗里达州2000年法医检验率达到11.8%，法医解剖率达到74%，解剖指数8.8%。日本东京法医局2001年法医检验率达17.5%，法医解剖率达70.4%。

借鉴国外经验，首先对尸体解剖应重新立法，明确涉及死亡问题的管理主体，以及应该进行尸体检验的范围。管理主体完全由公安机关负责似乎也有局限性。其次，为保证尸体检验行为的公正性，法医鉴定机构不得隶属于公安、司法机关。另外，应当重视以下几类死亡的情况，并制定相应的强制性解剖规定：拘留或监狱内发生的死亡；有争议医疗过程中发生的死亡；所有的中毒事件；溺死；烧死；冻死等情况。

三、死亡原因与死亡方式鉴定与法律

引起死亡的原因很多，如各种自然性疾病或各类暴力性因素。就某一案例而言，有时是一个原因，有时却与多种原因有关。世界卫生组织建议的《国际疾病分类》将所有的疾病和死亡原因进行了分类，并给出了死亡原因（cause of death）的概念，即"所有直接导致或间接促进死亡的疾病、病情和损伤，以及造成任何这类损伤的事故或暴力的情况"。

根本死因或主要死因发生的方式称为死亡方式（manner of death），我国习惯上又称为死亡性质，或案件性质。目前国内外法医学通用的死亡方式分为非暴力死与暴力死两大类，前者分为生理性死亡和病理性死亡，后者又可分为自杀、他杀和意外死三种。死亡方式的鉴定是法医病理工作者的重要职责之一，是刑事侦查制定工作方向、司法审判定罪的重要依据。有关死亡原因与死亡方式的鉴定因案件性质不同，可能涉及刑事法律和民事法律。

（一）死亡鉴定与刑事法律

侵犯公民人身权利罪作为一类犯罪的总称，是指故意或者过失地侵犯公民的人身权利以及与人身直接有关的权利，依法应当受到刑罚处罚的行为。与法医学鉴定有关主要有侵犯生命、健康的犯罪，如故意杀人罪，过失致人死亡罪等。

在法医学鉴定中，最多见的是谋杀死。谋杀死（death from murder）指非法的或者说犯罪的他杀，是现实生活中最常见的一种他杀死。这类他杀死是指具有行为能力的人，预见到自己的行为会剥夺他人的生命，并希望达到杀人目的而杀人的，称为故意杀人（谋杀死）。杀婴也是一种非法的他杀死，也要受到法律制裁。

其次是伤害死。伤害死（death from harm，manslaughter）指对他人实施的伤害行为，不是预谋或故意致其死亡，由于这样或那样的原因，最后客观上造成了他人的死亡。这类他杀虽然也是非法的他杀，但与谋杀的根本不同点是他的故意伤害行为并不以杀死他人为目的。这类他杀死在当今法医实践中相当多见。大多数情况下其伤害行为是一时的冲动，其行为的客观死亡后果与最初主观动机显著不一致是其特点。如主观上想致人于伤或残，或只是为了造成他人痛苦，结果致被伤者死亡。虐待儿童和老人，及对拘押、监禁、劳教和劳改的人犯采取违法乱纪的伤害行为所导致的死亡，绝大多数在本质上属于伤害死。

行为人主观上有损害他人身体健康的故意，且行为人明知自己的行为会给他人造成伤害，并且希望或者放任这种伤害结果的发生，但是由于伤势过重在客观上造成了被害人死亡的，是故意伤害（致死）罪，伤害致人死亡，必须是轻伤以上的犯罪行为。如果没有伤害他人的故意，只是由于自己的过失，从而导致了他人死亡结果的发生，就应定过失致人死亡罪。故意伤害当场致人死亡与间接故意杀人在司法实践中较难区分。

损伤导致重伤，抑或死亡，有时从损伤程度的角度很难界定。法医学上有致命伤的概念，简单而论，凡导致死亡的损伤均为致命伤（fatal injury）。致命伤又分为绝对致命伤和条件致命伤两类。绝对致命伤（absolute fatal injury）是指无论在何种情况下对所有的人都足以致死的损伤。条件致命伤（conditional fatal injury）是指在某种条件下才导致死亡的损伤。这些条件有外界客观因素，如伤后不能及时救治，医院误诊等；也有机体自身因素，如疾病、年老体弱等。

（二）死亡鉴定与民事法律

人身损害赔偿，是指民事主体的生命权、健康权、身体权受到不法侵害，造成致伤、致残、致死的后果以及其他损害，要求侵权人以财产赔偿等方法进行救济和保护的侵权法律制度。人身损害赔偿还包括因生命权、健康权、身体权受到侵害时的精神损害赔偿。我国《民法通则》第119条规定了人身损害赔偿法律制度的基本内容，《国家赔偿法》、《消费者权益保护法》和《道路交通事故处理办法》等法律法规，以及最高人民法院制定的司法解释，对人身损害赔偿法律制度进行了补充和完善。

在法医学鉴定中最常见的就是意外死。意外死（accidental death）指意料之外、非故意的行为所造成的死亡。在法律上行为人存在过失，即疏忽和懈怠。行为人对自己行为的结果，应当预见或者能够预见而没有预见；行为人对自己行为的结果虽然预见了却轻信可以避免。有时，行为人主观上是为了紧急避险，但行为过度造成死亡的后果。还有因不可抗拒的原因，遭受自然灾害等情况。这种意料之外和非故意的行为所造成的死亡受害者可能是他人，也可能是行为者本人。包括事故死和灾害死。自伤、自残者或出于某种目的自己对自己造成伤害，意外地超过了限度而发生的死亡（如窒息），由于其并不是以故意结束自己的生命为目的，所以也是一种意外死。

根据最高人民法院关于审理人身损害赔偿案件适用法律若干问题的解释，侵权行为造成受害人死亡，应当赔偿受害人死亡时的丧葬费、死亡赔偿金和被扶养人生活费。丧葬费按照受诉法院所在地上一年度职工月平均工资标准，以六个月总额计算。死亡赔偿金按照受诉法院所在地上一年度城镇居民人均可支配收入或者农村居民人均纯收入标准，按二十年计算。但六十周岁以上的，年龄每增加一岁减少一年；七十五周岁以上的，按五年计算。被扶养人生活费根据扶养人丧失劳动能力程度，按照受诉法院所在地上一年度城镇居民人均消费性支出和农村居民人均年生活消费支出标准计算。被扶养人为未成年人的，计算至十八周岁；被扶养人无劳动能力又无其他生活来源的，计算二十年。但六十周岁以上的，年龄每增加一岁减少一年；七十五周岁以上的，按五年计算。

第二节 法医临床学与法律

法医临床学（forensic clinical medicine）是应用现代法医学与临床医学的理论和技术，研究并解决法律上有关活体的医学问题的应用学科。该学科涉及范围广，主要有人身伤害损伤程度鉴定，车祸、工伤、人身伤害等伤残等级评定，性侵害中被害人检验，犯罪嫌疑人或被拘留者保外就医的疾病和残疾评定，人寿保险残疾与疾病确认，家庭暴力伤害，以及医疗过错和伤残等级评定，赔偿医学，活体年龄推断等。法医临床学对于司法审判中刑事责任能力判定、定罪量刑；民事诉讼人身伤害及残疾赔偿，以及行政裁决、劳保待遇、保险理赔中残疾与疾病确认等都具有重要意义。

一、活体损伤与法律

人体损伤（injury）是致伤物或致伤因素作用于机体引起组织结构的破坏或（和）功能障碍。人体损伤是医学术语，它具有以下特点：①必须有致伤因素直接作用于人体，也即外伤史是客观存在的事实。同时，损伤在机体上造成了一定病理性变化，即使微小的变化无法肉眼所及，但从医学理论上分析，该变化确实存在。②损伤是机体之外的因素作用，有时是被害人自己不慎造成的意外，或主观故意借助外界因素对自己机体的损伤，如自伤、诈伤等。

人身伤害（personal injury），就是指“在侵权行为法中，人在身体上所遭受的伤害，如断肢等（见《牛津法律大辞典》）”，也即侵害公民生命权、健康权和身体权造成的损害。在法学理论中人身伤害分为以下几类：①外力作用于他人机体的伤害，包括使用外界致伤物及加害人自身肢体或器官，如拳脚、牙齿等。②不作为的行为也可以致人伤害，如故意不给病人服药。③还有使人陷于恐怖状态，造成人的精神上的障碍。④使用非暴力的方法，比如供给他人腐败或有毒的食物。⑤使用暴力等手段相威胁，逼迫他人自伤或感染疾病。由此可以看出，人身伤害远远超出人体损伤的范畴。判定人身伤害的程度的标准，是基于承担法律责任的性质所决定的。

人身伤害，虽然原因复杂多样，但其损害的后果却是相对稳定，我们将损害分为以下几种情况。侵害公民健康权可造成以下损害；①临时损伤；②永久性损伤；③残疾及劳动能力丧失；④疼痛和精神痛苦：⑤财产损失。也有作者分为：①一般伤害；②致人残疾；③致人死亡。但基于刑法定罪量刑的需要，又把损害后果划分为轻伤、重伤和死亡等。同样的损伤，刑事、民事分类不同，如图10-1所示。

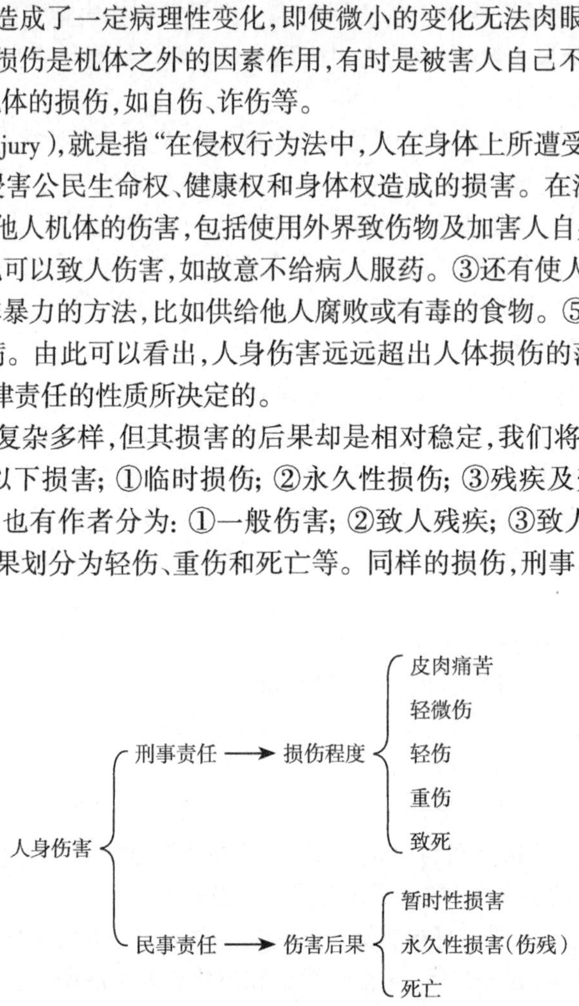

图10-1　人身伤害的分类

在法律上，侵害人身的违法行为因性质的不同，既有刑事违法行为，也有民事违法行为和行政违法行为。侵权行为是民事违法行为，犯罪行为是刑事违法行为，两者除适用法律不同外，还有以下区别，一是犯罪行为必须是具有社会危害性的行为，即必须达到具有社会危害性的程度，才能成为犯罪行为。侵权行为不必具有社会危害性，只要具备损害他人人身权利的违法性即可构成。二是刑法要求犯罪行为的行为人的主观恶性必须达到一定程度，即主观恶性较大的危害社会的行为，才能认为是犯罪。因此，刑事犯罪主要是故意犯罪，行为人对其行为有过失者，只有在法律有明文规定的情况下，才能认定为犯罪。侵权行为绝大部分是过失行为。按照目前法律规范的研究，“伤害”一词在法律上是由伤害罪演变而来，因此，人身伤害在法医学中比较统一明确，而在法律层面，一般是指刑事案件，民事案件通常称为人身损害。

（一）损伤程度鉴定与刑事法律

侵害他人身体权和健康权的违法行为，根据损害（伤）程度决定适用法律，如轻微伤不构成刑事犯罪，由行政法规处罚，依据民事法律处理损害赔偿；轻伤构成刑事犯罪，重伤是刑罚量刑的依据，造成轻伤或重伤的刑事案件可同时附带民事损害赔偿。

据不完全统计，根据我国刑法规定，涉及损伤程度评定的犯罪所涉刑法条款达23条，罪名10余项，按照案件性质大致可以分为9类（表10-1）。

表10-1　涉及损伤程度评定的案件种类

常见种类	故意伤害刑事犯罪之损伤
	违反公共安全造成的损伤
	重大交通事故损伤
	工矿企业重大事故损伤
少见种类	非法拘禁和殴打造成的损伤
	司法及监管人员对被监管人造成的损伤
	伪劣商品或食品造成的损伤
	因破坏婚姻或对家庭成员的损伤
	医疗过错及非法行医造成的损伤

人体损伤程度存在社会学、医学和法律上不同的理解和界定。社会日常生活中基于一般的常识，人们通常有损伤重、损伤轻之分。医学主要依据生命体征分为轻度（中度）、重度和极重度等，而且临床医学各系统有不同的划分标准，为治疗提供依据。法律上的人体损伤程度已经发展为专用名词，具有特殊的含义，第一，损伤程度分类及名称由刑法及其他相关法律所决定，特别是重伤，其定义由刑法典规定。损伤程度的产生与民法无任何关系，其与医学的理论和技术具有一定的相关性，但并非完全统一，损伤程度的内容不是孤立存在的医学标准。第二，损伤程度的作用是为刑事违法行为定罪量刑提供依据，而人身损害赔偿涉及的是伤残程度。在司法实践中，损伤程度作为委托鉴定的目的和鉴定内容，已约定俗成变为习惯称谓，极具中国特色。

新的《人体损伤程度鉴定标准》自2014年1月1日起施行，原《人体重伤鉴定标准》（司发[1990]070号）、《人体轻伤鉴定标准（试行）》（法（司）发[1990]6号）和《人体轻微伤的鉴定》（GA/T146—1996）同时废止。《人体损伤程度鉴定标准》将轻微伤、轻伤和重伤合并统一，最终形成“三等六级”的损伤程度鉴定标准。“三等六级”是指重伤、轻伤和轻微伤三等，重伤一级、重伤二级、轻伤一级、轻伤二级、轻微伤和皮肉痛苦六级。《人体损伤程度鉴定标准》适用范围规定，“本标准适用于《中华人民共和国刑法》及其他法律、法规所涉及的人体损伤程度鉴定。”基于《标准》覆盖轻微伤、轻伤和重伤，这里所指的法律主要是刑法和行政法律法规。从案件角度理解，就是依法对相对人违反刑法或者行政法律法规致人损伤的行为给予相应的法律制裁。因此，确定被害人的损伤程度就是为了对违法者进行法律制裁，也即根据被害人损伤程度从而明确违法者所应承担的法律责任以及相应的强制惩罚措施。

1. 皮肉痛苦　皮肉痛苦主要是指因冒犯性殴打造成的伤害，冒犯性殴打就是没有造成伤害后果的殴打，而对于身体机能运作的正常性及其整体功能的完善性没有明显的影响，是对身体权的侵害。从鉴定标准上界定皮肉痛苦应依据《人体损伤程度鉴定标准》标准，即不构成该标准规定的损伤属于皮肉痛苦。

皮肉痛苦在法医临床学鉴定实践中一直未引起重视。通常表现两种情况，一是将不构成轻伤的损伤，在鉴定结论中统称为“该损伤不构成轻伤”；二是将不构成轻伤的损伤，在鉴定意见中统称为

"轻微伤"。前者以否定性意见作为鉴定结论属表述性逻辑错误,后者扩大了轻微伤的范围,由此必然造成治安管理处罚案件缺乏科学依据,从而形成进一步行政诉讼的后果。

皮肉痛苦的侵权行为在司法实践中也不够重视,人们一般不会请求损害赔偿。根据法律规定,造成他人皮肉痛苦的侵权人应当承担赔礼道歉、停止侵害、赔偿损失等责任。

2. 轻微伤 标准规定的轻微伤是指造成人体局部组织器官结构的轻微损伤或短暂的功能障碍。轻微伤的概念源自原《中华人民共和国治安管理处罚条例》,该条例第22条规定"有下列侵犯他人人身权利行为之一,尚不够刑事处罚的,处十五日以下拘留、二百元以下罚款或者警告:(一)殴打他人,造成轻微伤害的;……"轻微伤害在鉴定上对应轻微伤。关于轻微伤害,有作者认为:凡是损伤仅引起机体暂时和轻微的反应,基本不影响器官功能,一般均能自行修复的,就属于轻微伤害。一般来说,轻微伤害不需要专门的手术治疗,人体通过自身的代偿功能便能使其复原,或者仅采取简单的医疗手段和护理就能使伤势很快痊愈。《人体轻微伤的鉴定》标准自1997年1月1日实施,属中华人民共和国公共安全行业标准。该标准为轻微损伤的下限,上限与轻伤鉴定标准衔接。轻微伤害的损害赔偿可以通过调解或民事诉讼解决。

2005年,全国人大常委会颁布了《中华人民共和国治安管理处罚法》,原条例废止。该法第四十三条规定:"殴打他人的,或者故意伤害他人身体的,处五日以上十日以下拘留,并处二百元以上五百元以下罚款;情节较轻的,处五日以下拘留或者五百元以下罚款。有下列情形之一的,处十日以上十五日以下拘留,并处五百元以上一千元以下罚款:(一)结伙殴打、伤害他人的;(二)殴打、伤害残疾人、孕妇、不满十四周岁的人或者六十周岁以上的人的;(三)多次殴打、伤害他人或者一次殴打、伤害多人的。"新的法律没有规定殴打他人必须"造成轻微伤害",因此,目前轻微伤鉴定可以不作为主要项目,且轻微伤与皮肉痛苦的界定已无明确的意义。

3. 轻伤与重伤 轻伤是指物理、化学及生物学等各种外界因素作用于人体,造成组织、器官机构的一定程度的损害或者部分功能障碍,尚未构成重伤又不属轻微伤的损伤(标准中的定义)。我国刑法第95条对重伤作出了原则性的规定,即是指下列情形之一的:(1)使人肢体残废或者毁人容貌的;(2)使人丧失听觉、视觉或者其他器官机能的;(3)其他对于人身健康有重大伤害的。从以上表述,轻伤和重伤的概念均不规范,它们是依据法律产生的范围性或罗列性描述。

在我国刑事立法中,有关伤害人身犯罪的罪刑规范,通常是指刑法第234条的故意伤害罪和第235条的过失致人重伤罪。故意伤害罪是指故意非法地损害他人身体健康的行为,刑法第234条第1款规定的是一般伤情的故意伤害罪(或称轻伤罪),第2款规定的是致人重伤和致人死亡的故意伤害罪。

故意伤害罪与非罪的界限,主要依据是否构成轻伤进行界定,换言之,就是要正确区分轻伤害与轻微伤害的标准。按照刑法第234条的规定,一般的故意伤害罪,处3年以下有期徒刑、拘役或者管制;致人重伤的,处3年以上10年以下有期徒刑;以特别残忍手段致人重伤造成严重残疾的,处10年以上有期徒刑、无期徒刑或者死刑。因此,评定重伤是量刑的重要依据。另外,按照刑法第17条第2款的规定,已满14周岁不满16周岁的人可以成为致人重伤的故意伤害罪的主体,但不能成为一般的故意伤害罪的主体,因而此时重伤评定也是罪与非罪的界限。

(二)伤残程度与民事法律

根据我国法律体系和法律规范,与伤残有关的侵权赔偿问题主要包括两大类。

第一是民事损害赔偿,主要包括:①刑事伤害附带民事赔偿:刑事伤害附带民事诉讼是指司法机关在刑事诉讼中,依法追究被告人刑事责任的同时,一并解决由遭受物质损失的人或检察机关所提起的、由于被告人的犯罪行为引起的物质损失的赔偿而进行的诉讼活动。刑事伤害案件对被害人的赔偿,在法医临床学鉴定中占有很大比例。②纯民事损害赔偿:按照侵权行为或主体可分为国家机关及其工作人员职务侵权,产品责任,高度危险作业的赔偿责任,环境污染致人损害,地面施工致人损害,物件致人损害,动物致人损害,雇员执行职务中致人损害,无行为能力人和限制行为能力人致人损害,汽车交通事故赔偿责任,医疗事故中的赔偿责任。

第二是国家赔偿，主要包括：①行政赔偿：是指国家行政机关和行政机关工作人员在行使职权时，违法侵犯公民、法人或其他组织的合法权益造成损害的，国家负责向受害人赔偿的制度。②司法赔偿：是指行使审判、检察、侦查、监狱管理职权引起的赔偿责任。其与行政赔偿的义务机关不同，赔偿范围和赔偿程序等也有区别。但其责任性质、赔偿方式和标准是相同的。国家赔偿涉及法医学鉴定的案件量较少，有关法医学特点尚需进一步研究。

在法医学鉴定中，常见的涉及伤残赔偿的种类有：道路交通事故；刑事伤害案件；一般民事侵权案件；工伤劳动争议案件；医疗过失损害赔偿案件；保险理赔残疾鉴定事件，等。而从我国目前的情况来看，除保险公司有各自的标准和卫生部医疗事故专门鉴定标准外，国家有关部门颁布实行的只有道路交通事故和工伤事故两类伤残评定标准。因此，遇有刑事伤害案件和一般民事侵权案件，就出现了适用标准混乱不堪的现象，很多法院要求参照工伤标准鉴定，由于现行标准条款之间也存在不平衡或不统一的现象，这样就必然造成全国司法不统一，赔偿不规范。这不仅有损于法律的严肃性，而且也使我国人身损害赔偿制度得不到良性发展。

根据最高人民法院关于审理人身损害赔偿案件适用法律若干问题的解释，残疾赔偿金根据受害人丧失劳动能力程度或者伤残等级，按照受诉法院所在地上一年度城镇居民人均可支配收入或者农村居民人均纯收入标准，自定残之日起按二十年计算。但六十周岁以上的，年龄每增加一岁减少一年；七十五周岁以上的，按五年计算。受害人因伤致残但实际收入没有减少，或者伤残等级较轻但造成职业妨害严重影响其劳动就业的，可以对残疾赔偿金作相应调整。残疾辅助器具费按照普通适用器具的合理费用标准计算。伤情有特殊需要的，可以参照辅助器具配制机构的意见确定相应的合理费用标准。辅助器具的更换周期和赔偿期限参照配制机构的意见确定。

二、生理状态检验相关法律问题

在法医临床学鉴定中，除损伤程度、伤残程度评定外，还涉及确认活体生理状态的专门性问题，它们经常作为独立的委托要求或鉴定目的，法医一般以检验报告的形式出具鉴定文书，我们将此类检验工作统称为“生理状态检验”，该用词可能很不规范，建议大家从鉴定的项目或解决的问题角度进行理解把握。

（一）虐待

经常受到共同生活的家庭成员或照顾人有意造成的肉体上或精神上的折磨、摧残和迫害称为虐待（abuse）。虐待的构成必须符合：①施虐者的行为是故意的；②被虐者肉体或精神受到伤害；③施虐者和被虐者是共同生活的家庭成员或照顾人。以虐待儿童、虐待妇女和老人较为常见。

《中华人民共和国刑法》第260条规定：虐待家庭成员情节恶劣的，处二年以下有期徒刑、拘役或者管制。犯此罪而引起被害人重伤、死亡的处二年以上七年以下有期徒刑。

（二）性侵犯

人类的性行为不仅受到道德规范的约束，而且必须适应法律行为规范的要求，接受其限制和制约。性行为的合法性是由当时、当地的相关法律来规定的。在我国，侵害他人的性犯罪有强奸（rape）、猥亵（indecency）、性虐待（sexual abuse），违背社会所普遍认同的行为规范、伦理、准则的性行为有卖淫（prostitution）和嫖娼（prostitution）、同性恋（homosexual offence）、乱伦（incest）、兽奸（bestiality）等。

强奸罪，是指违背妇女的意愿，使用暴力、胁迫或者其他手段，强行与妇女发生性交的行为。根据刑法第236条的规定，犯强奸罪的，处3年以上10年以下有期徒刑。有下列情形之一的，处10年以上有期徒刑、无期徒刑或者死刑：（一）强奸妇女情节恶劣的；（二）强奸妇女多人的；（三）在公共场所当众强奸妇女的；（四）二人以上轮奸的；（五）致使被害人重伤、死亡或者其他严重后果的。

性交的生理概念，是指阴茎插入阴道内并完成射精两个过程。但在法律概念上则不强调上述两个过程，一般认为只要男子阴茎与女子阴道前庭接触，不论是否射精，或处女膜是否破裂，均已构成强奸罪。对发育不全、未满14周岁的幼女，意识丧失、精神病发作阶段的患者或弱智者等妇女，不论本人是否同意而实施奸淫、性交者，均以强奸论罪。

（三）保外就医

我国刑事诉讼法第254条规定，“对被判处有期徒刑或者拘役的罪犯，有下列情形之一的，可以暂予监外执行：（一）有严重疾病需要保外就医的；（二）怀孕或者正在哺乳自己婴儿的妇女；（三）生活不能自理，适用暂予监外执行不致危害社会的。对被判处无期徒刑的罪犯，有前款第二项规定情形的，可以暂予监外执行。对适用保外就医可能有社会危险性的罪犯，或者自伤自残的罪犯，不得保外就医。对罪犯确有严重疾病，必须保外就医的，由省级人民政府指定的医院诊断并开具证明文件。”保外就医是指被判处有期徒刑或者拘役的罪犯在服刑期间患有严重疾病，经批准取保在监外医治而采取的变通执行刑罚的制度。对于可能有社会危害性的罪犯，或者自伤自残的罪犯，不得保外就医。保外就医是刑罚执行机关对于患有严重疾病，不宜在监管改造场所羁押，回到社会上就医看病，且不具有危害社会危险性的罪犯，准予其暂时监外就医的行为，是监外执行的一种形式，体现了我国刑法执行工作的人道主义原则。

（四）活体年龄推断

根据法律的要求，被告人、犯罪嫌疑人和被害人的年龄对于案件审理具有十分重要的意义，特别是针对18周岁、16周岁、14周岁的法定年龄确定。在现实生活中，由于各种原因，经常缺乏年龄的合法证明文件，或有关年龄的证明文件受到置疑，这样就派生了“活体年龄推断”的法医学鉴定问题。

三、医疗损害技术鉴定

2009年12月26日，全国人大常委会通过了《侵权责任法》（2010年7月1日起正式实施）。该法第七章是关于医疗损害赔偿责任的特别规定，共11条款。该章规定了医疗损害责任的规则原则（第54条），医师的说明、告知义务（第55条），紧急情况下告知义务的例外（第56条），与当时医疗水平相应的诊疗义务（第57条），特殊情况下的过错推定（第58条），缺陷医疗产品或不合格血液责任（第59条），医疗机构不承担责任的情形（第60条），填写、妥善保管和提供病历资料的义务（第61条），患者隐私权的保护（第62条），不得实施不必要检查原则（第63条）和医疗机构及其医务人员的合法权益的保护（第64条）。杨立新教授将其概括为四方面的责任，即伦理责任、技术责任、产品缺陷责任和管理责任。

最高人民法院关于统一医疗损害案件适用法律的通知要求，自2010年7月1日，各级法院所受理的医疗纠纷案件，统一适用《侵权责任法》。毫无疑问，《侵权责任法》的颁布实施成为依法解决医疗纠纷诉讼案件的主要依据。

医疗纠纷（medical tangle），是指患者或其代理人与医疗机构或医务人员在形成了法律关系的基础上，就医疗行为的需求、采取的手段、期望的结果及双方权利义务的认识上产生分歧，并以损害赔偿为主要请求的民事纠纷。医患之间其他民事纠纷，亦称非医疗纠纷，是指医患双方对诊疗护理服务活动即医疗行为本身没有争议，但发生与之相关的其他民事纠纷，主要有医疗欠费纠纷、医方侵犯名誉权、肖像权的医患纠纷等，它们的案由分别属于债务纠纷、名誉权纠纷和肖像权纠纷，适用不同的法律规定。即便是“具有执业资格的医务人员”在其“执业地点”发生的纠纷，但并不是“诊疗护理服务活动”的行为，如医生晚上下班在医院内不慎撞到患者，导致该患者骨折，也不属于医疗纠纷，是一般的民事纠纷。

我国法律中，过错分为过失和故意。总结学者的观点，医疗过失是指医疗机构在医疗活动中，医务人员未能按照当时的医疗水平通常应当提供的医疗服务，或者未能按照医疗良知、医疗伦理应当给予的诚信、合理的医疗服务，没有尽到必要的注意义务。通常采用违反医疗卫生管理法律、行政法规、部门规章、医疗规范或常规，或者未尽法定告知、保密义务等的医疗失职行为作为标准进行判断的主观心理状态，以及医疗机构存在的对医务人员疏于选任、管理、教育的主观心理状态。简言之，医疗过失就是医疗机构及医务人员未尽必要注意义务的疏忽和懈怠。我们认为，关于我国司法实践中分析认定医疗过失，应依据《侵权责任法》第七章的相关规定。

第三节　法医生物学与法律

法医生物学（forensic biology）的主要任务是为解决法医生物检材鉴定有关的法律问题提供证据，解决司法实践中个人识别和亲子鉴定的问题。个人识别（personal identification）是根据同一认定理论和概率统计原理，通过个体特有的稳定的人体特征检测和识别，来判断生物检材的个体来源。目前，DNA分型技术是个人识别最常用的方法。亲子鉴定（parentage testing）是根据孟德尔遗传规律和概率统计原理，通过个体遗传标记的检测，判断被控父母与子女是否具有亲生关系。我国刑事诉讼法第48条规定的证据种类有8大类，法医生物学研究的对象生物检材，是物证的一种，与法医生物学提供的鉴定结论，勘验、检查、辨认、侦查实验等笔录都是可以用于证明案件事实的材料，都是证据。法医生物学实践必须遵循我国法律中证据有关的规定。

DNA分型技术建立在科学的理论、成熟的技术，先进的自动化检测仪器和强大的分型能力的基础上，具有高度的科学性和准确性，DNA证据被誉为新一代的“证据之王”，在刑事和民事等案件中发挥着越来越重要的作用。随着我国法制改革的不断深入和人民法制观念的不断加强，司法鉴定的社会需求不断增加。截至2014年，全国经司法行政机关审核登记的司法鉴定机构达到4896家，鉴定人55 890人，鉴定业务量达到178万余件。DNA鉴定是司法鉴定中重要的组成部分。DNA证据在我国的应用始于1988年，目前全国开展DNA司法鉴定服务的实验室众多，其中公安系统的DNA实验室超过300家，年检测能力超过200万份法医生物检材。与DNA检测的实验室规模和应用范围的庞大相比，我国司法鉴定管理体制不够完善，DNA证据的立法研究和立法工作相对滞后。根据2005年全国人大常委会《关于司法鉴定管理问题的决定》，我国司法鉴定管理的组织机构是司法部和省级司法行政机关。根据《关于司法鉴定管理问题的决定》的第2条，司法鉴定业务范围的管理实行多重管理体制：司法行政机关间接管理、业务主管部门直接管理和行业协会自律管理相结合的多重管理模式。虽然决定规定国务院司法行政部门主管全国鉴定人和鉴定机构的等级管理工作，但并没有取消相关行业部门内设的鉴定机构的管理权。《关于司法鉴定管理问题的决定》实施以来，相关行业部门发布了司法鉴定规章超过20部，有些规定交叉重叠，有的甚至出现矛盾，使司法鉴定机构无所适从。目前，我国司法鉴定机构分布于公安系统、检察系统，高等学校和社会，公安、检察院、法院、国家安全部门均依据《关于司法鉴定管理问题的决定》行使司法鉴定管理权，出现了公安部、最高检、国家安全局、司法部管理的四套鉴定机构和鉴定人，鉴定机构设立、评估、质量标准不统一，鉴定人员资质条件、能力验证要求不统一，鉴定技术标准不统一，多头鉴定、重复鉴定问题突出。这种“多头管理”的混乱与无序状态，亟需建立统一的司法鉴定管理体制来规范，同时应加强有关立法的研究推进证据立法工作。而我国证据立法存在明显不足，目前还没有系统的证据法的颁布，有关证据的有关法律规定主要零散分布于刑事诉讼法、民事诉讼法和行政诉讼法等程序法中，而各大程序法中有关证据规则的条文很少，且条文内容大多为一般原则性规定，缺乏实际操作性。如《刑事诉讼法》只有第48条对证据作了规定，其中DNA证据属于“鉴定意见”的一种。第144条到147条对鉴定程序作了原则上的规定，内容宽泛，在司法实践中缺乏可操作性。鉴于DNA证据在司法实践中的重要地位，我们有必要借鉴其他国家和地区的立法经验，根据我国司法实践的实际情况，完善DNA证据的立法工作。

纵观世界各国和地区有关DNA证据立法的模式，主要有以下四种。①单独证据立法模式：此种模式比较多见，如加拿大的《DNA鉴定法》，美国的《联邦DNA鉴定法》；②统一证据法典的立法模式；③程序法中专立章节条目模式，比如德国于《刑事诉讼法》中81条对DNA鉴定进行专门规定；④于实体法中阐述DNA证据规定的模式。

英国作为世界上第一个将DNA证据运用于法庭的国家，其在DNA证据立法方面的经验值得参考借鉴。早在1984年，英国就制定了刑事证据法典《警察与刑事证据法》，其中就刑事案件中从犯罪嫌疑人中强制取样作了规制。1994年又通过了《刑事审判与公共秩序法》，对于刑事案件中人体样本的采样程序和规则作了更全面、细致的阐述，并对建立DNA数据库进行了规范。1995年，英国内政部专门颁布了《人体样本提取条例》，为所有涉及DNA样本提取、DNA检验和数据库建设提供明确细致的法律依据和操作指南。例如对人体私密样本的法律定义和提取规则作了全面详细的说明：血样、精液、尿液、阴毛以及从除口腔以外的其他体腔（如阴道、肛门等）提取的人体组织样本皆为人体私密样本，此类样本的提取必须满足以下条件：有充分的理由怀疑被提取人与已立案案件有关联但目前未被逮捕，被提取者需按照警察的要求提供上述的人体私密样本，以证明或解除对被提取人的嫌疑。

有些国家和地区条例明确规定在调查已发生案件或相信已发生的罪行时，执法人员可在经或不经当事人同意而提取其非体内样本做DNA检测等法政科学实验；法庭判处有罪且其最高刑罚为监禁7年或以上的人员，应提取非体内样本进行DNA检测。体内样本包括头发、指（趾）甲、口腔拭子或用拭子从人体任何不属于私处的部分取得的样本，以及人体除私处以外的其他部分印模等。通过一系列的立法，明确了DNA采样的法律依据，赋予建立DNA数据库建设的法律根据，使数据库的建立和管理法制化，明确划定了执法人员DNA采样的权限，并对民事中亲子血缘关系纠纷中DNA鉴定作了规范。

一、DNA证据立法的立法原则

尽管世界各国和地区对DNA证据立法采取的模式有别，法律规制的内容不尽相同，但立法遵循的原则主要有以下三种。

（一）法律保留原则

法律保留原则，是指宪法关于人民基本权利限制等专属立法事项，必须由立法机关通过法律规定。行政机关实施对公民权利影响重大的事项时，只能由法律进行授权，否则，其合法性将受到质疑。法律保留原则的内涵包括：人有天然的权利，包括自由、平等、尊严等人权，这些权利不会因为法律没有规定而不存在，人天然的权利应受到法律的保护；人的天然的权利不是没有限制的，限制的唯一目的是适应公共道德、社会秩序和普世价值的正当需要；唯有法律可对人的天然的权利实施限制。DNA鉴定中，涉及人体生物样本的提取，同时检测的是人的DNA遗传信息，可能会对人的身体自主权，身体健康权，人格权，隐私权，信息自决权等人的基本权利和自由造成侵犯。所以，在实施司法鉴定DNA检验时，须遵循法律保留原则，实施主体、权限、对象、救济途径和数据管理等都要在法律中明确予以规定。

（二）比例原则

法律中的比例原则，是指国家行政机关在行政执法过程中，为了保护国家权益和维护社会公益，不得不对公民个人权利加以限制或剥夺时，须选择对公民个人权利损害最小的方式，并且其行为对公民个人造成的损害不得大于该行为所能保护的国家和社会公益。比例原则是贯穿于立法、司法和执行活动中的一项基本原则，是判断行政权自由裁量行使是否公正与合理的重要准则。按照比例原则，国家机关任何一项可能侵犯公民权利的措施，必须有明确具体的适用目的与适用条件，行为实施须具有必要性，并且要选择对公民权利侵害最小的方式。就DNA鉴定而言，为了排查嫌疑人的需要而进行的撒网式的DNA采样（DNA dragnet），其适用须执行比例原则，需要考虑到案事件的性质或影响的严重程度，是否存在其他可能的手段去排查嫌疑人，在撒网式的DNA采样的规模及范围上以必要为限；在采样方式上，能够采用非侵入式采样须采用非侵入式采样；对于有可能损害被采样人健康的采样，应该由医务人员或者法医进行；在采样时就充分考虑到被采样人的自由、尊严、隐私等权利，能够到志愿者家里或其他志愿者更能接受的场所采样，就不要在警局采样；DNA证据样本只能在法定的目的范围内使用，并且在不再适用时，样本应妥善销毁等。

（三）令状原则

也称为司法审查原则，当国家权力机关对公民采取逮捕、羁押、搜查、扣押等强制性措施时，该强制性措施的合法性，必须由法院或法官事先予以审查判断并签署令状；当执行强制性措施时，原则上必须向当事人出示该令状。在提取生物样本进行DNA检测方面，多数国家规定侦查机关在进行人体采样前需要法院或法官的司法审查并签署令状，将强制采样的决定权与执行权适度分离。少数国家采取行政审批的模式，比如英国警察所实施的人身检查措施无需经过司法审查，包括私密性检查都只需获得警司以上级别警官的批准即可，但其在立法上设置了被采样人“适当同意”的实施要件。进行令状原则的意义除了程序意义上的书面核准外，实质意义还在于通过一个公正、独立的中立机关对侦查机关的行为进行审查，以防止其滥用权力。

二、亲子鉴定与法律

亲子鉴定是法医生物学鉴定的重要内容之一。近年来，由于社会鉴定机构的DNA实验室逐渐增多，私密获取他人生物样本，私下委托进行DNA检验进行亲子鉴定时有发生。亲子鉴定随意性、泛滥性以及注重商业利益现象，对婚姻家庭关系和社会秩序造成了严重的损害。随着DNA分型技术的发展，亲子关系已经能够实现精确证明。DNA证据在亲子关系纠纷中扮演的角色如何界定？是否将DNA证据作为法定证据而排除其他证据的适用，将亲子关系的法律价值判断完全取决于生物上的真实，忽略社会认同、养育亲情的价值考量？抑或偏向于个人隐私与家庭和平完整的价值取向，不得仅仅只是为了认定亲子关系的事实而损害过多的个人权益并增加诉讼成本，特别是不得强制DNA采样？如何调和法律价值取向，整合各方权益诉求，是一个重要的法律问题。目前我国民法和民事诉讼法进行亲子鉴定的有关法律规范尚不完善。最高人民法院在1987年《关于人民法院在审判工作中能否采用人类白细胞抗原作亲子鉴定问题的批复》中指出：“鉴于亲子鉴定关系到夫妻双方、子女和他人的人身关系和财产关系，是一项严肃的工作。因此，对要求作亲子关系鉴定的案件，应从保护妇女、儿童的合法权益，有利于增进团结和防止矛盾激化出发，区别情况，慎重对待。对于双方当事人同意作亲子鉴定的，一般应予准许；一方当事人要求作亲子鉴定的，或者子女已超过三周岁的，应视具体情况，从严掌握”。该批复只是一般指导性原则，实际操作性不强。

考查世界各国亲子关系纠纷的立法历史，大致可分为五个时期。第一个时期，否认裁判认领，禁止非婚生子女搜寻生父的时代。如19世纪《法国民法》在亲子关系法律判断上，依据两人有无婚约或关系密切与否等情况的材料证据，并无所谓科学上的证据。第二个时期，保护子女优先，重视对子女的抚育。如20世纪20到30年代的北欧各国，就有对子女负连带扶养的法制，当生父无法确认，所有争议父对该子女共同负扶养责任。第三个时期，20世纪60年代末期至70年代中期，为“扶养之父”与“法律上之父”并存的时代，即子女的抚育与法律上父子关系确认和维护都是立法取向，但当子女抚育得到确保时，法律上的父性证明程度可以减轻。第四个时期，20世纪70年代中到80年代中期，为确定身份诉讼渐成主流的时期，注重受孕时间推定等确认父性证明。第五个时期，20世纪80年代后半时期，为“血统认识权”时代。如此时期的德国，认为子女有“血统认识权”，肯定亲子鉴定在子女地位提升中的作用，在立法上倾向于认同被告有“协助鉴定义务”，向真实主义价值取向迈进。依《德国民事诉讼法》的规定，在亲子关系之诉上，当事人负有“协助鉴定义务”，若当事人不遵行，法院可以罚款等经济处罚手段间接强制方式，促使当事人履行协助鉴定义务；若间接强制仍无效时，法院可以拘提当事人强制采样的直接强制方式处理。日本在法律上虽然也肯定亲子鉴定在血缘纠纷中的证据作用，但关于“协助鉴定义务”方面，当事人拒绝时，法院不得对之直接强制，甚至不得间接强制。相对于德国和日本，英国、法国和美国关于亲子鉴定中“协助鉴定义务”的法律规定相对温和，规定当事人无正当理由拒绝配合DNA鉴定时，法院可据此推断为存在不利于该当事人的事实。

亲子鉴定中，除了“协助鉴定义务”和强制采样问题，秘密采样得到的DNA证据的证据资格和证明力的问题，子女否认权，非婚生子女利益的保护，未成年子女的知情权和决定权等，都是立法应该关注的问题。目前在我国的亲子鉴定实践中，未成年子女的知情权和决定权往往没有得到应有的关注和保障。西班牙立法规定，在进行DNA亲子鉴定时，实验室应征求年龄大于12岁的未成年子女的意见，明确告知鉴定的事由和鉴定的实质含义，并获得该未成年子女的法定监护人的书面同意；对于16岁以上的未成年子女，应该像对待成年人一样告知鉴定的事项，并获得其书面同意。

第四节 法医精神病学与法律

【案例 10-1】

据陕西省高级法院判决书载："2006 年 6 月 18 日至 7 月 2 日，上诉人邱兴华与其妻何冉凤先后两次到陕西省汉阴县铁瓦殿道观抽签还愿。其间，因邱兴华擅自移动道观内两块石碑而与道观管理人员宋道成发生争执，加之邱兴华认为道观主持熊万成有调戏其妻的行为，由此心生愤怒，遂产生杀人灭庙之恶念。7 月 14 日深夜，邱兴华趁道观内管理人员和香客熟睡之机，持砍柴用的弯刀等凶器分别到各寝室向熊万成等 10 人头部各砍数刀，致 10 人死亡。次日天亮后，邱兴华将作案工具弯刀、斧头等物放入火炉及柴堆上，然后放火燃烧后逃离现场。7 月 31 日上午，邱兴华窜至湖北省随州市曾都区万福店农场魏义凯家，以帮魏义凯家补盆子和合伙做干鱼生意为名，骗取魏的信任。当天吃完晚饭后趁其家人休息之机，用斧头和弯刀向魏义凯、魏妻徐开秀、魏之女魏金梅的头部连砍数刀，将三人砍伤后，抢得现金 1302 元。魏义凯因抢救无效，于 9 月 9 日死亡，徐开秀、魏金梅经鉴定系重伤。8 月 1 日凌晨，邱兴华乘 K357 次列车返回安康，8 月 19 日潜逃回家时被公安机关抓获归案。"

10 月 19 日，安康中院审理后当庭作出一审判决：按故意杀人罪和抢劫罪数罪并罚，决定判处邱兴华死刑，剥夺政治权利终身；并处没收个人财产 5000 元。一审宣判后，邱兴华不服，当庭表示要上诉；11 月 31 日，上诉期满的最后一天，邱兴华递交了上诉状。12 月 8 日，陕西省高院二审，在庭审中，法庭主要围绕此案两大争议焦点：即对犯罪的原因认定和是否采纳司法精神病鉴定申请展开，控辩双方在法庭上展开激烈辩论。邱兴华的辩护律师张桦当庭提出请求对邱兴华进行司法精神病鉴定的要求，因其未提交出有说服力的证据，未得到法庭的采纳。法庭当庭宣布省高级法院维持安康市中级法院一审刑事判决的终审裁定，决定：判处被告人邱兴华死刑，剥夺政治权利终身。宣判后，对邱兴华经验明正身当即押赴刑场执行枪决。

专家意见摘要：A. 江苏省无锡市精神卫生中心主任医师刘锡伟认定邱患有严重的精神疾病，依据是"从邱犯罪的特点和表现出的症状分析，他就是典型的精神病人杀人案例，完全按照我发明的精神病人杀人时表现出的'返祖兽性化症状群'理论在演绎。"刘解释说，"返祖兽性化症状群"理论的一个特点就是残酷杀人、剩余杀人、滥杀无辜，这与邱在铁瓦殿连杀 10 人，后逃跑在湖北无辜致 1 人死亡非常吻合。这一理论的另一特点是非血统妄想、妒忌妄想、被害妄想，这些特点同样体现在邱兴华身上，案发前他怀疑老婆有外遇、女儿不是他亲生、老婆与道长偷情等。B. 中国人民公安大学犯罪心理学教授李玫瑾公开表达观点："邱兴华只是变态人格。"李玫瑾分析：第一，邱兴华作案是一直等到后半夜约两点多钟，等人熟睡之后才下手，这说明他有时机的选择，有自制能力。第二，他在道观杀人停留了一天多时间，但只是在离开道观时放火，并不是边作案边放火，放火的时间说明他在有意破坏犯罪现场。第三，在逃跑过程中，邱兴华先后换过 6 双鞋子逃避警察的追捕。

一、简介与历史渊源

司法精神病学(forensic psychiatry),又称法医精神病学,是研究与法律相关的精神障碍和精神健康问题的医学科学,属于法医学或精神病学的一个分支学科。本学科有狭义和广义两种概念。狭义的法医精神病学主要研究诉讼当事人或诉讼参与者的精神状态和法律能力的评定,为司法部门提供法医学证据和处理意见,并研究和参与有危害行为的精神障碍者的治疗和处理建议。广义的法医精神病学的研究内容涉及与法律相关的精神障碍和各种精神健康问题等更广泛的领域,不限于精神状态的法医学鉴定和被鉴定人的医学处理,泛称精神病学与法律(psychiatry and law),或法律精神病学(legal psychiatry)。

从法医学的观点看来,本学科的基本任务是运用精神病学的理论和技术,解决与精神障碍或精神健康相关的法律问题,为维护和健全法制服务,属于法医学的一个分支。

以下简述英美法系、大陆法系和我国法医精神病学的历史渊源。

1. 英美法系 国外有关精神病的法律条文最早见于奴隶制时代巴比伦王国的《汉谟拉比法典》(公元前1792—前1750年)。其中有一条规定:买来的奴隶,不满一月就患癫痫或精神病者,可以退给卖主,并收回付款。古罗马共和国的《十二铜表法》(公元前449年)中提出,患精神病或痴呆者丧失处理财产、买卖、婚姻和订立遗嘱的能力,并应对其进行监护。这是关于精神障碍者的行为能力和监护措施最早的立法。希腊哲学家柏拉图(公元前427—前347年)在《理想国》一书中提出,精神病人应该受到亲属很好的照顾,否则处以罚金;并认为精神病人造成危害后果的,只赔偿由他造成的物质损失,不应受到其他惩罚。这是为保护精神病人最早提出的立法主张。其后,对精神病人和痴愚患者的危害行为予以宽容或免予惩罚的法律规定,在欧美经历了长期的演变。直到20世纪70年代中期,欧美的司法精神病学才逐步完善并独立为一个科学体系。

英美法系的鉴定人在诉讼中是专家证人,其担当司法精神病学鉴定的人员主要是精神科医生,有时也由临床心理学家承担鉴定工作。从事鉴定的专家几乎没有受过法学教育,他们受当事人的委托向法庭提供的专家意见,是建立在精神病学家关于精神病学如何看待案件事实的个人意见基础之上。正是在专家证言和假设问题上,精神病学科与法律经常发生分歧,甚至是对立。法官要求专家证言遵循几个世纪以来的普通法的裁决和判例,而精神病学家则拒绝将自己的理论适应判例,坚持用自己的语言和理论得出意见,发表陈述。有关精神病学专家意见及其可采性,受法院相关判例和规则发展的影响,但法律正按有利于精神病学专家的方向缓慢发展,精神病学专家将有越来越多的发表意见的余地。

英美国家非常重视安置有暴力行为的无罪精神障碍者,旨在防止再次发生类似事件,保护社会安定和人民生命财产,以及保护精神障碍者本人。在英国,安置违法的精神障碍者的最早机构是1800年在伦敦郊外的Bethlem皇家医院设置的特殊病房。1863年在Broadmoor建立了英国最古老的特殊医院。该医院由内务部主管,专门收治有违法犯罪行为的精神障碍者。这类高度安全的特殊医院在英格兰和威尔士现在已经有4所。此外,在普通精神病院还设置了一些安全区(security area),以满足这类精神障碍者治疗和监护的需要。在美国,虽然也建立了类似的安全医院,如St. Elisabeth医院,但更多的违法精神障碍者是在监狱或看守所的环境中接受矫正精神病学处理,有人称美国的监狱是最大的精神病院。

2. 大陆法系 虽然大陆法系和英美法系关于司法精神病学鉴定的法律规定有很大不同,但在鉴定人资格、鉴定方法等方面又有相似之处。在鉴定人资格方面,两大法系均要求司法精神病学鉴定人有精神病学或心理学的背景,经过临床精神病学的培训,并在司法精神病学鉴定领域有从业经历。在鉴定方法上,都是通过鉴定人对被鉴定人的精神检查并结合调查材料作出鉴定结论。相似的原因在于,司法精神病学基本上属于自然科学的范畴,对鉴定人和鉴定方法的要求大致相同是由该学科的自然科学属性所决定的。但是,司法精神病学又是一门为司法实践服务的应用学科,故其社会科学的属性也非常突出。以下以德国为例,介绍大陆法系国家司法精神病的产生与发展情况。

以非刑法上的手段来处理精神疾病犯罪人，在德国法中有非常久远的传统。在罗马日耳曼法时代，主要系以监护措施（vormund）来对付精神疾病犯罪人。同样地在1532年的Carolina法典中（即CCC法典），认为精神疾病犯罪人不应受刑罚的制裁。在1794年的普鲁士一般邦法（ALR）中，认为刑法不处理精神疾病犯罪人。

在古代，德国法庭就有征询医师意见的习惯。19世纪中叶以后，R. V. Krafftebing，H. E. Hoche等在医学院中确立了精神鉴定制度。从H. W. Gruhle至K. Schneider的学者均秉持着传统的看法，认为循环性病相及精神分裂症障碍者，在本质上及行为上具有不可预测的侵袭性，故均属无责任能力。德国的最高法院亦认为精神病患者的行为虽有动机且有计划，但皆是因行为人患有精神分裂症而发生，故不论其是否属于轻症，均承认其无责任能力。但G. Huber等提出反驳，认为对于完全缓解者及大多数仅留轻度纯粹残余缺陷者（占40%），应认为其具有完全责任能力；而对于精神病质（人格障碍）及神经官能症者，则认为仍有由自己作决定的自由。在德国刑法中规定，无责任能力之对象包括：①病理的精神错乱，被认为是属于身体性、内因性者；②深度的意识错乱；③心智薄弱；④其他严重的精神障碍。均被认为是属于生物原因，但有关其残余症状及宽解之判断标准均较狭窄。

德国精神疾病犯罪人之处理，长期以来以警察法来处理，换言之，由公法规定收容的宣告与执行。此种收容法基于普鲁士一般邦法（ALR）。在普鲁士一般邦法第十条第二项第十七款（§10Ⅱ，17ALR），即授权给警察在特殊情况下，可收容精神病患者于必要机构，这些情况是为了要维护大众的安宁、安全及秩序，和避免大众及其成员受到即将发生的危害。此种危险防卫的思想在更早的普鲁士警察行政法（1931PVG）中即可见出端倪。在PVG第十五条即规定，为了排除可能立即发生的公众秩序的危险时，警察可以对个人自由加以约束。普鲁士高等行政法院亦曾特别授权给警察，对"有公众危险的精神病患"，可以警察法上的原因加以收容。19世纪末，对于精神疾病犯罪人以刑法的手段来加以处理。

在大陆法系国家，19世纪刑法规范对精神障碍者区分为有刑事责任能力和无刑事责任能力两种。此后，有关精神病患者的刑事责任能力演化为3种，即有刑事责任能力、无刑事责任能力和限制刑事责任能力。如2002年修订的《德国刑法典》第20条规定："行为人行为时，由于病理性精神障碍，深度的意识错乱，智力低下或其他严重的精神病态，不能认识其行为的违法性，或依其认识而行为的，不负责任。"第21条规定："行为人认识行为违法性的能力，或者依其认识而行为的能力因第20条规定的某种原因而显著减弱的，可依第49条第1款减轻其刑罚"。

目前的德国刑法中，有关司法精神病学鉴定的依据在法律上有明确规定。刑法中详细规定了精神病人无责任能力、限制责任能力和被收容等情况的具体对象和情形。其中，无责任能力的对象包括：病理的精神错乱，被认为是属于身体性、内因性者；深度的意识错乱；心智薄弱；其他严重的精神障碍。限制责任能力的对象包括：上述无责任能力规定的各种对象，但识别行为违法或依其识别而行为的能力未达到完全丧失而是显著减弱者。

德国刑法对于收容和相关执行的规定非常详细。如：有违法行为行为；因精神问题责任能力不具备或减轻；行为人未来危险性之预测。德国民法中有关被监护人之收容，系由父母或监护人的申请而由法院决定，且其申请准许收容的前提必须依据相关法律规定。对于收容执行的程序，德国法律上有详细的规定，以保证精神疾病患者的人身自由只有基于法律规定才能被加以限制。

3. 我国司法精神病学的建立经历了一个漫长的历史过程。我国公元前11世纪《周礼·秋官》的《司刺》篇中记载："司刺掌三刺、三宥、三赦之法"。司刺是掌刑杀的官吏。"三宥"是指减轻罪责的三条规定，宽容的对象包括"不识"、"过失"和"遗忘"；"三赦"是指赦免罪责的三条规定，赦免的对象包括"幼弱"、"老耄"、"蠢愚"。这说明在我国周朝早期制定的法律中已有对"遗忘"导致犯罪应减轻罪责，对"蠢愚"犯罪应赦免罪责的规定。这是我国古代法典对精神障碍者的危害行为，认定限制责任能力和无责任能力最早的规定。战国时期韩非（公元前280—前233年）在《解老》篇中说："心不能审得失之地谓之狂，……狂则不能免人间法令之祸。"所谓"心不能审得失之地"，即对自己的行为是否得当缺乏辨认能力。他提出了辨认能力缺乏作为“狂”的特征，并说明当时的精神病人出现危害行为时，不能免除刑罚。西汉时期（公元前206—公元25年）《汉书·东方朔传》中记述了醉酒杀人不能免除刑罚的案例。汉唐以后有关精神障碍者出现暴力行为的案例，散见于历代典籍之中者不少，但对精神障碍者违法时的法律处理却鲜有明文规定。总而言之，在“中华民国”之前长达数千年的封建社会中，对实施危害行为的精神病人基本上持不予宽恕的态度。

“中华民国”建立后，当时政府借鉴德国、日本的法律规定，有关精神病人处理的条文已开始陆续出现于民事、刑事、治安和行政等法规中。我国近代法医学先驱林几教授于1930年在北平大学医学院（北京大学医学院前身）首建法医学教室，所著《法医学讲义》将“精神鉴定”专列一章，介绍了德国和日本的司法精神病学；提到凡“心神丧失”者无责任能力；属“心神耗弱”者，有责任能力或有部分责任能力。

新中国成立后，我国司法精神病学法律规定和鉴定制度主要受前苏联的影响。南京、北京、上海、长沙、成都等地精神科临床医师为了适应司法部门的需要，相继开展了精神障碍的医学鉴定。但是，直到20世纪80年代，我国《刑法》（1980）、《刑事诉讼法》（1980）、《民事诉讼法（试行）》（1982）、《民法通则》（1987）和《治安管理处罚条例》（1987）等法律和法规相继颁布施行，其中有关精神障碍者的条文为精神障碍的法医学鉴定提供了明确的法律依据，为我国司法精神病学的建立奠定了法学基础。1989年8月，我国最高人民法院、最高人民检察院、公安部、司法部和原卫生部联合颁布了《精神疾病司法鉴定暂行规定》，使我国的司法精神病学鉴定工作有规可循。1996年和1997年我国相继颁布修改的《刑事诉讼法》和《刑法》，近年《刑事诉讼法》再次修正，同时颁布《精神卫生法》，为刑事责任能力的评定增添了限制责任能力的依据。

二、鉴定理论与法律问题

（一）刑事责任能力鉴定理论

1. 刑事责任能力评定理论

第一，“有病推定”和“无病推定”的理论之争。一般来说，大陆法系对责任能力的判定标准相对宽松，而英美法系对责任能力的判定标准比较严格。大陆法系国家，鉴定一般由精神科医生进行，受专业知识影响，他们更倾向于假设被鉴定人患有某种精神疾病，由此形成了法医精神病学鉴定的“生物学派”，即有病无罪论，这种思维方式被有些学者称为“有病推定”。出于对有病推定原则的反对，部分学者基于英国“麦克诺顿条例”的规定，提出了法医精神病学鉴定的“无病推定”原则，即鉴定时首先假设被鉴定人是精神健全的人，除非有明确的证据表明其患有精神疾病。“有病推定”和“无病推定”的理论之争，反映了学者们对不同法律体系规定的认同程度不同，也表明目前中国尚缺乏统一而完善的鉴定理论。

第二，对于如何将被鉴定人的精神病学诊断（精神状态）与刑事责任能力相联系，是中国法医精神病学鉴定人面临的一个难题。既要有专业特点，又要让法学人士能够理解，并不是一件易事。关于责任能力评定，中国法医精神病学者一般认为，应该是医学标准和法学标准的统一，即如果判断一个被鉴定人不具有刑事责任能力，最基本的前提是被鉴定人必须患有精神疾病，同时受所患精神疾病的影响，对自己的行为不能辨认或不能控制。对于刑事责任能力的判定，有学者提出了整体功能关联度说，即评定标准是一个人的整体精神状态与作案行为之间的因果关系。如果两者之间具有完全的关联度，则认为被鉴定人不具有刑事责任能力；如果两者之间具有部分关联度，则认为被鉴定人具有限制刑事责任能力；如果两者之间没有关联度，则认为被鉴定人具有刑事责任能力。还有学者提出了作案动机说，即如果被鉴定人作案为病理动机，则无刑事责任能力；如果被鉴定人作案为混合动机（既有现实因素，又有疾病因素），则为部分责任能力；如果被鉴定人作案为现实动机，则为具有责任能力。这两种学说，前者不易被人理解，后者虽容易理解但又失之简单，毕竟不是所有案件都能找到作案动机，而且病理动机与不能辨认和不能控制也不能简单等同。在刑事责任能力评定这一重要理论问题上，尚有待于制定出为法学界和精神医学界都能接受的评定标准。

2. 鉴定制度　司法鉴定制度直接决定于一个国家的传统习惯和司法制度，法医精神病学鉴定制度也不例外。中国的法医精神病学鉴定制度与前苏联的鉴定制度类似，更接近于大陆法系国家的鉴定制度，但在某些方面又具有中国特色。目前中国绝大多数从事法医精神病学鉴定工作的鉴定人是精神专科医院的医生，其中部分医生为专职从事鉴定工作的鉴定人，部分医生为兼职鉴定人（主要从事精神科临床工作，较少时间从事鉴定工作）。相比较而言，这些鉴定人的精神科临床工作经验比较丰富，但很少经过法医精神病学尤其是相关法律知识的专业培训。目前鉴定制度存在问题如下。

（1）法医精神病学鉴定机构入不敷出的问题：从事法医精神病学鉴定的机构分为两类，一是隶属于精神专科医院的鉴定机构，二是依据2005年全国人大常委会《关于司法鉴定管理问题决定》注册成立的非精神专科医院鉴定机构。2005年司法鉴定改革之前，法医精神病学鉴定超支部分由精神专科医院负担、消化，但2005年改革之后，很多精神专科医院不愿再承担此项义务，部分隶属于精神专科医院鉴定机构的鉴定量明显减少，有些甚至停止注册。非精神专科医院鉴定机构则存在鉴定人缺乏临床经验的先天不足，鉴定收费往往高于精神专科医院以维持运转，造成了同类鉴定收费不统一的局面，从而埋下了隐患。我国法医精神病鉴定应借鉴一般大陆法系国家的做法，由国家设立专业化鉴定机构，从专科医院医生等符合要求的专业人员中选任鉴定人。

（2）管理体系变化对法医精神病学鉴定的影响：2005年前，法医精神病学鉴定由卫生行政部门负责管理，鉴定委员会在重新鉴定和复核鉴定中起着较大作用。根据1989年“两院三部”的《精神疾病司法鉴定暂行规定》，全国许多省、自治区及直辖市成立了专家鉴定委员会，主要负责本地区对原鉴定异议案件的重新鉴定工作。多年来，专家鉴定委员会这种鉴定形式虽然存在争议，但确实在解决争议鉴定案件中发挥了重要作用。2005年后，法医精神病学鉴定的管理者被法定为司法行政机关，而且由于明确取消了鉴定机构的级别之分、鉴定人只能在一个机构执业等规定，鉴定委员会的地位逐渐弱化甚至名存实亡。如何解决重新鉴定、疑难鉴定等成为亟待解决的问题。此外，新的管理部门也面临着鉴定人资质认定、继续教育与培训和有关鉴定案件的投诉处理、鉴定质量控制等诸多问题，这对非专业的行政管理人员来说，存在相当难度。有学者建议成立法医精神病鉴定专业委员会以解决此类问题。专业委员会可以组织鉴定人员培训和疑难鉴定案例讨论，就有关投诉案件是否存在问题为管理部门提供专业参考性意见，并在重新鉴定、鉴定人员资质认定等方面发挥作用。

3. 相关法律问题

（1）法医精神病鉴定启动问题：在邱兴华杀人案件（见案例10-1）中，是否应对其进行法医精神病鉴定的争论，使法医精神病鉴定的启动问题开始进入人们的视野，而其受关注程度并未随着案件的审结而下降。在邱案中，对当事人进行精神病鉴定有着充分的公众基础和法律依据，是实体正义和程序正义的双重要求。但是，根据我国的法律规定，法医精神病鉴定的启动权是司法权的一部分，当事人只有鉴定的申请权，只有公检法机关才能启动鉴定程序。但是，如果辩方有足够的申请鉴定理由而司法机关还不启动鉴定的话，其合法权益如何得以保障？可以考虑的解决方案如下：第一，可以借鉴普通法系的做法，即赋予被告人一方一定的鉴定启动权。第二，如果启动权仍为公权力的一部分，那么，只要辩方能提出理由充分的鉴定申请，此时应由司法机关举证证明被告人作案时具有刑事责任能力。

（2）毒品所致精神障碍的刑事责任能力评定问题：毒品所致精神障碍者在精神症状的支配下，在不能或不能完全辨认以及控制自己行为时实施的危害行为，是否应负完全刑事责任？我国在此问题上尚无明确的法律规定，对此进行法医精神病鉴定的情况并不少见，鉴定为无刑事责任能力的情形也经常发生。一般认为，吸毒者并非精神病人，其吸毒行为属于原因自由行为或自陷性行为，在这一点上同醉酒类似，应视为其吸毒前知道行为可能导致的危害后果，承担相应的刑事责任。为避免这类违法者逃脱法律惩罚，吸毒的人负完全刑事责任这一点在法律上应该明确规定。

（3）是否应对刑事责任能力作出结论：大陆法系的法医精神病鉴定意见一般注明被鉴定人的刑事责任能力状况，而英美法系的鉴定意见则说明被鉴定人所患精神疾病及作案时的精神症状对作案行为的影响即可，不要求作出相关法律能力的判断。按照法律规定，我国的法医精神病鉴定书中对被鉴定人的责任能力情况要给出明确意见。但是，判断有无责任能力属于司法权的一部分，法医精神病鉴定意见可以只就被鉴定人是否患有精神疾病及作案时的辨认能力、控制能力作出分析判断，而由法官来综合判断被鉴定人的刑事责任能力。这一问题尚有待通过立法加以明确。

（4）鉴定标准化：法医精神病鉴定有较强的经验性和主观性。随着司法鉴定制度的发展，法医精神病鉴定客观性的重要性越来越突出。减小主观性对鉴定的影响、增加客观性在鉴定中的分量已成为目前中国法医精神病学界的趋势，制订全国统一的法医精神病鉴定技术标准和操作规范已经被提到了议事日程上。

（5）鉴定范围问题：目前，法医精神病学的鉴定范围在不断拓展。有统计表明，民事行为能力的鉴定数量在不断增加，而且，要求对既往民事活动（如签订合同、订立遗嘱等）中当事人的民事行为能力作出评价的鉴定越来越多，这类鉴定难度较大，鉴定材料有限，很多时候难以得出明确鉴定意见。此类鉴定是否应纳入法医精神病鉴定范畴，尚有待加以明确。还有一类是涉及精神疾病与侵权事件之间的因果关系鉴定。在民事诉讼中，审判人员为解决相关赔偿等问题，往往提出这类鉴定要求。但是，由于精神疾病的病因尚不完全清楚，此类鉴定又缺乏鉴定标准和法律依据，造成鉴定较为混乱，容易出现问题。此外，法医精神病鉴定人员开始越来越多地介入精神损伤的损伤程度与伤残程度评定鉴定。随着道路交通事故、工伤等人身损害赔偿案件逐年增多，这类案件的鉴定量也在增加。根据全国人大常委会的《关于司法鉴定管理问题的决定》，从事此类鉴定的鉴定人和鉴定机构，除具备法医精神病鉴定资质外，还应具有法医临床鉴定资质，并掌握相关的专业知识。

（6）强制医疗问题研究：对肇事、肇祸精神病患者的强制医疗作为现代社会所面临的一个重大难题，在世界各国都受到了普遍重视。一直以来，我国对强制医疗制度缺乏相关立法，导致了强制医疗措施处于一种无法可依，实施混乱的状况。2013年1月1日，修改后的《中华人民共和国刑事诉讼法》正式实施，它第一次以国家立法的形式将“依法不负刑事责任的精神病人的强制医疗程序”作为四种特别程序之一进行了规定，对强制医疗的申请程序、审理程序、法律援助、救济程序和法律监督等几方面均作出了详细的规定，使强制医疗措施开始纳入了法治轨道。

（二）法医精神病学鉴定证据问题

法医精神病鉴定过程，同刑事诉讼过程中对案件的证明一样，也是一种证明过程，需要鉴定人去发现、运用证据，并以逻辑推理和鉴定人的专业知识，对待证明的案发当时被鉴定人的精神状态和责任能力情况进行判断，因此证据法学中所规定的证据应具有“三性”，即关联性、客观性、合法性，也同样适用于法医精神病学鉴定中证据的认定和应用。法医精神病鉴定中所依据的材料包括被害人关于案件的陈述、案发时的其他证人证言、对被鉴定人的讯问笔录、对了解被鉴定人的相关人员的调查材料、对被鉴定人的精神状态检查结果，以及被鉴定人家属或被告人家属反映的情况。鉴定人应将这些材料按照证据法学的要求进行分析、识别、论证，保证形成鉴定意见所依据的材料客观、真实、合法、全面，能形成完整的证据链条，以保证法医精神病鉴定意见具有较强的可靠性。

1. 法医精神病学鉴定证据的类型　法医精神病学鉴定用证据的种类包括医学诊断的证据和法律能力评定的证据，具体如下。

（1）各种医学检查材料：由于借助医学仪器生成，这些检查材料具有相对客观性和稳定性，有助于正确鉴定意见的形成。如通过脑CT、脑电图等手段检查被鉴定人是否存在生理方面、神经系统方面的疾病，再进一步分析这种疾病与精神状态的关系；通过标准化的心理检测工具量化评估个体智力、记忆、精神病性症状、人格等多种神经心理功能，进行心理学检查；若怀疑被鉴定人有器质性精神障碍时，应根据被鉴定人的临床表现和诊断需要，选择实施脑电图、脑地形图或脑影像学检查或其他特殊检查，以获得器质性疾病的诊断证据。

（2）反映被鉴定人案发前后精神状况的材料：被鉴定人案发前后的精神状态对正确认定案发当时被鉴定人精神状态及责任能力非常重要，它将个体在社会上的表现做了一个连贯的考察。主要包括案发前是否患精神病及医院诊断证明;是否曾经患有与精神疾病相关的生理疾病,如头部外伤、脑部感染、癫痫、性病等;是否酗酒、吸毒及其种类、数量、持续时间的情况;性格情况及发育情况;近亲属有无精神病及其家族有无精神病史;向被鉴定人邻居、近亲属、就读的学校、所在单位的同事或领导调查其日常表现、精神状况;向看守所的管教干部及同监室人员了解被鉴定人入所后表现。

(3)全部案卷材料:鉴定人通过查阅案卷材料,特别是查阅被告人供述及相关证人证言,可以了解案发当时被鉴定人的精神状态,从中发现被鉴定人精神异常的证据和线索,以便进一步与收集的其他材料分析对比。

(4)精神状态检查所见:法医精神病鉴定意见的主观性很强,鉴定人与被鉴定人接触后形成的精神状态检查所见对最终意见的形成非常重要。要求鉴定医生对精神症状辨认准确,判断依据充分,对症状的描述详细而具体,切忌空洞地罗列症状。还要特别注意的是,切忌只根据精神检查所见即对被鉴定人案发时的精神状态甚至法律能力情况作出判断。

2. 法医精神病学鉴定证据的收集　证据的收集也被称为取证,它是证据有效发挥证明作用必不可少的环节。在法医精神病鉴定中,证据收集对于查明案件事实,得出科学、准确、客观的鉴定意见具有重要意义。

(1)取证的主体要合法:根据刑事诉讼法的规定,司法人员、鉴定人员具有收集法医精神病学鉴定用证据的资格,而当事人及其家属则不具备这种资格,他们仅可以提供相关线索,经具备取证主体资格的人核实后转化为用于进行法医精神病学鉴定的证据。如被告人家属提出被告人曾经患有精神病且在当地医院诊断治疗,公安机关应对此进行调查核实,走访当地医院、询问精神病医生并调取当年诊断的证明,这一方面将被告人家属提供的材料转化为适格的证据,另一方面也保证了这方面材料的客观性,防止虚假证明材料的出现误导法医精神病鉴定的方向。

(2)取证内容要全面:"兼听则明,偏信则暗"。案件事实的重构离不开证据,所依据的证据不同,形成的结论往往会有差异。要形成相对客观的法医精神病鉴定意见,就必须收集所有能够证明行为人精神状态的材料,全面收集正、反两方面的证据,既不能片面追求证明有罪的追诉目的而不注重对行为人可能存在精神病证据的收集,也不能仅关注行为人举止异常、曾有精神病家族史等证据,而忽视证明其案发时存在辨认和控制能力的证据。

(3)取证程序要合法:在获取证明被鉴定人精神状况的相关材料时,必须依据法律规定的程序进行,否则,所取证据可能不具备合法性而不能进入证据"大门",不具备证据资格,不能作为认定被鉴定人精神状况的证据。同时,没有程序的保障,所取材料的真实性无法保证,证明力也会大为降低。如通过刑讯逼供获取的被告人口供、通过暴力方式获取的相关证人证言,均因不具有合法性而不具备证据资格,不能作为证明被鉴定人精神状况的材料。

(4)取证要及时:在收集证明被鉴定人精神状况的材料时应在第一时间内取证,如证明被鉴定人作案过程的现场监控视频,能客观形象地反映被鉴定人作案时的举动,必须尽快调取并固定。再如被鉴定人邻居、同事关于被鉴定人日常表现及精神状况的证言,也必须在案发后尽快调取,否则,随着时间推移,一些被鉴定人家属可能会通过各种方式影响这些人作证,让其出具有利于被鉴定人的证言,影响对被鉴定人责任能力的评定。

本章小结

法医学鉴定与国家程序法和实体法,以及与技术鉴定相关法律规范的关系比较复杂,两者之间的交叉领域的研究比较薄弱,我们试图对此进行初步的梳理,其思路和观点仅供师生参考。

（王建文　王小广　马长锁）

讨论题

1. 法医学鉴定涉及哪些法律问题？
2. 实体法律规定对法医学学科及其鉴定有哪些作用和影响？

思考题

1. 举例说明损伤与疾病鉴定的重要性。
2. 请分析损伤程度评定与定罪量刑的关系。
3. 请总结法医物证学鉴定程序中可能涉及的法律问题。

附录一　法医学鉴定行业标准

标准名称	标准编号	实施日期
中毒检材中有机磷农药的定性定分析方法	GA/T101-1995	1997.01.01
中毒检材中巴比妥类药物的定性定量分析方法	GA/T102-1995	1997.01.01
中毒检材中拟除虫菊酯类农药的定性定量分析方法	GA/T103-1995	1997.01.01
鸦片毒品中吗啡、可待因、蒂巴因、罂粟碱、那可汀的定性分析及吗啡、可待因的定量分析方法	GA/T104-1995	1997.01.01
血、尿中乙醇、甲醇、正丙醇、乙醛、丙酮、异丙醇、正丁醇、异戊醇的定性分析及乙醇、甲醇、正丙醇的定量分析方法	GA/T105-1995	1997.01.01
中毒检材中斑蝥素的定性定量分析方法	GA/T121-1995	1996.05.01
毒物分析名词术语	GA/T122-1995	1996.05.01
法医学尸体解剖	GA/T147-1996	1997.01.01
法医病理学检材的提取、固定、包装及送检方法	GA/T148-1996	1997.01.01
法医学尸表检验	GA/T149-1996	1997.01.01
机械性窒息尸体检验	GA/T150-1996	1997.01.01
新生儿尸体检验	GA/T151-1996	1997.01.01
中毒尸体检验规范	GA/T167-1997	1997.07.01
机械性损伤尸体检验	GA/T168-1997	1997.07.01
法医学物证检材的提取、保存与送检	GA/T169-1997	1997.07.01
猝死尸体的检验	GA/T170-1997	1997.07.01
中毒检材中敌敌畏、敌百虫的定性及定量分析方法	GA/T187-1998	1999.03.01
中毒检材中安定、利眠宁的定性及定量分析方法	GA/T188-1998	1999.03.01
中毒检材中氯丙嗪、异丙嗪、奋乃静的定性及定量分析方法	GA/T189-1998	1999.03.01
中毒检材中苯唑卡因、利多卡因、普鲁卡因、丁卡因、布比卡因的GC/NPD定性及定量分析方法	GA/T190-1998	1999.03.01
毒物分析鉴定书编写规程	GA/T191-1998	1999.03.01
毒物分析检验记录内容及格式	GA/T192-1998	1999.03.01
中毒案件采取检材规则	GA/T193-1998	1999.03.01
中毒案件检材包装、贮存、运送及送检规则	GA/T194-1998	1999.03.01
中毒检材中甲胺磷的定性及定量分析方法	GA/T195-1998	1999.03.01

续表

标准名称	标准编号	实施日期
涉毒案件检材中海洛因的定性及定量分析方法	GA/T196-1998	1999.03.01
涉毒案件检材中可卡因的定性及定量分析方法	GA/T197-1998	1999.03.01
中毒检材中氯喹的定性及定量分析方法	GA/T198-1998	1999.03.01
中毒检材中阿米替林、多虑平、三甲丙咪嗪、氯丙咪嗪、丙咪嗪的定性及定量分析方法	GA/T199-1998	1999.03.01
中毒检材中士的宁、马钱子碱的定性及定量分析方法	GA/T200-1998	1999.03.01
中毒案件检材中磷胺、久效磷的定性及定量分析方法	GA/T203-1999	1999.07.01
血、尿中的苯、甲苯、乙苯、二甲苯的定性定量分析方法	GA/T204-1999	1999.7.01
中毒案件检材中毒鼠强的气相色谱定性及定量分析方法	GA/T205-1999	1999.07.01
涉毒案件检材中大麻的定性及定量分析方法	GA/T206-1999	1999.07.01
中毒案件检材中可卡因及其主要代谢物苯甲酰爱冈宁的HPLC和GC定性及定量分析方法	GA/T207-1999	1999.07.01
中毒案件检材中磷化物的定性及定量分析方法	GA/T208-1999	1999.07.01
法庭科学DNA数据库建设规范	GA/T418-2003	2003.07.01
人身损害受伤人员误工损失日评定准则	GA/T521-2004	2005.03.01
法庭科学DNA数据库选用的基因座及其数据结构	GA469-2004	2004.05.01
法庭科学DNA数据库现场生物样品和被采样人信息项及其数据结构	GA470-2004	2004.05.01
抗A、抗B血清试剂	GA471-2004	2004.07.01
抗人血红蛋白血清试剂	GA472-2004	2004.07.01
抗人精液血清试剂	GA473-2004	2004.07.01
抗猪、羊等常见动物血清试剂	GA474-2004	2004.07.01
抗人血清试剂	GA475-2004	2004.07.01
人血红蛋白金标检验试剂条	GA476-2004	2004.07.01
人前列腺特异性抗原（PSA）金标检验试剂条	GA477-2004	2004.07.01
法庭科学DNA数据库选用的基因座及其数据结构	GA469-2004	2004.05.01
法庭科学DNA数据库现场生物样品和被采样人信息项及其数据结构	GA470-2004	2004.05.01
中毒检材中静松灵的定性定量分析方法	GA/T597-2006	2006.05.01
人毛发ABO血型检测解离法	GA655-2006	2007.03.01
人血液（痕）ABO血型检测凝集法、解离法	GA656-2006	2007.03.01
人体液斑ABO血型检测凝集抑制试验	GA657-2006	2007.03.01
人血红蛋白检测金标试剂条法	GA765-2008	2008.07.01
人精液PSA检测金标试剂条法	GA766-2008	2008.07.01
道路交通事故受伤人员救治项目评定规范	GA/T769-2008	2008.10.01
法庭科学人类荧光标记STR复合扩增检测试剂质量基本要求	GA/T815-2009	2009.03.01
尸体解剖检验室建设规范	GA/T830-2009	2009.06.01
道路交通事故尸体检验	GA268-2009	2009.10.26
听力障碍的法医学评定	GA/T914-2010	2010.12.01

续表

标准名称	标准编号	实施日期
生物样品中氰离子的气相色谱法和化学检验法	GA/T930-2011	2011.05.01
生物样品中液化石油气及天然气气相色谱-质谱连用定性检验方法	GA/T931-2011	2011.05.01
生物样品中敌鼠等六种抗凝血杀鼠剂的高效液相色谱检验方法	GA/T932-2011	2011.05.01
生物样品中氟乙酸根离子的气相色谱和气相色谱-质谱连用检验方法	GA/T933-2011	2011.05.01
生物样品中次乌头碱、乌头碱、中乌头碱的液相色谱-串联质谱检验方法	GA/T934-2011	2011.05.01
法庭科学DNA亲子鉴定规范	GA/T965-2011	2011.12.07
物证通用标签	GA55-2011	2011.12.07
常见毒品的气相色谱-质谱检验方法第1部分: 鸦片中五种成分	GA/T1008.1-2013	2013.03.01
常见毒品的气相色谱-质谱检验方法第2部分: 吗啡	GA/T1008.2-2013	2013.03.01
常见毒品的气相色谱、气相色谱-质谱检验方法第3部分: 大麻中三种成分	GA/T1008.3-2013	2013.03.01
常见毒品的气相色谱-质谱检验方法第4部分: 可卡因	GA/T1008.4-2013	2013.03.01
常见毒品的气相色谱-质谱检验方法第5部分: 二亚甲基双氧安非他明	GA/T1008.5-2013	2013.03.01
常见毒品的气相色谱-质谱检验方法第6部分: 美沙酮	GA/T1008.6-2013	2013.03.01
常见毒品的气相色谱-质谱检验方法第7部分: 安眠酮	GA/T1008.7-2013	2013.03.01
常见毒品的气相色谱-质谱检验方法第8部分: 三唑仑	GA/T1008.8-2013	2013.03.01
常见毒品的气相色谱、气相色谱-质谱检验方法第9部分: 艾司唑仑	GA/T1008.9-2013	2013.03.01
常见毒品的气相色谱-质谱检验方法第10部分: 地西泮	GA/T1008.10-2013	2013.03.01
常见毒品的气相色谱-质谱检验方法第11部分: 溴西泮	GA/T1008.11-2013	2013.03.01
常见毒品的气相色谱-质谱检验方法第12部分: 氯氮卓	GA/T1008.12-2013	2013.03.01
生物样品血液、尿液中乙醇、甲醇、正丙醇、乙醛、丙酮、异丙醇和正丁醇的顶空-气相色谱检验方法	GA/T1073-2013	2013.06.28
生物样品中γ-羟基丁酸的气相色谱-质谱和液相色谱-串联质谱检验方法	GA/T1074-2013	2013.06.28
道路交通事故受伤人员治疗终结时间	GA/T1088-2013	2013.12.01
常见毒品原植物的DNA提取	GA/T1160-2014	2014.05.09
法庭科学DNA检验鉴定文书内容及格式	GA/T1161-2014	2014.05.09
法医生物检材的提取保存送检规范	GA/T1162-2014	2014.05.09
人类DNA荧光标记STR分型结果的分析	GA/T1163-2014	2014.05.09
法庭科学颅骨面貌复原技术规范	GA/T1187-2014	2014.09.28
男性性功能障碍法医学鉴定	GA/T1188-2014	2014.09.28
现场白骨化尸体骨骼提取、保存、送检规范	GA/T1189-2014	2014.09.28
性侵害案件法医临床学检查指南	GA/T1194-2014	2014.09.28
法庭科学DNA实验室规范	GA/T382-2014	2014.05.09
法庭科学DNA实验室检验规范	GA/T383-2014	2014.05.09
法庭科学人体损伤检验照相规范	GA/T1197-2014	2014.10.24
法庭科学尸体检验照相规范	GA/T1198-2014	2014.10.24
人身损害误工期、护理期、营养期评定规范	GA/T1193-2014	2014.11.26

附录二　司法部司法鉴定管理局发布的法医学鉴定技术规范

规范名称	编号	生效日期
道路交通事故涉案者交通行为方式鉴定	SF/Z JD0101001-2010	2010.04.07
听力障碍法医学鉴定规范	SF/Z JD0103001-2010	2010.04.07
男子性功能障碍法医学鉴定规范	SF/Z JD0103002-2010	2010.04.07
亲权鉴定技术规范	SF/Z JD0105001-2010	2010.04.07
血液中乙醇的测定顶空气相色谱法	SF/Z JD0107001-2010	2010.04.07
血液中氰化物的测定气相色谱法	SF/Z JD0107002-2010	2010.04.07
血液、尿液中毒鼠强的测定气相色谱法	SF/Z JD0107003-2010	2010.04.07
生物检材中苯丙胺类兴奋剂、度冷丁和氯胺酮的测定	SF/Z JD0107004-2010	2010.04.07
血液、尿液中154种毒(药)物的测定液相色谱-串联质谱法	SF/Z JD0107005-2010	2010.04.07
生物检材中单乙酰吗啡、吗啡、可待因的测定	SF/Z JD0107006-2010	2010.04.07
尿液中⊿9-四氢大麻酸的测定	SF/Z JD0107007-2010	2010.04.07
生物检材中巴比妥类药物的测定液相色谱-串联质谱法	SF/Z JD0107008-2010	2010.04.07
生物检材中乌头碱、新乌头碱和次乌头碱的LCMSMS测定液相色谱-串联质谱法	SF/Z JD0107009-2010	2010.04.07
法医临床检验规范	SF/Z JD0103003-2011	2011.03.17
视觉功能障碍法医鉴定指南	SF/Z JD0103004-2011	2011.03.17
精神障碍者司法鉴定精神检查规范	SF/Z JD0104001-2011	2011.03.17
精神障碍者刑事责任能力评定指南	SF/Z JD0104002-2011	2011.03.17
精神障碍者服刑能力评定指南	SF/Z JD0104003-2011	2011.03.17
血液中铬、镉、砷、铊和铅的测定电感耦合等离子体质谱法	SF/Z JD0107012-2011	2011.03.17
血液中碳氧血红蛋白饱和度的测定分光光度法	SF/Z JD0107010-2011	2011.03.17
生物检材中河豚毒素的测定	SF/Z JD0107011-2011	2011.03.17
道路交通事故受伤人员精神伤残评定规范	SF/Z JD0104004-2014	2014.03.17
生物学全同胞关系鉴定实施规范	SF/Z JD0105002-2014	2014.03.17
周围神经损伤鉴定实施规范	SF/Z JD0103005-2014	2014.03.17
法医临床影像学检验实施规范	SF/Z JD0103006-2014	2014.03.17
外伤性癫痫鉴定实施规范	SF/Z JD0103007-2014	2014.03.17
气相色谱-质谱联用法测定硫化氢中毒血液中的硫化物实施规范	SF/Z JD0107013-2014	2014.03.17

参考文献

1. 张保生. 证据法学. 第2版. 北京: 中国政法大学出版社,2014.
2. 朱富美. 科学鉴定与刑事侦查. 北京: 中国民主法制出版社,2006.
3. 马俊驹. 民法学. 北京: 清华大学出版社,2007.
4. 鲁叔媛. 民法案例教程. 北京: 法律出版社,2006.
5. 杨立新. 侵权责任法. 北京: 法律出版社,2011.
6. 姜明安. 行政法与行政诉讼法. 第5版. 北京: 北京大学出版社高等教育出版社,2011.
7. 杨临宏. 国家赔偿法: 原理与制度. 昆明: 云南大学出版社,2010.
8. 卞建林. 证据法学. 第3版. 北京: 中国政法大学出版社,2007.
9. 何家弘、刘品新. 证据法学. 第4版. 北京: 法律出版社,2011.
10. 樊崇义. 证据法学. 第4版. 北京: 法律出版社,2008.
11. 洪浩. 证据法学. 北京: 北京大学出版社,2007.
12. 张保生. 证据法学. 北京: 中国政法大学出版社,2009.
13. 宋英辉,汤维建. 我国证据制度的理论与实践. 北京: 中国人民公安大学出版社,2006.
14. 高忠智. 美国证据法新解——相关性证据及其排除规则. 北京: 法律出版社,2004.
15. [美]刘易斯. 血痕弹道指纹探奇. 何家弘,译. 北京: 群众出版社,1991.
16. 霍宪丹,杜志淳,郭华. 司法鉴定学. 北京: 北京大学出版社,2014.
17. 霍宪丹,杜志淳,郭华. 司法鉴定通论. 第2版. 北京: 法律出版社,2013.
18. 霍宪丹,郭华. 中国司法鉴定制度改革与发展范式研究. 北京: 法律出版社,2011.
19. 汪建成. 司法鉴定基础理论研究. 法学家,2009,(5): 1-27.
20. 刘耀,丛斌,侯一平. 实用法医学. 北京: 科学出版社,2014.
21. 郭华. 司法鉴定制度改革的基本思路. 法学研究,2011,(1): 167-180.
22. 常林. 谁是司法鉴定的"守门人"? ——《关于司法鉴定管理问题的决定》实施五周年成效评析. 证据科学,2010,(5): 618-632.
23. 杨郁娟. 从司法鉴定的证据属性看司法鉴定制度改革. 中国司法鉴定,2009,(6): 63-66.
24. [美]罗纳德·J·艾伦,理查德·B·库恩斯,埃莉诺·斯威夫特. 证据法—文本、问题和案例. 第3版. 张保生,王进喜,赵滢,译. 北京: 高等教育出版社,2006.
25. 樊崇义. 证据法学. 第3版. 北京: 法律出版社,2003.
26. 何家弘. 新编证据法学. 北京: 法律出版社,2000.
27. 陈一云. 证据学. 第3版. 北京: 中国人民大学出版社,2007.
28. 陈学权. 科技证据论以刑事诉讼为视角. 北京: 中国政法大学出版社,2007.
29. 王进喜. 美国《联邦证据规则》(2011年重塑版)条解. 北京: 中国法制出版社,2012.
30. Paul C Giannelli, Edward J. Imwinkelried. Scientific Evidence, 4th ed. LexisNexis, 2007.
31. 邵祖峰,杨红,刘知音. 道路交通事故鉴定委托若干问题研究. 中国司法鉴定,2013,67(2): 125-129.

32. 罗小年. 终止司法精神病鉴定1例. 临床精神医学杂志,2014,24(1): 89.
33. 邹明理. 重新鉴定增多原因与对策研究. 证据科学,2012,20(1): 5-12.
34. 白殿一. 标准编写指南. 北京: 中国标准出版社,2009.
35. 昃向君. 实验室认可准备与审核工作指南. 北京: 中国标准出版社,2003.
36. 常林. 司法鉴定专家辅助人制度研究. 北京: 中国政法大学出版社,2012.
37. 何家弘. 短缺证据与模糊事实: 证据学精要. 北京: 法律出版社,2012.
38. 周湘雄. 英美专家证人制度研究. 北京: 中国检察出版社,2012.
39. 邓思清. 检察机关实施新刑事诉讼法问题研究. 北京,中国检察出版社,2013.
40. 陈瑞华. 刑事诉讼的前沿问题. 第3版. 北京: 中国人民大学出版社,2011.
41. 杜志淳. 司法鉴定概论. 北京: 法律出版社,2010.
42. 刑事证据规则运用手册编委会. 刑事证据规则运用手册. 北京: 法律出版社,2010.
43. 郭华,王进喜.《办理死刑案件证据规定》与《非法证据排除规定》的释义和适用. 北京: 中国人民公安大学出版社,2010.
44. 米尔建·R·达马斯卡. 漂移的证据法. 李学军,刘晓丹,姚永吉,等译. 北京: 中国政法大学出版社,2003.
45. 沈志先. 刑事证据规则研究. 北京: 法律出版社,2011.
46. 刘晓丹. 论科学证据. 北京: 中国检察出版社,2010.

中英文名词对照索引